1942 की अगस्त क्रांति

1942 की अगस्त क्रांति

सम्पादक

डॉ. फणीश सिंह

राजकमल प्रकाशन

ISBN : 978-81-267-2259-4

मूल्य : ₹995

पहला संस्करण : 2012
तीसरा संस्करण : 2026

प्रकाशक : राजकमल प्रकाशन प्रा.लि.
साइंस कॉलेज के सामने, अशोक राजपथ
पटना-800 006

प्रधान कार्यालय : 1-बी, नेताजी सुभाष मार्ग, दरियागंज, नई दिल्ली-110 002
शाखा : पहली मंजिल, दरबारी बिल्डिंग, महात्मा गांधी मार्ग, इलाहाबाद-211 001

वेबसाइट : www.rajkamalprakashan.com
ई-मेल : info@rajkamalprakashan.com

आवरण : महेश्वर

मुद्रक : बी.के. ऑफसेट
नवीन शाहदरा, दिल्ली-110 032

1942 KI AUGUST KRANTI
Edited by Dr. Fanish Singh

दो शब्द

जब से मैंने होश संभाला मैं आजादी की लड़ाई की बातें सुनता रहा हूं। कारण कि 11 अगस्त 1942 को बिहार के प्रथम सात शहीदों में मेरे चाचाजी (उमाकान्त प्र. सिंह) का नाम बिहार विधान सभा के समक्ष शहीद स्थल पर प्रथम नाम के रूप में अंकित है। उसके चार दिन के पश्चात यानी 15 अगस्त 1942 को सोनपुर रेलवे प्लेटफार्म पर मेरे श्वसुरजी महेश्वर की शहादत हुई जो पटना में बी.एन. कॉलेज के चतुर्थ वर्ष के छात्र थे। पटना विश्वविद्यालय ने बी.एन. कॉलेज प्रांगण में उनकी मूर्ति लगाकर उन्हें सम्मानित किया है। दो ऐसे परिवारों के बीच में रहने से स्वतंत्रता संग्राम की परछाइयां मेरा पीछा नहीं छोड़तीं। इसी का परिणाम है यह पुस्तक।

भारत का राष्ट्रीय आंदोलन अंग्रेजी साम्राज्यवाद से मुक्ति संघर्ष की गाथा है। अंग्रेज एक व्यापारी के रूप में इस देश में आए एवं वे क्रमिक संघर्षों के बाद भारत के राजनीतिक स्वामी बन बैठे। 19वीं सदी के मध्य में अर्थात 1857 में प्रथम स्वतंत्रता संग्राम हुआ था। अंतिम चरण अर्थात 1885 में एक अंग्रेज (ए.ओ. ह्यूम) ने अखिल भारतीय कांग्रेस नामक राजनीतिक दल की स्थापना की। इस दल की 20वीं सदी में स्वतंत्रता संघर्ष में महत्वपूर्ण भूमिका रही। प्रारंभ में कांग्रेस दल पर नरमवादियों, उसके पश्चात उग्रवादियों एवं 1917 के बाद महात्मा गांधी का निर्णायक प्रभाव रहा। महात्मा गांधी के काल को गांधी युग की संज्ञा दी जाती है। इसके अतिरिक्त क्रांतिकारियों ने भी इस संघर्ष में महत्वपूर्ण योगदान दिया है।

भारतीय राजनीति में मुस्लिम सांप्रदायिकता एक प्रमुख विघटनकारी तत्व सिद्ध हुआ। इसकी नींव अंग्रेजों ने 1905 में ही डाली। जब उन्होंने सबसे पहला काम बंगाल के दो टुकड़े किया—एक पश्चिम बंगाल जिसमें अधिकांश हिंदुओं की आबादी थी, दूसरा पूर्वी बंगाल जिसमें अधिकांश मुस्लिमों की आबादी थी। उन्होंने उन्हीं दिनों में

राष्ट्रीय आंदोलन को कमजोर कर देने के लिए कुछ पढ़े-लिखे मुस्लिमों एवं कुछ पढ़े-लिखे हिंदुओं को अपनी ओर मिलाकर 1906-07 में मुस्लिम लीग एवं हिंदु महासभा को जन्म दिया। तीसरा उपाय बंगाल और खासकर कलकत्ता के प्रभाव को तोड़ने के लिए भारत की राजधानी को कलकत्ता से हटाकर 1912 में दिल्ली लाया गया। इन तीनों उपायों का स्वाभाविक परिणाम हुआ कि देश में सांप्रदायिक झगड़े बढ़े और आजादी की कोशिशें कमजोर हुईं। इन सांप्रदायिक एवं अलगाववादी दंगों का प्रभाव हमें आज भी भुगतना पड़ता है जिसमें अनेक हिंदू मुस्लिम दंगे और पंजाब में विगत दिनों में हुए अलगाववादी संघर्ष उल्लेखनीय है। आज भी नक्सलवादी, माओवादी संघर्ष विघटनकारी शक्तियों के ही अंग हैं।

हमारी स्वाधीनता आंदोलन के संघर्ष में 1857 का मुक्ति संग्राम, जिसे प्रथम मुक्ति संग्राम कहा जाता है उल्लेखनीय है। इसमें हर वर्ग, जमींदार, मजदूर और किसान, स्त्री और पुरुष, हिंदू और मुसलमान सभी लोगों ने अपनी एकता एवं बहादुरी का परिचय दिया। अगस्त क्रांति या 1942 का भारत छोड़ो आंदोलन को हम भारतीय स्वाधीनता का द्वितीय मुक्ति संग्राम कह सकते हैं जिसके फलस्वरूप 5 वर्ष बाद 1947 में हमें आजादी मिली। पं. जवाहरलाल नेहरू के शब्दों में यह किसी पार्टी या व्यक्ति का आंदोलन न होकर आम जनता का आंदोलन था जिसका नेतृत्व आम जनता द्वारा ले लिया गया था।

भारत छोड़ो आंदोलन का यह 70वां वर्ष है किंतु आज भी भाषा, धर्म, क्षेत्रीयता के तत्व भारत को निगल जाने को आतुर हैं। राष्ट्रीय एकीकरण देश के समक्ष एक दुखजनक समस्या बन गई है। इसका मुख्य कारण स्वतंत्रता के बाद की पीढ़ी का राष्ट्रीय आंदोलन के बलिदानी इतिहास से परिचित न होना है। राष्ट्रीय आंदोलन का राष्ट्रीय जीवन में बहुत महत्व है। उसकी उपेक्षा नहीं की जा सकती है। सभी स्तरों पर उसका अध्ययन राष्ट्रीय दृष्टिकोण से वांछनीय है। इसी पृष्ठभूमि में हमने ये आवश्यक समझा कि नई पीढ़ी को विशेषकर नवयुवकों के लिए एक ऐसी पुस्तक की रचना की जाय जिससे वे स्वाधीनता आंदोलन की कड़ियों से परिचित हो सकें। वैसे इस पुस्तक के इर्द-गिर्द सारी बातें 1942 के अगस्त क्रांति के संदर्भ में ही लिखी गई हैं, कारण कि अगस्त क्रांति किसी एक दिन या एक महीने की क्रांति नहीं थी, बल्कि उसके पूर्व के वर्षों की घटनाओं की परिणति थी।

पुस्तक में हमने तीन-चार बातों का समावेश किया है। सर्वप्रथम

हमने भारत के जाने-माने इतिहासकार विपनचंद्र, ताराचंद, डॉ. के.के. दत्त के विचारों को प्रस्तुत किया है। तत्पश्चात चर्चित विचारक बी.एल. ग्रोवर, एस. आबिद हुसैन, रजनीपाम दत्त, एम.वी. कामथ, मन्मथनाथ गुप्त आदि के विचार प्रस्तुत किए गए हैं। राष्ट्रीय आंदोलन के प्रमुख नेतागण का मंतव्य बिना रखे इस पुस्तक के लेखन के उद्‌देश्य की पूर्ति नहीं होती। इसलिए हमने डॉ. बी. पट्‌टभि सीतारामय्या, डॉ. राजेंद्र प्रसाद, पं. जवाहरलाल नेहरू, पी.सी. जोशी, मधु लिमये, आदि के विचार प्रस्तुत किए हैं। तत्पश्चात आज के इतिहासविज्ञ प्रो. भद्रदत्त शर्मा, प्रो. सुमंत नियोगी आदि के विचार अगस्त क्रांति के विभिन्न पहलुओं पर प्रस्तुत किए गए हैं।

आशा ही नहीं, मेरा पूर्ण विश्वास है कि यह पुस्तक नई पीढ़ी में राष्ट्रीय एकता की नई ऊर्जा पैदा करने में सफल होगी और तभी मैं अपनी लेखनी को धन्यवाद दे सकूंगा। वैसे इस पुस्तक में मेरा अपना कुछ नहीं है। हमने विभिन्न बागों के महकते फूलों को सिर्फ एक माला में पिरोने का कार्य किया है। मेरे इस प्रकाशन का उद्‌देश्य यह नहीं है कि किसी भी पुरानी गलती को याद करके हम आपस में किसी प्रकार की कटुता को बनाए रखें। हमारी हार्दिक इच्छा है कि आजाद भारतवासियों और आजकल की अंग्रेज कौम के बीच भी वैसे ही मित्रता और प्रेम रहे, जैसा कि किसी अन्य दो राष्ट्रों के बीच होता है।

–डॉ. फणीश सिंह

अनुक्रम

बंबई प्रस्ताव : पृष्ठभूमि और परिणाम

डॉ. बी. पट्टाभि सीतारामय्या

सर स्टैफर्ड भारत आए और असफल होकर इंग्लैंड वापस लौट गए। भारत के सभी प्रमुख दलों और सार्वजनिक संस्थाओं ने क्रिप्स-प्रस्तावों को नामंजूर कर दिया था। परंतु प्रत्येक की वजह अलग-अलग थी। यह स्थिति बिलकुल साइमन-कमीशन-जैसी थी। उस समय भी 1927-29 में विभिन्न दलों और सार्वजनिक संस्थाओं ने अलग-अलग वजहों से उसका बहिष्कार किया था। कांग्रेस-द्वारा क्रिप्स-प्रस्तावों को नामंजूर किए जाने की मुख्य वजह यह थी कि उनके अनुसार शासन-परिषद् धारासभा के प्रति जिम्मेदार नहीं थी। इसके अलावा ऐसा करने के दूसरे और गौण कारण ये थे—एक तो प्रांतों को भारतीय संघ से अलग हो जाने की आज्ञा दे दी गई थी। दूसरे भारतीय रियासतों की जनता को इस योजना के अंतर्गत कोई प्रतिनिधित्व नहीं दिया गया था। उसके लिए उसमें कोई गुंजाइश नहीं थी। तीसरे, रक्षा और युद्ध-विभागों को सुरक्षित विषय मानकर उन्हें भारतीयों को देने से इनकार कर दिया गया था। उधर दूसरी ओर मुस्लिम लीग की स्थिति यह थी कि वह इस योजना को केवल उस हालत में स्वीकार करने को राजी थी अगर कांग्रेस भी उसे स्वीकार कर लेती। उसने इन प्रस्तावों को इस वजह से नामंजूर कर दिया कि उनके अनुसार प्रांतों को संघ से अलग होने का पूरा और साफ-साफ शब्दों में कोई अधिकार नहीं दिया गया था और न ही उनसे पाकिस्तान की मांग ही पूरी होती थी। हिंदू महासभा ने इन्हें इसलिए अस्वीकार कर दिया कि इनमें भारत के विभाजन की गुंजाइश रखी गई थी, हालांकि इस बात की बड़ी अस्पष्ट-सी संभावना थी। दलित वर्ग का यह कहना था कि हमें काफी संरक्षण नहीं दिए गए। भारतीय ईसाइयों और मजदूरों ने इन्हें उसी बिना पर नामंजूर कर दिया जिस पर कांग्रेस ने किया था। सिर्फ रेडिकल डेमोक्रेटिक पार्टी ही एक ऐसा दल था जिसने इन्हें स्वीकार किया। रियासतों को इनसे कोई सरोकार नहीं था, क्योंकि चाहे वे भारतीय संघ में शामिल होतीं या न होतीं, उनके लिए तो नई परिस्थिति में अपने संधिजन्य अधिकारों में संशोधन करना ही था। रही रियासतों की जनता। उसके लिए इनमें कोई गुंजाइश नहीं थी। इसलिए वह इनकी ओर देखना भी नहीं चाहती थी।

क्रिप्स-मिशन की असफलता की प्रतिक्रिया इतनी जोरदार और व्यापक रूप में हुई थी कि लोग यह शक करने लगे कि क्या वास्तव में बेचारे क्रिप्स की पीठ में ब्रिटिश सरकार ने छुरा भोंक दिया है अथवा डीक्वेंसी के शब्दों में चालाक क्रिप्स ''महज धोखेबाजी, छल-कपट, विश्वासघात और दुहरी चालों से काम ले रहे थे और उन्हें इस पर जरा भी पश्चात्ताप नहीं था!'' परंतु इस संबंध में इतना कहना ही काफी होगा कि उनके अभिनय को देखकर कांग्रेस में उनका निकटतम और घनिष्ट मित्र तथा जिस पर वे यह नाज कर रहे थे कि उसके जरिये वे अपने राजनीतिक उद्देश्य में सफल हो जाएंगे, उससे कोसों दूर चला गया। उनके मित्र को आखिर विवश होकर यह कहना पड़ा कि ''मुझे यह देखकर बड़ा दुःख हो रहा है कि क्रिप्स-जैसा व्यक्ति भी शैतान का ही साथ दे रहा है।'' भारत से लंदन लौटकर सर स्टैफर्ड क्रिप्स ने अमरीका के नाम जो भाषण ब्राडकास्ट किया उसकी बड़ी जोरदार प्रतिक्रिया हुई। इस भाषण में क्रिप्स ने कहा, ''हमने प्रतिनिधित्वपूर्ण भारतीय राजनीतिक नेताओं को तत्काल वाइसराय की शासन-परिषद् में ऐसा प्रतिनिधित्व देने का प्रस्ताव किया जैसा कि आपके उन मंत्रियों को प्राप्त है जो आप (अमरीका) के राष्ट्रपति को परामर्श देते हैं।'' क्या वास्तव में यह सच था? क्या यह सरासर झूठ नहीं था? क्या यह एक बिलकुल गलत परिभाषा नहीं थी? लेकिन उन्हें इतने से ही संतोष नहीं हुआ। उन्होंने यह भी कहा कि कांग्रेस अल्पसंख्यकों पर छा जाना चाहती है। वह उन्हें आलोकित करना चाहती है। कांग्रेस के एक प्रतिनिधि ने ही कर्नल जानसन से इस मामले में हस्तक्षेप करने को कहा। कांग्रेस ने गांधीजी के इशारे पर ही इन प्रस्तावों को ठुकराया। गांधीजी ने इन प्रस्तावों को एक दिवालिए बैंक की गैर-मियादी हुंडी कहा। इस के अलावा आपने इस बात से भी साफ इनकार कर दिया कि मैंने समझौते की बातचीत के दौरान में ''मंत्रिमंडल'' शब्द का प्रयोग किया है। आपने कहा कि मैंने तो इसे यों ही इस्तेमाल किया था। मेरा मतलब इसके असली मानों से नहीं था। उन्होंने इतनी झूठी और गलत बातें कहीं कि उनसे उनका ही नुकसान हुआ और उनके भूतपूर्व मित्र तथा अभिभावक और समर्थक उनके पक्के दुश्मन बन गए।

गांधीजी ने ब्रिटेन के हिंदुस्तान छोड़ जाने का मर्म समझाने की कोशिश की। क्या यह मुमकिन नहीं कि ब्रिटेन के मेरे प्रस्ताव को मंजूर कर लेने पर धुरी-राष्ट्रों की मनोदशा में भी एक ऐसा परिवर्तन आ जाय कि जिसकी वजह से लड़ाई का सम्मानपूर्ण अंत हो जाय? इसी प्रकार क्या यह सम्भव नहीं कि इसका परिणाम यह हो कि मित्र राष्ट्रीय सेनाएं भारत की स्वतंत्र सरकार के साथ संधि करके और अपने खर्च पर इस देश में रहकर जापानियों के आक्रमण का मुकाबिला करें और चीन की मदद करें? इसी प्रकार यदि सभी मित्र-राष्ट्रीय सेनाएं यकायक यहां से हटा दी गईं तो संभव है कि जापान भारत पर कब्जा कर ले और चीन का भी निश्चित रूप से पतन हो जाय।

उपर्युक्त तथा अन्य ऐसे ही वक्तव्यों में जो बाद में लार्ड लिनलिथगो और श्री एमरी द्वारा बड़े-बड़े इलजाम लगाने के मुख्य आधार बन गए थे, गांधीजी ने कुछ निश्चित और अविवादास्पद निचोड़ जनता के सामने रख दिए थे, जो नीचे दिए जाते हैं :

(1) ब्रिटेन ने बलपूर्वक भारत को साम्राज्यवाद का सहयोगी बना रखा है।

(2) यह युद्ध पराजित राष्ट्रों को धुरी-राष्ट्रों के पंजे से मुक्त कराने के लिए लड़ा जा रहा है।

(3) मित्र-राष्ट्र यह दावा कर रहे हैं कि वे इस प्रकार की स्वतंत्रता स्थापित करने की चेष्टा कर रहे हैं, इसलिए उन्हें चाहिए कि वे स्वयं भी उन देशों की स्वतंत्रता छीनकर इस बात के अपराधी न बनें जिन्हें उन्होंने स्वतंत्रता के इस संग्राम में घसीटा है।

(4) भारत एक ऐसा ही देश है जिसे जबरदस्ती लड़ाई में घसीटा गया है और ब्रिटेन इसके लिए अपराधी है। इसलिए ब्रिटेन और उसके पक्ष में लड़नेवाले मित्र-राष्ट्रों को इस लड़ाई का नैतिक समर्थन प्राप्त नहीं है।

(5) इसलिए भारत को पहले आजाद करना चाहिए और फिर उसके बाद अंग्रेज नैतिक आधार पर लड़ाई करने का दावा कर सकेंगे।

(6) इसके बाद ब्रिटेन और भारत में एक संधि हो जानी चाहिए जिसकी शर्तों के अनुसार अंग्रेज और मित्रराष्ट्रीय सैनिक युद्धकाल तक भारत में रह सकेंगे।

(7) इस प्रकार सुव्यवस्थित रूप से अंग्रेजों के हट जाने पर भारत अराजकता से बच जाएगा। भारत से हट जाने का मतलब यह नहीं कि प्रत्येक अंग्रेज अपना बिस्तर-बोरिया बांधकर यहां से चला जाए बल्कि, "मेरा मतलब तो अंग्रेजी प्रभुत्व को हटा लेने से है और इस प्रकार हिंदुस्तान में रहनेवाला हर अंग्रेज अपने को भारत का दोस्त बना सकता है, 'चले जाओ' का अर्थ है "मालिकों के रूप में चले जाओ।"

जैसा कि सरकार का कहना था गांधीजी ने यह कभी नहीं कहा कि "भारत छोड़ो अथवा समझौते के लिए कोई गुंजाइश नहीं रह गई।" बल्कि उनका दृढ़ विश्वास हो गया था कि, "भारत छोड़ो प्रस्ताव पर समझौते की अब कोई गुंजाइश ही नहीं रह गई।"

(8) सभी दलों में समझौता हो जाने की मांग का वास्तविक उत्तर गांधीजी के इस वक्तव्य से मिल जाता है : "आप गुलाम से कभी यह नहीं पूछते कि क्या तुम आजाद होना चाहते हो। गुलाम तो अकसर गुलामी की जंजीरों में ही बंधा रहना चाहता है।" अगर भारत का एक हिस्सा गुलामी से प्रेम करता है तो उसका मतलब नहीं कि सारा ही देश परतंत्रता में

जकड़ा रहे। कांग्रेस की मांग है कि दोनों ही हिस्सों को समान रूप से और एक साथ आजादी दी जाय।

(9) अगर ब्रिटेन भारत से हट जाए तो भारत की आन्तरिक स्थिति में वास्तविकता की पुट आ जाएगी और विभिन्न दलों में एकता तथा सद्भाव की स्थापना हो जाएगी।

(10) सम्भव है कि इस कार्रवाई के कारण सभी दलों में कोई सम्मानपूर्ण समझौता हो जाय।

इस प्रकार के आश्चर्यजनक वक्तव्य देकर और अंग्रेजों से ऐसी मांगें करके गांधीजी जैसा कि उन्होंने स्वयं लिखा था, "बड़ी ऊंची-ऊंची बातें" कर रहे थे। बाद में 5-7-42 के अपने एक लेख में गांधीजी ने लिखा : "मैंने इस सवाल पर पूरी तौर से गौर नहीं किया था। मेरी आदत बिना विचारे तुरंत ही कोई बात कह देने की नहीं है।"

गांधीजी के इन वक्तव्यों का वास्तविक अर्थ समझना बहुत कठिन था। ब्रिटेन तो क्या स्वयं गांधीजी के कुछ सहयोगियों के लिए भी उनके वक्तव्यों के वास्तविक अर्थ समझने में कठिनाई होती थी। पर उनके आलोचक अकसर उनके वक्तव्यों का एक उद्धरण यहां से लेते और एक उद्धरण वहां से लेते और यह संतोष करके बैठे रहते कि उनका वास्तविक उद्देश्य यही था। लेकिन इसका यह मतलब नहीं कि दोनों दलों में कोई बड़ा मतभेद था, बल्कि बात यह थी कि दोनों पक्षों का किसी विषय पर विचार करने का ढंग अलहदा था। यह अंतर वैसा ही था जैसा कि आत्मा और विवेक अथवा मस्तिष्क और बुद्धि का।

जैसा कि पहले भी उल्लेख किया जा चुका है कि अप्रैल-मई 1942 में अखिल भारतीय महासमिति की इलाहाबाद की बैठक में यह बात स्पष्ट हो चुकी थी कि विभिन्न समस्याओं पर सोच-विचार करने के तरीके में और रुख में दोनों पक्षों का मतभेद है। उस ऐतिहासिक अधिवेशन में गांधीजी की अनुपस्थिति के कारण बड़ी कठिनाइयां पैदा हो गईं। और बाद के महीनों में भी ये कठिनाइयां दूर नहीं हो सकी। यद्यपि इलाहाबाद की बैठक में कार्यसमिति ने अक्षरशः गांधीजी का प्रस्ताव स्वीकार नहीं किया, फिर भी गांधीजी की भावना की ही विजय हुई, क्योंकि कार्यसमिति और अखिल भारतीय महासमिति ने जापान की आक्रमणकारी सेना का विरोध करने के लिए अहिंसात्मक असहयोग का रुख अख्तयार करने का फैसला किया।

14 जुलाई, 1942 की घटनाओं का जिक्र करने से पहले हम कांग्रेस के इतिहास में एक और महत्वपूर्ण घटना का उल्लेख करना चाहते हैं। यह घटना गांधीजी की योजनाओं के प्रति श्री राजगोपालाचारी के रुख के संबंध में है। वे गांधीजी के सिद्धांतों में शत-प्रतिशत विश्वास नहीं रखते थे। इस बात का हम पहले ही जिक्र कर चुके हैं कि किस तरह से उन्होंने अहिंसा की सर्वोच्च सत्ता को मानने से इनकार

कर दिया था और अब वे यह आग्रह करने लगे कि हमें मुस्लिम लीग की मांग स्वीकार कर लेनी चाहिए। उनका ख्याल था कि इस प्रकार हम एक ऐसा संयुक्त और दृढ़ मोर्चा स्थापित कर लेंगे, जिसकी उपेक्षा या विरोध करना ब्रिटेन के लिए बहुत कठिन हो जायगा। उन्होंने बड़ी जल्दबाजी में 23 अप्रैल को मद्रास में प्रांतीय धारासभा के कांग्रेसी दल की एक बैठक बुलाकर उसमें दो प्रस्ताव पास करवा लिए। एक प्रस्ताव में मुस्लिम लीग की पाकिस्तान की मांग मंजूर करने का आग्रह और दूसरे में मद्रास के कांग्रेसी मंत्रिमंडल में सुधार करने की मांग की गई थी। पहला प्रस्ताव उन्होंने स्वयं ही इलाहाबाद की अखिल भारतीय महासमिति की बैठक में पेश किया। परंतु यह प्रस्ताव 15 के मुकाबले 120 के बहुमत से रद्द हो गया। और दूसरा प्रस्ताव उन्होंने वापस ले लिया। इस मौके पर श्री जगतनारायण लाल का प्रस्ताव पेश हुआ, हालांकि यह प्रस्ताव कार्यक्रम में शामिल नहीं था। लेकिन 60 सदस्यों ने इसका समर्थन किया था। यह प्रस्ताव 17 के मुकाबले 92 के बहुमत से पास हो गया और इसके फलस्वरूप कांग्रेस की स्थिति साफ और असंदिग्ध शब्दों में देश के सामने पेश कर दी गई। इस प्रस्ताव में यह कहा गया था कि किसी भी रियासत अथवा प्रादेशिक इकाई को भारतीय संघ अथवा फेडरेशन से पृथक होने का अधिकार और स्वतंत्रता देने का अर्थ यह होगा कि उसके फलस्वरूप भारत के टुकड़े-टुकड़े हो जाएंगे और ऐसा करना भारत की विभिन्न रियासतों और प्रांतों तथा सारे देश के हितों की दृष्टि से घातक होगा और इसलिए कांग्रेस ऐसे किसी भी प्रस्ताव से सहमत नहीं हो सकती। अपना उक्त प्रस्ताव पेश करने के उद्देश्य से श्री राजगोपालाचारी कांग्रेस की कार्यसमिति से पहले ही इस्तीफा दे चुके थे। और अपना प्रस्ताव रद्द हो जाने पर भी वे अडिग रहे और उन्होंने घोषणा की कि मैं इसी आधार पर अपना प्रचार करूंगा। 12 जुलाई, 1942 तक उनका विद्रोह इतनी सीमा तक पहुंच गया था कि पार्लमेंटरी बोर्ड के प्रधान सरदार वल्लभभाई पटेल के कहने पर गांधीजी ने श्री राजगोपालाचारी को सलाह दी कि वे मद्रास की धारासभा और कांग्रेस की प्रारंभिक सदस्यता से भी इस्तीफा दे दें। और उन्होंने 15 जुलाई को ऐसा ही किया भी। श्री भूलाभाई जे. देसाई ने भी अस्वस्थता के कारण जुलाई के प्रथम सप्ताह में कांग्रेस की कार्यसमिति से इस्तीफा दे दिया। इस पृष्ठभूमि को ध्यान में रखते हुए अब हम जुलाई, 1942 की घटनाओं पर विचार करना चाहते हैं।

जुलाई, 1942 में कार्यसमिति का एक लम्बा अधिवेशन हुआ जो 9 जुलाई से लेकर 14 जुलाई तक जारी रहा। उस समय के वातावरण में बहुत खिंचाव पाया जाता था। कार्यसमिति के परिवर्तनवादी सदस्यों की स्थिति बड़ी सोचनीय थी। उन्हें बारंबार गांधीजी की नीति और सिद्धांतों पर आश्रित रहना पड़ रहा था। अगस्त के ऐतिहासिक निर्णय के समय सभी के दिलों में एक भारी तूफान उठा हुआ था और जुलाई के निर्णयों ने उस महान् निर्णय की भूमिका तैयार की थी। फिर भी कांग्रेस

के दोनों पक्षों में कुछ बातें समान रूप से पाई जाती थी। गुलामी स्वयं तो एक बुराई है ही, लेकिन गुलाम रहकर भारत अपनी रक्षा नहीं कर सकता था। वह कमजोर पड़ गया था। संसार की सुरक्षा और नाजीवाद, फासिस्टवाद, सैनिकवाद और साम्राज्यवाद के अंत के लिए भारत में तत्काल ब्रिटिश शासन का अंत नितान्त आवश्यक समझा जा रहा था। सितम्बर, 1939 से लेकर अक्टूबर, 1940 तक कांग्रेस ने ब्रिटेन को परेशानी में न डालने की नीति अख्तयार की और फिर अक्टूबर, 1940 से लेकर अक्टूबर, 1942 तक उसने व्यक्तिगत सत्याग्रह आंदोलन के जरिये अपना विरोध प्रकट करते हुए जान-बूझकर संयम से काम लिया। लेकिन इसका परिणाम क्या हुआ? ब्रिटेन पर इसका रत्ती भर भी असर नहीं हुआ। दूसरी ओर हम क्या देखते हैं कि क्रिप्स-मिशन की असफलता के बाद भारत में बड़ी शीघ्रता के साथ और व्यापक रूप से ब्रिटेन के खिलाफ दुर्भावना अपना जोर पकड़ती गई, जिसे देखते हुए कार्य समिति को डर था कि कहीं भारतीय जनता जापानी आक्रमण का निष्क्रिय रूप से प्रतिरोध न करे। इसे दूर करने का केवल एक ही उपाय था ब्रिटेन भारत को आजादी दे दे और जब उसका स्वाभाविक परिणाम यह होगा कि यह सारी दुर्भावना ब्रिटेन के प्रति सद्‌भावना के रूप में परिवर्तित हो जाएगी। और जब तक तीसरा दल इस देश में विद्यमान् रहेगा, साम्प्रदायिक झगड़े भी नहीं सुलझ सकेंगे। ब्रिटिश सरकार से भारत से हट जाने की जो मांग की जा रही थी उसके पीछे सद्‌भावना थी और उसके फलस्वरूप देश में राष्ट्रीय सरकार की स्थापना में मदद मिलती। ब्रिटिश सरकार से इस प्रस्ताव को स्वीकार करने का जोरदार आग्रह किया गया।

वस्तुतः भारत उस समय बड़े संकट और दुविधा में फंस गया था।

जुलाई के दूसरे सप्ताह में कांग्रेंस की कार्यसमिति ने वर्धा में जो प्रस्ताव पास किया उससे देश को कोई आश्चर्य नहीं हुआ और परोक्ष रूप से वह प्रस्ताव कांग्रेस की उन नीतियों और सिद्धांतों से भिन्न था जिन पर वह पिछले तीन सालों से चलती आ रही थी। कांग्रेस ने हमेशा से ही प्रजातंत्रवादी शक्तियों का समर्थन किया है और फासिस्टवाद और नाजीवाद का स्पष्ट रूप से विरोध किया और इसी उद्‌देश्य से उसने जानबूझकर इस लड़ाई में ब्रिटेन को परेशान न करने का रुख अपनाया।

कार्यसमिति की सिफारिशों पर 7 और 8 अगस्त, 1942 को अखिल भारतीय महासमिति द्वारा बंबई में पास किया गया प्रस्ताव :

"अखिल भारतीय कांग्रेस कमेटी ने कार्यसमिति के 14 जुलाई, 1942 के प्रस्ताव के विषयों पर, जो कार्यसमिति द्वारा प्रस्तुत किए गए थे, और बाद की घटनाओं पर, जिनमें युद्ध की घटनावली, ब्रिटिश सरकार के जिम्मेदार वक्ताओं के भाषण और भारत तथा विदेशों में की गई अलोचनाएं सम्मिलित हैं, अत्यंत सावधानी के साथ विचार किया है। अखिल भारतीय कांग्रेस कमेटी उस प्रस्ताव को स्वीकार करते हुए

उसका समर्थन करती है और उसकी राय है कि बाद की घटनाओं ने इसे और भी औचित्य प्रदान कर दिया है और इस बात को स्पष्ट कर दिखाया है कि भारत में ब्रिटिश शासन का तात्कालिक अंत, भारत के लिए और मित्रराष्ट्रों के आदर्श की पूर्ति के लिए अत्यंत आवश्यक है। इस शासन का स्थायित्व भारत की प्रतिष्ठा को घटाता और उसे दुर्बल बनाता है और अपनी रक्षा करने तथा विश्व-स्वातंत्र्य के आदर्श की पूर्ति में सहयोग देने की उसकी शक्ति में क्रमिक ह्रास उत्पन्न करता है।

''अखिल भारतीय कांग्रेस कमेटी ने रूसी अैर चीनी मोर्चों पर स्थिति के बिगड़ने को निराशा के साथ देखा है और वह रूसियों और चीनियों की उस वीरता की भूरि-भूरि प्रशंसा करती है जो उन्होंने अपनी स्वतंत्रता की रक्षा करने में प्रदर्शित की है। जो लोग स्वतंत्रता के लिए प्रयत्न कर रहे हैं और आक्रमण के शिकार हुए व्यक्तियों से सहानुभूति रखते हैं उन सबको नित्य बढ़ता जानेवाला खतरा उस नीति की परीक्षा करने के लिए बाध्य करता है जिसका मित्रराष्ट्रों ने अभी तक अवलम्बन किया है और जिसके कारण बारम्बार भीषण असफलताएं हुई हैं। ऐसे उद्देश्यों, नीतियों और प्रणालियों पर आरूढ़ बने रहने से असफलता सफलता में परिणत नहीं की जा सकती, क्योंकि पिछले अनुभव से प्रकट हो चुका है कि असफलता इन नीतियों में निहित है। ये नीतियां स्वतंत्रता पर इतनी आधारित नहीं की गई हैं जितनी कि अधीन और औपनिवेशिक देशों पर आधिपत्य बनाए रखने और साम्राज्यवादी परम्पराओं तथा प्रणालियों को अक्षुण्ण बनाने रखने के प्रयत्नों पर। साम्राज्य को अधिकार में रखना शासन-सत्ता की शक्ति बढ़ाने के बजाय एक भार और शाप बन गया है। आधुनिक साम्राज्यवाद की सर्वोत्कृष्ट क्रीड़ाभूमि भारत इस प्रश्न की कसौटी बन गया है, क्योंकि भारत की स्वतंत्रता से ही ब्रिटेन और मित्रराष्टों की परीक्षा होगी और एशिया तथा अफ्रीका की जातियों में आशा और उत्साह भर जाएगा।

''इस प्रकार इस देश में ब्रिटिश शासन के अंत होने की अतीव और तत्काल ही आवश्यकता है। इसी के ऊपर युद्ध का भविष्य और स्वतंत्रता तथा प्रजातंत्र की सफलता निर्भर है। स्वतंत्र भारत अपने समस्त विशाल साधनों को स्वतंत्रता के पक्ष में और नाजीवाद, फासिस्टवाद और साम्राज्यवाद के विरुद्ध लगा कर इस सफलता को सुनिश्चित कर देगा। इससे केवल युद्ध की स्थिति पर ही पर्याप्त प्रभाव नहीं पड़ेगा वरन् समस्त पराधीन और पीड़ित मानव-समाज भी मित्रराष्ट्रों के पक्ष में हो जायगा और भारत जिन राष्ट्रों का मित्र होगा उनके हाथों में विश्व का नैतिक और आत्मिक नेतृत्व भी आ जायगा। बन्धनों में जकड़ा हुआ भारत ब्रिटिश साम्राज्यवाद का मूर्तिमान स्वरूप बना रहेगा और उस साम्राज्यवाद का कलंक समस्त मित्रराष्ट्रों के सौभाग्य को दूषित करता रहेगा।

''इसलिए आज के खतरे को देखते हुए भारत को स्वतंत्र कर देने और ब्रिटिश आधिपत्य को समाप्त कर देने की आवश्यकता है। भविष्य के लिए किसी भी प्रकार

की प्रतिज्ञाओं और गारंटियों से वर्तमान परिस्थिति में सुधार नहीं हो सकता और न उसका मुकाबला किया जा सकता है। इनसे जन-समुदाय के मस्तिष्क पर वह मनोवैज्ञानिक प्रभाव नहीं पड़ सकता जिसकी आज आवश्यकता है। केवल स्वतंत्रता की दीप्ति से ही करोड़ों व्यक्तियों का वह बल और उत्साह प्राप्त किया जा सकता है जो तत्काल ही युद्ध के रूप को बदल देगा।"

"इसलिए अखिल भारतीय कांग्रेस कमेटी पूरे आग्रह के साथ भारत से ब्रिटिश सत्ता के हटा लेने की मांग को दुहराती है। भारत की स्वतंत्रता की घोषणा हो जाने पर एक अस्थायी सरकार स्थापित कर दी जायगी और स्वतंत्र भारत मित्रराष्ट्रों का मित्र बन जायगा और स्वातंत्र्य-संग्राम के सम्मिलित प्रयत्न की परीक्षाओं और दुःख-सुख में हाथ बंटाएगा। अस्थायी सरकार देश के मुख्य दलों और वर्गों के सहयोग से ही बनाई जा सकती है। इस प्रकार यह एक मिली-जुली सरकार होगी जिसमें भारतीयों के समस्त महत्वपूर्ण वर्गों का प्रतिनिधित्व होगा। उसका प्रथम कर्तव्य अपनी समस्त सशस्त्र तथा अहिंसात्मक शक्तियों द्वारा मित्रराष्ट्रों से मिल कर भारत की रक्षा करना, आक्रमण का विरोध करना, और खेतों, कारखानों तथा अन्य स्थानों में काम करनेवाले उन श्रमजीवियों का कल्याण और उन्नति करना होगा जो निश्चय ही समस्त शक्ति और अधिकार के वास्तविक पात्र हैं।"

7 और 8 अगस्त को जब अखिल भारतीय महासमिति का अधिवेशन प्रारंभ हुआ तो उसके सदस्यों और जनता दोनों में ही बड़ी उत्तेजना पाई जाती थी। सभामंडप कमेटी की बैठक की बजाय कांग्रेस का एक छोटा-सा अधिवेशन प्रतीत हो रहा था, जिसमें करीब बीस हजार आदमी सम्मिलित हुए थे। बंबई शायद कंजूसी का नाम ही नहीं जानता और वह प्रांत अपने आतिथ्य-सत्कार के लिए संभवतः सब से ज्यादा मशहूर हो चुका है। वाद-विवाद और सोच-विचार के वातावरण में सहसा परिवर्तन हो गया। इसकी वजह थी हैदराबाद (दक्षिण) के एक प्रमुख मुसलमान डा. अब्दुल लतीफ का मित्रतापूर्ण रुख। डा. लतीफ पिछले कुछ समय से पाकिस्तान की योजना तैयार कर रहे थे। आपने सहसा इस प्रश्न पर लीग के रुख की कड़ी आलोचना करते हुए यह सुझाव पेश किया कि उसे पाकिस्तान की मांग छोड़कर राष्ट्रीय सरकार की स्थापना पर अधिक ध्यान देना चाहिए। कांग्रेस के प्रधान और डा. लतीफ के दरमियान इस संबंध में लिखा-पढ़ी भी हुई। कांग्रेस के प्रधान ने कांग्रेस की स्थिति पुनः स्पष्ट करते हुए कहा कि कार्यसमिति ने अपने दिल्लीवाले अधिवेशन में किसी प्रादेशिक इकाई के स्वभाग्य-निर्णय के अधिकार की जो स्वीकृति दी थी वह अब भी वैसी ही कायम है और उसपर इलाहाबाद में श्री जगतनारायण के पाकिस्तान-विरोधी प्रस्ताव का कोई असर नहीं पड़ता। एक मित्र जो कांग्रेस और लीग दोनों के ही समान दोस्त थे, श्री जिन्ना से बातचीत करने के बाद गांधीजी से यह पूछने आए कि क्या कांग्रेस के प्रधान का ब्रिटेन के सम्मुख पेश किया गया वह सुझाव अभी तक कायम

है जिसमें उन्होंने यह कहा था कि यदि ब्रिटेन चाहे तो किसी भी संप्रदाय को भारत की सत्ता हस्तान्तरित कर सकता है (अर्थात् राष्ट्रीय सरकार की स्थापना मुस्लिम लीग ही करे)। इस पर गांधीजी ने कहा कि कांग्रेस ने यह कोई शेखी नहीं बघारी थी, बल्कि उसने यह घोषणा सोच-समझकर और पूरी गंभीरता के साथ ही की थी। कांग्रेस को अपना सामूहिक आंदोलन प्रारंभ करने के लिए इतनी उतावली न थी। उसे इस काम की कोई जल्दबाजी नहीं थी। वह तो कोई आंदोलन शुरू करने से पहले वाइसराय के साथ एक शांतिपूर्ण और मैत्रीपूर्ण समझौते का अन्तिम प्रयत्न कर लेना चाहती थी। और अगर आवश्यक समझा जाय तो चीन, अमरीका और अन्य मित्र राष्ट्रों से पहले अनुरोध करने के बाद ही कोई आंदोलन छेड़ना चाहती थी।

उक्त प्रस्ताव पंडित जवाहरलाल नेहरू ने पेश किया और सरदार पटेल ने उसका समर्थन किया और यह प्रस्ताव केवल 13 विरोधीमतों के पास हो गया।

प्रस्ताव पास हो जाने के बाद गांधीजी ने अपना भाषण दिया। वास्तव में उस दिन गांधीजी एक अवतार और पैगम्बर की प्रेरक शक्ति से प्रेरित होकर भाषण दे रहे थे। उनके अंदर आग धधक रही थी। गांधीजी उस दिन राजनीति के निम्न धरातल से ऊपर उठ कर उत्कृष्ट मानवता, विश्वव्यापी भ्रातृत्व, शांति और मानवमात्र के प्रति सद्भाव से परिपूरित होकर दिव्य लोक की चर्चा कर रहे थे। वास्तव में गांधीजी सभी राष्ट्रों के समान हितचिन्तक, गरीब जतना के मित्र, उत्पीड़ित और पददलित मानवता और परतंत्रता के पाश में आबद्ध लोगों के उद्धारक की हैसियत से बोल रहे थे। वे मानों अब्राहम लिंकन के इन सुविख्यात् और शाश्वत् महत्त्व के शब्दों से अपना भाषण कर रहे थे और जनता से आग्रह कर रहे थे कि "आप किसी के प्रति अपने मन में द्वेष और वैरभाव न रखें, सभी के प्रति दयालुतापूर्ण बरताव करें, हमेशा ईश्वर द्वारा प्रदर्शित सत्य मार्ग पर दृढ़ रहें। हमने जो काम करने का बीड़ा उठाया है, उसे पूरी लगन के साथ पूरा करें, ताकि न केवल इस देश में, अपितु समस्त विश्व में शाश्वत् शांति और न्याय की स्थापना हो सके।"

गांधीजी उस दिन वास्तव में राष्ट्र के मुख्य सेवक के प्रतिनिधि के रूप में बोल रहे थे। उन्होंने इस अवसर पर संयुक्त राष्ट्रों से हार्दिक अपील की कि वे अपने जीवन के इस महत्वपूर्ण अवसर से न चूकें। इसी प्रकार उन्होंने हरएक हिंदुस्तानी से कहा कि वह अपने को आजाद समझे। गांधीजी ने समाचार-पत्रों, नरेशों, विद्यार्थियों, अध्यापकों, सरकारी कर्मचारियों और अन्य लोगों को भी यही संदेश दिया।

"मैं इस लड़ाई में आपका नेतृत्व करने की जिम्मेदारी अपने ऊपर लेता हूं, सेनापति अथवा नियंत्रक के रूप में नहीं, बल्कि आपके तुच्छ सेवक के रूप में और जो कोई सर्वाधिक सेवा करेगा वही मुख्य सेवक माना जायगा। मैं तो राष्ट्र का मुख्य सेवक हूं।" अपना भाषण समाप्त करते हुए गांधीजी ने कहा, "आपलोगों को जो भी मुसीबतें और कष्ट झेलने पड़ेंगे, मैं उनमें आपका हाथ बंटाना चाहता हूं।"

गांधीजी ने कहा कि यद्यपि ब्रिटेन ने भारत को सबसे अधिक उत्तेजित किया है, फिर भी "हम कोई निकम्मा वार नहीं करेंगे। अब तक हमने वास्तव में बड़ी सज्जनता और शराफत से काम लिया है। हम ऐसी निकम्मी हरकत कभी नहीं करेंगे। हम ऐसे ओछे हथियारों से काम नहीं लेंगे।" अपना भाषण समाप्त करते हुए गांधीजी ने कहा, "मैंने कांग्रेस को बाजी पर लगा दिया है, वह करेगी या मरेगी।"

गांधीजी ने हिंदू-मुस्लिम सवाल पर भी विशद रूप से प्रकाश डालते हुए साफ-साफ शब्दों में कहा, "पाकिस्तान के सवाल पर मेरे मन में कोई भ्रम नहीं है। चाहे कुछ भी हो, पाकिस्तान हिंदुस्तान के बाहर नहीं बन सकता। हम सभी को एक-दूसरे के साथ कन्धे-से-कन्धा मिलाकर देश की आजादी की कोशिश करनी चाहिए। मैं बड़ा उतावला हूं। आजादी सबके लिए है, किसी एक जाति या क़ौम के लिए नहीं। किसी भी क़ौम को हिंदुस्तान की हुकूमत सौंप देने की जो मांग मौलाना साहब ने ब्रिटेन के सामने पेश की है, मैं उसका समर्थन करता हूं। अगर मुसलमानों को हुकूमत सौंप दी जाय तो उससे मुझे कोई रंज नहीं होगा, आखिर वे हिंदुस्तानी हैं। आखिर हिंदुस्तान उनका अपना घर है। कांग्रेस के दरवाजे सबके लिए खुले हैं। वे कांग्रेस पर कब्जा करके उसकी नीति बदलवा सकते हैं। कोई उन्हें इससे रोक नहीं सकता। कांग्रेस एक प्रजातंत्रात्मक संस्था है। हिंदू भी यह समझ लें कि उन्हें अल्पसंख्यकों-सहित सबके लिए लड़ना है। मुसलमानों की जान बचाने के लिए उन्हें अपनी जान की कुर्बानी करनी चाहिए। यह अहिंसा का पहला पाठ है। हमें अपने पड़ोसी के प्रति सहिष्णु बनना चाहिए। मुसलमानों और दूसरों को भी मेरी यही सलाह है।"

गांधीजी ने सार्वजनिक रूप से यह घोषणा कर दी थी कि आंदोलन शुरू करने के पूर्व वे वाइसराय को एक पत्र लिखना चाहते हैं। वे उनके जवाब की प्रतीक्षा करना चाहते थे। उनका ख्याल था कि इसमें शायद दो-तीन सप्ताह लग जायं। इस बीच उन्होंने देशवासियों को सलाह दी कि वे कांग्रेस के 13 सूत्री रचनात्मक कार्यक्रम में अपनी शक्ति लगाएं। इसके अलावा उन्होंने लोगों को नीचे लिखी हिदायतें भी दीं :

1. अखबारों को स्वतंत्रतापूर्वक और निर्भीक होकर अपना कर्तव्य पालन करना चाहिए। उन्हें सरकार से डरना नहीं चाहिए और न किसी से रिश्वत लेनी चाहिए। अधिकारियों द्वारा अपना दुरूपयोग किए जाने की अपेक्षा काम बंद कर देना कहीं अधिक अच्छा होगा और तब उन्हें अपनी इमारतों, मशीनों और बड़े-बड़े कारोबार की कुर्बानी देने को तैयार रहना चाहिए। संपादक-सम्मेलन की स्थायी समिति ने सरकार को जो वचन दे रखा है, पत्रों को उससे अपना कोई वास्ता नहीं रखना चाहिए। पकल साहब को उनका यही जवाब हो सकता है। उन्हें अपने आत्म-सम्मान को मिट्टी में नहीं मिलने देना चाहिए। उन्हें किसी हालत में अपमान नहीं सहन करना चाहिए।

2. राजाओं को संबोधित करते हुए गांधीजी ने कहा–
"राजाओं को यह समझ लेना चाहिए कि मैं उनका शुभचिन्तक हूं। मेरे पिता दीवान रह चुके हैं। स्वयं मेरा जन्म भी एक रियासत में ही हुआ था। मैंने उनका नमक खाया है। मैं नमकहरामी नहीं करना चाहता। राजाओं को स्थिति के अनुसार अपने कर्तव्य का पालन करना चाहिए। उन्हें समय की गति को पहचान कर अपने शासन की बागडोर अपनी प्रजा को सौंप देनी चाहिए और इसकी सूचना सरकार के राजनीतिक विभाग को भी दे देनी चाहिए। अगर वे ऐसा करने से चूक गए तो फिर स्वतंत्र भारत में उनके लिए कोई स्थान नहीं रह जाता। राजाओं को अपनी स्वेच्छाचारिता और तंत्रशाही का परित्याग कर देना चाहिए।"
3. आंदोलन के स्वरूप और उसे किस ढंग से चलाना चाहिए, इस बारे में गांधीजी ने साफ-साफ कह दिया था कि "गुप्त रूप से कोई काम न कीजिये, यह पाप है। लुक-छिपकर कोई आंदोलन न चलाइये।"
4. विद्यार्थियों और शिक्षकों को संबोधित करते हुए गांधीजी ने कहा कि, "वे अपने अंदर आजादी की भावना को धारण करें। कांग्रेस के साथ खड़े रहें। यह कहने की हिम्मत दिखायें कि वे कांग्रेस के हैं। और अगर जरूरत आ ही पड़े तो वे अपने धन्धे और 'कैरियर' को खुशी-खुशी छोड़ दें।"

सरकारी नौकर का जिक्र करते हुए गांधीजी ने उन्हें सलाह दी कि, "उनके लिए यह जरूरी नहीं है कि वे फौरन ही अपनी नौकरियों से इस्तीफे दे दें, लेकिन उन्हें सरकार को यह तो लिखकर दे ही देना चाहिए कि वे कांग्रेस के साथ हैं।"

9 अगस्त को नेताओं की गिरफ्तारी के बाद सरकार ने पहला हमला कांग्रेस के स्वयंसेवकों की रैली पर किया। उसने राष्ट्रीय झण्डे को नीचे गिरा दिया और लोगों को चेतावनी दी कि वे उस मैदान में एकत्र न हों। इस झंडे का उद्घाटन उसी दिन प्रातः पंडित नेहरू द्वारा किया जाना था। पुलिस की चेतावनी के बावजूद श्रीमती आसफअली ने झंडा फहराया और इन गिरफ्तारियों की घोषणा की। प्रांत भर में और बंबई नगर में सार्वजनिक सभाओं, जमघटों और जुलूसों पर प्रतिबन्ध लगा दिए गए और इनके लिए अधिकारियों से पहले से अनुमति प्राप्त कर लेना आवश्यक घोषित किया गया। शस्त्रास्त्रों को लेकर चलना निषिद्ध कर दिया गया और एक पखवारे के लिए कुछ इलाकों में लोगों को शाम के 7.30 बजे के बाद और सुबह 6 बजे से पहले अपने घरों से बाहर निकलने की मनाही कर दी गई। पहले ही दिन पुलिस और सेना ने लोगों पर लाठी-चार्ज किया, उनपर अश्रु-गैस छोड़ी और उन्हें गोलियों का शिकार बनाया। बंबई-जैसे निषेधात्मक आदेश एक-साथ ही सभी प्रांतों में लागू किए गए। संयुक्त प्रांत की सरकार ने अपने यहां कांग्रेस कार्यसमिति, अखिल भारतीय

महासमिति, तथा सभी प्रांतीय, जिला, नगर, तहसील, वार्ड और मंडल कांग्रेस कमेटियों को अवैध घोषित कर दिया और 1932 के संयुक्त प्रांतीय विशेषाधिकार कानून को प्रांत के सभी जिलों पर लागू कर दिया इलाहाबाद में स्वराज्य-भवन पर कब्जा कर लिया गया। मध्यप्रांत में नागपुर कांग्रेस समाजवादी दल, नागपुर हिंदुस्तान लाल सेना, और हिंदुस्तान लाल सेना को भी गैर-कानूनी घोषित कर दिया गया। उड़ीसा की सरकार ने न केवल कांग्रेस कमेटियों को ही गैर-कानूनी घोषित किया, बल्कि उनके दफ्तरों, और अन्य संबद्ध संस्थाओं को भी, जिनकी संख्या 38 थी, घोषित क्षेत्र करार दिया। यही हाल लाहौर, नई दिल्ली और कराची में भी हुआ। केवल लाहौर में ही कांग्रेस समाजवादी दल और उसकी सहायक संस्थाओं की गैर-कानूनी संस्थाओं की आमसूची में सम्मिलित किया गया। उधर दक्षिण में, मद्रास में भी इसी प्रकार तीनों प्रांतीय कांग्रेस कमेटियां और उनकी संस्थाएं गैर-कानूनी घोषित कर दी गई। बंगाल, आसाम और पटना में भी इसी तरह के प्रतिबन्ध लगा दिए गए और पटना का सदाकत आश्रम भी एक घोषित क्षेत्र करार दिया गया। इस प्रकार वास्तविकता यह थी कि कांग्रेस पर एक-तरफा हमला कर दिया गया और उसे अवज्ञा के न जाने किन विदित और अविदित कार्यों के लिए सजा दी गई। कांग्रेस को अपना विरोध-प्रदर्शन-आंदोलन चलाने का पूरा और स्पष्ट अधिकार था। इसे चाहे आप 'खुला विद्रोह' ही कहिए—और अधिकारी अपने पिछले अनुभव के आधार पर जानते थे कि इस तरह के आंदोलन को पराजित नहीं किया जा सकता। इसलिए जब नेता और उनके अनुयायी युद्ध की घोषणा होने से पहले ही युद्ध-बंदी बना लिए गए तो फिर भला आप यह आशा कैसे कर सकते हैं कि सैनिक इस युद्धकला के सिद्धांतों पर उचित रूप से अमल करेंगे। और न ही आप जनता से, जो वर्षों से अपने क्षोभ और गुस्से को दबाए बैठी थी—यह आशा कर सकते थे कि वह सत्य और अहिंसा के सिद्धांतों और उन पर आधारित नीति का पालन कर सकेगी। न ही यूरोप और अफ्रीका की अव्यवस्था और हत्या कांड के उदाहरण का उनके संयम पर कोई प्रभाव पड़ सकता था। और सरकार केवल जनता से ही यह आशा करती थी कि वह संयम से काम ले। इसलिए इन परिस्थितियों में जनता ने समझा कि उन्हें ऐसा मौका जीवन में शायद फिर कभी मिल सके, इसलिए वह काबू से बाहर हो गई।

लोग बिलकुल निराश और हतोत्साह हो गए। देश के सभी छोटे-बड़े नेताओं को सरकार ने गिरफ्तार कर लिया था। इसलिए बाहर एक भी ऐसा जिम्मेदार स्त्री-पुरुष नहीं बचा था, जो इन सार्वजनिक कार्रवाइयों के समय जनता का पथ-प्रदर्शन कर सकता। अगर इस तरह की जल्दबाजी से काम लेकर सरकार ने यह ख्याल किया था कि इस आंदोलन को शुरू में ही दबा दिया जाएगा अथवा यह आंदोलन हफ्ते या दो हफ्ते में स्वयं ही मर जाएगा तो यह उसकी भूल थी और उसने शीघ्र ही अपना यह अनुचित आशावाद महसूस भी कर लिया। सभाओं, जुलूसों, प्रदर्शनों, मिलने-

जुलने की स्वतंत्रता और वाणी स्वातंत्र्य पर लगाए गए प्रतिबन्धों की तनिक भी अवज्ञा करने पर जब अधिकारियों द्वारा जनता पर न केवल लाठी-चार्ज द्वारा बल्कि राइफलों, रिवाल्वरों, मशीनगनों की मार और बमवर्षा की गई तो वह गुस्से से पागल हो उठी। नेताओं की गिरफ्तारी को मुश्किल से 12 घण्टे भी नहीं हुए थे कि सरकार ने ईंट-पत्थरों और गोलियों की बौछार की वही पुरानी कहानी दुहरानी शुरू कर दी। इस तरह एक विषाक्त और दूषित चक्र चल पड़ा जिसे देखकर नागरिक न तो चुप ही बैठ सकते और न उसे रोक सकते थे। जनता की भीड़ चलती हुई रेलों पर पत्थर बरसाने लगी, गाड़ियों और कारों को रोकने लगी, रेलवे स्टेशनों को नुकसान पहुंचाने लगी, और उनमें अथवा उनकी संपत्ति को अग्नि की भेंट करने लगी, अनाज की दूकानें, लूटी जाने लगीं, टेलीफोन के तार काटे जाने लगे, कारों के टायरों को खोल दिया गया और उन्हें बेकार कर दिया गया और विक्टोरिया, बैलगाड़ी तथा तांगेवालों को परेशान किया जाने लगा। आम जनता की इन ज्यादतियों के अलावा आर्डिनेन्स-द्वारा निषिद्ध घोषित किए जाने पर भी देशभर में हड़तालें हुई, जिनमें स्कूल, कालेजों और विश्वविद्यालय के छात्रों ने विशेष रूप से भाग लिया। विद्यार्थियों ने पिकेटिंग करने में भी प्रमुख भाग लिया। शिक्षण संस्थाएं और यूनिवर्सिटियां बहुत शीघ्र ही खाली हो गई और देश के एक कोने से लेकर दूसरे कोने तक अर्थात् अलीगढ़ को छोड़कर ढाका से दिल्ली तक और लाहौर से लेकर मद्रास तक सभी शिक्षा-संस्थाएं बंद हो गईं। परंतु बनारस विश्वविद्यालय पर सेना ने आंदोलन के शुरू में ही कब्जा कर लिया था। इस आंदोलन के शुरू में रेल की पटरियों और फिश-प्लेटों को उखाड़ने की घटनाएं भी देखने में आई, जिनके कारण रेलवे-यातायात पंगु बना दिया गया। उदाहरण के तौर पर कई दिन तक मद्रास मेल नहीं चल सकी और बाद में कुछ समय तक रात्रि के समय वह बंद कर दी गई। बित्रगुन्ता से लेकर बेजवाड़ा तक 130 मील का रेल-मार्ग बुरी तरह से छिन्न-भिन्न हो गया था। बिहार में लगभग दो सप्ताह तक मुंगेर का बाहरी दुनिया के साथ सब प्रकार का संपर्क कटा रहा। जहां तक रेलों की अव्यवस्था का प्रश्न है सबसे अधिक गड़बड़ बिहार में रही। अहमदाबाद में सभी मिलें बंद रहीं, लेकिन बंबई में केवल तीन-चार मिलें ही बंद रहीं। म्युनिसिपैलिटियों के असंख्य ही बिजली के बल्ब, आग बुझाने के केंद्र, और म्युनिसिपैलिटियों के छकड़े चकनाचूर कर दिए गए। बी.बी. एण्ड सी.आई के दादर रेलवे स्टेशन के पास 9 अगस्त को एक कार को अग्नि की भेंट कर दिया गया। 9 अगस्त को बी.बी. एंड सी.आई. और जी.आई.पी. रेलों की सभी गाड़ियां लगभग एक घण्टे तक पूरी तरह से बंद रहीं। और सरकार ने इस गड़बड़ का डटकर मुकाबला किया। गड़बड़ शुरू होने के दूसरे दिन—10 अगस्त को बंबई में पुलिस और सेना को सुबह 10 बजे से लेकर शाम के 4 बजे तक लगभग 10 बार भीड़ पर गोली चलानी पड़ी। एक सरकारी रिपोर्ट के अनुसार 9 अगस्त, रविवार के दिन बंबई नगर के उपद्रवों में 9

व्यक्ति मारे गए, और 169 घायल हुए, जिनमें 27 पुलिस के सिपाही भी थे। 11 अगस्त मंगलवार के दिन पुलिस ने सुबह से लेकर दोपहर के 2-30 बजे तक बंबई में लगभग 13 बार गोली चलाई। इसी प्रकार 10 अगस्त तक पुलिस ने पूना, अहमदाबाद, लखनऊ और कानपुर में भी गोली चलाई। संयुक्त प्रांत की सरकार ने एक आर्डिनेंस लागू किया जिसके अंतर्गत यह ऐलान किया गया कि आग लगाने या किसी विस्फोटक द्वारा शरारत फैलाने पर किसी भी व्यक्ति को अपराधी घोषित किया जा सकेगा और उसे ताजीरात हिंद के अंतर्गत दी जानेवाली साधारण सजा के अलावा कोड़े लगाए जाने की भी सजा दी जा सकेगी। इसी प्रकार यदि कोई व्यक्ति ऐसी किसी इमारत, मोटरगाड़ी, मशीन इत्यादि को नुकसान पहुंचाएगा, जो सरकारी कार्य के लिए इस्तेमाल की गई हो अथवा की जानेवाली हो, अथवा किसी रेलवे स्टेशन, ट्राम, सड़क, पुल, नहर इत्यादि को नुकसान पहुंचाएगा अथवा बलात्कार करेगा, किसी इमारत में चोरी करेगा, या डाकेजनी करेगा तो उसे भी अपराधी घोषित करके दण्ड दिया जा सकेगा। मध्य-प्रांत में स्थानीय संस्थाओं को कांग्रेस के प्रति सहानुभूति प्रकट करने के लिए भंग कर दिया गया और इसी आधार पर दूसरे प्रांतों में ही ऐसा किया गया। पुलिस ने पूना, नई दिल्ली और नासिक में भी गोली चलाई। रेलवे स्टेशनों, इन्कमटैक्स के दफ्तरों, स्कूल और कालेज की इमारतों, डाकखानों, और रेल के मालगोदामों में आमतौर पर आग लगाई गई। बिहार में एक भीड़ ने सेक्रेटरियेट पर हमला करने की कोशिश की। इस पर गोरखा सैनिकों ने गोली चलाई, जिससे पांच आदमी मारे गए और 19 घायल हुए। सरकार की अराजकता के विरोधस्वरूप बिहार और बंबई के एडवोकेट जनरलों तथा बंबई के सरकारी वकीलों ने अपने पदों से इस्तीफे दे दिए।

बंबई शहर में यातायात रोक दिया गया। यहां तक कि प्राइवेट कारों को भी तब तक नहीं गुजरने दिया गया जब तक कि उसमें बैठी हुई सवारियों में कम-से-कम किसी एक ने गांधी टोपी न पहनी हो। ट्राम-पटरियों को बारीक पत्थरों से पाट दिया गया, जिन्हें आसानी से नहीं हटाया जा सकता था। सड़कों के जंकशनों पर लटकी हुई जंजीरों को खोल कर उनके साथ ट्रामों को बांध दिया गया और उनके मार्ग में कहीं से लाकर बड़े-बड़े दरवाजे गाड़ दिए गए, जिनके कारण ट्रामों का चलना और भी कठिन हो गया। यह भी पता चला कि रेल की पटरियों पर तेल आदि लगा कर उन्हें पूरी तरह से चिकना कर दिया गया, जिनसे कि यदि अचानक ब्रेक लगाए जाएं तो वे बेकार साबित हों।

जहां एक तरफ सरकार की मनमानी और हिंसात्मक कार्रवाइयों के कारण समाज के परेशान करनेवाले तत्व प्रतिहिंसा और प्रतिशोध की भावना से प्रेरित होकर उसका मुकाबला कर रहे थे, और सार्वजनिक सुरक्षा-व्यवस्था के लिए खतरा पैदा कर रहे थे, वहां दूसरी तरफ आगा खां महल में नजरबंद गांधीजी तथा उनके सहयोगियों और

कार्यसमिति के सदस्यों के, जिन्हें किसी अज्ञात स्थान में नजरबंद रखा गया था, स्वास्थ्य के बारे में गहरी चिंता प्रकट की जा रही थी। इसके अलावा जनता को इस बात से भी गहरी चिंता हो रही थी कि क्या गांधीजी अनशन करेंगे, जैसा कि उन्होंने अपनी गिरफ्तारी से पहले ऐसा करने की घोषणा की थी। और अगर कहीं उन्होंने अनशन किया तो उसका क्या परिणाम होगा? इस प्रकार जब कि देश भर में इस संबंध में गहरी चिंता प्रकट की जा रही थी, श्री महादेव देसाई के अचानक निधन का समाचार प्राप्त हुआ। इन गिरफ्तारियों को हुए अभी एक सप्ताह भी नहीं हुआ था कि देश पर ऐसा गहरा वज्रपात हुआ।

भारत की आजादी का आंदोलन भी एक खुला आंदोलन था, परंतु उसकी प्राप्ति का साधन अहिंसा है। इसके हाल के स्वरूप को 'खुला विद्रोह' कहा गया है और श्री पेन के कथनानुसार संसार में पहला 'खुला विद्रोह' अमरीका में 1776 में शुरू हुआ जब कि अमरीका ने अपनी स्वतंत्रता की घोषणा की। उनका कहना है कि "यह ऐसा समय होता है जब कि मनुष्य की कड़ी परीक्षा होती है।" यह परीक्षा अमरीका और भारतवर्ष दोनों के लिए एक-सी थी। अमरीका यद्यपि अपने इस विगत अनुभव को भुला चुका था, लेकिन भारत को अभी अपने अज्ञात भावी संघर्ष का अनुभव करना है। ऐसे समय में सरकार की भी कड़ी परीक्षा होती है। सरकार अस्तव्यस्त हो सकती है, पर समाज अपने अविचलित भाव से चलता रहता है। राष्ट्र के कानूनों का उल्लंघन किया जा सकता है। लेकिन जनमत, जो समाज और प्रत्येक व्यक्ति की आत्मा का आधार-स्तम्भ है, एक वास्तविक शक्ति है जो शांति और व्यवस्था को बनाए रखता है। सरकार केवल बुराई को दूर करने और उस पर काबू पाने के लिए ही दखल देती है। अधिकांश जनता व्यवस्थाप्रिय होती है, परंतु सरकार अपनी शक्ति और अधिकारों के संबंध में अपनी तत्परता को नहीं छोड़ सकती। यह बात पेन के शब्दों में आप सुन चुके हैं, जो इस प्रकार है :

"मेरा पक्का विश्वास है कि ब्रिटेन-दुनियां में ईश्वर के प्रति सब से बड़ा अपराधी और कृतघ्न राष्ट्र है। उसके पास यद्यपि अपार व्यापारिक साधन हैं और उसका साम्राज्य इतना विस्तृत है और उसके पास पूर्वी और पश्चिमी संसार—दोनों को ही सभ्य बनाने के साधन मौजूद हैं, फिर भी उसने कोई फायदा न उठाकर केवल अपने दम्भ को बढ़ाया और यथाशक्ति उन देशों का शोषण किया है। सिकन्दर की तरह उसने युद्ध को एक खेल और मन-बहलाव का साधन समझ रखा है और केवल व्यर्थ के लिए दुख और कष्टों का तांता बांधा है। अभी तक उसने भारत और अफ्रीका के शोषण का बदला नहीं दिया है उनके शोषण का ऋण नहीं चुकाया है।"

भारत ब्रिटेन के खून का बदला नहीं लेना चाहता और न ही वह, जैसा कि लेखक का विचार है यह चाहता है कि "ब्रिटेन को भी एक दिन अपने किए पर पश्चात्ताप करना पड़े।" भारत भी अमरीका की भांति ही ब्रिटेन का भला चाहता है। वह उसका

शुभचिंतक है। भारत की एकमात्र आकांक्षा और प्रार्थना यह है कि इसी प्रकार ब्रिटेन और अमरीका भी भारत का भला चाहें और वे उसकी आजादी की घोषणा कर दें।

1943 में लड़ाई की गतिविधि में अप्रत्याशित परिवर्तन देखने में आए। इस भयानक युद्ध का एक अध्याय समाप्त होने जा रहा था। मुसोलिनी ने अचानक ही अपने प्रधान-मंत्रित्व पद से इस्तीफा दे दिया और यह घटना संसार में फासिस्टवाद की अन्त्येष्टि का श्रीगणेश था। ऐसा प्रतीत होता है कि एशिया के लिए यह सौभाग्य की बात थी कि यूरोप के आदर्श और सिद्धांत दो पक्षों में बंटे हुए थे और इसीलिए यूरोपीय राष्ट्रों की शक्ति पारस्परिक विरोध के कारण कमजोर पड़ गई थी और छिन्न-भिन्न हो रही थी। एक तरफ फासिस्टवाद और साम्यवाद का पारस्परिक विरोध था और दूसरी तरफ इन दोनों का साम्राज्यवाद से विरोध था। लड़ाई की दूसरी सालगिरह पर स्टालिन ने तीसरे इंटरनेशनल को भंग कर देने की घोषणा की और इस प्रकार यह घोषणा अंतर्राष्ट्रीय संकट के रूप में साम्यवाद के अंत की पूर्व-भूमिका थी--चाहे रूस में वह कितने ही समय तक क्यों न स्थापित रहे। इस प्रकार रूस ब्रिटेन और अमरीका के और अधिक निकट-संपर्क में आ गया। 19 साल की शान-शौकत और मान-मर्यादा के बाद अंतर्राष्ट्रीय रंग-मंच पर से दूसरे ड्यूस के अंतर्धान हो जाने के परिणाम-स्वरूप कम-से-कम आधे फासिस्ट तो अपनी जन्मभूमि में ही खत्म हो गए। इन घटनाओं के बाद अब जर्मनी के नाजीवाद के लिए ब्रिटेन के चिरकालीन साम्राज्यवाद और अमरीका के नवीन साम्राज्यवाद के साथ दो-दो हाथ होकर लड़ाई का दो-टूक फैसला करना बाकी रह गया था।

आइये, अब हम तनिक चंगेज खां और तैमूरलंग के युग पर दृष्टिपात करके देखें कि क्या बल-प्रयोग और हिंसा के संसार में भी कोई प्रगति और उन्नति हुई थी। बारहवीं सदी से लेकर चौदहवीं सदी तक तातार और मुगल कबीलों के इन साहसी वीरों को अपने ही कबीलों का विनाश करने में मजा आता था और अकसर इन सभी कबीलों का धर्म इस्लाम होता था और वे एक ही पैगम्बर के माननेवाले होते थे। कलमा-ए-पाक का पवित्र शब्द भी मध्य एशिया, एशिया माइनर और हिंदुस्तान की इन लड़ाकू जातियों को एकता के सूत्र में नहीं बांध सका, जिस प्रकार कि ईसाई-धर्म ब्रिटेन और जर्मनी जैसे दो प्रोटेस्टेण्ट मतावलम्बी राष्ट्रों अथवा फ्रांस और इटली जैसे दो कैथोलिक राष्ट्रों अथवा ईसाई-धर्म के अनुयायी फ्रांस और ब्रिटेन को एक तरफ तथा जर्मनी और इटली को दूसरी तरफ एक-दूसरे के साथ एकता के सूत्र में पिरोने में असफल रहा है। तैमूर ने मध्य एशिया में एक के बाद एक प्रदेश को जीतने के बाद एक तरफ ईरान, ईराक और सीरिया की ओर रुख किया और दूसरी तरफ अनातोलिया, काकेशिया, जार्जिया और मास्को की ओर। इसके अलावा उसने जहां एक तरफ काबूल और कन्धार के पार मुलतान और दिल्ली तक वहां दूसरी ओर नेपल्स और वीनस तक अपनी सेनाओं का जाल फैला दिया। अभियानप्रिय इन

सेनाओं का मुख्य उद्‌देश्य निजी शान-शौकत और प्रतिष्ठा को कायम रखना होता है और उनका इनाम प्रायः लूटमार होती है। अंत में तैमूर के ये मकसद भी पूरे हो गए। तैमूर लंगड़ा था और हमेशा घोड़े के पीठ पर सवार रहता था। एक समय था जब कि उसकी घुड़सवार सेना में डेढ़ लाख घोड़े थे। अपनी इन लड़ाइयों में वह अपनी बेगम और बच्चों को अपने साथ रखता था। उसके हथियार खंजर, भाले और तलवारें थीं। उसने बहुत ख्याति प्राप्त की और इतिहास के पन्ने अपने कारनामों से भर दिए। उस जमाने में यूरोप, एशिया के विजेताओं का पानी भरता था। एक हजार साल से भी ज्यादा अर्से तक एशिया ने यूरोप पर अपने प्रभुत्व का सिक्का जमाए रखा। बाबर तैमूर का पड़पोता था। उसने भी अपना जीवन अपने पूर्वजों की भांति ही शुरू किया और अंत में वह छोटी ही उम्र में दिल्ली के सिंहासन पर विराजमान हुआ और अपनी संतान के लिए विशाल साम्राज्य अपने पीछे छोड़ गया। इसके बाद यूरोप की किस्मत का सितारा चमका और उसने एशियाई राष्ट्रों पर कब्जा कर लिया। उनका साम्राज्य तहस-नहस कर डाला और एशिया के लाखों-करोड़ों इन्सानों पर अपना प्रभुत्व स्थापित कर लिया। यूरोप की औद्योगिक उन्नति का युग व्यापारिक क्षेत्र और दूसरे प्रदेशों पर कब्जा करने का युग था। 1783 में भाप के इंजन का अविष्कार हुआ। इसके बाद इस नए युग में जो लड़ाइयां लड़ी गईं उनका उद्‌देश्य और आधार सर्वथा नवीन था। पहले तो उनका स्वरूप प्रत्येक शताब्दी में बदलता रहा और बाद में प्रत्येक दशक में। जिन लोगों को प्रथम महायुद्ध की याद है वे जानते हैं कि किस प्रकार उस समय जंगी जहाजों, पनडुब्बियों, हवाई जहाजों, नए प्रकार की शक्तिशाली तोपों और टैंकों को देखकर दुनिया दंग रह गई थी। दूसरे महायुद्ध ने तो पिछली सभी बातों को मात दे दी। जंगी बेड़े विगत इतिहास की एक वस्तु बन गए और पनडुब्बियों ने व्यापारिक जहाजों की कमर ही तोड़ दी। 'वर्जित' शब्द का सैनिक शब्दकोष में कोई महत्व ही नहीं रह गया। इस लड़ाई में गोला-बारूद और खाद्य, गैर-सैनिक यात्री और माल–सभी चीजें वर्जित थीं। वायुयानों का महत्व बहुत अधिक बढ़ गया। ऊपर आकाश में मंडराते हुए वायुयानों की मदद के बिना काफलों का आना-जाना असंभव हो गया। बमवर्षा युद्धकला का एक स्वीकृत साधन बन गया। न केवल हवाई अड्डों, बंदरगाहों, गोला-बारूद के कारखानों और सैनिक बारकों पर ही बमवर्षा की गई, बल्कि नागरिक जनता, अस्पतालों, अस्पताली जहाजों, गिरजाघरों और पुस्तकालयों, शाही-महलों, पार्लियामेंट के भवनों, चित्रकला की गैलरियों और थियटरों को भी अछूता नहीं छोड़ा गया। युद्धकाल में प्रति सप्ताह, प्रति-मास और प्रतिवर्ष वैज्ञानिक युद्धकला के नए-नए हथियार बनाकर दे रहे थे। सुरंगों की रोक-थाम करने के लिए, सुरंगे साफ करने के लिए जहाज थे। लेकिन इस पर चुम्बकीय सुरंगों से काम लिया जाने लगा और फिर उन्हें चुम्बक-विरोधी साधनों से हटाया जाने लगा। इसके अलावा विषैली गैसों का खतरा निरन्तर मौजूद रहता धा और जब-कभी इन युद्धलिप्त राष्ट्रों

ने आवश्यकता समझी, युद्धबंदियों, बन्धकों और यहां तक कि नागरिकों को भी हजारों की संख्या में मौत के घाट उतार दिया गया। आजकल की सभ्य युद्धकला के आधुनिकतम तरीकों की भयानक क्रूरताओं के आगे तैमूर और चंगेज खां के मध्यकाल की बर्बरता और अत्याचार भी शर्म से जमीन में गड़ गए। इस तरह के युद्धकाल के जमाने में कांग्रेस ने संसार के सामने अंतर्राष्ट्रीय झगड़ों का फैसला करने के लिए बिलकुल नए तरीके का आविष्कार किया और यह तरीका था अहिंसा का। और उसने बारम्बार यही चेष्टा की कि ब्रिटेन को उसकी मुसीबत की घड़ी में परेशान न किया जाय। लड़ाई शुरू होने के बाद एक साल से भी अधिक समय तक वह हर तरह के सक्रिय कार्यक्रम में भाग लेने से बचती रही। परंतु ऐसे वातावरण में जहां संसार के शक्तिशाली राष्ट्र हिंसा के समर्थक और प्रतिपादक हों, कांग्रेस की विनम्रता को उसकी कमजोरी, और अहिंसा को उसकी ठोस कायरता समझा गया।

1942 के तूफानी दिन

डॉ. राजेंद्र प्रसाद

8 अगस्त 1942 की रात को प्रायः 10 बजे के बाद भारतीय कमेटी ने प्रस्ताव मंजूर किया। सुना कि गांधीजी का लम्बा भाषण हुआ जिसमें उन्होंने 'करो या मरो' का मंत्र लोगों को दिया। साथ ही, उन्होंने वाइसराय से मिलने तथा एक बार और समझौते के लिए प्रयत्न करने की बात भी कही। अन्य नेताओं के भी भाषण हुए जिनमें सरदार बल्लभभाई के भाषण की लोगों ने बहुत प्रशंसा की। 9 अगस्त 1942 को सवेरे मैं 'सर्चलाइट' में बंबई की कार्रवाई पढ़ रहा था, मथुरा बाबू शहर चले गए थे कि इतने में डिस्ट्रिक्ट मजिस्ट्रेट मिस्टर आर्चर पहुंचे। मैं चारपाई पर था। उन्होंने मुझे देखकर मेरे स्वास्थ्य के संबंध में पूछताछ की और यह पूछा कि मेरा कार्यक्रम क्या है। मैं तो समझ गया था कि इनके आने का कारण क्या था, क्योंकि रेडियो में गांधीजी तथा वर्किंग कमेटी के सदस्यों की गिरफ्तारी की खबर संक्षेप में आ चुकी थी। मेरी बीमारी देखकर उन्होंने गवर्नमेंट से पूछा कि ऐसी अवस्था में क्या किया जाय। वहां से हुक्म आया कि सिविल सर्जन को दिखलाओ और पूछो कि वहां से दूर ले जाने योग्य हैं या नहीं। सिविल सर्जन को मि. आर्चर जाकर ले आए।

इसी बीच में मेरे घर के डेरे पर खबर पहुंच गई। वहां से बहन और मृत्युंजय की मां वगैरह पहुंच गईं। सिविल सर्जन की राय हुई कि मैं सफर के लायक नहीं हूं। इसलिए मुझे 11-12 बजे दिन के करीब बांकीपुर-जेल में ही ले गए। पानी खूब बरस रहा था। खबर शहर में फैल गई। सदाकत आश्रम से मेरे रवाना होने के पहले ही कुछ लोग, जिनमें विद्यार्थी मुख्य थे, आश्रम पहुंच गए। केवल मुझे ही गिरफ्तार करने का हुक्म था। मि. आर्चर का तौर-तरीका अच्छा था। उन्होंने किसी तरह की न तो जल्दी की और न कोई बेअदबी या बदतमीजी। जेल में मेरे लिए सब प्रबन्ध ठीक करके मथुरा बाबू और चक्रधर वापस गए कि इतने ही में श्री फूलन प्रसाद वर्मा भी गिरफ्तार होकर वहां पहुंच गए। इस तरह प्रायः एक-डेढ़ बजे के पहले ही निश्चित हो गया कि मैं अकेला नहीं रहूंगा और कम से कम एक साथी रात को मेरी देखभाल

करने के लिए जरूर रहेंगे। मथुरा बाबू ने भी मि. आर्चर से बातचीत की और वह भी सन्ध्या के पहले ही आ पहुंचे। दूसरे दिन तो और लोग भी आने लगे। बंबई से लौटने पर श्री बाबू, सत्यनारायण बाबू, महामाया बाबू आदि भी आ गए। अनुग्रह बाबू भी आए। पटना में जोरों से प्रदर्शन होने लगा। बड़े-बड़े जुलूस निकलने लगे। कचहरियां बंद हो गईं और एक बहुत बड़ा जुलूस गवर्नमेंट-हाउस के दरवाजे तक नारा लगाता हुआ जा पहुंचा। रात हो गई थी, इसलिए और कुछ उस दिन नहीं हुआ, पर खबर मशहूर थी कि दूसरे दिन सेक्रेटरियेट पर झंडा चढ़ाने के लिए जुलूस जाएगा।

जेल में खबर मिलने का साधन एक ही था और वह था गिरफ्तार होकर नए लोगों का आना। अखबार अभी तक बंद नहीं थे, पर उनसे थोड़ी खबर मिलती। सेक्रेटरियेट पर जुलूस गया। गोली चली। 8-9 युवक शहीद हो गए। बहुतेरे घायल हुए जिनको लोगों ने अस्पताल पहुंचाया। उस जुलूस में से 40-50 लड़के गिरफ्तार करके बांकीपुर जेल में उसी रात को लाए गए। उनसे गोलीकांड की बातें मालूम हुईं। रात-भर सारे शहर में जुलूस निकलते रहे। जेल के अंदर भी जुलूसों की आवाज पहुंचती रही। उसी दिन तार और टेलीफोन तोड़ने का काम आरम्भ हो गया। हमने सुना कि पटना में टेलीफोन बंद हो गया। जेल-आफिस में भी टेलीफोन का आना-जाना रुक गया। जो लड़के सेक्रेटरियेट के जुलूस से गिरफ्तार करके लाए गए थे वे किसी तरह बांकीपुर जेल में रात-भर रखे गए, दूसरे दिन उन्हें कैम्प जेल में भेजने की तैयारी होने लगी। जेल की कैफियत यह थी कि पहले से ही वह ठसाठस भरी थी। मामूली कैदियों की संख्या सारे सूबे में बहुत बढ़ी हुई थी, क्योंकि डकैतियां कई बरस पहले से ही लड़ाई के जमाने में बहुत बढ़ गई थी और चोरी इत्यादि भी ज्यादा हो रही थी। कैदियों में बहुतेरे अभी हाजती थे जिनके मुकदमे की जांच अभी तक नहीं हुई थी। इसलिए जब राजनीतिक कैदियों की संख्या बढ़ने लगी तो उनके लिए स्थान कम पड़ गया। जो ऊंचे दर्जे में रखे जानेवाले थे वे तो बांकीपुर जेल में रखे गए, और दूसरों को कैम्प जेल भेजने का प्रबन्ध था। जब तक लड़के कैम्प जेल में नहीं भेजे गए, शहर की बड़ी जमात जेल के फाटक पर और सड़कों पर खड़ी थी। बांकीपुर-जेल में दोमहला मकान सड़क के किनारे की ओर ही है। उस पर से लड़कों ने सड़क पर जमी हुई भीड़ से कुछ बातें भी की। जब तीन बजे के करीब उनको ले जाने के लिए लारियां लाई गईं, उनमें वे सवार कराये गए। पहली लारी आगे बढ़ी तो जनता लारी पर टूट पड़ी, लड़कों को छुड़ा लिया और लारी में आग लगा दी। दूसरी लारियों को फिर आगे नहीं बढ़ाया, उनमें सवार लड़कों को उतारकर फिर जेल में ले आए। कुछ देर में फौज बुलाई गई। उसने रास्ता साफ किया। आगे-पीछे फौजी गाड़ियों के बीच में कैदियों की लारियां कैम्प-जेल पहुंचाई गई।

जो लोग 'ए' वर्ग में रखे जाते थे उनकी संख्या भी बढ़ती ही जाती थी और उनके लिए जेल के अस्पताल के सिवा दूसरा स्थान नहीं था। उनको भी हजारीबाग ले जाने

की बात थी, पर तब तक रेलगाड़ियों का आना-जाना बंद हो गया, इसलिए उनका वहां जाना अनिश्चितकाल तक के लिए रुक गया। प्रायः एक महीना बाद तक वे लोग उस छोटे-से अस्पताल में ही रहे और कुछ लोग इधर-उधर भी रखे गए। बांकीपुर की जेल पटना-जंक्सन-स्टेशन के नजदीक ही है। वहां से गाड़ियों के आने-जाने और विशेषकर रेल की सीटी की आवाज खूब सुनने में आ जाती है। यह सब महीनों तक बंद रहा। केवल एक इंजिन की सीटी सुनने में आया करती जो डब्बों को इधर-उधर स्टेशन पर हटाया करता होगा। उसकी आवाज भी हम लोगों ने पहचान ली थी। हम उससे इस भ्रम में नहीं पड़ते थे कि गाड़ियां चलने लगीं। प्रायः एक महीने के बाद सभी लोग हजारीबाग ले जाए गए। मैं वहां जाने के लायक नहीं था। वहां का जलवायु भी मेरे अनुकूल नहीं पड़ता। इसलिए मैं पटना में ही रखा गया।

जेल में पहुंचने के दो-चार दिनों के बाद यह खबर उड़ी कि मुझे कहीं बाहर ले जाएंगे जहां वर्किंग कमेटी के दूसरे सदस्य रखे गए थे। रेलों का चलना बंद हो चुका था, इसलिए ले जाने का एक ही उपाय था–हवाई-जहाज। डाक्टरों से राय ली गई तो उन्होंने राय दी कि मेरी अवस्था ऐसी नहीं कि हवाई जहाज का सफर बरदास्त कर सकूं। इसलिए यह विचार भी स्थगित हो गया। प्रायः दस महीनों के बाद, जून 1943 में, एक दिन अचानक मेजर मर्डक–जिन्होंने मुझे गिरफ्तारी के समय देखा था और हजारीबाग न ले जाने की राय दी थी–जेल में आ गए। उन्होंने मुझसे कहा कि हमें गवर्नमेंट का हुक्म मिला है कि मुझे देखकर मेरे स्वास्थ्य के संबंध में तुरंत रिपोर्ट दें। गर्मियों में, विशेषकर जून के शुरू में, मैं बहुत स्वस्थ रहा करता हूं। उस समय बहुत अच्छा था। इसलिए, ऐसे समय में, जब स्वास्थ्य के बारे में कोई खराब रिपोर्ट नहीं गई होगी, डाक्टर का आना आश्चर्यजनक अवश्य था। मैंने ताड़ लिया कि मुझे कहीं दूसरी जगह भेजना चाहते हैं। मैंने डाक्टर से पूछा तो उसने कहा कि बाजाब्ता खबर तो उसको नहीं थी और न वह दे सकता था, पर बेजाब्ता तौर से वह कह सकता था कि कुछ ऐसी ही बात थी। कुछ और अधिक पूछने पर उसने यह भी कहा कि मैं हजारीबाग नहीं भेजा जाऊंगा, दक्खिन पूना की ओर जाना होगा। पीछे जेल से निकलने पर यह खबर मिली कि अहमदनगर के किले में भी मेरे भेजे जाने की बात थी और मेरे लिए वहां कमरा ठीक किया गया था, पर न मालूम क्यों, फिर कुछ हुआ नहीं। कुछ दिनों के बाद, जब डिस्ट्रिक्ट मजिस्ट्रेट मिलने आया, पूछने पर उसने कहा कि न मालूम क्यों बात आगे न बढ़ी।

जेल जाने के समय मेरी चिकित्सा वैद्यराज ब्रजबिहारी चौबेजी कर रहे थे। जेल में उनकी चिकित्सा होना सम्भव नहीं था। न मालूम गवर्नमेंट कहने पर भी इसकी इजाजत देगी या नहीं, और मैं कोई खास सहूलियत मांगना पसन्द भी नहीं करता था। इसलिए वहां पहुंचते ही डाक्टरी दवा शुरू हो गई। बाहर रहने पर पटना के नामी डाक्टर श्री त्रिदिवनाथ बनर्जी (टी.एन. बनर्जी), जो उन दिनों मेडिकल-कालेज के

प्रिन्सिपल थे, और डाक्टर रघुनाथशरण तथा डाक्टर दामोदर प्रसाद मुझे देखा करते हैं। गवर्नमेंट ने आज्ञा दे दी कि जब कभी जेल के सुपरिन्टेण्डेण्ट, जो वहां के सिविल सर्जन उन दिनों हुआ करते थे, जब जरूरत समझें तब डाक्टर बनर्जी को बुला लिया करें। इसलिए जब-तब डाक्टर बनर्जी आया करते थे। तबीयत कुछ ज्यादा खराब हुई तो डाक्टर शरण और डाक्टर दस्तीदार भी खास करके बुला लिए जाते थे। इस तरह, मैं जब-जब बीमार पड़ा, वे डाक्टर आते रहे जो पटना में सबसे अच्छे समझे जाते हैं और जिन्होंने बहुत बरसों से मेरी चिकित्सा की है। इस बात की शिकायत कभी न हुई कि मेरी बीमारी पर पूरा ध्यान नहीं दिया गया। इसी तरह मेरे खान-पान, रहन-सहन इत्यादि के संबंध में भी कभी किसी किस्म की शिकायत नहीं हुई। गवर्नमेंट के हुक्म से, मेरे साथ रहने के लिए, शुरू से ही मथुरा बाबू और चक्रधर बाबू बांकीपुर-जेल में ही रहने दिए गए। पीछे वाल्मीकि को भी मेरे साथ रहने दिया। दूसरे लोग आते-जाते रहे, पर मेरी खातिर नहीं। कुछ तो गिरफ्तार करके वहां सीधे लाए जाते। पर कुछ दिनों के बाद यह बंद हो गया और गिरफ्तार करके लोग सीधे कैम्प-जेल भेज दिए जाते थे। कुछ लोग कभी-कभी बीमार पड़ जाने पर हजारीबाग-जेल से, अथवा किसी दूसरी जेल से भी, पटना के बड़े अस्पताल में भेजे जाते। वे पहले बांकीपुर-जेल में आते, वहां से फिर अस्पताल भेजे जाते। इसी तरह अस्पताल से लौटने के समय भी बांकीपुर-जेल होकर ही वापस जाते। हजारीबाग से आनेवाले इन बीमार कैदियों के सिवा दूसरा कोई जरिया हालचाल मिलने का नहीं था। कुछ दिनों के बाद यह भी बंद हो गया। जिनको अस्पताल जाना होता, वे सीधे अस्पताल में ही भेज दिए जाते। तो भी जेल में न मालूम किस तरह, बिना पूछे, जानने की कोशिश किए बिना ही, खबर पहुंच ही जाती है। गवर्नमेंट समझती थी कि संसार को यह बात मालूम नहीं है कि वर्किंग कमेटी के मेम्बर कहां रखे गए हैं। पता नहीं कि बाहरवालों को कब मालूम हुआ कि वे लोग अहमदनगर-किले में हैं, पर हमलोगों को तो बांकीपुर-जेल में गिरफ्तारी के चंद दिनों के अंदर ही यह मालूम हो गया था। स्थानीय अखबार हमारी गिरफ्तारी के चंद दिनों बाद तक तो निकलते रहे, पर बहुत जल्द सब के सब बंद हो गए। बिहार-गवर्नमेंट 'पटना डेलीन्यूज' के नाम से एक दैनिक (अंग्रेजी) पर्चा निकालने लगी जिससे कुछ खबरें मिल जातीं। एक विशेष बात उससे यह मालूम हुई कि गवर्नमेंट ने किस जिले पर कितना सामूहिक जुर्माना किया या प्युनिटिव टैक्स लगाया। हमने देखा कि चंद महीनों के अंदर प्रायः 26 लाख जुर्माना किया गया।

इस बार जेल में 9 अगस्त, 1942 को मैं लाया गया। वहां से 1945 में 15 जून को निकला। जैसा ऊपर कह आया हूं, शुरू में मथुरा बाबू और श्री चक्रधरशरण मेरे साथ रहे, दूसरे लोग आते-जाते रहे, पर मेरे लिए नहीं। 1943 के अक्टूबर में श्री चक्रधरशरण हजारीबाग भेज दिए गए। मार्च 1944 में मथुरा बाबू की रिहाई हो गई।

उसके बाद 3 दिसम्बर 1944 तक मेरे साथ केवल वाल्मीकि ही रहे। नए आर्डिनेन्स के अनुसार, गवर्नमेंट की ओर से, एक कमेटी हर छठे महीने आती और नजरबंद लोगों से मिलती। जिनके लिए वह सिफारिश करती, वे छोड़ दिए जाते। यह कमेटी पहली बार 1944 के मार्च में आई। मथुरा बाबू उसी की सिफारिश पर अचानक छोड़ दिए गए। मुझसे कमेटी के मेंबरों ने पूछा था कि क्या मैं छूटना चाहता हूं, तो मैंने उत्तर दिया था कि अकेला नहीं, सब लोगों के साथ ही। इस पर उन्होंने पूछा कि यदि छोड़ दिया जाऊं तो मुझे आश्चर्य होगा क्या? मैंने उत्तर दिया था कि जरूर–बहुत आश्चर्य होगा। उन्होंने पूछा कि तोड़-फोड़ का कार्यक्रम अगर कांग्रेस ने नहीं दिया तो लोगों को कैसे मालूम हुआ और यह बात सारे देश में एक छोर से दूसरे छोर तक इतना जल्द कैसे फैल गई। मैंने उत्तर दिया कि 8 अगस्त के प्रस्ताव के साथ-साथ गवर्नमेंट की एक विज्ञप्ति 9 अगस्त, 1942 के सवेरे के समाचार-पत्रों में निकली थी, जिसमें गवर्नमेंट ने गांधीजी और वर्किंग कमेटी के लोगों की गिरफ्तारी के कारण बताकर लोगों को यह समझाने की कोशिश की थी कि गवर्नमेंट की यह कार्रवाई उचित है–उसी में यह बात साफ-साफ लिखी थी कि कांग्रेस की ओर से इस बार रेल-तार आदि तोड़ने-काटने का भी कार्यक्रम दिया गया है–उसी दिन या उसके दूसरे दिन मि. एमरी ने रेडियो पर भाषण किया था जिसमें भी यह बात कही गई थी और यह भाषण भी अखबारों में छपा था–कांग्रेस की ओर से कोई कार्यक्रम नहीं निकला था–लोगों ने समझ लिया कि यही कार्यक्रम होगा ओर गवर्नमेंट की ही बात पर विश्वास करके लोगों ने काम शुरू कर दिया।

मेरा आज भी विश्वास है कि इस कार्यक्रम का इतना अधिक और इतनी तेजी से प्रचार इसी कारण से हुआ। लोगों के दिल में पहले से ही, जैसा मैंने ऊपर कहा है, 1930 से ही, इस तरह की बातें उठा करती थी, इस बार उसकी पुष्टि मिल गई और जन-साधारण ने उसे ठीक मान लिया। इसके दो जबरदस्त प्रमाण मुझे जेल में उसी समय मिल गए। मैं समझ गया कि यह बात जोरों से चलेगी। मेरी गिरफ्तारी के थोड़े ही दिन बाद फूलन बाबू जेल में पहुंचे थे। उन्होंने कहा कि जब मेरी गिरफ्तारी की बात शहर में पहुंची तो कुछ लोग उनके (फूलन बाबू के) पास पहुंचे और उनसे पूछा कि कार्यक्रम क्या है। लोग समझते थे कि मेरे साथ उनकी मुलाकात हुई होगी और मैंने कुछ बताया होगा। पर उनकी मेरी बहुत दिनों से मुलाकात हुई ही न थी, इसलिए वह कुछ नहीं बता सके। पर उसी दिन कुछ घंटे पहले पत्रों में गवर्नमेंट की विज्ञप्ति छप चुकी थी और लोगों का ध्यान उस ओर आ गया था। दो दिनों के बाद जब कुछ लड़के सेक्रेटरियेट के गोली-काण्ड के बाद गिरफ्तार होकर बांकीपुर-जेल में लाए गए तो मैंने देखा कि वे सबके सब तार-टेलिफोन और रेल तथा सड़कों को तोड़ना-काटना और किसी तरह यातायात बंद कर देना कार्यक्रम में दाखिल समझते थे। जैसा ऊपर कह आया हूं, जब जेल के फाटक के नजदीक एक लारी में गिरफ्तार

कुछ विद्यार्थी कहीं भेजे जा रहे थे तो जनता द्वारा वे बचा लिए गए और लारी जला दी गई, फिर बाकी लारियों से उतारकर दूसरे छात्र कुछ देर के लिए जेल के अंदर पुनः लाए गए। मैं बीमार तो था, पर तो भी मैंने उनको यह समझाने की कोशिश की कि यह अच्छा नहीं हुआ। इस पर उनका उत्तर यही मिला कि जब टेलीफोन-तार आदि तोड़ना और रेल रोकना ठीक है तब तो लारी को भी बेकार कर देना उसी कार्यक्रम के अंदर है, इसलिए यह भी ठीक होना ही चाहिए। मेरे बहुत कहने पर भी मेरी बात उनको जंची नहीं, यद्यपि मेरे लिहाज से वे कुछ अधिक बोले नहीं। वे तो जेल में कुछ दिनों तक बंद रहे, इसलिए उन्होंने तो इस कार्यक्रम को नहीं चलाया होगा। पर यह स्पष्ट था कि लोगों को यह विश्वास हो गया था कि यह तोड़-फोड़ भी कार्यक्रम में है।

इसी कारण, इतना जल्द, प्रायः मुगलसराय से आसनसोल तक, ई.आई.आर. की मुख्य लाइन में, गाड़ियों का आना-जाना बहुत दिनों तक बंद रहा। इसी तरह पटना-गया-ब्रैच्च-लाइन भी बेकार कर दी गई थी। केवल ग्रैण्डकौर्ड-लाइन में बहुत नुकसान नहीं हुआ था, इसलिए उसकी गाड़ियों का आना-जाना बंद नहीं हुआ। गंगा के उत्तर की तरफ बी.एन.डब्ल्यू. रेलवे (अब ओ.टी. रेलवे) में, इधर बनारस से लेकर कटिहार तक और उधर गोरखपुर-बस्ती से लेकर वहां तक की लाइन जहां छपरा में वह बनारस-लाइन से मिल जाती है, बहुत तोड़-फोड़ हुआ था—प्रायः सभी जगहों पर इतने स्टेशन तोड़-फोड़ दिए गए थे और लाइन भी इस कदर बरबाद कर दी गई थी कि कई महीनों तक गाड़ियां न चल सकीं। इन्हीं कारणों से, बिहार के बाहर के लोगों का विचार है कि समस्त बिहार और संयुक्त प्रांत के पूरबी जिलों में ही आंदोलन का रूप सबसे ज्यादा उग्र और जबरदस्त रहा, अतः यहीं सबसे अधिक गवर्नमेंट की सख्ती भी हुई। न मालूम कितने ही आदमी पुलिस और फौज की गोलियों के शिकार हुए। कितनों को घर जलाए और लूटे गए। कितनों के अन्य प्रकार की अकथनीय यातनाएं सहनी पड़ीं। जेल जानेवालों की संख्या का तो हमें कुछ ठीक पता भी न चला। हम इतना ही जानते हैं कि बिहार में बहुतेरे मामूली कैदियों को राजनीतिक कैदियों के लिए जगह खाली करनी पड़ी और इस तरह मीयाद से पहले ही बहुतेरे छोड़े गए। बहुतेरे तो, जिन पर संगीन जुर्म लगे हुए थे, हाजत से ही छोड़ दिए गए। लोगों का कहना है कि भागलपुर-जिले में बांका-सबडिवीजन के 30-40 डकैत इसलिए छोड़ दिए गए कि वे बाहर जाकर डकैतियां करें ताकि जनता कांग्रेस से ऊब जाय! सुना कि उनमें से कुछ ने बाहर निकलकर आंदोलन में भाग लिया—एक को तो फांसी की सजा हुई और दूसरे कइयों को दूसरी कड़ी सजाएं मिलीं। मैंने जेल से छूटने के बाद गवर्नर से मुलाकात होने पर यह बात कही थी। उन्होंने जांच भी कराई थी। मालूम हुआ कि बहुतेरे डकैत इस तरह बांका में छोड़ दिए गए थे! मैंने सुना कि आरम्भ में, जब तक आंदोलन जोरों पर था, चोरी-डकैती एकबारगी बंद हो गई थी!

आंदोलनकारी लोगों ने कुछ डाकखाने या रजिस्टरी-आफिस वगैरह दखल कर लिए। कहीं-कहीं कुछ में उन्होंने आग भी लगा दी। पर शुरू में जब आंदोलन जोरों पर था तो यह भी सुनने में आया कि जहां-कहीं रुपये मिले उन लोगों ने उनमें से एक नहीं लिया। चांदी के रुपये तो उन दिनों देखने को भी कम ही मिला करते थे, इसलिए प्रायः नोट ही मिलते। लोग उन नोटों को जला देते, उनसे व्यक्तिगत लाभ उठाने का अथवा उन्हें आंदोलन के लिए खर्च करने का ख्याल भी किसी को न होता। पर कुछ दिनों के बाद यह बात न रही। कुछ लोग इस तरह से आए हुए धन का संग्रह आंदोलन के लिए करने लग गए। यहां तक कि आंदोलन के नाम पर डकैतियां भी की गईं। मालूम नहीं, इन डकैतियों में मिला हुआ धन किसके पास गया और किसने उसे किस तरह खर्च किया। पर यह सब बहुत बाद में हुआ जब आंदोलन एक प्रकार से बंद हो गया था। आंदोलन के जोर के दिनों में तो गवर्नमेंट के कर्मचारी ही लोगों को लूटखसोट के लिए आमंत्रित करते! डाकखानावाले तो डाकखाने का लुट जाना ही अच्छा समझते—उनको यह कहने का बहाना मिल जाता कि जो रुपये जमा थे, लोग लूट ले गए, चाहे वे रुपये सचमुच लूटे हों या नहीं, पर गवर्नमेंट को नहीं मिले। बहुत जगहों में, शुरू में, थानावाले भी जनता के साथ मिल गए। लोगों के पहुंचते ही वे थाने पर झंडा फहराने देते और उनके साथ मिलकर नारे लगाते। ऐसे थानेदारों के साथ जनता का भी अच्छा व्यवहार होता। सुना है कि कहीं-कहीं थानेदार को नाव या किसी दूसरी सवारी पर सवार कराकर जिले के सदर शहर में लोगों ने पहुंचवा दिया और थाने पर कब्जा कर लिया। जहां थानेदार की ओर से ज्यादती हुई वहीं पर थानेदार के साथ जनता ने सख्ती की। कुछ जगहों में वे मार डाले गए, पर ऐसी कम जगहें थीं। कोई-कोई थानेदार बहुत जालिम साबित हुआ, और जब फौज आ गई तब तो पुलिस का रुख ही बदल गया—उन्होंने बहुत जुल्म किया जिसका वर्णन करना भी कठिन है। इस जुल्म में अधिकतर दारोगा वगैरह ऊपर के अफसर अधिक भाग लेते थे। सिपाही कान्सटेबुल ने कम भाग लिया।

सह सब कुछ जानने के बाद यह मानना पड़ेगा कि जनता ने रेल-तार तो खूब तोड़ा और सरकारी मकानों को भी क्षति पहुंचाई, पर जितना विस्तार आंदोलन का था उतने अनुपात में जनता ने सरकारी कर्मचारियों के साथ ज्यादा सख्ती नहीं की। जान ले लेना या मारपीट करना भी बहुत कम ही हुआ। ऐसा मालूम होता है कि जनता की धारणा हो गई थी कि किसी आदमी को मारना-पीटना अथवा जान से मार डालना अहिंसा के सिद्धांत के विरुद्ध है, पर रेल-तार-मकान इत्यादि बेजान चीजों को तोड़ना-फोड़ना अथवा जला देना भी अहिंसा के अंदर ही है! यद्यपि गवर्नमेंट के कुछ आदमी मारे गए तथापि उनकी संख्या बहुत कम थी। जब हम यह देखते हैं कि बहुत दूर-दूर तक और बहुत समय तक आंदोलन फैला और चलता रहा तब ध्यान में आता है कि जनता अगर चाहती तो बहुत-से लोगों को आसानी से मार सकती थी। इससे

तो यही मालूम होता है कि जनता ने जानबूझकर कितनों ही को छोड़ दिया। अगर वह ऐसा न करती तो न मालूम कितने और थानेदार कत्ल हो गए होते। फिर भी इन थोड़े-से लोगों के बदले में गवर्नमेंट ने न मालूम कितनों को गोलियों का शिकार बना डाला। यदि दोनों ओर के मरे हुओं की संख्या का ठीक पता लगता तो अनुपात एक के बदले 75 नहीं तो 50-60 जरूर पड़ता। पर यह तो अनुमान मात्र है। ठीक संख्या न तो मालूम हुई है और न शायद मालूम होगी ही। तो भी यह तो मानना ही पड़ेगा कि आंदोलन बिलकुल अहिंसात्मक न रह सका और जनता भी इस बन्धन से बाहर निकल गई।

आंदोलन का जोर तो प्रायः एक से दो महीने तक ही रहा। उसके बाद उसका असर जो कुछ रह गया हो, पर लोग आक्रमण न करके अपने बचाव में ही लग गए और गवर्नमेंट के दमनचक्र का शिकार बनते रहे। कुछ लोगों ने पट पड़े हुए आंदोलन को फिर से उभारने का बहुत प्रयत्न किया, पर उस प्रयत्न का कोई विशेष फल देखने में नहीं आया–वह फिर उठा या चला नहीं। इक्के-दुक्के वाकया कहीं-कहीं हुए, पर उनका असर न तो गवर्नमेंट पर कुछ पड़ा और न जनता की ही उनमें कोई विशेष दिलचस्पी रही-हां, उनके कारण दमन का जोर जारी रहा और जनता को बहुत-कुछ सहते रहना पड़ा। कुछ लोग जेल में नहीं आए, बाहर ही काम करते रहे। कुछ लोग जेल से निकलने पर इस प्रकार के प्रयत्न में लगे रहे। पर थोड़े ही समय के बाद यह स्पष्ट हो गया कि प्रयत्न करनेवाले लोग अब इस समय जनता में फिर जोश नहीं पैदा कर सकेंगे और आंदोलन फिर जारी नहीं किया जा सकेगा। जो लोग इस तरह के प्रयत्न में लगे हुए थे वे लुक-छिपकर ही काम कर सकते थे। इस आंदोलन में इस प्रकार के बहुतेरे लोग थे। कुछ दिनों के बाद तो उन लोगों को अपनी रक्षा के सिवा दूसरा काम करने का न तो समय मिलता और न साधन। फरार रहना ही एक ऐसा काम हो गया जो उनकी सारी शक्ति और सारा समय ले लेता। तब भी बहुतेरों ने बहुत बहादुरी से काम लिया। कहीं-कहीं जबरदस्त संगठन भी कर दिया जिसको हजार कोशिश के बाद भी गवर्नमेंट तोड़ न सकी और उनका पता भी न पा सकी। जब कांग्रेस-मंत्रिमंडल बन गए, उन सब लोगों पर से मुकदमे और गिरफ्तारी के वारंट उठा लिए गए, तभी वे बाहर निकले या तभी गवर्नमेंट के कर्मचारी उनका पता पा सके। इस कार्यपटुता और बहादुरी के लिए वे प्रशंसा के पात्र हैं। पर मेरा अपना विश्वास है कि यदि लुक-छुपकर काम न किया गया होता तो उनमें से कुछ लोग जरूर मारे जाते, फांसी पड़ते अथवा दूसरे प्रकार के कठोर दमन के शिकार बनते, परंतु निरीह जनता पर जितना जुल्म हुआ उतना न होता और आंदोलन भी कहीं अधिक आगे बढ़ गया होता तथा जल्द दबाया भी न जा सकता। जनता के सामने भी ऐसे लोग हमेशा मौजूद पाये जाते जिनको वह अपना नेता मानती। जिनकी बातों पर वह खुशी-खुशी जान देती और धन लुटाती। लुक-छुपकर काम करने का यह असर हुआ

कि काम बहुत व्यापक रूप में न हो सका-थोड़े लोगों की कार्रवाइयों का प्रतिफल बहुतेरे दूसरे बेकसूर लोगों को भोगना पड़ा। इसलिए मुझे ऐसा प्रतीत होता है कि यदि रेल-तार तोड़नेवाले लोग सामने आकर काम करते और अपने कामों को कबूल कर लेते तो दूसरे लोगों की हिम्मत कहीं अधिक बढ़ जाती। मुमकिन है कि एक के बदले सैंकड़ों दूसरे लोग उसी काम के लिए तैयार हो जाते और सजा भी उन्हीं लोगों को मिलती जो कबूल करते, बेकसूर बहुत-कुछ बच जाते। जो हो, यह तो अहिंसा के सिद्धांत की बात है। जो लोग उसमें विश्वास नहीं रखते उनको भला उसकी पाबंदी कैसे पसन्द हो सकती है। जहां तक जनता की हिम्मत बढ़ी थी वह खुले-आम विद्रोह के कारण ही बढ़ी थी—वह नीति जारी रहती तो और भी बहुत कुछ बढ़ती।

भारत छोड़ो आंदोलन

पं. जवाहरलाल नेहरू

अगस्त, 1942 की सात और आठ तारीख को आल इंडिया कांग्रेस कमेटी ने बंबई में खुले अधिवेशन में एक प्रस्ताव पर विचार किया और खुलकर बहस की। यह प्रस्ताव अब 'भारत छोड़ो प्रस्ताव' के नाम से जाना जाता है। यह एक लंबा-चौड़ा प्रस्ताव था। यह हिंदुस्तान को आजादी देने और यहां अंग्रेजी राज को खत्म करने की बात को फौरन मानने के लिए दलील की तरह पेश किया गया था कि ऐसा करना हिंदुस्तान और उसके साथ ही राष्ट्र संघ की कामयाबी के हक में होगा। यह कहा गया था कि हिंदुस्तान में अंग्रेजी राज के रहने से हुकूमत को ताकत नहीं मिल रही है, बल्कि यह उसके लिए बोझ और मुसीबत बन गया है। आधुनिक पूंजीवाद के शिकार की एक जीती-जागती मिसाल हिंदुस्तान को आजादी मिलने से ब्रिटेन और राष्ट्र संघ की सच्चाई की जांच होगी और एशिया और अफ्रीका के लोगों में उम्मीदें बंधेगी और उनमें जोश पैदा होगा। प्रस्ताव में आगे यह कहा गया था कि यहां अस्थायी सरकार कायम की जानी चाहिए। यह सरकार सबको साथ लेकर बनाई जानी चाहिए, जिससे यह जनता के सभी खास-खास वर्गों की नुमाइंदगी करेगी और इसका सबसे पहला काम मित्र राष्ट्रों के साथ अपनी फौजों से और अपनी जनता के सहयोग से हिंदुस्तान की हिफाजत करना और हमलों को रोकना होगा। यह सरकार एक संविधान सभा की योजना तैयार करेगी, जो भारत के लिए एक ऐसा संविधान तैयार करेगी जो जनता के हर वर्ग को मान्य हो...। आजादी मिलने पर हिंदुस्तान अपनी जनता की एकता और ताकत के बल पर पूरे जोश से हमले का जोरदार तरीके से जबाव देने के काबिल बन सकेगा।

हिंदुस्तान की आजादी से एशिया के बाकी मुल्कों की आजादी की शुरूआत होनी चाहिए। इसके अलावा आजाद मुल्कों के एक विश्वव्यापी संघ का भी प्रस्ताव किया गया था, जिसकी शुरूआत राष्ट्र संघ से होनी चाहिए।

कमेटी ने यह कहा कि, 'चीन और रूस की हिफाजत में किसी भी तरह आड़े नहीं आना चाहती है क्योंकि उनकी आजादी को वह अहम समझती है और न वह

यह चाहती है कि मुल्कों की हिफाजत करने में राष्ट्र संघ कमजोर पड़ जाए।' (उन दिनों चीन और रूस पर भारी खतरा था) यह खतरा हिंदुस्तान और इन मुल्कों के लिए बढ़ता जा रहा है। अगर ऐसे मौके पर कुछ भी कार्रवाई नहीं की गई और हम विदेशी हुकूमत के आगे न सिर्फ घुटने टेके बैठे रहे, तब यह हिंदुस्तान के लिए बेइज्जती और जो अपनी हिफाजत आप करने और हमले को रोकने में कमजोर समझने की बात होगी, बल्कि यह उस खतरे का भी कोई जवाब नहीं होगा जो बढ़ता जा रहा है और न हमसे राष्ट्र संघ के सदस्य देशों की जनता की सेवा ही हो सकती है।

कमेटी ने 'दुनिया की आजादी के हित में' ब्रिटेन और राष्ट्र संघ से दुबारा अपील की और कहा (यह प्रस्ताव की खास बात थी) कि कांग्रेस अब जनता को ऐसी साम्राज्यवादी और निरंकुश सरकार के खिलाफ अपनी आवाज को बुलंद करने से रोकना उचित नहीं समझती, जो उसे शिकंजे में जकड़े हुए है तथा उसे अपने व इंसानियत के हित में काम करने पर पाबंदी लगाती है। इसलिए कमेटी हिंदुस्तान की आजादी और स्वराज के मौलिक अधिकार की रक्षा के लिए अहिंसात्मक तरीके से जनता द्वारा आंदोलन शुरू करने की इजाजत देती है, जो गांधीजी के नेतृत्व में होगा। यह इजाजत तब से लागू होनी थी, जब गांधीजी ऐसा करने का फैसला कर लेंगे। आखिर में यह कहा गया कि वह कांग्रेस के लिए ताकत नहीं हासिल करना चाहती है। जब यह ताकत आएगी, तब वह हिंदुस्तान की सारी जनता की होगी।

कांग्रेस के सभापति मौलाना अबुल कलाम आजाद और गांधीजी ने आखिर में अपने भाषणों में यह खुलासा कर दिया कि वह पहले वायसराय से मिलेंगे, जो ब्रिटिश सरकार के नुमाइंदा हैं। इसके अलावा वह राष्ट्र संघ के सदस्य खास-खास मुल्कों के अध्यक्षों से अपील करेंगे, जिससे कोई ऐसा समझौता हो सके, जो दोनों तरफ के लोगों को मान्य हो। ऐसा होने से हिंदुस्तान की आजादी मंजूर करने के साथ-साथ हमलावर धुरी राष्ट्रों के खिलाफ राष्ट्र संघ की लड़ाई का मकसद भी पूरा होगा।

यह प्रस्ताव 8 अगस्त, 1942 को काफी रात गए आखिर में मंजूर किया गया। इसके कुछ ही देर बाद 9 अगस्त को अहत तड़के बंबई में और सारे मुल्क में बहुत-सी गिरफ्तारियां हुईं। और इस तरह हम लोग अहमदनगर किले में आ गए।

9 अगस्त, 1942 को अहत तड़के, सारे हिंदुस्तान में बहुत-सी गिरफ्तारियां हुईं। इसके बाद क्या हुआ? हफ्तों बाद कुछ ही खबरें हम तक पहुंची और जो कुछ हुआ उसकी हम आज भी सिर्फ एक अधूरी तस्वीर बना सकते हैं। सारे बड़े-बड़े नेताओं को अचानक गायब कर दिया गया और किसी की समझ में न आया कि क्या किया जाए। विरोध तो होना ही था। साथ-साथ प्रदर्शन भी हुए। इन प्रदर्शनों को कुचला गया, लोगों पर गोली चलाई गई और आंसू गैस का इस्तेमाल किया गया और उन सभी तरीकों पर रोक लगा दी गई, जिनसे जनता आमतौर पर अपने जज्बात का

इजहार किया करती है। इस पर लोगों का गुस्सा फूट पड़ा, जो दबा हुआ था। शहरों और गांवों में लोगों की भीड़ उमड़ पड़ी और उनकी पुलिस और फौज के साथ खुल कर लड़ाई हुई। लोगों ने उन सभी खास-खास जगहों पर हमला किया, जिन्हें उन्होंने अंग्रेजी राज व उसकी हुकूमत का गढ़ समझा, जैसे पुलिस चौकियां, डाकखाने और स्टेशन। लोगों ने तार और टेलीफोन के तार काट डाले। इन निहत्थे लोगों की भीड़ ने, जिसका कोई नेता नहीं था, पुलिस और फौज की गोलियों का सामना किया। सरकारी बयानों के मुताबिक 538 मौकों पर गोलियां चलीं। इन पर जमीन के साथ नीचे उड़ने वाले जहाजों पर से मशीनगनों से भी गोलियां चलाई गई। मुल्क में जगह-जगह एक या दो महीनों या इससे भी ज्यादा वक्त तक इस तरह की वारदातें होती रहीं और तब यह धीरे-धीरे धीमी पड़ने लगी, लेकिन उसकी जगह छुटपुट घटनाएं तो होती ही रही...।

मुल्क में इस तरह की वारदात काफी बड़े पैमाने पर शहरों और गांवों दोनों ही जगहों पर हुई जैसा कि सोचा भी नहीं था। करीब-करीब हर सूबे में और हिंदुस्तान की सभी रियासतों में सरकारी रोक के बावजूद अनगिनत प्रदर्शन, हड़तालें हुईं, दुकानें और बाजार बंद हुए, कामकाज बंद रखा गया। यह सभी जगह हुआ। कुछ जगहों पर यह कुछ दिनों तक चला, कहीं-कहीं कुछ हफ्तों तक और कुछ जगहों पर यह एक महीने से भी ज्यादा चला। इसी तरह मजदूरों की भी हड़तालें हुई। राष्ट्रीय नेताओं को गिरफ्तार करने की सरकार की कार्रवाई के खिलाफ बहुत-सी खास जगहों पर कारखानों के मजदूरों ने एक साथ हड़ताल का ऐलान कर दिया। ये लोग ज्यादा संगठित थे और इनमें आपस में मिलकर काम करने का हौसला था...।

जनता में जिस तरह यह सब अचानक हुआ, असंगठित प्रदर्शन हुए और जिस तरह वह भड़क उठी और जिस तरह की मारकाट और तोड़फोड़ हुई वह उसका नतीजा हुआ और जो यह सब कुछ एक बहुत बड़ी और हथियारबंद ताकत के खिलाफ लगातार हुआ, उससे उसकी बेचैनी का पता चलता है। यह बेचैनी उसके अपने नेताओं की गिरफ्तारी से पहले भी थी, लेकिन इनके गिरफ्तार होने के बाद जिस तरह से पकड़ा-धकड़ी हुई और जिस तरह बार-बार गोलियां चलाई गईं, उससे जनता का गुस्सा बढ़ता गया और उसने वही रास्ता अपनाया जो कोई भी जनता गुस्सा होने पर अपना सकती है, चाहे वह किसी भी मुल्क की क्यों न हो। कुछ देर तक तो समझ में नहीं आया कि क्या करना चाहिए। कोई रास्ता नहीं था और न कोई प्रोग्राम था। कोई ऐसी मशहूर शख्सियत नहीं थी, जो उनकी रहनुमाई करती या उनको यह बताती कि यह किया जाना चाहिए। वे इतने ज्यादा तेजी और गुस्से में थे कि खामोश नहीं बैठ सकते थे। ऐसी हालत में जैसा होता है, वैसा ही हुआ। जगह-जगह नेता पैदा हो गए और फिलहाल उनकी हिदायतों पर काम हुआ। लेकिन उन्होंने जो भी हिदायतें दी, वे नाकाफी थीं। असल में जनता खुद-ब-खुद उठ खड़ी

हुई थी। सारे हिंदुस्तान में नई पीढ़ी ने, खासकर यूनिवर्सिटी के स्टूडेंटस, सन् 1942 के हिंसापूर्ण आंदोलन और शांतिपूर्ण कार्रवाई-दोनों में ही आगे रहे। बहुत-सी यूनिवर्सिटी बंद कर दी गईं। इस पर कुछ मुकामी नेताओं ने शांतिपूर्ण तरीका अपनाने और सविनय अवज्ञा आंदोलन चलाते रहने की कोशिश की, लेकिन यह उस वक्त के माहौल में मुश्किल था। जनता अहिंसा का पाठ भूल गई, जो उसके कानों में पिछले बीस साल से भी ज्यादा दिनों से गूंज रहा था। वह दिमाग से या किसी और तरह से किसी भी जबरदस्त हिंसात्मक कार्रवाई के लिए तैयार नहीं थी। अहिंसात्मक कार्रवाई की इसी शिक्षा ने उसके मन में शक और हिचकिचाहट पैदा कर दी और यही हिंसात्मक कार्रवाई करने में आड़े आई। अगर कांग्रेस ने अपनी जात को भूलकर कुछ पहले हिंसात्मक कार्रवाई करने के लिए थोड़ा भी इशारा कर दिया होता तो इसमें कोई शक नहीं कि जितनी हिंसापूर्ण घटनाएं असल में हुई, उससे ये घटनाएं कम से कम सौ गुनी ज्यादा हुई होतीं...।

लेकिन जोश के वक्त कुछ लोग ही सोचते हैं। वे तो काफी अरसे से दबे हुए अपने-अपने ख्यालों के मुताबिक काम करते हैं और यह बहाव उन्हें आगे ले जाता है। और इस तरह सन् 1857 की महान क्रांति के बाद पहली बार जनता बहुत बड़ी संख्या में हिंदुस्तान में अंग्रेजी हुकूमत के ताने-बाने को ताकत से चुनौती देने के लिए फिर से उठ खड़ी हुई। लेकिन इस ताकत के पास हथियार नहीं थे। यह चुनौती बेमानी और बेमौके थी क्योंकि दूसरी तरफ सुसंगठित हथियारबंद ताकत थी। यह हथियारबंद ताकत इतिहास में पहले किसी भी मौके पर इतनी ज्यादा नहीं थी। चाहे भीड़ में आदमियों की तादाद कितनी भी ज्यादा क्यों न हो, जब उसका मुकाबला किसी हथियारबंद ताकत से होता है तब वह ठहर ही नहीं सकती। वह लाजिमी तौर पर नाकामयाब रहती है। हां, यह बात दूसरी है कि इन हथियारबंद ताकतों में लोग ही अपनी वफादारी से पलट जाएं। इस मुकाबले के लिए लोगों ने न तो कोई तैयारी कर रखी थी और न इसके लिए कोई मौका ही चुन रखा था। यह चुनौती तो उन्हें अनजाने ही कबूल करनी पड़ी और ऐसी घड़ी में उन्होंने तुरंत जो भी कार्रवाई की, वह चाहे जितनी भी गलत या नासमझी से भरी क्यों न हो, उन्होंने अपनी इस कार्रवाई से हिंदुस्तान की आजादी के लिए ललक और साथ ही विदेशी हुकूमत के खिलाफ अपनी नफरत जाहिर कर दी।

हालांकि उस वक्त अहिंसा की नीति फिलहाल कुछ देर के लिए दब गई, लेकिन इस नीति के अधीन लंबे अर्से तक लोगों को जो शिक्षा मिली थी, उसका एक खास और अच्छा नतीजा हुआ। लोगों में गुस्सा और जोश पैदा होने के बावजूद कौमी भेदभाव की भावना अगर थी, तो बहुत थोड़ी थी और कुल मिलाकर जनता ने खुद यह कोशिश की कि दुश्मनों को कोई जिस्मानी चोट न पहुंचे। सरकारी सामान और आमदोरफ्त के साधनों को काफी तोड़ा-फोड़ा गया, लेकिन इस तोड़-फोड़ के दौरान

इस बात का पूरा ख्याल रखा गया कि सरकार के किसी भी आदमी की जान न जाए। यह हमेशा मुमकिन भी नहीं था, लेकिन इस बात की हमेशा कोशिश की गई, खास कर ऐसे मौकों पर, जब पुलिस या हथियारबंद फौज के साथ आमने-सामने टकराव हो रहा हो।

सन् 1942 के दंगों में सरकारी अंदाज के मुताबिक पुलिस या फौज की गोलियों से 1,020 लोगों की जानें गईं और 3,200 लोग जख्मी हुए। यह आंकड़े यकीनन कम हैं क्योंकि सरकारी बयान में यह कहा गया कि पुलिस या फौज ने गोलियां कम से कम 538 मौकों पर चलाईं और इसके अलावा पुलिस और फौज लारियों से भी आते-जाते गोलियां चला देती थी। इसलिए थोड़ी-बहुत सही तादाद का अंदाजा लगाना भी मुश्किल है। जनता का अंदाजा है कि करीब 25,000 लोग मारे गए, लेकिन यह तादाद भी बढ़कर बताई गई हो सकती है। शायद 44 हजार की तादाद कुछ सही है।

यहां खास बात यह है कि किस तरह बहुत से मुल्कों में, गांवों और कस्बों दोनों में ब्रिटिश हुकूमत खत्म हो गई और इन जगहों को दुबारा जीतने के लिए कई दिन और कहीं-कहीं तो कई हफ्ते लग गए। यह खासतौर से बिहार में, बंगाल के मिदनापुर जिले में और यू.पी. के दक्षिणी-पूरबी इलाकों में हुआ। यह बात नोट करने की है कि यू.पी. के बलिया जिले में (जिसे दुबारा जीतना पड़ा था) कोई ऐसी खास शिकायत नहीं सुनने को मिली कि लोगों ने किसी को मारा-पीटा हो या कोई मारकाट की हो...।

अगर भीड़ की प्रतिक्रिया कुदरती थी तो इन मौकों पर सरकार की प्रतिक्रिया भी कुदरती ही थी। उसे तो भीड़ के इस अचानक पागलपन और लोगों के शांतिपूर्ण प्रदर्शनों दोनों को कुचलना था और अपनी सुरक्षा के हित में और जिन्हें वह अपना दुश्मन समझती थी, उन्हें खत्म कर देने की हर संभव कार्रवाई करनी ही थी। अगर उसमें यह समझ होती या यह समझने की ख्वाहिश भी होती कि वह क्या है, जिसने जनता को इतना ज्यादा उकसा दिया है तो यह संकट पैदा ही नहीं होता और हिंदुस्तान की समस्याएं कुछ न कुछ हल हो सकती थीं। सरकार ने अपनी हुकूमत के खिलाफ हर तरह की चुनौती को, जैसा कि उसने समझा, हमेशा-हमेशा के लिए खत्म करने की तैयारी सावधानी से कर रखी थी। उसी ने शुरूआत की और अपनी ओर से पहली चोट करने के लिए मौका भी चुना। उसने हजारों लोगों को गिरफ्तार कर जेलों में डाल दिया, जिन्होंने राष्ट्रीय आंदोलनों, मजदूर आंदोलनों और किसान आंदोलनों में आगे बढ़कर हिस्सा लिया था। लेकिन देश में जो यह अचानक उफान आया और जिस तरह वह फैल गया, उससे उसे काफी अचंभा हुआ और वह सकते में आ गई और कुछ देर के लिए उसकी सारी मशीनरी अस्त-व्यस्त हो गई, जो सारे देश में दमन करने के लिए लगा रखी थी। लेकिन उसके पास तो साधनों की कोई कमी नहीं थी और उसने विद्रोह के हिंसात्मक और अहिंसात्मक दोनों ही प्रकार के

प्रदर्शनों को कुचल देने के लिए उन साधनों का इस्तेमाल किया। ऊंचे और रईस तबके के बहुत-से लोग, जो डरपोक राष्ट्रवादी थे और जो डरते-डरते कभी-कभी सरकार की आलोचना कर दिया करते थे, देशव्यापी स्तर पर जनता की इन सामूहिक कार्रवाइयों का रूप देखकर सहम गए क्योंकि इन प्रदर्शनों से किसी एक या किसी वर्ग का स्वार्थ पूरा नहीं होता था और इनमें राजनैतिक क्रांति की ही नहीं, बल्कि सामाजिक क्रांति की भी झलक दिखाई देती थी। ज्योंही इस विद्रोह को कुचलने में सरकार की कामयाबी नजर आने लगी, त्योंही ये डांवाडोल और मौकापरस्त लोग सरकार से मिल गए और उन लोगों की जी भर कर बुराई करने लग गए, जिन्होंने सरकार को चुनौती देने की हिम्मत की थी...।

(दि डिस्कवरी ऑफ इंडिया से साभार)

अगस्त क्रांति और आजादी

मधु लिमये

1942 की अगस्त क्रांति के जन्मदाता स्वयं महात्मा गांधी थे, हालांकि उनकी गिरफ्तारी के बाद कांग्रेसी, समाजवादी तथा अन्य क्रांतिकारी नेता और आम जनता उनके द्वारा दर्शाए गए रास्ते पर नहीं चले। क्रिप्स योजना असफल हो जाने के बाद महात्मा गांधी इस बात से अत्यधिक चिंतित थे। एक ओर अंग्रेजी हुकूमत सत्ता हस्तांतरण के लिए बिलकुल तैयार नहीं थी तो दूसरी ओर वह इतनी निकम्मी हो चुकी थी कि यदि उस समय जापान द्वारा भारत पर हमला कर दिया जाता तो यह भारत की रक्षा करने में सर्वथा अयोग्य सिद्ध हो जाती। साथ ही साथ जनता में राष्ट्र की रक्षा के प्रति व्यापक अनास्था ही नहीं बल्कि जापानियों के प्रति सुप्त प्रेम भी है, यह बात भी गांधीजी को स्पष्ट दिखाई दे रही थी। क्रिप्स वार्तालाप फेल होने के बाद अंग्रेजों के प्रति साधारण लोगों में कटुता बढ़ गई थी। राजाजी जैसे नेताओं द्वारा मुस्लिम लीग की भारत के बंटवारे की मांग को कबूल कर अंग्रेजों से समझौता करने की जो बात चलाई जा रही थी, उससे राजनैतिक कार्यकर्त्ता और जनता काफी क्षुब्ध थे। राजाजी एक माने में सारी जनता से कट गए थे। जवाहरलाल नेहरू और मौलाना आजाद भी मानसिक दृष्टि से फासिस्ट-विरोधी गुट के साथ थे। लेकिन सहयोग का कोई सम्मानपूर्ण रास्ता नहीं दिखाई दे रहा था। उसके बावजूद जवाहरलाल नेहरू ने जापानी आक्रमण की संभावना के खिलाफ हथियार उठाकर लड़ने की घोषणा एक-दो बार की थी। उन्होंने कहा था कि यदि सुभाषचंद्र बोस जापानियों की मदद लेकर भारत में आएंगे तो हाथ में तलवार लेकर मैं उनका प्रतिरोध करूंगा। गांधीजी की व्यग्रता इन घटनाओं से बढ़ गई और उन्हें इस बात का खतरा महसूस होने लगा कि भारत अंग्रेज और जापानियों के बीच रणभूमि बन सकता है और भारत के दो सबसे ज्यादा लोकप्रिय नेता (नेहरू और सुभाष) एक-दूसरे के खिलाफ खड़े हो सकते हैं। यह भय निराधार भी नहीं था। 'जवाहरलाल नेहरू अहिंसा को छोड़ रहे हैं' महात्माजी ने सरदार पटेल को एक पत्र में कहा था। इस स्थिति से निकलने का कोई रास्ता गांधीजी निकालना चाहते थे। गांधीजी द्वारा 'अंग्रेजों भारत छोड़ो' का नारा इसी

परिप्रेक्ष्य में दिया गया था। उन्होंने सोचा था कि यदि जनता की अनास्था को दूर करना है, अंग्रेजों के प्रति नफरत की प्रतिक्रिया स्वरूप जापानियों के प्रति जो प्रेम उपजा है, उस दुष्चक्र से यदि भारत की जनता को निकालना है तो उन्हें कोई प्रत्यक्ष प्रतिकार का रास्ता दिखाना होगा। प्रतिकार-शून्यता और अकर्मण्यता सर्वथा विनाशकारी साबित होगी। अतः उन्होंने संकल्प कर लिया था कि अब मैं देश को अंतिम और प्रखर संग्राम के लिए तैयार करूंगा। अप्रैल 26 को गांधीजी ने अपनी भावना को अभिव्यक्त करते हुए अंग्रेजों को सलाह दी थी कि "चूंकि अंग्रेज भारत की रक्षा करने में असमर्थ हैं, अतः उन्हें चाहिए कि वे हिंदुस्तान छोड़कर चले जाएं। अंग्रेजों का निकम्मापन बर्मा, मलाया, सिंगापुर की घटनाओं से स्पष्ट हो चुका है। अंग्रेजों का भारत छोड़ना न सिर्फ हिंदुस्तान के लिए बल्कि अंत में अंग्रेजों के स्वयं के लिए भी मुफिद होगा। जापान की लड़ाई अंग्रेजों से है। हिंदुस्तान से उन्हें क्या झगड़ा, शायद जापान हिंदुस्तान से बातचीत करने के लिए भी तैयार हो जाए।"

गांधीजी के भारत छोड़ो के नारे से हिंदुस्तान की जनता, विशेषकर नौजवान आंदोलित और प्रेरित हुए। कांग्रेस का एक गुट—नेहरू और मौलाना आजाद—ने गांधीजी की नई नीति और कार्यक्रम का जरूर थोड़ा विरोध किया लेकिन गांधीजी के लेखों और बयानों से देश में चेतना और उत्साह की जो नई लहर दौड़ी, उसको देखते हुए धीरे-धीरे जवाहरलाल ने अपना विरोध छोड़ दिया। नेहरू भी इस नतीजे पर पहुंचे कि भारतीय जनता की उदासीनता जापानियों के लिए एक न्यौता साबित हो सकती है, अतः इससे यह बेहतर होगा कि जनता को झकझोर कर प्रतिकार के लिए उद्यत किया जाए।

गांधीजी ने इस प्रकार जनता के अंदर नए प्राण भरने की चेष्टा की और अपने साथ जवाहरलाल को भी लेने का भरसक प्रयास किया। इसका नतीजा हुआ कि बंबई के गवालिया टैंक मैदान में जब अखिल भारतीय कांग्रेस कमेटी का जलसा हुआ तो कम्युनिस्टों को छोड़कर एक राय से 'भारत छोड़ो' का प्रस्ताव पारित हो गया। गांधीजी को आशंका थी कि शायद शीघ्र ही मुझे गिरफ्तार कर लिया जाएगा। अगर मुझे आंदोलन के आरंभ में ही गिरफ्तार कर लिया जाता है तो जनता और कार्यकर्त्ताओं का क्या कर्तव्य होगा? अतः उन्होंने घोषणा की कि इस बार हर कार्यकर्त्ता और नागरिक को अपना नेता स्वयं बनना है तथा 'करो या मरो' का निश्चय करके अपनी आत्मा की पुकार सुन कर काम करना है। उन्होंने स्पष्ट कर दिया कि अहिंसा के दायरे में रहकर प्रतिकार करने के सिवाय इस बार आंदोलन पर किसी तरह की रोक नहीं रहेगी।

'भारत छोड़ो' का प्रस्ताव 8 अगस्त की रात पारित हुआ और उसके कुछ घंटों के बाद ही सरकार द्वारा भारत सुरक्षा नजरबंदी कानून के तहत नेताओं की धरपकड़ शुरू हो गई। कांग्रेस वर्किंग कमेटी के लगभग सभी सदस्य और आमंत्रित नेता

गिरफ्तार कर लिए गए। नेताओं की नजरबंदी का स्थल अज्ञात रखा गया। महात्मा गांधी और उनके आश्रमवासियों को पूना के नजदीक आगा खां महल में नजरबंद रखा गया जबकि वर्किंग कमेटी के सदस्यों, नेहरू, सरदार पटेल आदि को पूना से 70-75 मील दूर अहमदनगर के पुराने किले में।

9 अगस्त की प्रातः समाजवादी नेता अच्युत पटवर्धन के भाई के घर पर बंबई में एक बैठक हुई। आगे क्या करना है, इस पर आपस में विचार-विमर्श हुआ। यह तय किया गया कि स्वेच्छा से अंग्रेजों की जेलों में चुपचाप चले जाने की बजाए हमें भूमिगत रह कर आंदोलन करना चाहिए। यह निर्णय सर्वसम्मति से हुआ। चूंकि श्री अच्युत पटवर्धन समाजवादियों के एक बड़े नेता थे, एक जमाने में कांग्रेस वर्किंग कमेटी के भी सदस्य थे और गांधीवादी विचारधारा वाले कांग्रेसियों के साथ भी चूंकि उनके अच्छे रिश्ते थे, भूमिगत आंदोलन संगठित करने का भार स्वाभाविक ढंग से उन्हीं पर सौंपा गया। दूसरे समाजवादी नेता डॉ. राममनोहर लोहिया भी उस दिन गिरफ्तारी से बच गए थे। अच्युत पटवर्धन और राममनोहर लोहिया ने धरपकड़ से बचे गांधीवादी नेताओं से बातचीत कर अखिल भारतीय कांग्रेस कमेटी का भूमिगत कार्यालय स्थापित किया। गांधीवादी नेताओं में श्रीमती सुचेता कृपलानी, रंगराव दिवाकर और बंगाल के आनंद चौधरी आदि नेता प्रमुख थे। भूमिगत आंदोलन की एक तेजस्वी तारिका के रूप में उस समय एक और महिला चमकी थीं जिनका नाम है अरुणा आसफअली। श्रीमती आसफ अली दिल्ली के कांग्रेसी नेता आसफ अली साहब की पत्नी हैं। इससे पहले राजनीति में उनका बहुत सक्रिय रोल नहीं था, हालांकि राजनीतिक विचार-प्रवाह से वे अच्छी तरह अवगत थी। गवालिया टैंक मैदान की अखिल भारतीय कांग्रेस कमेटी का प्रस्ताव, इस ऐतिहासिक सभा का रोमांचकारी वातावरण तथा गांधीजी का 'भारत छोड़ो' और 'करो या मरो' का नारा अरुणाजी को इतना आकर्षक लगा कि उन्होंने पूरी ताकत के साथ इस भूमिगत आंदोलन में अपने आपको झोंक दिया।

गवालिया टैंक मैदान पर, जहां ए. आई. सी. सी. का अधिवेशन शुरू हुआ था, वहीं 9 अगस्त को प्रातः झंडारोहन का कार्यक्रम अरुणाजी के हाथों संपन्न कराने का प्रयास हुआ। अत्यधिक भीड़ और मूसलाधार वर्षा के बीच पुलिस ने बड़े पैमाने पर अश्रुगैस और लाठी आदि का प्रयोग किया। 9 अगस्त की गिरफ्तारियों की खबर सारे देश में फैलते ही सिर्फ बंबई में ही नहीं जगह-जगह जनता ने स्वतःस्फूर्त ढंग से अंग्रेजों का प्रतिकार शुरू कर दिया। जनता द्वारा 9 अगस्त के बाद जो कुछ किया गया, उसमें निम्नलिखित कार्य उल्लेखनीय हैं :

1. जहां-तहां और विशेषकर बिहार, उत्तर प्रदेश, महाराष्ट्र आदि में जनता ने जबरदस्त जुलूस निकाल कर सरकारी कचहरियों पर हमला किया। उनपर से सरकारी झंडे उतार कर तिरंगा फहरा दिया। कचहरियों पर

कब्जा करने के प्रयास में कई लोग शहीद हो गए। जिन इलाकों में सारी जनता विद्रोह करने के लिए खड़ी हो गई थी वहां हिंसा, हत्या और अन्य अवांछनीय घटनाएं अत्यंत स्वल्प अनुपात में हुई।

2. जैसे ही भूमिगत आंदोलन संगठित होने लगा, नौजवानों के दस्ते रेल की पटरियों को उखाड़ कर, रेलवे स्टेशन आदि जलाकर यातायात के साधनों को अस्त-व्यस्त करने में लग गए।

3. भूमिगत अखिल भारतीय कांग्रेस कमेटी की ओर से भी विध्वंसात्मक कार्यवाही के द्वारा अंग्रेजी हुकूमत को जाम करने का नारा दिया गया था। डॉ. राममनोहर लोहिया तथा अच्युत पटवर्धन ने आंदोलन के कार्यक्रम की व्यापकता और सीमाओं को अभिव्यक्त करने के लिए एक नारा जारी किया–"न हत्या न चोट।" यानी कोई भी आदमी अंग्रेज या उसके एजेण्ट की न हत्या करे और न उसको किसी तरह की शारीरिक चोट पहुंचाए। उनका कहना था कि अंग्रेजी प्रशासन का आवश्यक ढांचा तहस-नहस कर देने से अहिंसा के सिद्धांतों की मर्यादा नहीं टूटती।

4. अगस्त क्रांति के दौरान प्रचार और प्रतिकार के नए-नए तरीके अविष्कृत किए गए। इनमें से अत्यंत आकर्षक प्रयोग था भूमिगत रेडियो का। इस कल्पना के जनक थे डॉ. राममनोहर लोहिया। इसको साकार और कार्यान्वित करने में जिन लोगों की प्रमुख भूमिका थी उनमें उषा मेहता का नाम उल्लेखनीय है। साधनों के अभाव में यह भूमिगत आकाशवाणी केंद्र बहुत अधिक दिन चल नहीं पाया। लेकिन अपने अल्पकालीन अस्तित्व के दौरान बंबई की जनता को इसने काफी प्रभावित किया।

अंग्रेजी हुकूमत के द्वारा 1942 की घटनाओं के बारे में एक पुस्तिका जारी की गई थी जिसमें अगस्त के उपद्रवों के लिए कांग्रेस को जिम्मेदार साबित करने का प्रयास किया गया था। इस पुस्तिका में कहा गया है कि 9 अगस्त को सिर्फ बंबई, अहमदाबाद और पूना में उपद्रव हुए लेकिन बाकी देश उस दिन शांत रहा। 10 अगस्त को दिल्ली और उत्तर प्रदेश के कुछ नगरों में उपद्रव शुरू हो गए। पुस्तिका के लेखक का कहना है कि 11 अगस्त के बाद स्थिति तेजी से बिगड़ने लगी। उस दिन और उसके बाद हड़ताल, सभाएं, जुलूस, प्रदर्शन आदि के अलावा हिंसा, आगजनी, हत्याएं और विध्वंस के कार्य कई जगह शुरू हो गए। भीड़ का लक्ष्य विशेषकर डाकघर और पुलिस की चौकियां, बिजली के खंभे, टेलीफोन के तार आदि थे। यह उपद्रव मद्रास, बिहार, बंबई, मध्य प्रदेश, उत्तर प्रदेश आदि सब जगह एक साथ शुरू हुए। इस घटनाक्रम से हुकूमत ने यह अनुमान लगाया था कि किसी केंद्र के द्वारा आंदोलनकारियों को आदेश दिए जा रहे थे। सरकार का यह सिद्ध करने का

प्रयास कि इस प्रकार के गुप्त आदेश स्वयं गांधीजी की सम्मति से जारी किए गए थे, सर्वथा निराधार और निरर्थक था। हां, यदि यह आरोप सरकार भूमिगत नेताओं पर लगाती तो इसमें अवश्य सत्यता थी। इन विध्वंसकारी कार्यवाहियों का बहुत व्यापक असर हुआ, यह उक्त पुस्तिका में स्वीकार किया गया है। सरकार ने यह भी कहा है कि इसके पीछे कोई संगठित योजना थी क्योंकि विशेष तैयारी और तकनीकी जानकारी के अभाव में इस तरह का व्यापक विध्वंस संभव नहीं था। परंतु इसमें सरकार एक चूक कर गई। आंदोलन को व्यापक जनसमर्थन प्राप्त था और उसमें तकनीकी ज्ञान रखने वाले भी पर्याप्त मात्रा में थे। इंजीनियरिंग, तकनीकी विशेषज्ञ या विज्ञान के छात्र सभी ने इसमें हिस्सा लिया था, इसलिए ये सब काम करने के लिए किसी लंबे षड्यंत्र की आवश्यकता नहीं थी। साधारण लोग चीजों को अनुभव से बहुत जल्दी सीख लेते हैं। ये सारा काम किराये के लोगों ने नहीं, अपितु राष्ट्रीय भावना से प्रेरित नौजवानों ने किया था।

1942 के आंदोलन में कम्युनिस्ट पार्टी सम्मिलित नहीं थी। चूंकि उसकी प्रेरणा का स्त्रोत मास्को था और रूस उस समय मित्र राष्ट्रों का एक घटक बन कर जर्मनी के साथ मरण-मारण की लड़ाई में उलझा हुआ था। भारत के कम्युनिस्ट कहने लगे कि अब साम्राज्यवादी युद्ध लोकयुद्ध के रूप में परिवर्तित हो गया है, अतः इस लोकयुद्ध में अंग्रेजों से सहयोग करना, उनकी मदद करना हमारा कर्तव्य हो जाता है। भारतीय कम्युनिस्टों का उन दिनों भारत के ट्रेड यूनियन आंदोलन और कारखाना-मजदूरों पर अच्छा प्रभाव था। रायवादी तो पहले से ही सहयोगवादी थे। उन्हें ट्रेड यूनियन कार्य के लिए माहवार 15-16 हजार रुपये सरकार से प्राप्त होते थे। इसका नतीजा यह हुआ कि अहमदाबाद की कपड़ा मिलों और जमशेदपुर स्थित इस्पात कारखाना, इन दोनों प्रमुख उद्योग केंद्रों को छोड़कर बाकी सब जगह कारखानों में उत्पादन बिना किसी प्रकार के व्यवधान के चलता रहा। अगर कम्युनिस्ट पार्टी भी इस आंदोलन में शरीक हो जाती तो सभी उद्योगों को ठप्प करने में सफलता मिल जाती और मुल्क के जनमानस में कमयुनिस्ट पार्टी को एक विशेष स्थान प्राप्त हो जाता। कम्युनिस्टों ने युगोस्लाविया, चीन और वियतनाम में राष्ट्रीय भावना के अनुकूल जो कार्य किए थे उस कारण उन देशों में साम्राज्यवाद विरोधी आंदोलन के वे सबसे बड़े अगुआ बन सके थे, लेकिन चूंकि 1930-32 के गांधीजी के सामुदायिक सिविल नाफरमानी के आंदोलन से वे अलग रहे और अगस्त 42 के आंदोलन का भी उन्होंने सक्रिय ढंग से विरोध किया, इसलिए भारतीय जनमानस में उनके प्रति एक व्यापक तिरस्कार की भावना पैदा हो गई। भारत में कम्युनिस्टों के संगठन और विचार का विस्तार न होने का प्रमुख कारण था उनकी अगस्त 42 की क्रांति के प्रति दुश्मनी। कम्युनिस्ट पार्टी और उसके कार्यकर्त्ता उस समय जनमानस से कितनी दूर चले गए थे, इसका सबूत उनके उस

बयान से मिल जाता है जिसमें उन्होंने सुभाष बाबू, जयप्रकाश नारायण तथा अन्य समाजवादी नेताओं को फासिस्टों के एजेण्ट घोषित कर उनको फांसी पर लटकाए जाने की मांग की थी।

अब हम देखें कि अंग्रेजी हुकूमत द्वारा 1942 के आंदोलन का क्या मूल्यांकन किया गया था, उसके बारे में उनकी क्या प्रतिक्रिया थी?

राष्ट्रीय नेताओं की गिरफ्तारी के बाद वायसराय लिनलिथगो द्वारा सेक्रेटरी आफ स्टेट एमेरी को भेजी गई पहली रपट आत्मतोष की भावना से ओतप्रोत थी। उन्होंने कहा था कि गिरफ्तारियों की कोई खास प्रतिक्रिया नहीं है और मुझे इस बात की जरा भी चिंता नहीं है कि इसका मुकाबला कैसे किया जाए। प्रारंभ में बिहार सरकार भी आशावादी थी।

लेकिन दो दिन बाद लिनलिथगो का सुर कुछ बदल गया। एमेरी को भेजे गए अपने संदेश में उन्होंने कहा कि बंबई आंधी का केंद्र दिखाई दे रहा है और गवर्नर रोजर लमली ने बहुत ही निराशाजनक चित्र खींचा है। (ट्रांसफर आफ पावर, खंड 2 पृ. 622)

फिर धीरे-धीरे हिंदुस्तान के अन्य इलाकों से खबरें आने लगी। एक सप्ताह बीत जाने के बाद लिनलिथगो की यह राय बनी कि बिहार की स्थिति अत्यंत गंभीर है। अब उन्हें महसूस होने लगा कि अशांति का केंद्र बिहार है। ग्रामीण जनता भी आंदोलन में प्रवृत्त हो गई थी। सेबोटेज इतना व्यापक था कि टेलीग्राफ, टेलीफोन, रेलवे का यातायात तहस-नहस हो गया। आंदोलन की आग पूर्वी उत्तर प्रदेश में भी फैल गई। जमशेदपुर के इस्पात कारखाने में हड़ताल होने के कारण उत्पादन ठप्प हो गया था और उसका असर युद्ध सामग्री के उत्पादन पर भी पड़ा। (उपरोक्त, खंड 2, पृ. 730,745,776)

22 अगस्त को बिहार के गवर्नर स्टुअर्ट ने वायसराय को भेजी अपनी रपट में बिहार में हुए 'उपद्रवों' का पूरा ब्यौरा दिया था। उन्होंने कहा था कि पटना के सचिवालय पर भीड़ ने लगातार हमले किए और दानापुर से फौजी सहायता आने के बाद परिस्थिति पर कुछ काबू पाया जा सका। विश्वविद्यालय, कालेज, होस्टल आदि बंद कर दिए गए, लेकिन छात्र ग्रामीण इलाकों में फैल गए। गवर्नर ने कहा कि प्रांतीय राजधानी पटना का सभी जिलों से संबंध विच्छेद हो गया, सिर्फ गया को छोड़कर। बाद में शांति और व्यवस्था पुर्नस्थापित करने के बाद भी तिरहुत कमिश्नरी में कई पुलिस थानों और चौकियों को छोड़ देना पड़ा। (उपरोक्त, खंड 2, पृ. 787-91)

पूर्वी उत्तर प्रदेश में भी हालत खराब थी। वायसराय ने एमेरी से कहा कि यू0पी0 के गर्वनर हैलेट द्वारा आंदोलन को जो विद्रोह की संज्ञा दी गई है, वह सर्वथा उपयुक्त है। जान और माल की अत्यधिक हानि हुई है।

मैक्स हार्टकोर्ट नाम के लेखक ने अपने अध्ययन में कहा है कि उपद्रव से

प्रभावित इलाकों का क्षेत्रफल इंग्लैंड और वेल्स के बराबर था। बिहार में दस जिले और पूर्वी उत्तर प्रदेश के छः जिले आंदोलन से प्रभावित रहे। उपद्रवों का स्वरूप 1857 में ग्रामीण इलाकों में जो कुछ हुआ, उससे मिलता-जुलता था। उसने लिखा है कि 1857 और अबकी बार परिस्थिति में मुख्य फर्क यह था कि इस बार आधुनिक किस्म की व्यवस्था और सत्ता स्थापित करने का विद्रोहियों द्वारा प्रयास किया गया। जो विद्रोही लोग थे वे पूरे इलाके में जयप्रकाश नारायण और राममनोहर लोहिया द्वारा तराई में जो समानान्तर सरकार स्थापित की गई थी, उसके प्रति आस्था रखते थे। इतना ही नहीं समाजवादियों के माध्यम से इनका संबंध पश्चिम भारत में स्थापित हैडक्वार्टर से था। (कांग्रेस एण्ड द राज, पृ. 316-21)

हार्टकोर्ट का मतलब अखिल भारतीय कांग्रेस कमेटी के नाम पर जो केंद्रीय निदेशक समिति स्थापित की गई थी, उससे था। जैसाकि हम पहले ही कह चुके हैं, इस कमेटी में गिरफ्तारी से बचे प्रमुख समाजवादी और गांधीवादी नेता थे।

बलिया और आजमगढ़ के जिलाधिकारियों ने अपनी डायरियों और रपटों में थानों और कचहरियों को जनता द्वारा घेर लिए जाने का पूरा ब्यौरा दिया है। कई दिनों तक बंगाल और असम का संबंध बाकी भारत से पूर्णतः कट गया था।

प्रारंभ में रायटर जैसी विदेशी समाचार एजेंसियों द्वारा विद्रोह की खबरें तफसील के साथ भेजी गई थी। इस पर सेक्रेटरी आफ स्टेट एमेरी ने बुरा माना और कहा कि इस तरफ का विस्तृत विवरण प्रकाशित होने के कारण यहां इंग्लैंड में यह भावना उत्पन्न हो रही है कि भारत एक प्रमुख रणक्षेत्र ही बन गया है। इस पर सरकार ने प्रेस पर तरह-तरह के प्रतिबन्ध लगा दिए।

वायसराय लिनलिथगो ने प्रधानमंत्री चर्चिल को लिखे पत्र में कहा था कि "इस समय 1857 के बाद हुई इस पहले गंभीर विद्रोह का सामना करने में मैं पूरी ताकत से लगा हुआ हूं। इस विद्रोह की व्यापकता और गंभीरता सुरक्षा संबंधी कारणों को लेकर विश्व से हमने छुपाई है। देश के बड़े हिस्से में भीड़ द्वारा हिंसात्मक कार्यवाही की जा रही है और ग्रामीण इलाके भी इसमें सम्मिलित हैं।" (ट्रांसफर आफ पावर, खंड 2, पृ. 853-54)

अगस्त आंदोलन के प्रभाव का जहां तक सवाल है, अंग्रेजों ने यह स्वीकार किया था कि पूर्वी तथा महत्वपूर्ण बी.एन. रेलवे कुछ समय के लिए पूर्णतया अस्त-व्यस्त हो गई थी। आन्ध्र के गुंटुर और विजयवाड़ा जिलों में रेल मार्गों का जो विध्वंस किया गया था उसकी वजह से कुछ समय तक मद्रास भी उत्तर भारत से कट गया था। वायसराय वेवल, जो 1942 में अंग्रेजी सेना का कमांडर था, और बाद में वायसराय बना, ने गांधीजी को लिखे एक पत्र में स्वीकार किया कि उनकी पूर्वी विभाग की सेना के संबंध शेष भारत के साथ अगस्त क्रांति के दौरान टूट गए थे। पूर्वी उत्तर प्रदेश के कुछ जिलों तथा बिहार के एक बड़े भू-भाग में अंग्रेजी हुकूमत नष्ट सी हो

गई थी। बंगाल में मेदिनीपुर और महाराष्ट्र में कुछ समय बाद सतारा जिला तथा उसके आसपास के ग्रामीण इलाकों में अंग्रेजी हुकूमत का अस्तित्व मिट गया था और वहां एक समानांतर सरकार, जिसे 'पत्री सरकार' के नाम से साधारण जनता में पुकारा जाता था, कायम हो गई थी। अरुणा आसफ अली, अच्युत पटवर्धन, डॉ. राममनोहर लोहिया, सुचेता कृपलानी जिस तरह समूचे देश में मशहूर हो गए थे उसी तरह समानांतर सरकार की स्थापना से सतारा जिले में श्री नाना पाटील विशेष रूप से ख्यातनाम हो गए थे।

1942 के अक्तूबर महीने में हजारीबाग जेल से जयप्रकाश नारायण (जो 9 अगस्त के पहले से वहां बंद थे) अपने साथी, रामनंदन मिश्र आदि के साथ केंद्रीय जेल की ऊंची दीवारें लांघकर भाग निकले थे। जयप्रकाश नारायण यूं तो पहले से ही एक मशहूर नेता थे, लेकिन इस साहसिक कदम से उनकी ख्याति देश के कोने-कोने में फैल गई। बाहर आने के बाद जयप्रकाश ने आंदोलन में काफी योगदान दिया। डॉ. लोहिया और जे.पी. ने नेपाल को अपना केंद्र बनाकर आंदोलन संचालित किया। भूमिगत अखिल भारतीय कांग्रेस कमेटी के नेता और जे.पी. में एक प्रश्न को लेकर कुछ बुनियादी मतभेद उत्पन्न हो गए। जहां 'न हत्या, न चोट' सिद्धांत पर भूमिगत आंदोलन के नेता चल रहे थे, जे.पी. का कहना था कि सशस्त्र जत्थों का निर्माण कर अंग्रेजी हुकूमत के खिलाफ हथियारी लड़ाई लड़ी जाए। 'न हत्या, न चोट' वाला प्रतिबन्ध हमें अपने ऊपर लादने की जरूरत नहीं है। अन्य देशों ने जिस तरह हथियारी क्रांति का प्रयोग किया, वैसे ही प्रयोग इस अंतिम चरण में हिंदुस्तान को करना चाहिए। अगस्त आंदोलन में ये मतभेद अंत तक रहे। कुछ लोग अहिंसा को पूर्णतया त्यागने के लिए तैयार नहीं थे। जे.पी. और लोहिया कुछ समय बाद पकड़े गए और उन्हें लाहौर में डाल दिया गया। वहां उन्हें हर तरह की यातनाएं दी गई। अच्युत पटवर्धन और अरुणा आसफ अली को गिरफ्तार करने में सरकार आखिर तक असफल रही और उन्होंने आत्मसमर्पण करने से इनकार कर दिया था। सुचेता जी, रंगराव दिवाकर आदि गांधीवादी नेता 1943 में गांधीजी के अनशन के बाद जेल चले गए थे। गांधीजी के अनशन के दौरान यह स्पष्ट हुआ कि 'न हत्या, न चोट' वाला जो विध्वंसकारी कार्यक्रम जनता और कांग्रेसी कार्यकर्त्ताओं द्वारा चलाया गया था, वह गांधीजी को पसन्द नहीं था। इसलिए गांधीजी में जिनको अनन्य निष्ठा थी उन लोगों ने धीरे-धीरे भूमिगत आंदोलन से अपना रिश्ता तोड़ लिया और प्रकट होकर जेल चले गए।

शिमला सम्मेलन (1945) के कई महीनों बाद जब भारत में केन्दीय असेंबली और प्रांतीय असेंबलियों के चुनावों का दौर संपन्न हुआ और स्थिति कुछ साधारण बन गई तब अरुणा जी के वारंट सरकार द्वारा वापस लिए गए और वे अत्यंत जन उत्साह के साथ बंबई में प्रकट हो गई।

1944 में गांधीजी की सेहत अचानक खराब हो गई थी। सरकार को ऐसा प्रतीत

हुआ कि वे ज्यादा दिन जिंदा नहीं रहेंगे। वायसराय वेवल नहीं चाहते थे कि गांधीजी की मृत्यु अंग्रेजों के कारावास में हो। ऐसा होने से इन दोनों राष्ट्रों के बीच असह्य कटुता उत्पन्न हो जाने का खतरा था इसलिए वायसराय ववेल की पहल पर गांधीजी को जेल से रिहा कर दिया गया। गांधीजी बाहर तो आए। लेकिन बाहर सभी प्रकार की जन स्वतंत्रताएं समाप्त हो चुकी थी। कांग्रेस संगठनों पर पाबंदी लगी हुई थी, हजारों कार्यकर्त्ता और वर्किंग कमेटी के नेता गिरफ्तार थे। धीरे-धीरे गांधीजी का स्वास्थ्य सुधरा और कांग्रेसी कार्यकर्त्ताओं से उनकी बातचीत प्रारंभ हुई। उन्हें रचनात्मक कार्य में लगाने का उनका प्रयास था। साथ ही साथ अंग्रेजी हुकूमत के साथ, नई परिस्थिति में--जापानी आक्रमण की आशंका समाप्त हो चुकने के कारण समझौता करने की बात भी उन्होंने चालू की।

गांधीजी को इस बात का जरूर अहसास था कि 1942 के आंदोलन में साधारण लोगों द्वारा त्याग और वीरता के जो कार्य किए गए थे, उनसे लोगों में राजनीतिक चेतना बढ़ी है। जनता में उत्साह का नया संचार हुआ है। गांधीजी 1942 के क्रांतिकारी नेताओं की बहादुरी की हमेशा तारीफ करते थे, लेकिन वे कहते थे कि शूरों की अहिंसा हिंसा से श्रेष्ठ है, अगस्त 1942 में कार्यकर्ता और जनता अहिंसा को नहीं छोड़ते तो देश ज्यादा प्रगति करता। बहादुरों का अहिंसात्मक प्रतिकार देश में कई गुणा अधिक चेतना पैदा करता और जन-समर्थन भी कई गुणा बढ़ जाता। इस राग से गांधीजी कभी नहीं हटे।

जब हम अगस्त क्रांति का समग्र मूल्यांकन करते हैं तो पाते हैं कि अगस्त क्रांति के आंदोलन में एक किस्म की विडंबना और अंतर्विरोध भी है। आंदोलन के लिए जनमानस तैयार करने का काम मुख्यतः गांधीजी ने किया था। संघर्ष का समां बांधना किसी अन्य नेता के वश की बात नहीं थी। परंतु उनकी गिरफ्तारी के बाद आंदोलन उनके द्वारा निश्चित की गई सीमाओं के अंदर नहीं चल पाया। एक माने में अगस्त क्रांति का आंदोलन गांधीजी के प्रभाव की परिसीमा भी थी और साथ ही साथ गांधीजी के अहिंसात्मक प्रतिकार के सिद्धांत का अंत भी। 1942 की क्रांति कितनी प्रभावशाली रही, उसका मूल्यांकन मात्र चुनाव परिणामों से हो जाता है। 1945 और 1946 में केंद्रीय असेंबली और प्रांतीय असेंबलियों के चुनावों में कांग्रेस सौ प्रतिशत सफल हुई।

लेकिन इस आंदोलन में एक जबरदस्त कमी भी थी। इसमें सरहदी प्रांत को छोड़कर अन्य मुस्लिम बहुल इलाकों के मुसलमानों की शिरकत लगभग नहीं के बराबर थी। इस समय मुस्लिम समाज पर पूर्णतः मुस्लिम लीग और जिन्ना के नेतृत्व का असर जम चुका था। इसका भी सबूत उपरोक्त चुनावों में मिला। सरहदी प्रांत को छोड़कर बाकी प्रायः सभी जगह आरक्षित मुस्लिम सीटों पर मुस्लिम लीग को सफलता प्राप्त हुई। चुनाव के नतीजों ने एक माने में देश को विभाजित कर दिया।

अंग्रेजों ने अपने 3 जून, 1947 की योजना के अनुसार एक माने में चुनाव के नतीजों के आधार पर ही मोहर लगाई थी। बेचारे सरहदी प्रांत और खान अब्दुल गफ्फार खां (सीमान्त गांधी) को इस बंटवारे का शिकार बनना पड़ा। स्वतंत्रता आई, लेकिन पाकिस्तान में बादशाह खान की व्यक्तिगत स्वतंत्रता छीन ली गई और उन्हें वर्षों पाकिस्तान की जेलों में अपना जीवन बिताना पड़ा।

1942 में एक ओर अगस्त क्रांति हुई तो दूसरी ओर नेताजी सुभाषचंद्र बोस ने दक्षिण-पूर्वी एशिया में भारतीय लोगों में अद्भुत किस्म का संगठन कायम किया। 1941 में सुभाष बाबू गुप्त रूप से भाग कर अफगानिस्तान के रास्ते जर्मनी चले गए थे। एक सबमेरीन पर बैठ कर वे उसके बाद जापान पहुंचे। जापान की हिरासत में जो भारतीय सेना के अफसर और सिपाही थे, उनमें से एक बड़े हिस्से को नेताजी ने आजाद हिंद फौज के नाम से संगठित किया। आरजी हुकूमते आजाद हिंद कायम कर भारतीय स्वतंत्रता के लिए जापान की मान्यता उन्होंने प्राप्त की। अंग्रेजी हुकूमत को पराजित करने तथा उनमें नया राष्ट्रीयता का भाव जगाने के लिए नेताजी ने 'दिल्ली चलो' और 'जय हिंद' जैसे नारे प्रचलित किए, अपूर्व त्याग के लिए उन्हें प्रेरित किया। आजाद हिंद फौज ने पूर्वी भारत के इलाके (आज का मणिपुर) पर हमला किया था। लेकिन 1944 तक जापान की शक्ति तुलनात्मक दृष्टि से काफी कम हो गई थी और अमरीका की अतुलनीय सामर्थ्य की वजह से मित्र राष्ट्रों का पलड़ा भारी हो गया था। आजाद हिंद फौज ने अनेक काम किए, मणिपुर की भूमि पर शहादत भी दी, लेकिन अब विश्व परिस्थिति उसके लिए प्रतिकूल हो गई थी।

आजाद हिंद फौज के अफसरों की कानूनी रक्षा के लिए गांधीजी ने भूलाभाई देसाई को नियुक्त किया था। उन्होंने बहुत ही कुशलता और जोश-खरोश के साथ इन अफसरों की वकालत की। इस मुकदमे की वजह से आजाद हिंद फौज की पूरी साहस भरी तथा रोमांचकारी कहानी देश के सामने आई। नेताजी सुभाषचंद्र बोस के बारे में बाद में जो जानकारी प्राप्त हुई उससे पता चला कि हालांकि उन्होंने आजादी की लड़ाई के लिए जापानियों की मदद लेने का निर्णय किया था, लेकिन वे किसी भी अर्थ में जापानियों के एजेण्ट के रूप में कार्य नहीं करते थे। उन्होंने आत्मसम्मान के आधार पर ही जापानियों के साथ रिश्ता बनाया था और आजाद हिंद सरकार के लिए उनकी मान्यता प्राप्त की थी। इतना ही नहीं, दक्षिण-पूर्वी एशिया स्थित भारतीय जनता को अपने पैरों पर खड़ा होकर मातृभूमि की मुक्ति के लिए अतुल त्याग करने के लिए भी उन्हें प्रेरित किया था। द्वितीय महायुद्ध के अंतिम चरण में, यानी जापानियों के आत्मसमर्पण के पश्चात सायगांव से नेताजी सुभाषचंद्र बोस ने प्रस्थान किया। कहा जाता है कि उनका विमान दुर्घटनाग्रस्त हो गया और उसमें नेताजी की मृत्यु हो गई। इस दुर्घटना के तथ्यों के बारे में बाद में काफी आशंकाएं प्रकट की गई और आज तक सही स्थिति का पता नहीं चल पाया है। लेकिन यह बात स्पष्ट

है कि 1945 के बाद नेताजी जिंदा नहीं रहे। यदि वे जिंदा होते तो कम से कम आजादी के बाद भारत में आकर जरूर प्रकट होते।

नेताजी ने अकसर यह कहा था कि मैं भारत छोड़कर जर्मनी, और जापान जाकर उनकी मदद हासिल करने के लिए इतना उद्यत इसलिए हूं क्योंकि मेरे मन में जो आग है वह मुझे चैन से बैठने नहीं देती। अपनी मातृभूमि को मैं जल्द से जल्द आजाद कराना चाहता हूं। उन्होंने कहा था कि मुझे सत्ता की कोई लालसा नहीं है, भारत को मुक्त कराने के बाद भारतीय आजादी को राष्ट्रपिता के चरणों में समर्पित कर मैं राजनीति से हट जाऊंगा।

नेताजी के अद्वितीय कार्य की वजह से भारत की स्थल, वायु और नौसेनाएं राष्ट्रीय विचारों से ओतप्रोत हो गई। 1946 के प्रारंभ में बंबई में नौसैनिकों ने जो विद्रोह किया था, वह इसी बात का सबूत है। 1947 में भारत को विभाजित कर सत्ता का हस्तांतरण करके यहां से प्रस्थान करने का अंग्रेजों ने जो निर्णय किया, उसमें एक प्रमुख कारण यह था कि अब भारतीय सेनाओं पर से उनका विश्वास उठ चुका था।

अंत में मैं इतना ही कहूंगा—स्वतंत्रता प्राप्ति के लिए कई तरीकों और तकनीकों का इस्तेमाल किया गया। जिस तरह प्रारंभिक काल में नरमपंथियों ने वैध आंदोलन किया, तिलकजी ने स्वराज्य के लिए जेल की यातनाएं भोगी, जिस तरह आतंकवादियों ने अपने ढंग से स्वतंत्रता आंदोलन को आगे बढ़ाने का प्रयास किया, उसी तरह स्वतंत्रता के अंतिम चरण में अगस्त के क्रांतिकारियों ने, जिनमें समाजवादी अग्रगण्य थे, और नेताजी सुभाषचंद्र बोस की आजाद हिंद फौज ने भी जबरदस्त योगदान दिया। सभी आंदोलनों और तौर-तरीकों का अध्ययन करने के बाद हम इसी निर्णय पर पहुंचते हैं कि आजादी की, स्वतंत्रता आंदोलन की यह जो गंगा थी उसमें दूसरे प्रवाहों और नदियों से भी पानी आया। लेकिन यह बात अकाट्य है कि स्वतंत्रता आंदोलन की मुख्य धारा गांधीजी की धारा थी। स्वयं अनेक अंग्रेज प्रशासकों ने गांधीजी को ब्रिटिश साम्राज्य का सबसे बड़ा दुश्मन माना था, वायसराय वेवल ने अपने जनरल में स्वीकारा है कि अंत में गांधीजी ब्रिटिश साम्राज्य को समाप्त करने के अपने कार्य में सफल हुए। गांधीजी भारत को अविभाजित रूप में स्वतंत्र देखना चाहते थे न कि विभाजित रूप में। भारत विभाजन के समय भाइयों-भाइयों में जो कटु संघर्ष हुआ, जो खून की नदियां बहीं, उससे गांधीजी बहुत व्यथित हुए थे और देश की एकता तथा भाईचारे को बनाए रखने के लिए उन्होंने सर्वोच्च कुर्बानी 30 जनवरी, 1948 को दी। उन्हें जो राष्ट्रपिता की संज्ञा दी गई है वह सर्वथा उपयुक्त है, यही इस समालोचना का निचोड़ है।

द्वितीय विश्वयुद्ध, क्रिप्स मिशन एवं 1942 का विद्रोह

बिपनचंद्र

सितंबर, 1939 में युद्ध छिड़ जाने पर भारतीय नेता एक कठिन स्थिति में पड़ गए। वे फासिस्टवादी दर्शन के बिलकुल विरुद्ध थे, जैसा कि जाहिर था वह एक तरह का एकदलीय शासनतंत्र था जिसमें रंगभेद संबंधी दुराग्रह भी शामिल था। यहां तक कि सन् 1939 के पहले के वर्षों में आक्रमण के विस्तारवादी कार्यक्रम के साथ जब फासिस्टवाद एक राजनैतिक दर्शन के रूप में उभर रहा था तभी जवाहरलाल नेहरू जैसे अनेक नेता यूरोप में उसको विकसित होते देखकर बहुत चिंतित हुए थे। कांग्रेस ने बहुत ही स्पष्ट ढंग से उसकी निंदा करते हुए स्पेन, इथियोपिया और चेकोस्लोवाकिया की पीड़ित जनता को खुला समर्थन देने की घोषणा की थी। जापान में भी फासिस्टवाद की प्रवृत्ति के विकास पर उनका दृष्टिकोण वैसा ही रहा और जब जापान ने चीन पर आक्रमण किया तो उन्होंने तर्कसम्मत ढंग से चीन का समर्थन करते हुए जापान को आक्रामक कहा। लेकिन वे साम्राज्यवाद के भी उतने ही प्रबल विरोधी थे। अतः युद्ध को लेकर उनका दृष्टिकोण इस बात पर निर्भर करने वाला था कि उसके लक्ष्य और उद्‌देश्य क्या हैं। यदि वह युद्ध एशिया और अफ्रीका के देशों में अपने उपनिवेश या अपने औपनिवेशिक प्रभुत्व को बनाए रखने के लिए परेशान पुरानी साम्राज्यवादी शक्तियों या फासिस्टवादी सत्ता का प्रतिनिधित्व करने वाले उन नवसाम्राज्यवादियों के बीच हो रहा है जो उपनिवेशवादी लूट में अपना हिस्सा चाह रहे हैं, तब भारत की उसमें कोई दिलचस्पी नहीं होगी। लेकिन यदि मित्र राष्ट्र अपना रवैया बदल कर दुनिया में जनतंत्र कायम करने के उद्‌देश्य से सचमुच ईमानदारी के साथ फासिस्टवाद से लड़ रहे हैं तो भारत उनको अपनी शक्ति भर हर संभव समर्थन देगा। लेकिन मित्र राष्ट्रों को निश्चित प्रमाणों द्वारा यह सिद्ध करना पड़ेगा कि उन्होंने जो दावे किए थे उन्हीं पर अमल करेंगे। खासतौर पर ब्रिटेन को तत्काल भारत को साम्राज्यवादी और औपनिवेशिक प्रभुत्व छोड़ कर भारतीयों को स्वयं अपनी सरकार चलाने के लिए उचित मात्रा में अधिकार देना चाहिए।

लेकिन भारतीय जनता और उसके नेताओं की इन भावनाओं को महत्वहीन मानकर उन पर कोई ध्यान नहीं दिया गया। 3 सितंबर, 1939 को युद्ध की घोषणा कर दी गई। इससे भारत स्वतः युद्ध में शामिल होने के लिए प्रतिबद्ध हो गया। सन् 1935 के भारतीय विधेयक के संघीय भाग पर अभी भी अमल नहीं किया गया था, अतः शुद्ध संवैधानिक दृष्टि से वायसराय की यह कार्रवाई कानूनी भी थी और मान्य भी। लेकिन इससे भारतीय जनता की भावनाओं के ब्रिटेन के अनुकूल हो जाने की संभावना लगभग नहीं थी। देश की एक केंद्रीय विधान परिषद् थी। प्रांतों में लोकप्रिय सरकारें थी। देश में सुसंगठित और पूरी तरह मान्यता प्राप्त राजनैतिक दल थे। भारतीय जनता के बहुत से नेता थे जिनसे ब्रितानी सरकार ने अनेकों बार पारस्परिक सहमति के आधार पर समस्याओं का हल ढूंढने के लिए विचार-विमर्श किया था, लेकिन इनमें से किसी से राय नहीं ली गई। भारतीय जनता के लिए यह स्थिति ज्यादा स्तब्ध कर देने वाली इसलिए भी थी क्योंकि आसन्न युद्ध संबंधी भारतीय नेताओं के रुख का संकेत सरकार को पहले ही मिल चुका था। सन् 1939 की गर्मियों में कांग्रेस केंद्रीय विधान परषिद् के अधिवेशन से यह विरोध करते हुए गैरहाजिर हो गई थी कि भारतीय सैनिक एहतियाती तौर पर मलाया और सुदूर पूर्व के देशों में भेजे जा रहे हैं।

लेकिन संभवतया नेताओं की अत्यंत तीखी फासिस्ट विरोधी भावना के कारण युद्ध की घोषणा पर कांग्रेस की तात्कालिक प्रतिक्रिया समन्वयात्मक थी। 14 सितंबर, 1939 को कांग्रेस ने एक वक्तव्य जारी किया जिसमें दल के दृष्टिकोण की स्पष्ट व्याख्या थी :

> अगर युद्ध का उद्देश्य यथावाद, साम्राज्यवादी आधिपत्य, उपनिवेश, निहित स्वार्थ और विशेषाधिकारों की रक्षा है, तब भारत की उसमें कोई दिलचस्पी नहीं हो सकती है लेकिन यदि मसला जनतंत्र का या जनतंत्र पर आधारित विश्व-व्यवस्था का है तब उसमें भारत की गहरी दिलचस्पी है...एक स्वतंत्र और जनतांत्रिक भारत स्वतंत्र देशों के साथ आक्रमण के विरुद्ध पारस्परिक सुरक्षा और आर्थिक सहयोग देने के लिए खुशी-खुशी कंधे से कंधा मिलाएगा, लेकिन सहयोग निश्चय ही बराबर वालों में और आपस की रजामंदी से होना चाहिए...अतः कार्यकारिणी ब्रितानी सरकार से आग्रह करती है कि वह स्पष्ट रूप से घोषित करे कि जनतंत्र, साम्राज्यवाद और परिकल्पित नई व्यवस्था के संदर्भ में युद्ध के उसके उद्देश्य क्या हैं? खास तौर पर यह कि उन उद्देश्यों को भारत पर किस तरह लागू करना है...उन्हें इस वक्त किस तरह से अमल में लाया जाना है। किसी भी घोषणा की सही जांच उसके वर्तमान प्रयोग में हैं।

भारतीय दृष्टिकोण से वायसराय का उत्तर अत्यंत असंतोषजनक था। उत्तर देने में एक महीने तक टालमटोल करने के बाद वायसराय ने 17 अक्तूबर, 1939 को

अपनी असमर्थता पर खेद प्रकट करते हुए कहा कि वह युद्ध के उद्देश्यों के बारे में इससे अधिक कुछ नहीं बता सकते हैं जितना प्रधानमंत्री ने बताया है। जहां तात्कालिक वर्तमान का प्रश्न था, वायसराय अपनी कार्यकारी समिति में कुछ और भारतीयों को शामिल करने को तैयार थे। युद्ध के दौर में भारतीयों को पर्याप्त अधिकार देना अव्यावहारिक माना गया था। एक गाजर (ढाढ़स बंधाने के लिए) सुरक्षित दूरी पर इस उम्मीद में लटका दिया गया था कि निर्दयतापूर्वक निराशा का शिकार बना दिए गए भारतीय राष्ट्र को उसे देखकर कुछ सांत्वना मिलेगी। युद्ध के बाद ब्रिटेन यह देखने के लिए कि सन् 1935 के भारतीय विधेयक में कौन से संशोधन आवश्यक हैं (ताकि भारत महान उपनिवेशों के बीच अपना उचित स्थान प्राप्त कर सके), विभिन्न वर्गों और गुटों से राय-मशविरा करने को तैयार हो गया।

उसमें तत्काल या दूर भविष्य तक में सत्ता को छोड़ देने की ब्रिटेन की इच्छा का कोई संकेत नहीं था—अभी भी भारत को साम्राज्यवाद के अंतर्गत औपनिवेशिक दर्जा ही प्राप्त करना था। पूर्ण और समग्र स्वतंत्रता नहीं। वक्तव्य कांग्रेस के लिए एकदम स्वीकार योग्य नहीं था, अतः कार्यकारिणी ने वायसराय के इस प्रस्ताव को अस्वीकृत कर दिया और कांग्रेसी मंत्रिमंडलों से कहा कि वे अक्तूबर के अंत तक त्यागपत्र दे दें।

लेकिन दरवाजा जरा-सा-खुला रखा गया था। वक्तव्य में यह संकेत था कि यदि ब्रिटेन के दृष्टिकोण और नीति में परिवर्तन होता है तब सहयोग की गुंजाइश हो सकती है। वक्तव्य में कहा गया था कि ''इन परिस्थितियों में कार्यकारिणी संभवतया ब्रिटेन को कोई सहयोग दे ही नहीं सकती क्योंकि उसका मतलब साम्राज्यवादी नीति का अनुमोदन करना होगा...''

इसका मतलब 'सशर्त सहयोग' का प्रस्ताव था, बशर्ते कि भारत के प्रति ब्रितानी नीति में परिवर्तन हो।

यहां तक कि एक साल बाद अक्तूबर, 1940 में जब गांधीजी ने नए सिरे से सत्याग्रह आंदोलन शुरू करने की बात सोची तो फैसला किया गया कि उसे कुछ चुने हुए व्यक्तियों तक ही सीमित रखा जाए। इसका कारण यह था कि सरकार के उपेक्षापूर्ण दृष्टिकोण के बावजूद गांधीजी या कोई भी कांग्रेसी नहीं चाहता था कि जन आंदोलन के कारण युद्ध की तैयारी में भयंकर अव्यवस्था पैदा हो। सत्याग्रह का वास्तविक उद्देश्य ब्रितानी सरकार के इस दावे को गलत साबित करना था कि भारत युद्ध की तैयारी में पूरी तरह से मदद दे रहा है। वायसराय को लिखे एक पत्र में गांधीजी ने निजी तौर पर सत्याग्रह चलाने के उद्देश्य का स्पष्टीकरण किया था :

> ...कांग्रेस नात्सीवाद की जीत की उतनी ही विरोधी है जितना कोई ब्रितानी नागरिक हो सकता है। लेकिन उसके उद्देश्यों को उस सीमा तक नहीं ले जाया जा सकता जहां से वे युद्ध में हिस्सा लेने लगें। और क्योंकि आप तथा

भारतीय मामलों के मंत्री ने घोषित कर दिया है कि भारत अपनी इच्छा से युद्ध की तैयारी में मदद दे रहा है, यह स्पष्ट कर देना जरूरी हो जाता है कि इसमें भारतीय जनता के बहुत बड़े बहुमत की दिलचस्पी नहीं है। वे नात्सीवाद और भारत पर हुकूमत करने वाले दुहरे निरंकुश शासन तंत्र में भेद नहीं करते।

क्रिप्स मिशन

नागरिक अवज्ञा का यह व्यक्तिगत आंदोलन अक्तूबर, 1940 में शुरू हुआ। सत्याग्रह शुरू करने वाले पहले नेता के रूप में गांधीजी ने विनोबा भावे का चुनाव किया। सन् 1941 तक यूरोप में युद्ध अपने शिखर पर पहुंच गया था। ब्रिटेन के युद्ध में पराजित होने के बावजूद, पोलैंड, बेल्जियम, हालैंड, नार्वे, फ्रांस और पूर्वी यूरोप के अधिकतर देशों को हराकर जर्मनी ने जून, 1941 में रूस पर आक्रमण कर दिया। पर्ल हारबर पर अचानक आक्रमण करके दिसंबर में जापान युद्ध में शामिल हो गया। इस प्रकार सन् 1941 के अंत तक युद्ध ने वह शक्ल ले ली जिसमें सारी दुनिया जलती हुई दिखाई दी। अमरीका और रूस उसमें पूरी तरह शामिल होकर मित्र राष्ट्रों के साथ लड़ रहे थे। लेकिन इससे ऐसा नहीं लगा कि विजय शीघ्र हो जाएगी। दूसरी तरफ एशियाई स्थल में शुरू में ही सफलताएं जापान को मिली। उसने फिलीपीन्स, हिंदचीन, इंडोनेशिया, मलाया और बर्मा पर शीघ्रता से विजय प्राप्त कर ली। मार्च, 1942 में जापानी फौजों ने रंगून पर कब्जा कर लिया। भारत के सीमांतों पर सीधा खतरा पैदा हो गया।

अब ब्रिटेन हताशा में भारत का पूरा और सक्रिय सहयोग पाने के लिए परेशान था ताकि न केवल जापान को आगे बढ़ने से रोका जा सके वरन् युद्ध की समग्र तैयारी में मदद मिले। ब्रिटेन ने महसूस किया कि भारत को फिलहाल भविष्य में स्वशासी सरकार बनाने के पूरे अधिकार देने का निश्चित वायदा करना पड़ेगा। तदनुसार ब्रितानी सरकार ने युद्धकालीन मंत्रिमंडल के एक सदस्य सर स्टैफोर्ड क्रिप्स को घोषणा के एक मसविदे के साथ भारत भेजा। वह एक तेज-तर्रार वकील और प्रतिबद्ध समाजवादी थे। भारतीय प्रश्नों-समस्याओं का उन्होंने गंभीरतापूर्वक लंबे अरसे से अध्ययन किया था। उनके विषय में एक आम धारणा थी कि भारतीय आकांक्षाओं के प्रति उनके मन में सहानुभूति का भाव है। नेहरूजी से उनका व्यक्तिगत परिचय था। लेकिन घोषणा का जो मसविदा वह लाए थे उसमें सिफारिश के नाम पर कुछ खास नहीं था। उसमें यह प्रस्ताव था कि युद्ध की समाप्ति के बाद भारत को औपनिवेशिक दर्जा दे दिया जाएगा। मसविदे में भारत को अलग हो जाने का भी अधिकार दिया गया था। प्रस्ताव पर अमल करने के लिए, युद्ध स्थिति के खत्म होते ही एक संविधान सभा का गठन किया जाएगा। सभा में ब्रितानी भारत

और देशी रियासतों के सदस्य होने थे। ब्रितानी भारत के सदस्यों का चुनाव प्रांतीय विधान परिषदों के निचले सदन द्वारा किया जाएगा। रियासतों के सदस्यों का मनोनयन सरकार करेगी। सभा सरकार द्वारा निर्मित संविधान को स्वीकार करने और भारत से एक संधि-व्यवस्था पर बातचीत करने को तैयार थी। लेकिन उसमें एक व्यवस्था यह थी कि यदि कोई प्रांत भारतीय संघ से अलग रहना चाहे तो रह सकता है और ब्रिटेन से सीधी बातचीत कर सकता है। युद्ध के दौर में किसी तरह का संवैधानिक परिवर्तन करने का प्रस्ताव नहीं रखा गया लेकिन यह उम्मीद जाहिर की गई थी कि भारत के नेता और राजनैतिक दल एक 'राष्ट्रीय सरकार' के गठन और संचालन में सहयोग करने के लिए तैयार होंगे। सुरक्षा मंत्री भारतीय होगा लेकिन उसके वास्तविक सैनिक पक्षों की देखभाल ब्रितानी प्रधान सेनापति करते रहेंगे।

इस घोषणा को सभी राजनीतिक दलों ने अस्वीकृत कर दिया हालांकि उनके कारण भिन्न और प्रायः एकदम अंतर्विरोधी थे। कांग्रेस से यह उम्मीद नहीं की जा सकती थी कि वह प्रांतों के भारतीय संघ में न मिलने के सिद्धांत को स्वीकार करे। लेकिन कार्यकारिणी समिति ने आत्मनिर्णय के जनतांत्रिक सिद्धांत को स्वीकार किया। अतः अपेक्षा से आगे बढ़कर उसने अपने प्रस्ताव में कहा, "कार्यकारिणी देश की किसी क्षेत्रीय इकाई को उसकी घोषित और मान्य इच्छा के विरुद्ध भारतीय संघ में बने रहने के लिए दबाव डालने की बात सोच नहीं सकती।" कांग्रेस ने संविधान सभा में मनोनीत सदस्यों का लाया जाना भी स्वीकार नहीं किया। सबसे बड़ी बात यह थी कि उसने भविष्य के वायदों पर विश्वास नहीं किया। उसने उसी वक्त राजनैतिक सत्ता में एक निश्चित हिस्सा चाहा। विदेशी भूमि पर लड़ने के मूल्य के रूप में उसने देश में तत्काल स्वशासी सरकार स्थापित करनी चाही। दूसरी तरफ मुस्लिम लीग ने प्रांतों के भारतीय संघ से अलग बने रहने की संभावना का स्वागत किया। कारण यह था कि उसमें परोक्ष रूप में यह स्वीकार किया गया था कि यदि मुस्लिम बहुमत वाले क्षेत्र चाहें तो भारतीय संघ से अलग अपना एक स्वतंत्र संघ बना सकते हैं। लेकिन लीग ने प्रस्ताव की आलोचना इस वजह से की कि संविधान का मसविदा तैयार करने के लिए जो विधि अपनाई जाने वाली थी वह अस्पष्ट थी और प्रस्ताव भी अपने आप में इतना बेलोच था कि उसमें किसी तरह के संशोधन की गुंजाइश नहीं थी। हिंदू महासभा को देश के विभाजित हो जाने का भय था, अतः उसने प्रस्ताव का विरोध किया। सिख सांप्रदायिकतावादियों को भय था कि मुस्लिम बहुमत वाला पंजाब भारतीय संघ से बाहर रहने का निर्णय करेगा। अंबेडकर और सी.एम.राजा यह सोचकर भयभीत थे कि अछूतों को स्वर्ण हिंदुओं की मर्जी पर छोड़ दिया जाएगा क्योंकि विशेष ढंग से यह नहीं बताया गया था कि प्रशासन पर भारतीयों का कितना नियंत्रण होगा। अतः सभी को प्रस्ताव अंतरिम समय के लिए अस्पष्ट और

असंतोषजनक लगा। स्वायत्त सरकार के प्रस्ताव द्वारा कुछ विशेष न मिलने की स्पष्ट जानकारी बाद में तब हुई, जब अकस्मात् क्रिप्स ने यह स्पष्टीकरण दिया कि ब्रितानी सरकार का इरादा केवल वायसराय की कार्यकारी समिति का विस्तार करना था। उन्होंने बातचीत के प्रारंभिक दौर में 'राष्ट्रीय सरकार' और 'मंत्रिमंडल' का जिक्र किया था। अंततः प्रस्ताव अस्वीकृत हो गए और क्रिप्स मिशन गतिरोध को समाप्त करने में असफल रहा।

सन् 1942 का विद्रोह

क्रिप्स मिशन की असफलता ने देश को विषाद और आक्रोश का शिकार बना दिया। लगभग सभी क्षेत्रों में निराशा थी। अपवाद केवल मुस्लिम लीग और वे व्यक्ति थे जिन्होंने रोजगार के बढ़े हुए अवसरों का लाभ उठाया और युद्ध में ठेकेदारी करके खूब धन कमाया। लेकिन प्रश्न यह था कि अगला कदम क्या हो? निष्क्रियता असह्य थी।

गांधीजी ने क्रिप्स के प्रस्ताव में बहुत दिलचस्पी नहीं ली थी लेकिन उसकी असफलता से उन्हें बड़ी निराशा हुई। दक्षिण-पूर्व एशिया की बदलती हुई स्थिति से भी वह परेशान थे। ब्रिटेन—मलाया, सिंगापुर और बर्मा से पीछे हट गया था। उसके बाद वहां पर कोई प्रतिरोध नहीं रह गया और जापान वहां के लिए सब कुछ हो गया। इसी से मिलते-जुलते अभिशाप ने फिलीपीन्स और इंडोनेशिया को ग्रस लिया था। 'तगड़ी सुरक्षा' के नाम पर 'स्कार्चड् अर्थनीति' के कारण देश पूरी तरह बरबाद हो गए थे। (स्कार्चड् अर्थनीति सेना की वह नीति होती जिसके अनुसार वह पीछे हटते हुए सारी चीजों को स्वयं इसलिए नष्ट करती जाती है ताकि बढ़ती हुई शत्रु की सेना उसका लाभ न उठा सके)। यह सोचकर यदि सीमांत पर आक्रमण हुआ तो बंगाल में हजारों की संख्या में नदियों में पड़ी हुई छोटी नावें दुश्मन के हाथ लग जाएंगी, ब्रितानी सरकार ने उन्हें नष्ट कर दिया था। उसके बाद जो विपत्ति पैदा हुई वह भयंकर थी। यह प्रमाण भारत के सामने था और वह सोच सकता था कि वैसी स्थिति में भविष्य 'कैसा होगा'। न केवल बंगाल की अर्थव्यवस्था बुरी तरह लड़खड़ा गई थी बल्कि खाद्यान्नों के बंटवारे में भी एक बड़ा संकट पैदा हो गया था। गांधीजी और कांग्रेस के नेता बेचैनी के साथ चाहते थे कि जो कुछ मलाया और बर्मा में घटित हुआ, उसकी भारत में पुनरावृत्ति नहीं होनी चाहिए। जब जनता को सैनिक आक्रमण का सामना करना पड़ा था तो वह भय और आतंक का शिकार हो गई। उन्होंने संकट का चुनौती के साथ सामना नहीं किया। भारत को ऐसी स्थिति से भी बचाना चाहिए था। गांधीजी इस नतीजे पर पहुंचे कि भारतीय जनता के मन से इस भय को दूर भगाने और आक्रमण का मुकाबला करने के लिए तैयार करने का यही एक रास्ता हो सकता है कि उसके दिमाग में यह बैठा दिया जाए कि वह अपनी मालिक खुद

है और देश की रक्षा करना उसका दायित्व है। वह इस विश्वास पर अपनी जिम्मेदारी से मुक्त नहीं हो सकती कि सुरक्षा की जिम्मेदारी ब्रिटेन की है। अतः उन्होंने ब्रितानी सरकार से भारत छोड़ देने और सत्ता को भारतीयों के हाथ सौंप देने की मांग के साथ एक आंदोलन शुरू करने का फैसला किया। उन्होंने इसकी व्याख्या की : "मैं जानता हूं कि ऐसे नाजुक वक्त पर इस अद्भुत विचार से बहुत से लोग स्तंभित हुए हैं। यदि मुझे अपने प्रति ईमानदार रहना था तो पागल करार दिए जाने का खतरा मोल लेकर भी मुझे सच्चाई की बात करनी थी। मैं इसे युद्ध और भारत को विपत्ति से मुक्त करने में अपनी ठोस देन मानता हूं।"

बहुत से नेताओं का ख्याल था कि वह अवसर ऐसी सख्त मांग के लिए उपयुक्त नहीं था। एक तरफ उन्हें आतंक और अराजकता के परिणामों का और दूसरी तरफ जापान तथा दूसरे निर्दयी दुश्मनों द्वारा भारतीय जनता को निस्सहाय दासता में जकड़ देने का भय था। नेहरू अभी भी दूसरी तरह से सोच रहे थे। क्रिप्स मिशन की असफलता ने नेताओं को देश की सुरक्षा में पूरी तरह सहयोग करने का अवसर प्राप्त करने से वंचित कर दिया था। क्या देश को ऐसी व्यापक उथल-पुथल के हवाले कर देना था जिसका नतीजा फासिस्टवाद-विरोधी कदम उठाने वाले मित्र राष्ट्रों की पराजय हो? नेहरू की विशेष चिंता यह थी कि भारत पर आधिपत्य जमाने वाले साम्राज्यवादी ब्रिटेन से युद्ध और जर्मनी-जापान से लड़ने वाले रूस और चीन का साथ छोड़ देने में से किसका चुनाव किया जाए। तर्क और बहस-मुबाहिसे बहुत लंबे और तीखे थे। गांधीजी दृढ़ थे लेकिन समझाने-बुझाने पर भी अत्यधिक बल दे रहे थे। उन्होंने इस बात पर रजामंदी जाहिर की कि यदि राजनैतिक सत्ता फौरन भारत को सौंप दी जाती है तो ब्रितानी सेनाएं भारत में रह सकती हैं और ऐसे अड्डे भी दिए जा सकते हैं, जहां से वे अपना युद्ध-संचालन कर सकें। यदि यह भी स्वीकार नहीं किया गया तो वह कांग्रेस छोड़ देंगे और "भारत की बालू से एक ऐसा आंदोलन पैदा करेंगे जो खुद कांग्रेस से ही बड़ा होगा।"

जुलाई के प्रारंभ में वर्धा में कांग्रेस की कार्य समिति की बैठक हुई और राष्ट्रीय मांग का मसविदा तैयार हुआ। समिति ने ब्रिटेन से मांग की कि वह फौरन सत्ता भारतीयों को सौंप कर 'भारत छोड़ दे'। अगर प्रस्ताव स्वीकार नहीं किया गया तो "कांग्रेस न चाहते हुए भी सन् 1920 से अर्जित अपनी सारी अहिंसक शक्ति का इस्तेमाल करके सीधी कार्रवाई का आंदोलन शुरू करेगी।" 7 अगस्त को इस नीति संबंधी फैसले का अनुमोदन करने के लिए बंबई में अखिल भारतीय कांग्रेस समिति की बैठक बुलाई गई।

इस बीच चीन की तीनों सेनाओं के प्रधान जनरल च्यांग काई शेक और अमरीका के राष्ट्रपति रूजवेल्ट ने ब्रिटेन को भारत में संबंध बना लेने और गतिरोध खत्म करने के लिए समझाने-बुझाने की कोशिश की। लेकिन चर्चिल किसी की भी

सुनने को तैयार नहीं थे। उन्होंने खुलेआम घोषणा की कि उन्हें सम्राट का प्रधानमंत्री इसलिए नहीं बनाया गया है कि वह ब्रितानी साम्राज्य का बंटाधार कर दें।

अखिल भारतीय कांग्रेस का अगस्त, 1942 का बंबई का अधिवेशन ऐतिहासिक बन गया है। उसी में मशहूर 'भारत छोड़ो' प्रस्ताव पास हुआ। जो भी हो, मांग तो थोथी और दुराग्रहपूर्ण नहीं थी। उसमें युद्ध की तैयारी में सहयोग देने का प्रस्ताव था। उसने सरकार को तत्काल कदम उठाने की चुनौती भी दी, "भारत की स्वतंत्रता की घोषणा के साथ एक स्थायी सरकार गठित हो जाएगी और स्वतंत्र भारत संयुक्त राष्ट्र संघ का एक मित्र बनेगा।" मुस्लिम लीग से वायदा किया गया कि ऐसा संविधान बनेगा जिसमें संघ में शामिल होने वाली इकाइयों को अधिक से अधिक स्वायत्तता मिलेगी और बचे हुए अधिकार उसी के पास रहेंगे। प्रस्ताव का अंतिम अंश था : "देश ने साम्राज्यवादी और एकतंत्रवादी सरकार के विरुद्ध अपनी इच्छा जाहिर कर दी है। अब उसे उस बिदु से लौटाने का बिलकुल औचित्य नहीं है। अतः समिति अहिंसक ढंग से, जहां तक संभव हो सके, व्यापक धरातल पर जनसंघर्ष शुरू करने का प्रस्ताव स्वीकार करती है...यह संघर्ष अनिवार्यतया गांधीजी के नेतृत्व में होगा।"

प्रस्ताव पास होने के बाद गांधीजी ने उपस्थित प्रतिनिधियों को संबोधित किया। अपने भाषण के दौरान उन्होंने कहा, "वास्तविक संघर्ष इसी क्षण नहीं हो रहा है। आपने महज मेरे हाथ में कुछ अधिकार दे दिए हैं। मेरा पहला काम वायसराय से मिलना और उनसे कांग्रेस की मांग स्वीकार करने के लिए पैरवी करना होगा। इसमें दो या तीन हफ्ते लग सकते हैं। आप इस बीच के समय में क्या करने जा रहे हैं? चरखा है...लेकिन कुछ और भी है जिसे आप को करना है। इसी क्षण से आप में से हर स्त्री-पुरुष को अपने को स्वतंत्र महसूस करना चाहिए। इस तरह गोया आप साम्राज्यवाद के जुए के अंदर बिलकुल नहीं हैं।"

लेकिन सरकार ने गांधीजी के वायसराय से मिलने तक का इंतजार नहीं किया। सरकारी मशीनरी को बिलकुल तैयार रखा गया। वह राक्षसी क्रोध में बिजली जैसी रफ्तार से सक्रिय हो गई। 8 अगस्त की रात कांग्रेस की बैठक रात में देर से खत्म हुई थी। उसके कुछ ही घंटों के भीतर गांधीजी और कांग्रेस कार्यसमिति के नेताओं को गिरफ्तार करके एक विशेष रेलगाड़ी द्वारा बंबई से बाहर भेज दिया गया। गांधीजी को पूना में आगा खां पैलेस में रोक लिया गया और शेष नेता अहमदनगर किले में नजरबंद कर दिए गए।

9 अगस्त की सुबह एक 'भारत छोड़ो' प्रस्ताव और नेताओं की गिरफ्तारी की खबर जनता तक पहुंच गई। वह एकदम अवाक् और स्तंभित हो गई। पुलिस की प्रतिक्रिया तात्कालिक थी। वह स्वतःप्रेरित ढंग से अपने (कु)कर्तव्य के पालन में जुट गई। जिंदगी में ठहराव आ गया और सारे कार्यकलाप रुक गए। हर शहर और कस्बे में हड़ताल हुई। हर जगह प्रदर्शन हुए। जुलूस निकले। हवा में नेताओं की रिहाई की

मांग करने वाले राष्ट्रीय गीत और नारे गूंज उठे। उत्तेजित और क्रुद्ध होने के बावजूद कुल मिलाकर जनता शांतिपूर्ण थी। लेकिन तनाव था और भीड़ के बड़े आकार को देखकर ही सरकार घबरा गई। जब भी भीड़ ने तितर-बितर हो जाने के पुलिस के आदेश की अवहेलना की, पुलिस ने गोली चलाई। सिर्फ दिल्ली में 11 और 12 अगस्त के दो दिनों के विभिन्न मौकों पर पुलिस ने निहत्थी भीड़ पर 47 बार गोलियां चलाईं। 76 आदमी मारे गए और 114 घायल हुए। सारे देश में एक ही दृश्य था–जनता का प्रदर्शन, पुलिस की हिंसा, गोलीचालन और गिरफ्तारी।

बहुत जल्द ही परिस्थिति नियंत्रण से बाहर हो गई। अधिकांश नेता जेलों में थे, कुछ छिप गए थे। जनता की उत्तेजना अपने शिखर पर थी और कोई उसका नेतृत्व करने वाला नहीं था। अलग-अलग व्यक्तियों और गुटों ने भरसक अपनी समझ से परिस्थिति का आकलन किया अैर उसके अनुसार काम किया। पुलिस के निरंतर दमन और अध्यादेश राज ने जनता की भावना को और उभार दिया। कांग्रेस ने नागरिक अवज्ञा का आह्वान नहीं किया था। अतः अलग-अलग व्यक्तियों ने आक्रोश भरी चुनौती के रूप में जो कार्रवाई शुरू की, वह बढ़कर एक आंदोलन में बदल गई और फिर आंदोलन ने विद्रोह का रूप ले लिया।

विद्रोह में अगुवाई छात्रों, मजदूरों और किसानों ने की। कारखानों और स्कूल-कॉलेजों में हड़तालें हुईं। ब्रितानी शासन का प्रतीक समझे जाने वाले पुलिस थानों, डाकखानों और रेलवे स्टेशनों पर आक्रमण किए गए। उनमें आग लगाई गई। उन्हें ध्वस्त किया गया। बाद में तोड़फोड़ की भी कुछ कार्रवाइयां हुई। टेलीफोन के तार काटने और रेल की पटरी उखाड़ने की कोशिश हुई। किसानों को निरंतर कर न चुकाने के लिए उद्‌बोधित किया जाता रहा। बहुत से क्षेत्रों में किसानों ने वकैल्पिक सरकारें बनाईं और वहां कई-कई दिनों या हफ्तों तक ब्रितानी सरकार की प्रशासनिक इकाइयों का अस्तित्व नहीं रहा। बलिया शहर पर स्थानीय नेताओं ने कब्जा कर लिया और उन्हें भगाने के लिए सेना की टुकड़ी बुलानी पड़ी। सुतहटा और कर्नाटक में किसानों ने छिप कर ब्रितानी शासन के प्रतिरोध में गुरिल्ला कार्रवाइयां शुरू कीं और यह क्रम सन् 1944 तक चलता रहा। व्यापक पैमाने पर क्रांतिकारी हिंसा हुई। विद्रोह केवल ब्रितानी भारत तक ही सीमित नहीं रहा। रियासतों में भी बहुत से लोग इससे प्रभावित हुए। सरकार ने अपना गुस्सा दिखाया और आतंक तथा जोरजुल्म की बागडोर ढीली कर दी गई। लाठी-गोलीचालन और बड़ी संख्या में गिरफ्तारियों का सिलसिला इतना तेज और आम हो गया कि देश एक पुलिस राज में बदल गया। अनेकों अवसरों पर निहत्थी भीड़ पर हवाई जहाज से मशीनगन द्वारा गोलियां चलाई गई। पुलिस का अत्याचार रोज की घटना हो गई। सामूहिक जुर्माने और मुकदमे की संक्षिप्त सुनवाई करके लोगों को सजा देना आम बात हो गई। विद्रोह थोड़े समय तक चला लेकिन यह काफी तेज रहा। सरकार उसे दबा देने में सफल हुई लेकिन पुलिस

और सेना की गोलियों से 10 हजार से अधिक लोगों को मार डालने के बाद देश में सन् 1857 के बाद इतना भयंकर और देशव्यापी दमन नहीं हुआ था।

सन् 1942 का विद्रोह सफल नहीं हुआ क्योंकि बिना नेतृत्व वाली असंगठित और निहत्थी जनता साम्राज्यवादी सरकार की बड़ी शक्ति से जीत नहीं सकती थी। लेकिन विद्रोह से दो उपलब्धियां हुईं उसने साम्राज्यवाद के विरुद्ध भारत के आक्रोश और स्वतंत्र होने के संकल्प को प्रभावशाली और सुनिश्चित ढंग से व्यक्त किया। उसने जीवंत तरीके से गोरों को यह बता दिया कि देश में राष्ट्रीयता की भावना उस सीमा के पार पहुंच चुकी है, जहां पर जनता अपनी स्वतंत्रता के अधिकार के लिए बड़ी से बड़ी तकलीफें उठाने और बलिदान करने को तैयार है। दूसरे यह कि सन् 1942 के विद्रोह के बाद ब्रितानी शासकों के दिमाग में यह बात अच्छी तरह आ गई कि भारत में उनके साम्राज्यवादी शासन के गिने-चुने दिन रह गए हैं।

सन् 1942 का आंदोलन एक अर्थ में भारत के स्वतत्रंता आंदोलन की समाप्ति का परिचायक है। अगस्त, 1942 के विद्रोह के बाद प्रश्न सिर्फ यह तय करने के समय का रह गया था कि सत्ता का हस्तानांतरण किस तरीके से हो और स्वतंत्रता के बाद सरकार का स्वरूप क्या हो? इसमें कोई संदेह नहीं कि सन् 1942 के विद्रोह और 1947 में स्वतंत्रता मिलने के बीच के समय में साठ-गांठ बैठाने और सौदेबाजी करने के अनेकों प्रयास और राजनैतिक परिवर्तन हुए। लेकिन इस तथ्य में कोई संदेह नहीं रह गया था कि स्वतंत्रता संग्राम अपनी समाप्ति पर था और विजय मिलने ही वाली थी।

अगस्त प्रस्ताव और उसके बाद

रजनीपाम दत्त

क्रिप्स मिशन के साथ बातचीत भंग हो जाने के बाद देश की राजनीतिक स्थिति में तेजी से गिरावट आई।

ब्रिटिश सरकार ने एलान किया कि इससे ज्यादा न दिया जा सकता था और उसने भारत के राष्ट्रीय आंदोलन को बदनाम करने के लिए अत्यंत पक्षपातपूर्ण ढंग का दुष्प्रचार शुरू किया और दुनिया के सामने वही घिसा पीटा तर्क देना शुरू किया कि कांग्रेस जनता का प्रतिनिधित्व नहीं करती है, भारतीय जनता निराशाजनक रूप से राजनीतिक फूट का शिकार है और वह स्वराज्य पाने लायक नहीं।

कांग्रेस जब फासिस्ट विरोधी युद्ध में अपनी इच्छा के बावजूद सहयोग करने में असफल हो गई तो कुछ समय तक हिचकिचाने और कोई निश्चित फैसला न करने के बाद उसने देश की मांग को पूरा कराने के उद्देश्य से असहयोग का रास्ता अख्तियार कर लिया।

कांग्रेस के एक वर्ग ने, जिसका प्रतिनिधित्व मद्रास के भूतपूर्व प्रधानमंत्री सी. राजगोपालाचारी कर रहे थे, यह तर्क पेश किया कि ब्रिटेन द्वारा भारत की राष्ट्रीय मांगों को नामंजूर कर दिए जाने के बावजूद मुस्लिम बहुल क्षेत्रों में राष्ट्रीय आत्मनिर्णय के आधार पर मुस्लिम लीग तथा अन्य संगठनों के साथ मिलकर एक राष्ट्रीय मोर्चा बनाने के लिए और रचनात्मक नीति अपनाई जाय ताकि जापान का खतरा होने पर संयुक्त रूप से मिलाजुला प्रतिरोध संगठित किया जा सके। इस प्रस्ताव को अखिल भारतीय कांग्रेस कमेटी ने मई में 15 के विरुद्ध 120 मतों से नामंजूर कर दिया हालांकि कांग्रेस अध्यक्ष मौलाना आजाद ने यह स्पष्ट कर दिया कि दोनों पक्षों को मान्य आधार तक पहुंचने के लिए कांग्रेस एक प्रतिनिधिमंडल को नामजद करने के लिए तैयार है जो मुस्लिम लीग के साथ समझौते की बातचीत कर सके। श्री राजगोपालाचारी ने कांग्रेस से इस्तीफा दे दिया ताकि वह अपनी नीति के पक्ष में प्रचार कर सकें।

दिसंबर 1941 में ही गांधी के हाथ से कांग्रेस का नेतृत्व निकल चुका था लेकिन अब वह फिर गांधी के हाथ में आ गया। गांधी अपने शांतिवादी सिद्धांत के प्रचार

में लगे थे जिसमें ये बातें शामिल थीं : 1. जापान का अहिंसात्मक प्रतिरोध, 2. ब्रिटिश अधिकारियों के साथ असहयोग, 3. फासिज्म के विरुद्ध संगठित देशों के मोर्चे के प्रति हमदर्दी, 4. भारत को संघर्ष से अलग रखने का प्रयास और नेहरू द्वारा प्रस्तुत हथियार बंद संघर्ष, छापामारों का गठन तथा 'घरफूंक नीति' की दलील का विरोध। कांग्रेस गांधी के शांतिवाद से सहमत नहीं थी पर भारत को आजादी दिलाने और इस प्रकार भारत की रक्षा को कारगर ढंग से संभव बनाने के लिए उसने गांधी के असहयोग संबंधी प्रस्तावों को एकमात्र हथियार मान कर अपना लिया। जून में गांधी, नेहरू और आजाद के बीच बातचीत के फलस्वरूप समझौते का आधार पा लिया गया जो 14 जुलाई को कार्यसमिति द्वारा पारित असहयोग संबंधी प्रस्ताव में प्रतिफलित हुआ। इस प्रकार फासिस्ट विरोधी महत्वपूर्ण नेता, संयुक्त राष्ट्रों के साथ सहयोग के हिमायती लोग गांधी के पीछे और असहयोग आंदोलन छेड़ने के उनके खतरनाक प्रस्तावों के पीछे ऐसे समय चल पड़े जब जापानी हमले का खतरा बना हुआ था।

इससे धुरी राष्ट्रों को काफी खुशी हुई और उन्होंने कांग्रेस की वाहवाही की। सुभाषचंद्र बोस के अनुयायियों को, जो धुरी राष्ट्रों के तत्वावधान में अपना प्रचार चला रहे थे, अपनी घुसपैठ बढ़ाने के लिए अनुकूल अवसर मिल गया जिसपर कांग्रेस ने काफी चिंता के साथ गौर किया ('इस निराशा का परिणाम यह हुआ कि ब्रिटेन के विरुद्ध बड़ी तीव्र और व्यापक दुर्भावना बढ़ी तथा जापानी सैनिकों की सफलता पर लोगों ने संतुष्टि महसूस की; कार्यसमिति इन घटनाओं को गंभीर आशंका के साथ देखती है।' कांग्रेस कार्यसमिति का प्रस्ताव, 14 जुलाई)

ब्रिटेन के सरकारी क्षेत्रों के अनैतिक प्रतिक्रियावादी दुष्प्रचार ने भी कांग्रेस को बदनाम करने के इस नए अवसर का लाभ उठाया। जिस नीति ने नेहरू और आजाद जैसे प्रमुख फासिस्ट विरोधी तथा संयुक्त राष्ट्र के साथ सहयोग के हिमायती नेताओं को गांधी और असहयोग आंदोलन के पीछे चलने पर मजबूर किया उस नीति के दिवालियेपन को स्वीकार करने की बजाय इस नतीजे को सरकारी नीति का उल्लासपूर्ण समर्थन समझा गया। इस अवसर का लाभ उठाकर गांधी द्वारा शांतिवादी और तुष्टीकरण की नीति के समर्थन में कही गई अजीबोगरीब बातों को देश और विदेश में व्यापक प्रचार किया गया। इसके पीछे उद्‌देश्य यह था कि समूचे राष्ट्रीय आंदोलन को आत्मसमर्पणवादी और जापान के साथ संधि करने का इच्छुक घोषित कर दिया जाय। भावी संघर्ष की तैयारियों के लिए कौन सा तरीका इस्तेमाल किया जा रहा था इसका पता उन दस्तावेजों के धुआंधार प्रकाशन से चलता है जो पुलिस द्वारा मारे गए छापे के दौरान जब्त किए गए थे। इनके जरिए उन तथ्यों का भंडाफोड़ किया जा रहा था जो पहले ही गांधी ने सार्वजनिक रूप से लिखे अपने लेखों में दे दिए थे।

इसमें कोई शक नहीं कि गांधी द्वारा कांग्रेस का जनरलिस्सिमो, पद (यह उपाधि उन्हें दी गई थी) ग्रहण करना राष्ट्रीय आंदोलन के लिए एक बहुत बड़ा भार था और

उसने विश्व जनमत की निगाह में काफी नुकसान पहुंचाया। विश्व जनमत ने गांधी की शांतिवादी और तुष्टीकरण की नीति तथा राष्ट्रीय आंदोलन की नीति को एक दूसरे के साथ मिला दिया। लेकिन यह तो मानना ही पड़ेगा कि अहिंसा और तुष्टिकरण नीति के संदर्भ में गांधी के जितने भी व्यक्तिगत बयान आए उन्हें कांग्रेस के आधिकारिक वक्तव्यों और प्रस्तावों द्वारा साफ तौर पर अस्वीकार किया गया।

असहयोग संबंधी कांग्रेस प्रस्ताव जुलाई में लाया गया और 8 अगस्त को अंतिम रूप से संशोधित रूप से पारित कर दिया गया (भारतीय कम्युनिस्ट पार्टी के नेतृत्व के विरोध में 13 वोट पड़े। भारतीय कम्युनिस्ट पार्टी को 22 जुलाई को उसके कानूनी अधिकार पुनः प्राप्त हो गए थे जिससे इस पार्टी के बढ़ते प्रभाव और ताकत का पता चलता है)।

इस प्रस्ताव में एक बार फिर संयुक्त राष्ट्र के साथ सहानुभूति प्रदर्शित की गई थी और यह मांग दोहराई गई थी कि भारत में एक राष्ट्रीय सरकार की स्थापना की जाय ताकि वह एक स्वतंत्र राष्ट्र के रूप में संयुक्त राष्ट्र के साथ कंधा मिलाकर फासिज्म के विरुद्ध सशस्त्र संघर्ष में भाग ले सके :

भारत के हित और संयुक्त राष्ट्र के उद्‌देश्य की सफलता—इन दोनों बातों के लिए यह अत्यंत आवश्यक है कि भारत में ब्रिटिश शासन समाप्त किया जाय।

भारत की आजादी की घोषणा के बाद एक अस्थायी सरकार का गठन किया जाएगा और स्वतंत्र भारत संयुक्त राष्ट्र के मित्र की हैसियत से फासिस्ट विरोधी महान संघर्ष में उसकी हर तकलीफों और मुसीबतों तथा स्वाधीनता संघर्ष में हिस्सा लेगा।

अस्थायी सरकार का गठन देश की प्रमुख पार्टियों और प्रमुख ग्रुपों के सहयोग के जरिए ही हो सकता है...इस सरकार का बुनियादी कार्य मित्र राष्ट्रों के साथ मिलकर अपने सभी हथियारों और अहिंसात्मक साधनों द्वारा भारत की रक्षा करना तथा हर तरह के आक्रमण का प्रतिरोध करना होगा...

भारत और मित्र राष्ट्रों के आपसी संबंधों का निर्धारण इन सभी स्वतंत्र देशों के प्रतिनिधि आक्रमण का मुकाबला करने के सामूहिक कार्य में आपसी हितों और सहयोग के आधार पर विचार विमर्श के द्वारा करेगें...

कमेटी इस बात का ध्यान रखेगी कि किसी भी रूप में चीन या रूस का सुरक्षा में जिनकी आजादी बहुत अनमोल है और जिसे सुरक्षित रखने की जरूरत है—बाधा न पड़े या संयुक्त राष्ट्रों की रक्षात्मक क्षमता संकट में न पड़े।

यहां तक तो यह प्रस्ताव ऐसा था जो भारत तथा दुनिया के सभी जनतांत्रिक और फासिस्ट विरोधी लोगों का समर्थन प्राप्त कर सकता था। लेकिन प्रस्ताव के अंतिम अंश में कहा गया था कि यदि राष्ट्रीय मांग को स्वीकार नहीं किया गया तो असहयोग का कार्यक्रम शुरू किया जाएगा :

अखिल भारतीय कांग्रेस कमेटी एक बार फिर विश्व स्वाधीनता के हितों के इस अंतिम क्षण में ब्रिटेन और संयुक्त राष्ट्र के सामने अपनी अपील दुहराती है।

लेकिन कमेटी यह महसूस करती है कि अब इस बात का एकदम औचित्य नहीं है कि किसी राष्ट्र को साम्राज्यवादी और सत्तावादी सरकार के विरुद्ध, जो उस पर शासन कर रही हो और उसे अपने तथा मानव समुदाय के हितों में काम करने से रोक रही हो, अपनी आकांक्षा को बलपूर्वक कहने से रोका जा सके।

इसलिए कमेटी यह निश्चय करती है कि स्वतंत्रता और स्वाधीनता के भारत के अभिन्न अधिकार की रक्षा के लिए बड़े से बड़े पैमाने पर जनसंघर्ष शुरू कर दिया जाय ताकि देश पिछले 22 वर्षों के दौरान चलाए गए शांतिपूर्ण संघर्ष के फलस्वरूप इकट्ठी की गई अहिंसक शक्ति का पूरी तरह इस्तेमाल कर सके।

इस तरह का संघर्ष अनिवार्य रूप से गांधीजी के नेतृत्व में चलाया जाना चाहिए और कमेटी उनसे अनुरोध करती है कि वे इस संघर्ष का नेतृत्व अपने हाथ में लें तथा आने वाले दिनों में आंदोलन को दिशा प्रदान करें।

क्रिप्स मिशन की बातचीत असफल होने के बाद जो निराशा छाई थी उसका ही नतीजा था अगस्त प्रस्ताव। इस निराशा की अभिव्यक्ति नेहरू की 19अप्रैल की घोषणा में हुई :

मैं नहीं समझ पर रहा हूं कि क्या किया जाय लेकिन मैं एक बेचैनी की भावना से प्रेरित होकर तेज चल रहा हूं। यह सोचकर मैं बहुत परेशान हो जाता हूं कि भारत पर किसी दुश्मन द्वारा हमला किया जा रहा हो और इसमें अमरीका, ब्रिटेन तथा अन्य देश भाग ले रहे हैं, ऐसी स्थिति में मैं खुद को बहुत असहाय महसूस करता हूं।

अगस्त प्रस्ताव को लेकर बड़ी तीखी बहस चली है। इसकी कोई भी आलोचना करने से पहले यह समझ लेना आवश्यक है कि भारत के राष्ट्रीय नेता, जिनमें वे लोग भी शामिल हैं जो हमेशा अंतर्राष्ट्रीयतावादी और फासिस्ट विरोधी रवैया अख्तियार करते रहे हैं, किस निर्मम धर्मसंकट में फंस गए थे और किन स्थितियों में उन्होंने निराश और विवश होकर यह रास्ता अख्तियार किया। वे अपनी इच्छा के विरुद्ध इस रास्ते पर खिंच आए थे क्योंकि वे स्वतंत्रता के आधार पर सहयोग करने की हर कोशिश हार गए थे और उनके सामने अब कोई ऐसा रास्ता नहीं बच रहा जिसके जरिए वे भारत की जनता को गोलबंद कर पाते और युद्ध से उत्पन्न तात्कालिक संकट की हालत में कारगर ढंग से भारत की सुरक्षा कर पाते।

फिर भी यदि यह देखा जाय कि अगस्त प्रस्ताव का भारत पर और विश्व जनतांत्रिक लोकमत पर क्या प्रभाव पड़ा तो यही निष्कर्ष निकलेगा कि यह एक भयंकर भूल थी। राजनीतिक दृष्टि से इस प्रस्ताव में एक ऐसी घातक विसंगति थी जिससे पता चलता था कि प्रस्ताव पारित करने वालों के मन में उद्देश्य स्पष्ट नहीं था। प्रस्ताव के आमुख और उपसंहार में बहुत स्पष्ट विसंगति थी और इसका कोई स्पष्टीकरण नहीं दिया जा सकता था। प्रस्ताव में एक तरफ तो यह माना गया था

कि 1941 के बाद से युद्ध का स्वरूप साम्राज्यवादी नहीं रह गया है, अब यह दो साम्राज्यवादी खेमों की होड़ से उत्पन्न युद्ध नहीं है और इसके परिणामों के प्रति तटस्थ नहीं रहा जा सकता, अब यह ऐसा युद्ध बन गया है जिसमें कांग्रेस संयुक्त राष्ट्रों की विजय चाहती है जिससे प्रस्ताव में यह लक्ष्य शामिल करने की घोषणा की जा सके कि 'संयुक्त राष्ट्रों की जीत हो' तथा भारत को 'संयुक्त राष्ट्रों का सहयोगी बनना चाहिए।' प्रस्ताव में विशेष रूप से यह बात कही गई कि कांग्रेस को इस बात की बहुत चिंता है कि किसी भी रूप में चीन या रूस की सुरक्षा में बाधा न पड़े या 'संयुक्त राष्ट्रों की रक्षात्मक क्षमता संकट में न पड़े।' प्रस्ताव के अंत में जो कार्यक्रम पेश किया गया था उसे यदि अमल में लाया जाता तो मित्र राष्ट्रों के एक प्रमुख और बड़े देश में भयंकर अंदरूनी संघर्ष और अव्यवस्था शुरू हो जाती जो व्यवहार में संयुक्त राष्ट्रों की रक्षात्मक क्षमता को कमजोर करती और फासिस्ट शक्तियों की जीत में मदद मिलती।

युद्ध के शुरू के दिनों में जिस समय यह युद्ध अभी महज आंग्ल फ्रांसीसी साम्राज्यवाद और नाजी जर्मनी के बीच का युद्ध था, जब भारत अंग्रेजों के पीछे चलने के सिवा युद्ध से और किसी भी तरह संबंद्ध नहीं था और उसपर आक्रमण का कोई खतरा नहीं था उस समय भी इस बात की पूरी कोशिश की गई की कांग्रेस की किसी भी नीति से युद्ध के लिए आवश्यक तैयारियों में बाधा न पहुंचने पाए। 5 सितंबर 1939 को गांधी ने घोषणा की कि ब्रिटेन एक 'उचित कारण के लिए युद्ध' लड़ रहा है और भारत को इस युद्ध में 'बिना शर्त सहयोग' देना चाहिए :

इसलिए मैं अभी, इस समय, भारत के उद्धार के बारे में नहीं सोच रहा हूं। लेकिन यदि इंग्लैंड और फ्रांस का पतन हो गया तो भारत का उद्धार किस तरह का होगा? ('हरिजन', 9 सितंबर 1939)

नतीजा यह हुआ कि ऐसे समय जब स्वयं कांग्रेस के ही शब्दों में युद्ध 'साम्राज्यवादी उद्देश्यों की पूर्ति' के लिए लड़ा जा रहा था और भारत को अपना संघर्ष तेज करने का बहुत अनुकूल अवसर मिला था, जनआंदोलन या सामूहिक सविनय अवज्ञा आंदोलन के हर प्रस्ताव को इस आधार पर नामंजूर कर दिया कि इसमें ब्रिटिश साम्राज्यवाद की युद्ध संबंधी तैयारियों में अड़चन पैदा होगी। इसलिए व्यक्तिगत सत्याग्रह का विशुद्ध सांकेतिक तरीका अपनाया गया ताकि ब्रिटिश सरकार को किसी कठिनाई का सामना न करना पड़े। अर्धसरकारी इतिहासकार सर रेगिनाल्ड कूपलैंड ने ठीक ही स्वीकार किया है कि 'इस आंदोलन से सरकार को कुछ खास कठिनाई पैदा नहीं हुई।' ('इंडिया : ए रिस्टेटमेंट, 1945, पृष्ठ 206)

फिर भी जब युद्ध का स्वरूप पूरी तरह बदल गया और कांग्रेस ने इस बदलाव को मान लिया, जब भारत के आवश्यक हित रूस और चीन तथा संयुक्त राष्ट्रों की विजय के साथ जुड़ गया और जब भारत पर सीधे आक्रमण का खतरा पैदा हो गया

तो इस अवसर को जन प्रतिरोध आंदोलन छेड़ने का सबसे उचित अवसर माना गया जबकि 1939-40 में इसे छेड़ना संभव नहीं माना गया था।

यह काफी स्पष्ट है कि क्रिप्स मिशन के साथ बातचीत भंग हो जाने के बाद के वर्षों में साम्राज्यवादी प्रतिक्रियावादियों ने जो तरीके अपनाए उनका उद्देश्य कांग्रेस को दुविधा की स्थिति में डाल देना था और उससे ऐसे गलत कदम उठवाना था जिनसे उन्हें अपना दमनचक्र चलाने का एक बहाना मिल जाय। जहां तक कांग्रेस की पुरानी फासिस्ट विरोधी नीति की बात है साम्राज्यवादी अपने दांव-पेंच में लाभप्रद स्थिति में नहीं थे। कांग्रेस ने शुरू से ही फासिस्ट विरोधी नीति का पालन किया था और अपनी इसी नीति को एक ऐसी निर्णायक शक्ति के रूप में स्थापित किया था जो फासीवाद, साम्राज्यवाद तथा साम्राज्यवाद के फासिस्ट समर्थक संदेहास्पद कार्यों के खिलाफ दुनिया की जनता के सामूहिक संघर्ष में भारत की जनता को गोलबंद कर सके। ज्योंही यह प्रस्ताव पारित हुआ साम्राज्यवादियों को यह अवसर मिल गया कि वे अपने को भारत के रक्षक कहने का दावा कर सकें। ब्रिटिश साम्राज्यवादियों ने कहा कि रक्षा व्यवस्था को भंग करने की कोशिशें की जा रही हैं, भारत का राष्ट्रीय आंदोलन फासिस्ट समर्थक और जापान समर्थक हो गया है और वह संयुक्त राष्ट्रों की युद्ध तैयारियों को बरबाद करना चाहता है। अंग्रेजों ने इसी बात को राष्ट्रीय आंदोलन का दमन करने के लिए तैयार की गई प्रतिक्रियावादी नीति का राजनीतिक आधार बनाया।

इस प्रकार हमने देखा कि इस प्रस्ताव से भारत की स्वतंत्रता का रास्ता आसान नहीं हुआ बल्कि इस प्रस्ताव के जरिए राष्ट्रीय नेताओं ने साम्राज्यवादियों की भड़काने वाली कार्यवाही के सामने आत्मसमपर्ण कर दिया और इस प्रस्ताव को पारित करने का अर्थ यह हुआ कि राष्ट्रीय आंदोलन साम्राज्यवादियों द्वारा फैलाए गए जाल में सीधे जा फंसा। दुर्भाग्य की बात यह है कि राष्ट्रीय नेता वास्तविक स्थिति से इतने बेखबर थे कि प्रस्ताव पारित करने के बाद वे वायसराय के साथ शांतिपूर्ण वार्ता की तैयारियां कर रहे थे। उन्होंने न तो इस बात की कल्पना की कि उनकी गिरफ्तारियां हो सकती हैं और न ऐसी स्थिति से निबटने की कोई तैयारी ही की। उन्होंने इस तरह के कोई निर्देश भी नहीं दिए कि अगला कदम क्या हो।

कांग्रेस के एक अल्पमत ने इस प्रस्ताव का विरोध किया था और लगातार इसके दुष्परिणामों की ओर ध्यान दिलाया था। 26 जुलाई 1942 को कम्युनिस्ट पार्टी ने एक खुला पत्र लिखा जिसमें उसने कहा कि :

आप अगर संघर्ष शुरू करेंगे तो उसका नतीजा क्या होगा? वे आपको और हजारों सक्रिय कांग्रेस कार्यकर्ताओं को चुपचाप जेलों में डाल देंगे और बहुत भोलेपन के साथ इस बात का एलान कर देंगे कि भारत को फासिस्ट हमलावरों से बचाने के लिए उन्हें मजबूर होकर अपना फर्ज निभाना पड़ा है।

दुर्भाग्यवश इस चेतावनी पर ध्यान नहीं दिया गया। कांग्रेसी नेताओं के संस्मरणों और वक्तव्यों को देखने से पता चलता है कि जब गिरफ्तारियां हुई तो वे आश्चर्यचकित रह गए। 14 अगस्त 1942 को गिरफ्तारी के तुरंत बाद गांधी ने वायसराय के नाम एक पत्र लिखा जिसमें कहा :

भारत सरकार को कम से कम तब तक इंतजार करना चाहिए था जब तक मैं जनआंदोलन न शुरू कर देता। मैंने सार्वजनिक रूप से यह घोषणा की थी कि कोई भी ठोस कदम उठाने से पहले मैं आपको एक पत्र भेजूंगा।

भारत के राष्ट्रीय नेताओं में से अधिकांश ने यह आशा की कि बहुत थोड़े समय तक अत्यंत तीव्र संघर्ष चलाकर राष्ट्रीय आजादी का लक्ष्य प्राप्त कर लिया जाएगा और जापानी आक्रमण का प्रतिरोध करने के लिए मजबूत स्थिति बना ली जाएगी तथा संयुक्त राष्ट्रों के कारगर मित्र के रूप में कार्य किया जा सकेगा (गांधी के प्रमुख सहयोगी बल्लभभाई पटेल ने कहा कि एक हफ्ते में आजादी हासिल कर ली जाएगी हालांकि गांधी ने इसके जबाव में कहा : 'यदि एक हफ्ते में आजादी मिल जाती है तो इसे चमत्कार ही कहा जाएगा')। उन्हें यह विश्वास था कि इस तरह की सफलता से वे अपनी कार्यनीति का औचित्य यह कहकर साबित कर लेंगे कि भारत की रक्षा इसी ढंग से हो सकती थी और फासिज्म के विरुद्ध विश्वव्यापी विजय में यही उनका सर्वोतम योगदान है। यह नीति कितनी आत्मघाती थी इसका पता चल गया। अहिंसा के इन पैगंबरों ने, जो अपने तरीकों से पिछले 22 वर्षों से ब्रिटिश राज्य सत्ता के गढ़ को हिलाने में सफल नहीं हो सके थे, अब यह आशा की थी कि दरवाजे पर दस्तक दे रहे जापानी हमलावरों का मुकाबला करने के लिए वे अपने इसी तरह के आंदोलन के जरिए कुछ ही सप्ताहों के अंदर पूरी राजसत्ता अपने हाथ में ले लेंगे। विकल्प के रूप में यदि उन्होंने यह आशा की हो कि उनका आंदोलन बढ़ते-बढ़ते एक हिंसात्मक जनविद्रोह का रूप ले लेगा तो इससे यही पता चलता है कि अहिंसा का प्रशिक्षण प्राप्त कोई आंदोलन कितने मूर्खतापूर्ण ढंग से अपनी योजनाएं तैयार कर सकता है। यह सोचना सचमुच आश्चर्य की बात है कि जिस समय सीमाओं पर हमलावर सेनाएं खड़ी हों और युद्ध चल रहा हो, किसी देश की निहत्थी जनता राजसत्ता के लिए क्रांतिकारी संघर्ष बिना हिंसा का पाठ पढ़े, शुरू कर सकती है। वे इतनी आसान बात को नहीं समझ सके कि उनके आंदोलन से भारत को आजादी मिलना तो दूर देश के अंदर संघर्ष, अव्यवस्था और विघटन की स्थिति उत्पन्न हो जाएगी, जिससे भारत में फासिज्म की विजय का मार्ग प्रशस्त हो जाएगा। भारतीय कम्युनिस्ट पार्टी ने बिना किसी लाग-लपेट के कहा कि उनकी नीति 'खुद ही अपना गला काटने वाली' नीति है। इससे हमलावरों के विरुद्ध देश की रक्षा का काम कमजोर होता है और फासिस्टों का काम आसान हो जाता है।

असहयोग की नीति एक हताशाभरी नीति थी लेकिन इस नीति का पालन करने वाले नेतागण दरअसल सहयोग का कोई आधार ढूंढने के लिए प्रयत्नशील थे। उन्होंने बड़े साफ शब्दों में कहा था कि वे पहले समझौते की कोशिश करेंगे और यदि समझौता संभव नहीं हुआ तभी आंदोलन छेड़ेंगे। ऐसी नीति की आलोचना करने के पर्याप्त आधार हमारे पास हैं जो इतनी नाजुक स्थिति में असहयोग आंदोलन छेड़ने की बात कर रही हो। सरकार की प्रतिक्रियावादी नीति इस बात के लिए सबसे ज्यादा जिम्मेदार है कि उसने भारत की न्यायोचित मांगों को ठुकराकर और समान शर्तों पर सहयोग की उनकी आकांक्षा का गला घोंटकर इस निराशाजनक परिणति को जन्म दिया।

जहां तक कांग्रेस की बात है उसने अंत तक अपनी यह इच्छा जाहिर की कि कोई समझौता हो जाए। व्यावहारिक सहयोग और समझौते की इच्छा पर जोर देने के लिए (ताकि फासिज्म के खिलाफ हथियारबंद संघर्ष में भाग लिया जा सके) प्रस्ताव में संशोधन किया गया। बहस के अंत में गांधी और नेहरू ने जो भाषण दिए थे उनमें समझौते की इच्छा पर ही जोर दिया गया था। नेहरू ने अपने भाषण में कहा था : 'यह प्रस्ताव कोई धमकी नहीं है; यह एक आमंत्रण है और अपनी नीति की व्याख्या है; यह एक सहयोग का प्रस्ताव है।' जुलाई में जनरलिस्सिमो च्यांग काई शेक के नाम लिखे गए गांधी के प्रकाशित पत्र में साफ तौर पर कहा गया था :

हमलोग जल्दबाजी में कोई कदम नहीं उठाएंगे और जो भी कदम उठाया जाएगा, यह ध्यान में रखकर उठाया जाएगा कि इससे चीन को कोई नुकसान न हो या भारत अथवा चीन पर जापानी आक्रमण के लिए बढ़ावा न मिले। मैं हर तरह से यह कोशिश कर रहा हूं कि ब्रिटिश सरकार के साथ किसी तरह का संघर्ष न पैदा हो।

यह बताया गया कि पहले कदम के रूप में कोई कार्यवाही शुरू करने से पहले वायसराय के नाम एक पत्र लिखा जाए जिसमें समझौते की बातचीत का प्रस्ताव हो।

कांग्रेस कमेटी की बैठक के तुरंत बाद पत्र लिखने का काम शुरू हुआ लेकिन इसे पूरा नहीं होने दिया। कुछ ही घंटों के अंदर बड़े पैमाने पर गिरफ्तारियां शुरू हो गई और इन गिरफ्तारियों ने एक व्यापक संघर्ष की शुरूआत कर दी।

कांग्रेस ने 8 अगस्त को अपना प्रस्ताव पारित किया था। 9 अगस्त की सुबह सभी प्रमुख कांग्रेसी नेताओं को गिरफ्तार कर लिया गया। (148 लोग बंबई में पकड़े गए) जिनमें गांधी, नेहरू, आजाद, पटेल, कृपालानी, राजेंद्र प्रसाद तथा अन्य लोग शामिल थे। इसके साथ ही कांग्रेस को गैरकानूनी संगठन घोषित कर दिया गया।

कार्यसमिति के सदस्यों को अहमदनगर किले में कैद रखा गया। लेकिन गांधी को अलग से आगा खान के महल में नजरबंद रखा गया। बेशक इस महल में आराम की सारी सुविधाएं थीं ('आपने मुझे एक ऐसे महल में रखा है जहां सारी सुख-सुविधाएं उपलब्ध हैं। मैंने इन सुख-सुविधाओं का उपभोग किया है लेकिन ऐसा

करते समय हमेशा मुझे अपने कर्तव्य का बोध रहा है न कि आराम का'—वायसराय के नाम गांधी का पत्र, 31 दिसंबर 1942)। जेल में बंद नेताओं को काफी आराम से रखा गया और इसकी वजह यह थी कि वे इन नाजुक वर्षों में अपनी सक्रिय राजनीतिक भूमिका या नेतृत्व न कर सकें। और ऐसा ही हुआ भी। डॉ. सीतारमैया के संस्मरणों को देखने से पता चलता है कि इन वर्षों के दौरान कांग्रेस कार्यसमिति के सदस्यों ने राजनीतिक मसलों पर बातचीत करने की कोशिश भी नहीं की, उन्होंने अपना सारा ध्यान धर्म, दर्शन और मनोरंजन में लगाया। इस प्रकार राष्ट्रीय आंदोलन नेतृत्व विहीन होकर रह गया। इसकी वजह यह थी कि कभी इस बात की कोशिश नहीं की गई कि नेतृत्व की दूसरी पंक्ति तैयार की जाय अथवा नेताओं के गिरफ्तार हो जाने की अवस्था में आंदोलन को आगे चलाने के लिए कोई कार्यक्रम निर्धारित किया जाय।

राष्ट्रीय नेताओं की गिरफ्तारी से देश भर में प्रदर्शनों और असंगठित संघर्षों का तथा अव्यवस्था का साम्राज्य कायम हो गया। इन प्रदर्शनों और संघर्षों का पुलिस ने बड़े हिंसात्मक और क्रूर ढंग से दमन किया। इस काम में सेना की भी मदद ली गई। अनेक लोग हताहत हुए। केंद्रीय विधानसभा के गृह सदस्य के सरकारी बयान के अनुसार 9 अगस्त 1942 से लेकर 31 दिसंबर 1942 तक 60229 व्यक्ति गिरफ्तार किए गए, 18000 लोगों को भारत रक्षा अधिनियमों के अंतर्गत नजरबंद किया गया, सेना और पुलिस की गोली से 940 लोग मारे गए और 1630 लोग घायल हुए। ('मार्च आफ इवेंट्स 1942-45', बंबई प्रांतीय कांग्रेस कमेटी द्वारा प्रकाशित, 1945)

अगस्त की घटनाओं के बाद राष्ट्रीय आंदोलन में जो विघटन की स्थिति पैदा हुई, संगठित नेतृत्व का अभाव हुआ और कोई स्पष्ट नीति नहीं रही उसके बाद के वर्षों में राजनीतिक गतिरोध के साथ-साथ एक निराशा और उलझन का दौर शुरू हो गया। यही वे दिन थे जब मुस्लिम लीग ने तेजी से अपनी ताकत बढ़ा ली।

अस्वस्थ होने के कारण 6 मई 1944 को गांधी को रिहा कर दिया गया। उन्होंने बाहर आते ही एलान किया कि 8 अगस्त 1942 के प्रस्ताव का सविनय अवज्ञा आंदोलन वाला अंश अपने आप ही रद्द हो गया है क्योंकि 1944 में वह 1942 की तरफ लौटकर नहीं जा सकते। फिर भी राजनीतिक गतिरोध जारी रहा क्योंकि सरकार ने कह दिया था कि जब तक अगस्त प्रस्ताव वापस नहीं लिया जाता तब तक सरकार किसी तरह के समझौता प्रस्ताव पर विचार नहीं करेगी। इसके साथ ही सरकार ने जून 1945 तक कार्यसमिति के सदस्यों को रिहा करने से इंकार कर दिया और कार्यसमिति के सदस्य ही अगस्त प्रस्ताव की समीक्षा करने तथा नीति संबंधी कोई नया वक्तव्य तैयार करने की स्थिति में हो सकते थे।

1945 की गर्मियों में इस गतिरोध को दूर करने की एक बार फिर कोशिश की गई। केंद्रीय विधानसभा में कांग्रेस पार्टी के संसदीय नेता भूलाभाई देसाई (जो गांधी

के परामर्श पर और उनकी स्वीकृति से यह पदभार संभाल रहे थे) और मुस्लिम लीग के संसदीय नेता लियाकत अली खां के बीच मई में एक अस्थायी समझौता हो गया जिसका आधार यह था कि जो अस्थायी राष्ट्रीय सरकार बनाई जाएगी उसमें कांग्रेस और मुस्लिम लीग के बराबर-बराबर सदस्य रहेंगे (40 प्रतिशत कांग्रेस, 40 प्रतिशत मुस्लिम लीग और 20 प्रतिशत अन्य दल)। इस प्रस्ताव को वायसराय लार्ड वेविल के सामने रखा गया और वह सलाह लेने लंदन रवाना हो गए। लंबी बातचीत के बाद लार्ड वेविल जब लंदन से लौटे तो उनके साथ नीति संबंधी एक नया प्रस्ताव था जिसे ब्रिटिश सरकार ने 14 जून 1945 को घोषित किया था। इसमें अस्थायी राष्ट्रीय सरकार की स्थापना की योजना तो थी लेकिन इसमें बहुत चालाकी के साथ एक परिवर्तन कर दिया गया था और इस सरकार में कांग्रेस और मुस्लिम लीग के प्रतिनिधियों के शामिल होने की बात को बदल दिया गया था। कांग्रेस और लीग की बराबरी के स्थान पर 'सवर्ण हिंदुओं और मुसलमानों की बराबरी' शब्दावली का इस्तेमाल किया गया था। इस प्रकार इस सारे प्रश्न को एक सांप्रदायिक धरातल पर लाकर रख दिया गया था। ऊपर से देखने पर यह संशोधन बहुत मामूली संशोधन लगता था लेकिन इसने बातचीत भंग होने में मदद की। इस परिवर्तन का अर्थ यह था कि या तो कांग्रेस खुद को एक हिंदू संगठन के दरजे तक पहुंचा दे अथवा किसी मुसलमान कांग्रेसी के लिए एक मुस्लिम सीट की मांग करके लीग के साथ बराबरी के आधार का उल्लंघन करे। दूसरी तरफ लीग या तो उस मुसलमान कांग्रेसी को अपनी कोई मुस्लिम सीट दे दे और इस प्रकार बराबरी वाली बात छोड़कर कांग्रेस की तुलना में घाटे की स्थिति को स्वीकार करे। ऐसा न होने पर उसके सामने विरोध के अलावा और कोई रास्ता नहीं बचा रहता और विरोध करने से सम्मेलन को भंग करने की सारी जिम्मेदारी उसके ऊपर आती है।

जून 1945 में कांग्रेस, मुस्लिम लीग तथा अन्य पार्टियों के प्रतिनिधियों का एक सम्मेलन शिमला में आयोजित किया गया लेकिन जल्दी ही इस सम्मेलन की कार्यवाही में गतिरोध पैदा हो गया। बुनियादी योजना के लिए कोई संयुक्त मोर्चा बनाने के स्थान पर कांग्रेस और मुस्लिम लीग के नेता एक दूसरे के खिलाफ कुप्रचार में लग गए। शिमला सम्मेलन असफल साबित हुआ। इस तरह युद्ध के समाप्त होने पर जब समूची दुनिया के लोग आजादी और मुक्ति की दिशा में बढ़ रहे थे, भारत उसी प्रकार गुलाम बना रहा जैसा वह युद्ध से पहले था।

क्रांतिकारी विस्फोट

ताराचंद

1. कांग्रेस द्वारा क्रिप्स के दोषारोपण का प्रतिवाद

क्रिप्स द्वारा वार्ता सहसा बंद कर देने से कांग्रेस के नेताओं को बड़ा धक्का लगा। आजाद के नाम उनके पत्र, आकाशवाणी से प्रसारित उनके भाषण से, जिसमें उन्होंने कांग्रेस के नेताओं के लिए यह कहा कि सुरक्षा और राष्ट्रीय सरकार के विषय में मेरे विचारों का अन्यथा अर्थ लिया गया और उनके यह कहने से कि प्रस्ताव को नामंजूर करने के लिए पैंतरा बदल लिया गया था और कांग्रेस ने कमजोरी के कारण और अपने विश्वासों के विरुद्ध गांधीजी की सलाह मान ली थी, नेताओं को मार्मिक वेदना हुई। उनके दिमाग में क्रिप्स के चित्र पर बड़ी कालिमा लग गई। वे समझते थे कि वह स्पष्ट वक्ता, स्वतंत्र विचारक, आमूल परिवर्तन का पक्षपाती, भारत का हितैषी और कांग्रेसी लोगों का मित्र है। परंतु उनके मिशन से उनका भ्रम दूर हो गया। उन्होंने ऐसे प्रस्तावों की वकालत की जिससे कांग्रेस की मांगें कुछ भी पूरी नहीं होती थीं। उन्होंने साक्षात्कार और प्रेस वार्ताओं में ऐसी भाषा का प्रयोग किया जिसका कुछ और अर्थ निकलता था, परंतु जिसे उन्होंने फिर भी नहीं माना। उन्हें नेताओं के निर्णय की स्वतंत्रता पर संदेह था और उन्होंने ऐसा प्रकट किया मानो यह निरपराध है तो भी उसे चोट पहुंची है।

भारतीयों में जवाहरलाल नेहरू उनके सबसे अच्छे मित्र थे। उनको ऐसी निराशा हुई कि उन्होंने कहा, "यह अपार दुःख की बात है कि क्रिप्स जैसा सज्जन भी शैतान था वकील बन गया है।"

क्रिप्स के सिद्धांत त्याग और अंग्रेज राजनीतिज्ञों की उनके कार्यों के विषय में झूठी बातों से गांधीजी को बड़ा दुःख हुआ। अपने सिद्धांतों के अनुसार वे न तो क्रोधपूर्ण उत्तर दे सकते थे और न झूठ का जवाब झूठ से देना चाहते थे। उन्होंने अपने हृदय की गहन गुहा में शरण लेकर अपने संताप से छुटकारा लेने का मार्ग टटोला।

क्रिप्स मजदूर दल के स्वतंत्र सदस्य थे। वह सामाजिक सिद्धांतों के लिए संघर्ष करने वाले थे। परंतु पद ग्रहण करने पर और युद्ध मंत्रिमंडल के सदस्य की हैसियत

से वह बिलकुल ही भिन्न व्यक्ति सिद्ध हुए। इस नई हैसियत से उन्होंने सिद्धांतहीन कूटनीतिज्ञ की भांति आचरण किया। वह मानो अपने मुवक्किल की इच्छानुसार एक चतुर वकील की भांति बोल रहे थे।

उन्होंने कांग्रेस पर यह दोष लगाया कि उसी ने यह काम बिगाड़ा है। युद्ध के समय से संविधान में परिवर्तन की मांग की है और सुरक्षा की ऐसी व्यवस्था का प्रस्ताव किया है जिसका युद्ध संचालन पर कुप्रभाव ही नहीं पड़ेगा, बल्कि जिसे अल्पसंख्यक समुदाय मंजूर नहीं करेगा। उन्होंने उन पर यह दोष लगाया कि वे तरकीब से शासन-तंत्र को अपने हाथ में इसलिए लेना चाहते हैं कि भारतवर्ष में कांग्रेस के अल्पसंख्यक समुदाय की अनुत्तरदायी सरकार स्थापित कर दें, जो अल्पसंख्यकों का दमन करे। उन्होंने गांधीजी पर असफलताओं का संदेह किया और समझा कि भारत के लिए स्वाधीनता प्राप्त करने के निमित्त वे जापानियों से बात करना चाहते हैं और युद्ध विरोधी हैं। इसलिए उन्होंने कांग्रेस कार्यसमिति को मंत्रिमंडल का प्रस्ताव मंजूर नहीं करने दिया।

यह दोषारोपण बेतुके थे। कांग्रेस ने संविधान के संशोधन की मांग की थी, क्योंकि दीर्घकालीन योजना के लिए संसद में कानून बनाने की आवश्यकता थी, इसलिए कांग्रेस ने उस समय की परिस्थिति में इस पर विचार नहीं किया। आंतरिक सरकार के संबंध में क्रिप्स ने ही सुझाव दिया कि कार्यकारिणी परिषद् को अभिसमय द्वारा मंत्रिमंडल का रूप दिया जा सकता था।

कांग्रेस के नेताओं ने बताया कि ब्रिटिश सरकार अपने संविधान में क्रांतिकारी परिवर्तन के प्रस्ताव के बावजूद नहीं रुकी थी। वह ब्रिटेन और फ्रांस का संघ बनाने के लिए तैयार थी। अन्य लोगों ने निर्वाचन मंडलों की सीमाओं में हेरफेर कर स्थानों का वितरण, आनुपातिक प्रतिनिधित्व और निर्वाचन व्यय की ओर ध्यान आकर्षित किया, जो युद्ध काल में ही बनाए गए थे। सुरक्षा सदस्य की नियुक्ति केवल भारतीयों पर भरोसा करने का विषय था कि वे सुरक्षा को संगठित कर जापानियों का मुकाबला कर सकते हैं। परंतु भारतीयों की योग्यता और विश्वसनीयता पर बिलकुल भरोसा नहीं था।

कांग्रेस पर दोषारोपण लगाया गया था कि वह शक्ति को अपने हाथ में इसलिए लेना चाहती है कि अल्पसंख्यकों को अलग रखकर या उनके हित की हानि कर शासन कर सके। ये दोषारोपण मुसलमानों और अन्य लोगों को डराने के लिए लगाये गए थे। कांग्रेस गंभीरतापूर्वक घोषित कर चुकी थी कि उसका उद्देश्य राष्ट्रीय है, साम्प्रदायिक नहीं। वह मिली-जुली सरकार बनाने के लिए और संविधान में ही इन लोगों के अधिकारों की गारंटी का प्रावधान करने के लिए तैयार थी। कांग्रेस समझती थी कि असंतुष्ट और शक्तिशाली अल्पसंख्यक समुदाय राज्य के लिए खतरा था। मुस्लिम लीग की मांगों में से कांग्रेस केवल एक मांग पर आपत्ति करती थी। वह थी

देश के विभाजन की मांग। यह शंका कुछ तो भावुकता के कारण थी, परंतु इस विश्वास पर भी थी कि सारे मुसलमान इसके पक्ष में नहीं थे। धर्म के नाम पर देश का विभाजन करना मध्यकालीन विचारधारा की शरण में जाने के बराबर था, जो राष्ट्रीयता, स्वाधीनता और प्रगति को अस्वीकार करती थी।

कांग्रेस को पाकिस्तान की स्थापना की वांछनीयता पर तो संदेह था, परंतु कांग्रेस की कार्यसमिति ने 10 अप्रैल के प्रस्ताव में स्थानीय विकल्प या केंद्रीय संविधान से प्रांतों के अलग रहने के सिद्धांत को इन शब्दों में मान लिया था :

"कांग्रेस स्वाधीनता और एकता के सिद्धांत को मानती आई है। एकता को भंग करने से सब का अहित होगा। इसका विचारमात्र ही बड़ा दुःखदायी है। विशेषकर वर्तमान संसार में जबकि लोग बड़े से बड़े संघों का निर्माण करने पर विचार कर रहे हैं। तथापि समिति का यह विचार नहीं है कि किसी प्रादेशिक इकाई के लोगों को अपनी व्यक्तिगत इच्छा के विपरीत भारतीय संघ में सम्मिलित होने के लिए बाध्य किया जाए।"

कांग्रेस पर यह आरोप लगाया गया था कि उसका उद्देश्य सरकार में अपनी सर्वोपरिता स्थापित करने का है जिससे अल्पसंख्यक उसके आधिपत्य में रखे जा सकें। यह कथन कितना असत्य था, यह बात गांधीजी के उस वक्तव्य से सिद्ध होती है, जो उन्होंने क्रिप्स के भारत से प्रस्थान कर जाने पर अर्थात् 13 अप्रैल को दिया था। उन्होंने कहा था कि "जब तक साम्प्रदायिक उलझन का हल नहीं होता तब तक स्वाधीनता की प्राप्ति असंभव है। इस समस्या का समाधान कैसे हो, यह दूसरा प्रश्न है। यह समस्या लगभग ऐसी हो चुकी है कि इसका हल नहीं हो सकता है। फिर भी इसके हल के दो उपाय हैं, एक उपाय अहिंसा द्वारा और दूसरा उपाय हिंसा द्वारा है। प्रथम उपाय के लिए दूसरे दल की अनुमति या सहयोग की आवश्यकता नहीं है। यदि दो बच्चे एक सेब के लिए झगड़ने लगें तो अहिंसा का मार्ग यह है कि सेब एक लड़का दूसरे लड़के को दे दे। सेब दूसरे पक्ष को देना ही अहिंसा है। सेब लेने वाला भली-भांति समझ जाएगा कि त्याग करने वाले ने असहयोग किया है।"

जब 8 अगस्त को बंबई में अखिल भारतीय कांग्रेस समिति का अधिवेशन हुआ तो गांधीजी ने उभय पक्ष के एक मित्र को यह नोट लिख कर दिया था कि "कांग्रेस के अध्यक्ष ने अंग्रेजों को यह सुझाव दिया है कि वे राज सत्ता किसी भी दल के हाथ में दे सकते हैं। यह प्रस्ताव भावातिरेक में नहीं किया गया है, गंभीरतापूर्वक किया गया है।"

गांधीजी का नोट निम्नलिखित था :

"आपके उस पत्र के संदर्भ में जिसमें आपने कायदे-आजम के साथ हुई बात का सारांश लिखा है, मैं स्पष्ट शब्दों में कहना चाहता हूं कि जब मैंने 'हरिजन' " में प्रकाशित लेख में मौलाना आजाद का मुस्लिम लीग से किया गया प्रस्ताव उद्धृत

किया तो मैंने शब्दशः गंभीरतापूर्वक यह बात कही थी। मैं पुनः इसका समर्थन करता हूं। यदि मुस्लिम लीग तुरंत स्वतंत्रता प्राप्ति की कांग्रेस की मांग के विषय में सहयोग करती है और मन में कोई बात छिपा कर नहीं रखती, यदि ब्रिटिश सरकार अपनी सारी शक्ति, जिसमें भारतीय राज्य भी सम्मिलित हैं, मुस्लिम लीग को सौंप दे तो कांग्रेस को कोई आपत्ति नहीं होगी और जब मुस्लिम लीग किसी सरकार का निर्माण करेगी तो कांग्रेस कोई विघ्न नहीं डालेगी और सरकार का साथ देगी। यह बात सच्चाई और पूरी गंभीरता के साथ कही जा रही है।

गांधीजी पर निराशावाद का दोष लगाना गलत होगा। गांधीजी स्वभाव से ही आशावादी थे। उनका अटल विश्वास था कि सत्य की विजय होती है। युद्ध में दो पक्ष थे जिन पर उन्हें संदेह नहीं था। मित्र राष्ट्रों अर्थात् ब्रिटेन, संयुक्त राज्य अमेरिका, फ्रांस, रूस और चीन का पक्ष न्यायानुकूल था और वे हृदय से चाहते थे कि इस पक्ष की विजय हो। ब्रिटेन के साथ उनका संबंध भावुकतामय था। वे कभी उसके अनिष्ट की कल्पना भी नहीं कर सकते थे, परंतु वह ब्रिटिश साम्राज्यवाद की कार्रवाई की खुलेतौर पर निंदा करते थे। वे समझते थे कि ब्रिटिश साम्राज्यवाद एशिया और अफ्रीका के लोगों के लिए वैसा ही है, जैसा हिटलर, मुसोलिनी और जापानियों का आक्रमण उदार, अनुदार और मजदूर दलों के लिए। ब्रिटिश साम्राज्यवादियों को यह भ्रम था कि वे साम्राज्यवाद के शत्रु को ब्रिटेन का शत्रु मानते हैं।

गांधीजी का यह भी ख्याल था कि जापान के लोग युद्ध में इसलिए शामिल हुए कि उन्हें ब्रिटिश साम्राज्य से बड़ी ईर्ष्या है और वे इसका विनाश करना चाहते हैं अन्यथा भारत पर आक्रमण करने का कोई कारण नहीं है। इसलिए यदि अंग्रेज लोग स्वेच्छा से भारत में अपना साम्राज्य समाप्त कर देते तो जापानियों को भारत पर आक्रमण करने से समझा-बुझाकर रोकना संभव था। यदि जापान अपनी योजना नहीं छोड़ता तो दो मार्ग थे : (1) मित्र सेनाएं भारत की सहमति से भारत में रहकर जापानियों का सामना कर सकती थीं और (2) भारतवर्ष अहिंसात्मक असहयोग कर जापानियों के लिए भारत में रहना असंभव कर देगा।

कांग्रेस और क्रिप्स की वार्ता के दौरान गांधीजी की भूमिका को तोड़-मरोड़ कर पेश किया गया। वास्तव में गांधीजी क्रिप्स से मिलने के लिए अनिच्छुक थे। जब उन पर जोर डाला गया तो वे तैयार हुए। दिल्ली गए और 27 मार्च को उनसे मिले। क्रिप्स ने उन्हें घोषणा का प्रारूप दिखाया जो उन्होंने तुरंत ही नामंजूर कर दिया और क्रिप्स से कहा कि उसे प्रकाशित न करें और वापस स्वदेश लौट जाएं। 4 अप्रैल को गांधीजी दिल्ली से रवाना हो गए और जब तक क्रिप्स वहां रहे, तब तक वापस नहीं आए। इसी बीच कांग्रेस कार्यसमिति की बात करती रही और 9 अप्रैल को प्रातःकाल तक समझौता हो जाने की बड़ी आशाएं थीं। फिर सायंकाल आजाद क्रिप्स से मिले और उन्हें यह देखकर बड़ा अचंभा हुआ कि स्थिति का रूपान्तर हो गया है और

मंत्रिमंडलीय सरकार बनाने का वायदा यह कह कर वापस ले लिया गया है कि यह मामला वायसराय के निजी कार्य-क्षेत्र का है और इसमें उनकी सहमति आवश्यक है। वास्तव में यह केवल बहाना था और इस इंकार का उत्तरदायित्व वायसराय पर डाला जा रहा था। यों तो वायसराय सम्राट की सरकार का एक कारिंदा था जो भारत सचिव के नियंत्रण में था और उसके निर्देशानुसार काम करता था। इसलिए मंत्रिमंडल के निश्चय का उसको पालन करना पड़ता था।

क्रिप्स का रुख बदल जाने से कांग्रेस कार्यसमिति की प्रतिक्रिया भी निषेधात्मक हो गई। 10 अप्रैल को प्रातःकाल उसका अधिवेशन हुआ जिसमें कहा गया कि ब्रिटिश युद्ध मंत्रिमंडल की ओर से जो प्रस्ताव पेश किए गए हैं, उन्हें मंजूर नहीं किया जा सकता। इस मामले से गांधीजी का कोई संबंध ही नहीं था। आजाद ने अपनी पुस्तक में लिखा है कि "युद्ध में भाग लेने के विषय में गांधीजी के विचार सुविदित थे, इसलिए यह कहना नितांत असत्य है कि कार्यसमिति के निश्चयों पर गांधीजी के विचारों का कोई प्रभाव था।"

"गांधीजी ने कार्यसमिति के सामने यह स्पष्ट कर दिया था कि प्रस्तावों पर विचार करके हम स्वतंत्रतापूर्वक अपने निर्णय ले सकते हैं। गांधीजी तो कार्यसमिति के प्रारम्भिक अधिवेशनों में भी शामिल नहीं होना चाहते थे। जब मैंने उनसे आग्रह किया तो वह कुछ दिन ठहरने के लिए तैयार हुए थे। अंत में उन्होंने देखा कि अब वह अधिक नहीं ठहर सकते। मैंने बहुत समझाया, परंतु वे नहीं माने।"

12 अप्रैल को क्रिप्स स्वदेश लौट गए। वह ब्रिटिश प्रस्ताव के पक्ष में थे जिसे कांग्रेस द्वारा नामंजूर कर दिया गया था, इसलिए कांग्रेस के विपक्ष में प्रचार करना चाहते थे।

इस प्रस्ताव में स्वतंत्रता की कोई बात नहीं थी। इसे द्वयर्थक शब्दों में पेश किया गया था और फिर संसार के लोकमत को कांग्रेस के विरुद्ध करने और गांधीजी की बुराई करने के प्रयोजन से सारी वार्ता का अन्यथा अर्थ कर प्रचार किया गया था। इससे दूर-दूर तक के लोगों का भ्रम दूर हो गया और बड़ा रोष फैला। इस प्रचार में गांधीजी को मुख्य निशाना बनाया गया था। उन्होंने अपने विचार इस प्रकार प्रकट किए : "इस समय जो भी बनावटी आलोचना की जा रही है वह केवल मूर्खता का नाटक है। उसका प्रयोजन मुझे दबाना और कांग्रेस के मनोबल को गिराना है। यह बड़ा निंदनीय खेल है। वे लोग नहीं जानते हैं कि मेरे हृदय में कैसी आग जल रही है।"

2. गांधीजी द्वारा असहयोग का निश्चय

इस अग्नि प्रज्वलित करने के ईंधन मित्र देशों के मिथ्याचार से ही प्राप्त नहीं हुआ था, बल्कि इसके और भी अनेक स्त्रोत थे। मित्र देशों का नेतृत्व ब्रिटेन कर रहा था।

1942 की ग्रीष्म ऋतु में युद्ध की स्थिति उत्साह-वर्द्धक नहीं थी। सिंगापुर का 15 फरवरी को, रंगून का 7 मार्च को और अंडमान का 12 मार्च को पतन हो जाने के बाद भारतवर्ष के आस-पास के समुद्र पर जापानियों का अधिकार हो गया था। जब दिल्ली में क्रिप्स समझौते की बात कर रहे थे, तब त्रिंकोमली, कोकनड़ और विजगापटम या विशाखापत्तनम पर जापानी लोग बम गिरा चुके थे। मद्रास की सरकार ने अपने दफ्तर वहां से हटाकर अंदर की ओर ले आई थी। त्रिंकोमली से कलकत्ता के पूर्वी समुद्र तट पर सर्वत्र आतंक फैल गया था।

जब कलकत्ता खाली करने की बात चलने लगी तो लोग भयभीत हो गए और वहां से भगदड़ मच गई। कलकत्ते की स्थिति का वर्णन करते हुए आजाद ने मई मास में लिखा था कि "मैंने देखा कि सब ओर स्थिति बिगड़ रही है। मैं बड़ा क्षुब्ध हो गया। अब अधिकांश लोगों का यह ख्याल बन गया था कि अंग्रेज हारेंगे और ऐसा मालूम होता था कि कुछ लोग तो जापानी विजय का स्वागत करेंगे। अंग्रेजों के विरुद्ध बड़ी कटु भावना भी। कभी-कभी तो यह भावना इतनी तीव्र हो जाती थी कि लोग यह भी विचार नहीं करते थे कि यदि जापानी लोग भारत पर विजय प्राप्त कर लेंगे तो इसका क्या परिणाम होगा।"

सरकार को सूचना मिली थी कि जापानी सैनिक डायमंड हारबर से कलकत्ता की ओर बढ़ेंगे। सरकार ने यह योजना बनाई थी कि कलकत्ता को छोड़ दिया जाए और आवश्यकता हो तो बंगाल से हटकर व्यवस्थापूर्वक पश्चिम की ओर हटा जाए और पीछे हटते हुए सारी सम्पत्ति-साधन को विनष्ट करने की नीति का अवलंबन किया जाए अर्थात् पुल तोड़ दिए जाएं, कारखाने नष्ट कर दिए जाएं और जमशेदपुर जैसे उद्योग केंद्र उजाड़ दिए जाएं।

जहाजों की क्षति के कारण सामान दुर्लभ हो गया था। खाद्य पदार्थों में कमी आ गई थी। मूल्य-वृद्धि के कारण अधभूखे लोगों के दुःख और भी बढ़ गए थे।

मलाया और बर्मा पर (जापानियों का) कब्जा हो जाने से भारतीय और यूरोपीय लोग बर्मा के मार्ग से भारत की ओर भागने लगे थे। इन दोनों कौमों के लिए अलग-अलग व्यवस्था की गई थी। भारतीयों के साथ बराबर का व्यवहार नहीं किया गया था। जिन मार्गों से वे वापस आए, वे भी अलग-अलग थे। एक मार्ग का नाम काला मार्ग और दूसरे का गोरा मार्ग था। जहां से हिंदुस्तानियों को निकाला गया वहां और मार्ग में उनके साथ असहनीय और अमानुषिक व्यवहार किया गया जिससे उनमें और भी कटुता आ गई। इन लोगों की दुःखद कहानियों से अंग्रेज विरोधी भावनाएं और भड़क गई। राष्ट्रीय कांग्रेस के महासचिवों का कहना था कि "अब तो भारत के अपमान का प्याला भरकर छलकने वाला है।"

गांधीजी के मन पर, ऐसी बातों का तत्काल प्रभाव होता था, जब उन्होंने लोगों को कष्ट और पीड़ा में देखा तो उनका दुःख असह्य हो उठा। परंतु उनकी प्रतिक्रिया

साधारण लोगों की-सी नहीं थी। वे क्रोध और हिंसा द्वारा मिथ्याचार और असत्य का उत्तर नहीं देना चाहते थे। मित्र देशों का मिथ्याचार यह था कि वे प्रत्यक्षतः स्वाधीनता और जनतंत्र के लिए युद्ध करने की बातें करते थे, पर इन सिद्धांतों को उन देशों पर लागू नहीं करते थे जो उनके अधीन थे। परंतु अनैतिकता और असत्यता को नैतिकता और सत्य से ही ठीक किया जा सकता था। भूल का सुधार शक्ति द्वारा नहीं हो सकता था। गांधीजी अपनी आत्मा को टटोल रहे थे कि इस स्थिति का क्या इलाज है। कांग्रेस के नेता भी हल खोज रहे थे, परंतु ये लोग अलग-अलग बातें करते थे।

क्रिप्स ने अपनी बात बदल दी। उसके एक मिनट पहले तक जवाहरलाल नेहरू चाहते थे कि कोई ऐसा मार्ग निकल आए कि भारत सुरक्षा में सक्रिय भाग ले सके और इस युद्ध को जनसमर्थन मिल जाए। आजाद के मतानुसार जवाहरलाल नेहरू को हार्दिक दुःख था कि भारत जनतंत्रीय देशों की ओर से युद्ध नहीं कर रहा है। उनके मन में संघर्ष चल रहा था। वे निश्चय नहीं कर पा रहे थे कि उनका रुख क्या होना चाहिए?

आजाद का विचार यह था कि जापानियों के आक्रमण का सामना करने के लिए कांग्रेस लोगों को संगठित करे। उनका विश्वास था कि अहिंसक आंदोलन उस समय की स्थिति में नहीं किया जा सकता था।

गांधीजी के अनुयायी अपने नेता के निर्देशानुसार कार्य करना चाहते थे। गांधीजी अहिंसा के ही पक्ष में थे।

राजगोपालाचारी इस पक्ष में थे कि मुस्लिम लीग की मांग मान कर प्रांतों में लोक शासन पुनः स्थापित कर दिया जाए, जो 1939 के अक्तूबर-नवम्बर में समाप्त हो गया था।

29 अप्रैल से 1 मई 1942 तक इलाहाबाद में अखिल भारतीय कांग्रेस-समिति का अधिवेशन हुआ जिसमें ये विविध मत प्रकट किए गए। समिति ने कार्यसमिति के उस प्रस्ताव का अनुमोदन किया जिसके द्वारा ब्रिटिश युद्ध मंत्रिमंडल की घोषणा के प्रारूप को नामंजूर किया गया था। इसे क्रिप्स लेकर आए थे। समिति ने निम्नलिखित प्रस्ताव पास किया :

"यह समिति आशा करती है कि भारत की जनता आक्रमणकारी सेना के साथ अहिंसा के साथ पूर्ण असहयोग करेगी और उसे किसी प्रकार की सहायता नहीं देगी। जिन स्थानों पर ब्रिटिश और आक्रमणकारी सेना में युद्ध होगा वहां हमारा असहयोग निष्फल और अनावश्यक होगा। ब्रिटिश सेना के मार्ग में किसी भी प्रकार की बाधा न डालना ही आक्रमणकारी के विरुद्ध हमारा असहयोग समझा जाएगा।"

बहस के समय यह प्रश्न खड़ा हुआ कि जापान के आक्रमण का जब खतरा हो तो भारत का क्या कर्तव्य होना चाहिए। इस विषय पर एक मत नहीं था। कुछ

सदस्यों ने कहा कि युद्ध के प्रयास में मित्र शक्तियों के साथ सहयोग करना चाहिए। कुछ सदस्य लोकतंत्रीय राष्ट्रों को पूरा समर्थन देने के लिए तैयार थे। शर्त यह थी कि भारत के साथ स्वतंत्र और बराबर के साझेदार का-सा व्यवहार किया जाए। जो लोग सशस्त्र सामना करने के पक्ष में थे, गांधीजी का शक्तिशाली गुट उनका प्रबल विरोधी था।

गांधीजी समिति के अधिवेशन में उपस्थित नहीं हुए। उन्होंने अपनी टिप्पणियों के साथ प्रस्ताव का प्रारूप भेज दिया, जिसमें उन्होंने बताया कि ब्रिटेन ने बलपूर्वक भारत को अपने अधीन रख कर साम्राज्यवाद का सहायक बना रखा है। इसलिए ब्रिटेन और उसके साथी, जो युद्ध कर रहे हैं, उनका कोई नैतिक आधार नहीं है। यदि इस युद्ध को उचित माना जाता है तो यह आवश्यक है कि भारत को स्वतंत्र कर दिया जाए और ऐसी संधि की जाए जिसके अनुसार मित्र सेनाएं भारत में बनी रहें। यदि ब्रिटिश आधिपत्य को शांत और व्यवस्थित विधि से हटा लिया जाए तो भारत अराजकता से बच जाएगा और विविध गुटों में एकता स्थापित हो जाएगी। परंतु इसका अर्थ यह नहीं है कि प्रत्येक अंग्रेज भारत से चला जाए। इसका अर्थ तो यह है कि सर्वत्र सम्मानपूर्वक शांति स्थापित हो जाए।

इस प्रस्ताव में सिफारिश की गई थी कि जापानियों के विरुद्ध अहिंसात्मक असहयोग किया जाए और उन्हें किसी प्रकार की सहायता न दी जाए।

यद्यपि समिति ने गांधीजी के प्रस्ताव को ज्यों का त्यों स्वीकार नहीं किया, परंतु उनके मुख्य विचार का अनुमोदन किया और यह मान लिया कि आक्रमणकारी को रोकने के लिए अहिंसात्मक असहयोग ही उचित मार्ग है।

राजगोपालाचारी के प्रस्तावों पर कार्यसमिति ने कोई खास विचार नहीं किया। यह घोषित किया गया कि ये प्रस्ताव कांग्रेस की सुविदित नीति के प्रतिकूल हैं। राजगोपालाचारी अपने प्रस्तावों को वापस लेने के लिए तैयार नहीं थे, इसलिए उन्होंने कार्यसमिति से त्यागपत्र दे दिया और अखिल भारतीय कांग्रेस समिति में निम्नलिखित प्रस्ताव रखा :

"अखिल भारतीय कांग्रेस समिति की राय है कि इस संकटकालीन स्थिति में राष्ट्रीय सरकार के निर्माण के अवसरों का बलिदान करना अत्यंत नासमझी की नीति होगी। इसमें संदेह है कि भारतवर्ष की एकता के विवाद को बनाए रखने में कोई लाभ प्राप्त होगा, इसलिए दोनों विकल्पों में से जो कम हानिप्रद हो; उसे ग्रहण करना चाहिए और मुस्लिम लीग के पार्थक्य के दावे को मान लेना चाहिए। यदि मुस्लिम लीग भारतवर्ष का संविधान बनाते समय पार्थक्य पर आग्रह करती रहे तो उसे स्वीकार करना चाहिए और समझौता करने के लिए मुस्लिम लीग को आमंत्रित करके वर्तमान संकट का सामना करने के लिए राष्ट्रीय सरकार की स्थापना के विषय में उसकी सहमति प्राप्त कर लेनी चाहिए।"

राजगोपालाचारी ने ब्रिटिश सरकार की घोषणा को पढ़कर ही यह नतीजा निकाला था। पाकिस्तान के विषय में ब्रिटिश सरकार ने मुस्लिम लीग की मांग को स्वीकार करने का निश्चय कर लिया था। इसलिए अब इसका विरोध करते रहने में कोई सार नहीं था, विशेषकर इसलिए कि कांग्रेस ने भी उन प्रदेशों के लिए जो संघ में सम्मिलित होना नहीं चाहते थे, आत्म-निर्णय का सिद्धांत मान लिया था। मद्रास के नेता का विचार तर्कसंगत था, परंतु भारत के विभाजन के विरुद्ध ऐसी प्रबल भावना थी कि कांग्रेस होनहार को नहीं पढ़ सकती थी। यदि कांग्रेस दूसरा ही निश्चय करती तो तत्काल होने वाला विशाल रक्तपात और विनाश नहीं होता और भविष्य के लिए ऐसी शत्रुता नहीं बन जाती, जो खत्म होती हुई दिखाई नहीं देती। दुर्भाग्यवश कांग्रेस कार्यसमिति ने जगतनारायण लाल के विरोधी प्रस्ताव को भारी बहुमत से मंजूर किया और यह घोषित किया कि किसी प्रांत को भारत से पृथक होने की स्वतंत्रता देने का प्रस्ताव भारत के हितों के लिए हानिकारक और अस्वीकार्य है।

क्रिप्स मिशन की विफलता से गांधीजी के लिए बड़ा संकट उपस्थित हो गया। वह समझते थे कि संसार में नैतिक संघर्ष चल रहा है। एक ओर स्वाधीनता और जनतंत्र है और दूसरी ओर बंधन और तानाशाही है। उनका ख्याल था कि अंग्रेज लोग प्रायः स्वतंत्रता प्रेमी हैं और उनका अंतःकरण ऐसा नहीं है कि उच्च आदर्शों की अपील का उन पर कोई प्रभाव न हो सके, परंतु क्रिप्स के व्यवहार से उनका ऐसा ख्याल नहीं रहा और उनकी आशाएं झूठी साबित हो गई। उधर भारत की जनता में अंग्रेजों के प्रति गहन अविश्वास और शत्रुता उत्पन्न हो गया।

अब समस्या यह थी कि ब्रिटेन को मिथ्याचार के कलंक से मुक्त करने और भारतीय जनता की प्रतिष्ठा, आत्म-विश्वास और ईमानदारी को पुनःस्थापित करने तथा उसकी दुर्भावना को सद्‌भावना में परिवर्तित करने के लिए क्या किया जाए?

सोमवार को जब गांधीजी मौन थे, तो उन्हें एक हल सूझा, जो उन्होंने होरेस एलैक्जेंडर को एक पत्र में लिखा—उन्होंने देखा कि ये संकटकालीन स्थिति इसलिए उत्पन्न हो गई थी कि ब्रिटेन संसार को साम्राज्यवाद का झूठा चमकदार वेष पहने हुए दिखाई देता था। यदि ब्रिटेन इस वेष को उतारकर अपने वास्तविक व्यक्तित्व को लोगों के सामने उपस्थित करे और स्वतंत्रता तथा पार्लियामेंट्री सरकार का दूत बनकर आए तो वास्तविकता और दिखावे का पारस्परिक विरोध विलीन हो जाएगा। तब ब्रिटेन को भारत की सद्‌भावना प्राप्त होगी और शत्रुओं के पराजय की गारंटी मिल जाएगी। शत्रु की नैतिक और भौतिक दोनों प्रकार की पराजय हो जाए। पत्र के अंत में गांधीजी ने कहा : "मेरी दृढ़ धारणा है कि अंग्रेजों को भारत से शांतिपूर्वक चले जाना चाहिए और अपने को वैसे खतरे में नहीं डालना चाहिए, जैसे वे सिंगापुर, मलाया और बर्मा में जा पड़े थे। इस कार्य के लिए उच्च श्रेणी के साहस की, मानवीय कमी की स्वीकृति की और भारत के साथ न्याय करने की आवश्यकता है।"

26 अप्रैल को गांधीजी ने "हरिजन" में पुनः लिखा कि भारत की वास्तविक सुरक्षा के लिए यह आवश्यक है कि अंग्रेज लोग भारत से यथा समय और शांतिपूर्वक प्रस्थान कर जाएं।" जब 29 अप्रैल से 2 मई तक इलाहाबाद में अखिल भारतीय कांग्रेस समिति का अधिवेशन हुआ तो गांधीजी ने सलाह दी कि अंग्रेजों से मांग की जाए कि वे यहां से हट जाएं और अहिंसात्मक असहयोग द्वारा जापानियों का सामना करने का निश्चय किया जाए।

जब समिति ने गांधीजी की सलाह स्वीकार कर ली तो स्वभावतः उन पर कांग्रेस का नेतृत्व करने का उत्तरदायित्व आ गया। उन्होंने कहा कि "मुझे ऐसा मालूम होता है कि मुझे अपनी समस्त शक्ति महान् कार्य की पूर्ति के लिए लगा देनी चाहिए।" "भारत छोड़ो" का अर्थ समझाने के लिए उन्होंने 'हरिजन' के कालम भर दिए। लोगों के सामने विस्तृत कार्यक्रम रखे और प्रश्न करने वालों को उत्तर दिए।

उन्होंने जापान के आक्रमण जैसी समस्याओं पर विचार प्रकट किए। उन्होंने लिखा कि दो विकल्प हैं। अंग्रेजों के हट जाने से या तो भारत पर आक्रमण करने के लिए जापानियों के पास कोई कारण नहीं रहेगा, क्योंकि उनकी शत्रुता तो ब्रिटिश साम्राज्य से है, न कि भारत से। फिर भी वे यदि भारत को छोड़ देने के बजाय उसे दबाना चाहेंगे, तब उन्हें पता लगेगा कि वे उससे कहीं ज्यादा हाथ में थामे हुए हैं, जितना वे संभाल सकते हैं।"

उन्होंने यह बात नहीं मानी कि जापानियों की सहायता से भारत को स्वतंत्र किया जाए। भारत के विषय में जापान के इरादों पर विचार करते हुए वे समता नहीं रख सकते थे। वह कहते थे कि यदि जापान का इरादा ठीक है तो फिर चीन ने उसका क्या बिगाड़ा है जिसके कारण उन्होंने वहां इतना विनाश किया था?

ब्रिटेन और भारत के संबंध में गांधीजी ने भी कहा कि "ब्रिटेन के लिए यह कहा जा सकता है कि वह भारत के विरुद्ध निरंतर युद्ध कर रहा है। अपनी विजय के अधिकार से वह भारत पर राज्य कर रहा है। उसकी सेना ने देश को दबा रखा है। ब्रिटेन भारत से बलपूर्वक युद्ध करवा रहा है। इससे भारत को क्या लाभ है? जब उनसे यह पूछा गया कि ब्रिटेन भारत का प्रशासन किसे सुपुर्द कर जाए तो गांधीजी ने उत्तर दिया–"मेरा तो यह प्रस्ताव है कि वह भारत को ईश्वर के हाथों में सौंपकर चला जाए। आजकल की भाषा में यह कहा जा सकता है कि वह भारत को अराजकता के सुपुर्द कर जाए। कुछ समय के लिए भारत में अराजकता के कारण परस्पर युद्ध होंगे और बेरोक-टोक डकैतियां होंगी। फिर इनमें से सच्चे भारत का उदय होगा। अभी हमें जो दिखाई देता है, वह झूठा भारत है। किसी भी हालत में दासता से तो अराजकता ही अच्छी है।"

अराजकता के विषय में गांधीजी ने बताया कि इस समय भी भारत में आदेशानुसार अराजकता चल रही है, क्योंकि ब्रिटिश शासन ने लोकहित में काम नहीं

किया था। यदि इस संगठित अराजकता के स्थान पर अव्यवस्था होने लगेगी तो क्या बात है? भारत को यह खतरा उठाना ही चाहिए।

गांधीजी को अंग्रेजों से कोई सहानुभूति नहीं थी, परंतु उन्हें ब्रिटिश साम्राज्य की हार की संभावना का विश्वास नहीं था। उनका अनुमान यह था कि किसी भी पक्ष को निर्णायक विजय प्राप्त नहीं होगी। उन्हें यह भी विश्वास था कि "ब्रिटेन चाहे हारे या जीते, साम्राज्यवाद को तो समाप्त होना ही है।" परंतु गांधीजी स्वाधीनता के उत्कृष्ट प्रेमी थे। वे यह नहीं चाहते थे कि भारत एक स्वामी को छोड़ कर दूसरे स्वामी के अधीन हो जाए। उन्होंने लुई फिशर से कहा था कि "इसका मतलब कि ब्रिटेन, अमेरिका और दूसरे देश भारत में अपनी सेनाएं रखकर सैनिक गतिविधियों के लिए भारत भूमि का एक सैनिक अड्डे के रूप में प्रयोग कर सकते थे अर्थात् वे परिवहन के लिए वहां की रेलों को काम में लाते।"

लेकिन अंग्रेजों को भारत की स्वाधीनता में विश्वास नहीं था। उन्हें तर्क, न्याय और औचित्य के तर्क द्वारा नहीं समझाया जा सकता था कि राष्ट्रीय सरकार का प्रस्ताव ठीक है।" उन पर कुछ करने का ही प्रभाव होता है, और अब हम कुछ करके ही रहेंगे।" यह कार्यवाही अहिंसात्मक होगी। उदाहरणार्थ, कर नहीं जमा करना, नमक बनाना, जमीन पर कब्जा करना।

फिशर ने कहा–"लेकिन इससे हिंसात्मक संघर्ष होने लगेगा।" गांधीजी ने उत्तर दिया–"15 दिन तक दुर्व्यवस्था चल सकती है, परंतु मेरे ख्याल से हम उस पर शीघ्र ही नियंत्रण कर लेंगे।"

फिशर के साथ बातें करते हुए अंत में गांधीजी ने अपना रुख इस प्रकार प्रकट किया :

"एक बात मुझे ठोस और निश्चित मालूम होती है, वह यह है कि एक महान् राष्ट्र की अस्वाभाविक अधीनता समाप्त होनी चाहिए। तब ही मित्र राष्ट्रों की विजय निश्चित होगी। अभी उनके पास कोई नैतिक आधार नहीं है। जब तक वे अपने हाथों से गंदगी को न धो लें, तब तक उन्हें मानव स्वाधीनता आदि की बातें करने का कोई अधिकार नहीं है। इसके बाद ही यह कहा जा सकता है कि वे नवीन व्यवस्था स्थापित करने के लिए युद्ध कर रहे हैं।"

गांधीजी ने 'हरिजन' में स्पष्ट किया था कि यहां से चले जाने के लिए अंग्रेजों से संधि-वार्ता करने की कोई आवश्यकता नहीं है। वे या तो इसे मान लें या इंकार कर दें। यदि वे इसे मान लेते हैं तो सारा परिदृष्य ही बदल जाता है। तब अनेक मामलों पर विचार करना पड़ेगा, जैसे वापस होने की विधि, युद्ध के लिए तत्कालिक व्यवस्था, भारत और ब्रिटेन के भावी संबंध, कामचलाऊ सरकार का गठन और प्रशासन में समुदायों और गुटों का भाग आदि।

अमरीकी पत्रकार ने पूछा कि यदि अंग्रेज लोग ऐसा नहीं करेंगे तो फिर दूसरी कार्यवाही क्या होगी? गांधीजी ने उत्तर दिया, "यह ऐसी कार्यवाही होगी जो समस्त

संसार को हिला देगी। इससे ब्रिटिश सेना की गतिविधि में कोई हस्तक्षेप नहीं होगा परंतु यह अंग्रेजों के ध्यान को आकर्षित करेगी। मैं असली स्वाधीनता चाहता हूं। यदि सैनिक गतिविधियां दमन-चक्र और भी अधिक करती हैं तो मैं इनका भी विरोध करूंगा।''

अपनी स्वभाविक स्पष्टवादिता के साथ गांधीजी ने स्थिति पर अपने विचार रखे और कार्रवाई की योजना के बारे में भी चर्चा की। उन्हें मालूम हो गया था कि सरकार नैतिक प्रश्नों की उपेक्षा करेगी, जैसा कि वह किया करती थी और अदूरदर्शिता को अभिरुचि के कारण भावी हित या स्थायी लाभ का बलिदान करेगी। कांग्रेस के भावी आंदोलन को कुचलने के लिए तैयारियां शुरू कर दी गई थीं।

कांग्रेस भी कार्यवाही करने के लिए अधीर हो रही थी। वह चाहती थी कि क्रिप्स और एमरी तथा अन्य लोगों के झूठे और उत्तेजक भाषणों का उपयुक्त उत्तर दिया जाए। ये भाषण उन लोगों ने पार्लियामेंट में और पार्लियामेंट के बाहर दिए थे। अब सरकार कांग्रेस की योजनाओं को भंग करने के लिए और उसके कामों का दमन करने के लिए कठोर उपाय सोच रही थी। वह इस बात की चिंता नहीं करती थी कि कांग्रेस अहिंसात्मक आंदोलन करेगी। इसलिए कांग्रेस के लिए समय आ गया था कि वह भी अपना निश्चय कर ले।

गांधीजी चाहते थे कि किसी भी प्रकार की गलतफहमी नहीं रहनी चाहिए। इसलिए उन्होंने च्यांग काई शेक और रूजवैल्ट को पत्र लिखकर समझाया कि हमें तुरंत स्वाधीनता क्यों चाहिए और साथ ही यह विश्वास दिलाया कि मित्र या संयुक्त राष्ट्रों की सेनाएं जापानियों के विरुद्ध युद्ध करने के लिए भारत में ठहर सकती है। उन्होंने यह भी कहा कि युद्ध कार्य में मित्र राष्ट्रों को परेशान करने की उनकी बिलकुल इच्छा नहीं है। यदि वास्तव में भारत को स्वतंत्र कर दिया जाता है और उनका प्रस्ताव मान लिया जाए तो भारत एक शक्तिशाली साथी बन जाएगा और संयुक्त राष्ट्रों की विजय निश्चित हो जाएगी।

एक ओर गांधीजी की ऐसी घोषणाएं थीं और दूसरी ओर सरकार धमकियां दे रही थी। इसलिए वायुमंडल में बड़ा तनाव था। तब 6 जुलाई को कांग्रेस की कार्यसमिति का अधिवेशन हुआ। गांधीजी की भांति सारे सदस्यों को भारत के भविष्य के विषय में चिंताएं थी, अंग्रेजों की अन्यायपूर्ण नीतियों के विरुद्ध रोष था। आगामी आक्रमण के विरुद्ध उनको संगठित नहीं होने दिया जाता था, इस विवशता के विरुद्ध भी बड़ा आवेश था। न तो वे चीन को सहायता दे सकते थे और न अपने देश के भाइयों का मनोबल बनाए रख सकते थे। वे सब प्रकार की विपत्तियों से घिरे हुए थे। वे अपनी आंतरिक विपत्तियों को भी नहीं सुलझा सकते थे।

भारत के लोग स्वाधीनता प्राप्ति के लिए बड़े बेचैन थे और अपने भविष्य के विषय में बड़े चिंतित थे। ब्रिटेन की ओर से उनका घोर विरोध होता था। इसलिए

दोनों ही पक्षों के स्वभावों में तेजी आ गई थी। गांधीजी के हृदय में आग धधक रही थी, इसकी लपटों में दूसरे सदस्य भी आ गए थे। ऐसी परिस्थिति में कांग्रेस कार्यसमिति का अधिवेशन हुआ। उसने स्थिति और उसके उपायों पर कई दिन तक विचार किया।

14 जुलाई को यह लम्बी बहस समाप्त हुई और निर्णायक प्रस्ताव का अनुमोदन कर दिया। इसमें संक्षिप्त रूप से कांग्रेस के उन प्रयासों का वृत्तांत दिया गया जो ब्रिटिश शासकों को भारत की स्वतंत्रता की आवश्यकता के विषय में समझाने के लिए किए गए थे। भारत की स्वतंत्रता केवल भारत के हित के लिए ही नहीं थी, अपितु संसार की शांति के लिए और नाजीवाद, फासिस्टवाद और सैनिकवाद तथा साम्राज्यवाद के अन्य रूपों के समापन हेतु तथा एक राष्ट्र द्वारा दूसरे राष्ट्र पर आक्रमण को रोकने के लिए आवश्यक थी। इसमें कांग्रेस के उन प्रयत्नों का भी उल्लेख था, जो साम्प्रदायिक समस्या का हल करने के लिए किए गए थे। इन प्रयत्नों की सफलता के लिए विदेशी शासन का अंत होना आवश्यक था। इसमें यह भी कहा गया था कि—जो संयुक्त रूप से मित्र शक्तियां युद्ध में लगी हुई हैं, उसे परेशान करने की या भारत पर आक्रमण को प्रोत्साहन देने की कांग्रेस की इच्छा नहीं है।

ब्रिटेन से अपील की गई कि यह सद्‌भावना से अपना आधिपत्य भारत से हटा ले, ताकि काम चलाऊ सरकार स्थापित हो सके और वह आक्रमण का सामना करने के लिए संयुक्त राष्ट्रों के साथ सहयोग कर सके। "फिर भी यदि यह अपील असफल हो जाएगी तो वर्तमान स्थिति निरंतर बनी रहेगी जिसके विषय में कांग्रेस को बड़ा ही भय है। फिर कांग्रेस विवश होकर अहिंसात्मक शक्ति का उपयोग करेगी, जो उसने 1920 से अब तक प्राप्त की है। यह देशव्यापी संघर्ष अनिवार्य रूप से गांधीजी के नेतृत्व में चलेगा"।

3. दमन के लिए सरकार की योजना

जब 14 जुलाई को कांग्रेस की कार्यसमिति ने सरकार से अपील की और अपने निश्चय की सूचना दी कि यदि अपील ठुकरा दी जाएगी तो कांग्रेस के सामने सविनय अवज्ञा का आश्रय लेने के अतिरिक्त कोई विकल्प नहीं रहेगा। 7 अगस्त का दिन अखिल भारतीय कांग्रेस समिति ने अधिवेशन के लिए निश्चित किया। इन दोनों तारीखों के बीच में अनेक घटनाएं घटीं।

इस अपील का सरकार ने नकारात्मक प्रत्युत्तर दिया। उसने निश्चय कर लिया था कि युद्ध काल में संवैधानिक मामलों के विषय में कुछ नहीं किया जाएगा। सरकार का यह भी निश्चय था कि किसी भी राजनैतिक आंदोलन को युद्ध संचालन के मार्ग में नहीं आने दिया जाएगा। सरकार ने कांग्रेस की मांगों को असामयिक माना और समझा कि ये तो एक प्रकार से शत्रु को निमंत्रण देना है कि भारत की ओर बढ़े।

सरकार ने भारत की स्वतंत्रता के दावे को भी भौतिक दृष्टि से उचित नहीं माना और कांग्रेस को, जिसका नेतृत्व गांधीजी कर रहे थे, सरकार का शत्रु समझा। उसकी कोई भी बात विचारणीय नहीं थी। सरकार कांग्रेस को कुचलना चाहती थी परंतु वह दो वर्ष तक रुकी रहीं। अब वह चिरप्रतीक्षित अवसर आ गया था। इसलिए कांग्रेस आंदोलन के पूर्ण और शीघ्र दमन के लिए योजना बनाई जाने लगी।

सरकार गांधीजी के लेखों से अखिल भरतीय कांग्रेस समिति (अप्रैल-मई 1942) के प्रस्तावों और कांग्रेस कार्यसमिति (14 जुलाई) के प्रस्तावों से और भी दृढ़ निश्चय हो गई। लोगों में असंतोष बढ़ता जाता था और वे शंका करने लगे थे कि भारत की रक्षा करने का अंग्रेजों में सामर्थ्य नहीं है। इस स्थिति को देखकर सरकार ने कठोर कार्यवाही करने का निश्चय कर लिया। सरकार ने यह भी देख लिया था कि विदेशों में किया गया प्रचार उतना सफल नहीं हुआ जितना वह चाहती थी। संयुक्त राज्य अमेरिका और चीन दोनों में ही प्रचार सफल नहीं हुआ। उदाहरणार्थ ब्रिटिश सरकार के रुख पर अमेरिका को बड़ा असंतोष था। ग्रेडी के भारत में सैनिक सामान के उद्योगों का विकास और इनमें सहायता देने के लिए अमेरिका की सिफारिश के प्रति ब्रिटिश सरकार का रुख अच्छा नहीं था।

सरकार तो यह समझती थी कि उसका काम केवल युद्ध करना और देश के अंदर शांति और व्यवस्था बनाए रखना है। सरकार ने प्रांतीय सरकारों को हिदायतें जारी की थीं कि जनता का रुख और राजनैतिक हलचलों के विषय में पाक्षिक रिपोर्ट भेजी जाएं। सरकार ने कांग्रेस का दमन करने का निश्चय किया था। इनको जिन्ना के वक्तव्य से प्रोत्साहन मिला था। जिन्ना ने कहा था :

"कांग्रेस कार्यसमिति ने 14 जुलाई 1942 को जो नया निर्णय लिया है कि यदि अंग्रेज लोग भारत से नहीं हट जाएंगे तो देशव्यापी आंदोलन शुरू किया जाएगा। यह गांधीजी और उनकी हिंदू कांग्रेस की नीति और कार्यक्रम की पराकाष्ठा है। वह अंग्रेज लोगों पर दबाव डाल कर उनसे इस प्रकार का शासन ऐंठ लेना चाहते हैं और उस शासन के लिए ऐसी शक्ति प्राप्त करना चाहते हैं जिससे तुरंत ही ब्रिटिश संगीनों की छाया में हिंदू राज्य स्थापित हो जाए और इस प्रकार मुसलमान और दूसरे अल्पसंख्यक समुदाय कांग्रेस राज की दया के पात्र बन जाएं।"

सावरकर और अन्य महासभा के नेताओं ने अपने अनुयायियों को आदेश दिया था कि कांग्रेस की नीति का सक्रिय समर्थन न किया जाए। सप्रू और शास्त्री जैसे उदारदलीय नेताओं ने अपील की थी कि सविनय अवज्ञा आंदोलन त्याग दिया जाए, क्योंकि इससे देश के हितों की हानि होगी। ऐसे विचारों के कारण सरकार ने यह समझा कि उसके निर्णयों का भारत के अधिकांश लोग समर्थन करते हैं।

कांग्रेस कार्यसमिति 14 जुलाई वाले प्रस्ताव के बाद तुरंत ही भारत सरकार के सूचना विभाग के महानिदेशक श्री पकल ने 17 जुलाई को सभी स्थानीय सरकारों

के मुख्य सचिवों के नाम एक परिपत्र निकाला कि वे कांग्रेस के प्रस्ताव के प्रतिकूल लोकमत खड़ा करें। यह प्रस्ताव एक दल का घोषणापत्र है और दूसरे समुदायों और संगठनों ने इसका विरोध किया है। पकल ने कई प्रकार के कार्टून और पोस्टर छापने के सुझाव दिए जिनमें से प्रत्येक में हिटलर, मुसोलिनी और टोजो के चित्र हों और हर एक के सामने ध्वनि प्रसारक यंत्र हो, जो यह कह रहा हो कि "मेरा वोट कांग्रेस के प्रस्ताव के पक्ष में है।"

तब 8 अगस्त को भारत सरकार ने एक संकल्प जारी किया जिसमें कहा गया कि कांग्रेस गैर कानूनी, खतरनाक और हिंसात्मक कार्रवाइयां करने की तैयारी कर रही है जिनका उद्‌देश्य यह है कि संचार व्यवस्था में और लोक सेवाओं में गड़बड़ हो जाए, हड़तालें संगठित की जाएं और सरकारी नौकरों की स्वामिभक्ति को खंडित किया जाए, और सुरक्षा के उपायों में और सैनिक भर्ती में हस्तक्षेप किया जाए।

इस प्रकार 8 अगस्त तक सरकार ने प्रचार का आयोजन और कांग्रेस के विरुद्ध कार्यवाहियों की व्यवस्था कर ली थी। सरकार कांग्रेस पर सफल प्रहार करने के लिए तैयार थी।

वातावरण में बिजली-सी कौंध रही थी। संघर्ष के विषय में अनेक आशंकाएं थीं। आत्मबलिदान के लिए जनता का आह्वान किया गया था। 7 अगस्त, 1942 को बंबई में अखिल भारतीय कांग्रेस समिति का अधिवेशन हुआ, जिसमें 14 जुलाई के प्रस्ताव पर विचार कर एक लंबा प्रस्ताव पास किया गया। उसमें बतलाया गया कि भारत छोड़ने के लिए अंग्रेजों से अनुरोध करना उचित है। इसका क्या अर्थ है, यह भी समझाया गया। यह कहा गया कि कामचलाऊ सरकार किस प्रकार बनाई जाएगी, उसमें कौन होंगे और उसके उद्‌देश्य क्या होंगे। साम्प्रदायिक समस्या का हल किस प्रकार किया जाएगा और विश्व की शांति और एकता के लिए भारत की आकांक्षा प्रकट की गई।

इस प्रस्ताव का क्रियात्मक भाग यह था कि "यह समिति स्वाधीनता को भारत का जन्मसिद्ध अधिकार मानती है और इस अधिकार को प्राप्त करने के लिए बड़े से बड़े पैमाने पर अहिंसात्मक जन आंदोलन जारी करने की मंजूरी देती है। इसमें देश को गत 22 वर्षों में जो शांतिमय संघर्ष की अहिंसात्मक शक्ति प्राप्त हुई है उसका उपयोग करने का अवसर मिलेगा।"

समिति ने इस आंदोलन का नेतृत्व गांधीजी के सुपुर्द किया, परंतु साथ ही यह भी चेतावनी दी कि ऐसा समय आ सकता है कि जब कांग्रेस जन-मार्गदर्शन के लिए हिदायतें जारी नहीं कर सकेगी। ऐसी स्थिति में इस आंदोलन में भाग लेने वाले प्रत्येक स्त्री और पुरुष को जारी की हुई हिदायतों के अनुसार ही काम करना होगा। समिति ने गंभीरतापूर्वक घोषित किया कि कांग्रेस शक्ति का हस्तांतरण सारे भारत के लिए चाहती है। उसका यह इरादा नहीं है कि कांग्रेस को ही सारी शक्ति प्राप्त हो जाए।

गांधीजी ने प्रस्ताव से पहले और बाद में भाषण दिए जिसमें लोगों को संबोधित करते हुए कहा कि वे आंदोलन में सम्मिलित हों। उन्होंने अनेक बातों पर जोर दिया :

(क) हिंदू और मुसलमानों के भेदों को भूल जाओ। अपने को केवल भारतीय समझो;

(ख) हमारी लड़ाई अंग्रेजों से नहीं है। हम तो उनके साम्राज्यवाद से संघर्ष कर रहे हैं। हमें अपने अंदर से घृणा पूरी तरह निकाल देनी चाहिए;

(ग) सत्याग्रह में कपट और असत्य के लिए कोई स्थान नहीं है;

(घ) आज से आप अपने को स्वतंत्र व्यक्ति मानें और पराधीन न समझें और;

(च) करो या मरो या भारत को स्वतंत्र करो या इसी प्रयास में आत्मोत्सर्ग कर दो।

गांधीजी ने पत्रकारों, नरेशों, सरकारी कर्मचारियों, सैनिकों और विद्यार्थियों को बताया कि इस संघर्ष में उनका क्या कर्तव्य है। उन्होंने सरकार से कहा कि प्रस्ताव पास करने का अभिप्राय यह नहीं है कि संघर्ष तुरंत ही शुरू होने वाला है। उन्होंने पहले वाइसराय से मिलकर यह अपील करनी चाही कि कांग्रेस की मांग स्वीकार कर ली जाए। उसके बाद ही वे अपनी योजनाएं और कार्यक्रम बनाने वाले थे।

गांधीजी ने घोषित किया कि अंतःकरण की आवाज ने ही ऐसा करने के लिए प्रेरित किया था। उसने बताया था कि यद्यपि तुम अकेले हो, फिर भी तुम्हें सारे संसार के विरुद्ध खड़ा होना है। चाहे सारा संसार तुम्हारी ओर लाल आंखें करके घूरे तो भी तुम मत डरो, हृदय में जिस आत्मा का निवास है उस पर विश्वास करो। वह कहता है कि अपने मित्र, पत्नी और सब को त्याग दो, परंतु जिस काम के लिए तुम्हारा जीवन है और जिसके लिए तुम को मर जाना है, उसे सिद्ध करो।

प्रस्ताव पास करने के लिए एक दिन पहले गांधीजी ने कार्यसमिति के समक्ष हिदायतों का वह प्रारूप प्रस्तुत किया जो सविनय अवज्ञा आंदोलन में काम करने वालों के लिए था। हिदायतें निम्नलिखित थीं कि किसी निश्चित दिन को हड़ताल की जाए और 24 घंटे का उपवास किया जाए और प्रार्थना की जाए परंतु किसी दुकानदार से बलपूर्वक दुकान बंद न करवाई जाए। हड़ताल के दिन गांवों में सभाएं की जाएं, जुलूस निकाले जाएं और सत्याग्रह के ध्येय को समझाया जाए, सविनय अवज्ञा नमक कर के विरुद्ध और अवैध नमक निर्माण के पक्ष में की जाए। भूमि कर देने से इंकार किया जाए। जमींदारी के इलाकों में यदि जमींदार रैयत से मिल जाए तो उसके हिस्से का भूमि कर दे दिया जाए और सरकारी हिस्सा रोक लिया जाए। परंतु यदि जमींदार सरकार का पक्ष ले तो उसे कोई भूमि कर नहीं दिया जाए। यदि सरकार की ओर से अत्याचार हो तो उसे सहन नहीं किया जाए।

जब यह प्रश्न उपस्थित हुआ कि इस आंदोलन में कौन सम्मिलित हो सकता है तो यह सुझाव दिया गया कि चाहे कांग्रेस संगठन में सम्मिलित हो या न हो, सभी भारतवासी जो सारे भारत के लिए स्वाधीनता चाहते हैं और जो संघर्ष के लिए सत्य

और अहिंसा में विश्वास करते हैं, इसमें सम्मिलित हो सकते हैं। बल्कि आशा की जाती है कि इसमें सम्मिलित होंगे। जिस व्यक्ति के हृदय में किसी भारतीय या अंग्रेज के प्रति घृणा हो तो उसे सत्याग्रह नहीं करना चाहिए।

जो लोग सरकार के कार्यालयों, कारखानों, रेलवे और डाकघर आदि में काम करते हैं, जब तक उनके सम्मिलित होने का समय न आए तब तक उन्हें इस संघर्ष में नहीं आना चाहिए। परंतु विधान सभाओं और नगर पालिकाओं तथा अन्य जन समुदायों के सदस्यों को निकल आना चाहिए। सरकार द्वारा संचालित या सहायता प्राप्त संस्थाओं में अध्ययन कर रहे सभी विद्यार्थियों को ये संस्थाएं छोड़ देनी चाहिए। उन्हीं विद्यार्थियों को सत्याग्रह में सम्मिलित होना चाहिए जो 16 वर्ष के ऊपर की अवस्था के हों, परंतु इस विषय में किसी के साथ जबरदस्ती नहीं करनी चाहिए।

इस प्रारूप पर अगले दिन अर्थात् 9 अगस्त को विचार होना था और इसके अतिरिक्त दूसरे मामलों पर भी बहस होनी थी, परंतु बैठक नहीं हो सकी। औपचारिक रूप से निश्चित किया गया कोई कार्यक्रम जारी नहीं हो सका।

4. कांग्रेस के विरुद्ध सरकार की कार्रवाई

सरकार को कांग्रेस के इरादों के विषय में कोई शंका नहीं थी। इसलिए महीनों पहले उसने होने वाली घटनाओं के संबंध में आवश्यक व्यवस्थाएं कर ली थीं। उसने इस विषय में कुछ भी विलंब नहीं किया और आंदोलन को प्रारंभ करने तथा उसे कोई बल नहीं पकड़ने दिया। युद्ध में एकाएक हमला करना और प्रथम प्रहार करना ही सफलताओं की कुंजी है। सरकार कांग्रेस को शीघ्र हराना चाहती थी। इसलिए इस युक्ति का प्रयोग करने में उसने कोई आगा पीछा नहीं किया। उसने एकदम प्रहार ही नहीं किया, बल्कि बड़ा भारी घातक प्रहार किया और उसमें सारी शक्ति लगा दी। कानून, न्याय या नैतिकता का कोई विचार नहीं किया। जब देखा कि चालू कानून अपर्याप्त है तो नए कानून या अध्यादेश जारी कर दिए। इन अध्यादेशों को गैरकानूनी कानून कहा जाता था। न्याय के प्रचलित और साधारण ढंग को भी बदल दिया गया था। सरकार की ओर से पकल ने परिपत्र जारी किया था जिसके अनुसार नैतिक सिद्धांतों का कोई प्रश्न ही शेष नहीं रहा था। प्रश्न तो केवल इतना ही था कि सरकार की इष्ट सिद्धि हो जाए।

सरकार का प्रथम प्रहार एक भारी हिमखंड के टूट कर गिरने जैसा अचानक हुआ। रविवार 9 अगस्त को पुलिस बिरला हाउस पर टूट पड़ी, जहां गांधीजी और उनके साथी ठहरे हुए थे। पुलिस ने गिरफ्तारी का वारंट दिखाया और कहा कि आधे घंटे में आप प्रस्थान के लिए तैयार हो जाएं। गांधीजी के सचिव महादेव देसाई, उनकी पत्नी कस्तूरबा और श्रीमती नायडू के साथ गांधीजी को आगा खां महल में पूना ले जाया गया।

साथ ही बंबई में कार्यसमिति के सारे सदस्यों को गिरफ्तार कर अहमदनगर के किले में कैद कर दिया गया। फिर सारे भारत में गिरफ्तारियां हुई और कांग्रेस के अनेकों सदस्य कारागार में डाल दिए गए। इस प्रकार कांग्रेस एक नेताविहीन संगठन रह गया। न कोई सार्वदेशिक नेता बाहर रहा और न कोई प्रांतीय या जिले या तालुका या कस्बे का नेता गिरफ्तारी से बचा। आंदोलन का आरंभ भी नहीं हुआ था, बल्कि उसका कार्यक्रम भी नहीं बना था। उससे पहले ही सरकार ने धावा बोल दिया। आगे जो कुछ भी हुआ; उसे आंदोलन नहीं कहा जा सकता, क्योंकि एक अंधा क्रोध उबल पड़ा था। न वह संगठित था, न उसकी तैयारी की गई थी और न उसका कोई निर्देशक था। संतप्त और क्षुब्ध लोग ही सब कुछ कर रहे थे। नेताविहीन जनता कभी इधर आती थी, कभी उधर जाती थी। जनता पर अनेक प्रकार के प्रभाव थे–आतंकवादी, क्रांतिकारी, सुभाष बोस का फारवर्ड ब्लाक, जयप्रकाश नारायण के समाजवादी अनुयायी जो कांग्रेस में सम्मिलित थे, परंतु अहिंसा के विरोधी थे। इनके अतिरिक्त कितने ही समाज विरोधी तत्व थे जो उपद्रव के लिए अवसर देख रहे थे। इस जनता को अहिंसात्मक संघर्ष के मार्ग पर जो शक्ति ले जा सकती थी, वह सरकार की कार्रवाई के कारण मंच से लुप्त हो चुकी थी।

सरकार को यह दुराशा थी कि उत्पातों का दमन शीघ्र हो जाएगा। इसीलिए उसने अधीर होकर सारे देश में भयंकर बदले की भावना से क्रूर कार्यों की वर्षा कर दी थी। परंतु सरकार का अंदाजा गलत सिद्ध हुआ।

तमाम कांग्रेस समितियों को बंद कर देने और लगभग सारे ही अग्रणी कांग्रेस जनों को कारागार में डाल देने से सारे देश को बड़ा धक्का लगा और स्वभावतः इन कार्यवाहियों के कारण शीघ्र ही प्रतिक्रिया हुई। इस खबर के फैलते ही 9 अगस्त को बंबई, अहमदाबाद और पूना में बड़ी-बड़ी सभाएं हुईं और जुलूस निकले, प्रदर्शन हुए। इसके पश्चात् ऐसी ही कार्यवाहियां दिल्ली में और उत्तर भारत के अन्य नगरों में हुईं। देश के एक छोर से दूसरे छोर तक हड़तालों, धरनों, सविनय अवज्ञा आदि की भरमार हो गई।

इन प्रदर्शनों के प्रति सरकार का व्यवहार कठोर और निर्दयतापूर्ण था। लाठी प्रहार द्वारा पिटाई करके, लातें मार-मार कर और सब प्रकार से अपमान कर भीड़ को तितर-बितर किया गया, जिससे जन-समूह पागल हो गया और उनमें बदले और हिंसा की भावना उमड़ पड़ी। इस प्रकार हिंसात्मक कार्य फिर पाशविक दंड तदनंतर बदला लेने के लिए तोड़-फोड़ और पुनः अधिक क्रूर उपाय आदि का चक्र चलने लगा।

सरकार के प्रति विद्रोह की भावना थी। क्रूर सरकार को समाप्त करने का लोगों ने निश्चय कर लिया था। इसलिए कई प्रकार के उत्पात हुए। डाकघर, तारघर, टेलीफोन, रेलें आदि मुख्य निशाने बन गए। पुलिस और अदालतों के प्रति घोर घृणा

फैली और इन पर क्रूरतापूर्वक हमले किए गए। स्थानीय प्रशासन को शून्य करने के लिए असंगठित और असम्बद्ध प्रयास जहां-तहां किए गए। सरकारी सम्पत्ति को नष्ट करने या क्षति पहुंचाने की कोशिश की गई। इसी प्रकार पुलिस थानों, तारघरों और रेलवे स्टेशनों को लूटा गया या जलाया गया। रेलवे लाइनें तोड़ दी गई, पुल उड़ा दिए गए और रास्ते खोद डाले गए।

इसी प्रकार की कार्रवाईयों के केंद्र बिहार और पूर्वी उत्तर प्रदेश थे, परंतु बिहार के दक्षिणी जिलों में ये उत्पात नहीं हुए। उत्तर प्रदेश के बलिया जिले में सबसे भीषण घटनाएं हुई। लोगों ने जेल खोल दिए और एक कैदी ने नेता बन कर प्रशासन पर कब्जा कर लिया तथा सब संचार व्यवस्था काट डाली और कुछ दिन तक पंचायत राज्य चलाया।

बंगाल के मिदनापुर जिले ने ब्रिटिश शासन का मुकाबला किया। तमलुक में एक राष्ट्रीय सरकार कायम की गई और प्रशासन के सारे विभाग बना दिए गए। यह जिला पुलिस रेलवे तथा सड़कों आदि पर हिंसात्मक कार्य कर सकता था।

मध्य प्रांतों में दो स्थानों पर विशेष विद्रोह हुआ—अष्टी और चीमूर में और मद्रास प्रांत में रेणुगुंटा और विजयवाड़ा के बीच 130 मील लंबी रेल की पटरी उखाड़ दी गई। बंबई प्रांत की मिलों और फैक्ट्रियों में बड़े उत्पात हुए।

रेलवे की बड़ी क्षति हुई। विशेषकर बंगाल उत्तर-पश्चिमी, पूर्वी भारत और मद्रास तथा दक्षिणी मराठा रेलवे में बहुत तोड़-फोड़ हुई।

रेलवे के औजारों और उपकरणों को नष्ट करने में बड़े तकनीकी ज्ञान से काम लिया गया। इसके लिए विशेष साधनों का प्रयोग किया गया था। अनेक स्थानों पर बिजली और टेलीफोन के तार काट डाले गए और बिजली के संस्थान नष्ट कर दिए गए। जहां सरकारी लोग कम थे, वहां एक स्वतंत्र शासन स्थापित कर दिया गया। वे स्थान सशस्त्र पुलिस सेना की सहायता से सरकार ने पुनः अपने अधीन किए। कुछ समय के लिए बंगाल और शेष भारत की संचार व्यवस्था अवरुद्ध रही।

उत्तेजित भीड़ ने सरकारी इमारतों पर ही हमले नहीं किए, बल्कि उन्होंने कर्मचारियों पर भी आक्रमण किए। बहुतों को चोटें लगीं और कुछ को मार डाला गया।

उधर सरकार ने भी मुख्यतः पुलिस और सेना द्वारा बदला लिया और असीम क्रूरता की। नैतिकता, शिष्टाचार, विधि और व्यवस्था के नाम पर हत्या की गई। भीड़ को तितर-बितर करने के लिए लाठियों, बंदूकों और पिस्तौलों का प्रयोग किया गया और कभी कभी हवा में मशीनगनें भी चलाई गई। लोगों को निर्दयतापूर्वक कोड़े लगाए गए। विचाराधीन बन्दियों को उत्पीड़ित किया गया। उन्हें सोने नहीं दिया गया। रात में और दिन में कई घंटों तक उनसे जिरह की गई। उन्हें भूखे-प्यासे रखकर अपमानित किया गया। स्त्रियों के कपड़े उतार दिए और उनके साथ बलात्कार किया

गया। बच्चों पर भी कोई दया नहीं की गई। गांवों में कितने ही मकानों को भूमिसात कर दिया गया और बहुत से घरों को जला दिया गया। लोगों को वृक्षों से बांध कर पीटा गया। कुछ को नंगा करके कोड़े लगाये गए। लाठियों, डंडों, घूसों और जूतों से पीटा गया।

कितने ही लोगों को बिना मुकदमा चलाए ही जेल में ठूंस दिया गया। उन्हें लंबे कारावास का दंड दिया गया। किसी-किसी के साथ तो अमानुषिक और कठोर व्यवहार किया गया।

एक कारगर उपाय यह अपनाया गया कि सामूहिक जुर्माने किए गए और उनका संग्रह बड़ी कठोरता के साथ किया गया।

प्रत्यक्षतः उद्देश्य यह था कि लोगों को इतना डरा दिया जाए और उनके मन में विरोध की भावना बिलकुल निर्मूल कर दी जाए।

खुला विद्रोह अधिक लंबा नहीं चला। कुछ सप्ताह तक इसका बड़ा जोर रहा, बाद में सरकार ने बड़ा प्रहार किया। नेता सब छिप गए। परंतु विद्रोह की अग्नि शांत नहीं हुई और कई महीनों तक तोड़-फोड़ करने वाले लोग विनाश कार्य में लगे रहे और प्रशासन को तंग करते रहे।

इस विद्रोह में विद्यार्थी सर्वाधिक सक्रिय रहे। हजारों की संख्या में स्कूल और कालेज छोड़ कर मैदान में आ गए। उनका आवेश अदम्य था। वे साहसपूर्वक पुलिस की लाठियों का ही नहीं, गोलियों का भी सामना करते थे। प्रदर्शनों में उन्होंने बड़ी सहायता की और आजादी का संदेश गांवों में पहुंचाया। कितने ही कुशाग्र बुद्धि वाले नवयुवकों ने अपने भविष्य का बलिदान कर दिया। माता-पिता और संरक्षकों के क्रोध का सामना किया और गरीबी में दिन काटे। परंतु उन्होंने देश के आह्वान को सुना और अपने कर्तव्य मार्ग पर डटे रहे।

यह हिसाब लगाना कठिन है कि सरकार और जनता की कितनी हानि हुई क्योंकि इसके आंकड़े सुचारू रूप से संकलित नहीं किए गए थे।

यह तो अवश्यंभावी था कि इस त्रासक कांड में सरकार की संगठित शक्ति की विजय होती और अव्यवस्थित समूह, जो आवेश और उन्माद से प्रेरित थे, हारते। उन्हें न कोई मार्गदर्शन करने वाला था और न संगठित करने वाला। ऊषा मेहता और उसके मित्रों ने बंबई से 1942 में कुछ मास तक कांग्रेस रेडियो का प्रसारण किया था। सतारा जिले में नाना पाटिल और अन्य लोगों ने एक अलग ही सरकार स्थापित कर ली थी। मिदनापुर जिले में बड़ा उपद्रव हुआ था। ये स्वतः प्रवर्तित क्रांति की घटनाएं इसकी विशेषताएं थीं। रेलवे की संपत्ति और उपकरणों को कुछ तकनीकी कला और तैयारी के द्वारा नष्ट किया गया। परिवहन और संचार व्यवस्था को अव्यवस्थित करने में स्वाभाविक दूरदर्शिता की थी। इससे कई स्थानों पर अन्य स्थानों से संपर्क कट गया और लोक शासन कायम कर दिया गया। इनके

अतिरिक्त जो उत्पात हुए, उनमें न कोई योजना थी और न परस्पर संबंध था। परंतु वे दूर-दूर तक हुए थे। कुछ सप्ताह में ही यह रोष और आवेश शिखर पर पहुंच गया और फिर इसका प्रदर्शन कम होने लगा। कार्रवाइयां भूमिगत हो गई। जहां-तहां गुप्त रूप से घटनाएं हुईं और लम्बे अरसे तक चलीं, सरकार ने दमनकारी कार्रवाइयां जारी रखीं जब उसे यह विश्वास हो गया कि सविनय अवज्ञा आंदोलन दुबारा नहीं होगा, तभी कार्रवाइयां बंद की गई। 21 मास पश्चात् 6 मई, 1944 को गांधीजी को जेल से छोड़ दिया गया और महत्वपूर्ण परिणाम वाली घटनाओं का प्रकरण समाप्त हो गया।

भारत छोड़ो आंदोलन एवं भारत की आजादी

शंकर घोष

सितंबर 1939 में द्वितीय विश्वयुद्ध और इंगलैंड ने नाजी जर्मनी के खिलाफ युद्ध की घोषणा कर दी, तब उसने भारत को भी युद्ध में घसीट लिया। कांग्रेस ने मांग की कि ब्रिटेन युद्ध का अपना लक्ष्य घोषित करे। उसने भारत को एक स्वतंत्र देश का दर्जा देने की भी मांग की। ब्रिटिश सरकार ने इसका कोई जवाब नहीं दिया तो इसके विरोध में अक्तूबर-नवंबर 1939 में प्रदेशों में कांग्रेस की मंत्रिपरिषदों ने इस्तीफा दे दिया।

8 अगस्त 1940 को वायसराय लार्ड लिनलिथगो ने एक घोषणा जारी की, जो अगस्त घोषणा के नाम से जानी जाती है। इसमें कहा गया कि तुरंत सत्ता हस्तांतरण का ब्रिटिश सरकार का कोई इरादा नहीं है। लेकिन साथ ही घोषणा में कहा गया : ''महामहिम महाराजा की सरकार ने मुझे यह घोषणा करने के लिए अधिकृत किया है कि युद्ध समाप्त होने के वे अत्यंत तत्परता से, यथासंभव न्यूनतम विलंब से, भारत के राष्ट्रीय जीवन के प्रधान तत्वों को लेकर एक ऐसा निकाय गठित करने को सहमत हों जो नए संविधान की रूपरेखा तैयार करेगा।'' 31 अगस्त 1940 को मुस्लिम लीग ने इस अगस्त प्रस्ताव का स्वागत किया। लेकिन अगस्त प्रस्ताव ने कांग्रेस या राष्ट्रवादी भारत को कोई जवाब देने को प्रेरित नहीं किया। राष्ट्रवादी नेतागण लिनलिथगो के प्रति थोड़ा एलर्जिक भी थे। लिनलिथगो के बारे में नेहरू ने लिखा : ''थुलथुल शरीर और मद्धिम दिमाग, चट्टान की तरह ठोस और लगभग चट्टान जैसा ही जानकारी का अभाव, किसी पुराने फैशन के ब्रिटिश कुलीन जैसे गुणों और विफलताओं से लैस, उसने ईमानदारी और मकसद से प्रतिबद्धता के साथ इस झंझट से निकलने का रास्ता तलाशने की कोशिश की। लेकिन उनकी सीमाएं बहुत-सी थीं। उनका दिमाग एक पुराने ढांचे में काम करता था और किसी नवीनता को देखते ही वह सिकुड़ कर पीछे हट जाते। वह शासक वर्ग से आए थे और उनकी दृष्टि शासक वर्ग की सीमाओं से घिरी थी। वह सिविल सर्विस की आंखों से देखते, उसी के कान से सुनते, या उन दूसरों की

आंखों और कानों से जो उनको घेरे रहते। बुनियादी राजनीतिक और सामाजिक बदलावों की बात करने वालों पर उनको जरा भी भरोसा न था। वे सब उनको नापसंद थे जो ब्रिटिश साम्राज्य और उसके भारत में मुख्य प्रतिनिधि के ऊंचे मिशन की यथोचित सराहना नहीं करते।''

अगस्त प्रस्ताव के ठुकराये जाने के बाद ब्रिटेन और राष्ट्रवादी भारत के बीच खाई चौड़ी हो गई। तब कांग्रेस ने गांधीजी के नेतृत्व में सिविल नाफरमानी आंदोलन शुरू करने का फैसला किया। बहरहाल, गांधीजी ने एक जन सिविल नाफरमानी आंदोलन नहीं बल्कि व्यक्तिगत सत्याग्रह आंदोलन शुरू किया। आंदोलन 17 अक्तूबर 1940 को शुरू हुआ। ज्योंही एक सत्याग्रही गिरफ्तार होता, उसकी जगह दूसरा व्यक्ति सत्याग्रह शुरू कर देता। यह तब तक चला जब तक कि बंदियों की संख्या 600 न हो गई। बाद में 17 दिसंबर 1940 को गांधीजी ने इस सत्याग्रह आंदोलन को स्थगित कर दिया। यह फिर 5 जनवरी 1941 को शुरू हुआ और 20,000 से ज्यादा सत्याग्रही गिरफ्तार किए गए।

इस अवधि में भारत में राजनीतिक हताशा बढ़ती गई। इस हताशा को चर्चिल के 8 सितंबर 1941 के बयान ने और ज्यादा बढ़ा दिया। इस बयान में चर्चिल ने कहा कि अतलांतक चार्टर भारत पर लागू नहीं होगा। अतलांतक चार्टर मित्र राष्ट्रों के युद्ध के लक्ष्यों का घोषणा पत्र था। इस घोषणा पत्र में कहा गया था कि सभी जनगणों को अपने देश की सरकार का स्वरूप चुनने का अधिकार होगा। परिस्थिति और भी संकटपूर्ण हो गई, जब धुरी राष्ट्रों ने हमला तेज किया और ब्रिटेन की पराजयों की खबरें आने लगी। 17 दिसंबर 1941 को जापान ने पर्ल हार्बर पर बमबारी की और फौरन बाद अमरीका और ग्रेट ब्रिटेन के खिलाफ युद्ध की घोषणा की। 1942 में रंगून और सिंगापुर–जापान की बढ़ती फौज के कब्जे में चले गए। जापानी फौज ने न केवल रंगून और सिंगापुर पर कब्जा किया बल्कि भारत की सीमा पर भी दस्तक देने लगी। भारत में जापान के खिलाफ कोई संयुक्त या लोकप्रिय मोर्चा नहीं था। बल्कि इसके विपरीत चर्चिल के उस बयान ने भारत में भारी हताशा और नाराजगी पैदा कर दी थी जिसमें चर्चिल ने कहा था कि अतलांतक चार्टर भारत पर लागू नहीं होगा। ब्रिटिश सरकार ने महसूस किया कि परिस्थिति को संभालने के लिए कुछ किया जाना चाहिए। सो उसने मार्च 1942 में क्रिप्स मिशन भारत भेजा।

क्रिप्स योजना में यह प्रावधान था कि युद्ध की समाप्ति के बाद भारत को डोमिनियन स्टेट्स मिलेगा और संविधान बनाने वाला एक निकाय होगा और इस बीच ब्रिटिश सरकार भारतीय जनता के सहयोग से ''भारत की प्रतिरक्षा, उसके विश्व युद्ध के प्रयासों के हिस्से के रूप में, इसके नियंत्रण और मार्गदर्शन में रहेगी।'' योजना में कहा गया था कि युद्ध के बाद भारत में स्वशासन हासिल करने के लिए यथासंभव जल्द से जल्द कदम उठाए जाएंगे और भारत को इस रूप में गठित किया जाएगा

कि वह "एक अधिराज्य (डोमिनियन) होगा जो यूनाइटेड किंगडम और अन्य अधिराज्यों के साथ, ब्रिटिश मुकुट के प्रति समान वफादारी के साथ, लेकिन हरेक मामले में समानता के साथ, अपने घरेलू या वैदेशिक मामलों के किसी पहलू में अधीनस्थ नहीं होगा।"

क्रिप्स प्रस्ताव चूंकि अंतिम क्षणों में आए थे, और घटनाओं की बाध्यता की वजह से भी, कांग्रेस कार्यसमिति ने 11 अप्रैल 1942 को इस प्रस्ताव को नामंजूर कर दिया। नामंजूर करने वाले प्रस्ताव में इस बात पर दुख जाहिर किया गया कि "नए प्रस्ताव प्रधानतः भविष्य के लिए, युद्ध समाप्त होने के बाद के लिए है।" इसमें भारतीय राज्यों में रहने वाली 9 करोड़ जनता की उपेक्षा की गई है और "पहले ही किसी प्रदेश के न शामिल होने के 'अनोखा सिद्धांत' को मान लेने" की शर्त रखी गई है। गांधीजी ने प्रस्तावों को "एक पोस्ट-डेटेड चेक" कह कर सिरे से खारिज कर दिया।

क्रिप्स मिशन की विफलता ने भारी हताशा पैदा की। 26 अप्रैल 1942 को गांधीजी ने भारत से ब्रिटिश सत्ता की वापसी की मांग की। एक दलील यह थी कि राजकुमारों और अल्पसंख्यकों के प्रति अपनी जिम्मेवारी के कारण ब्रिटेन भारत को छोड़ नहीं सकता। गांधीजी ने इस दलील की धज्जियां उड़ाते हुए कहा : "राजकुमारों के साथ संधियों और अल्पसंख्यकों के प्रति दायित्व की तमाम बातें ब्रिटिश पैदाइश है जो ब्रिटिश शासन और हितों को बचाये रखने के लिए गढ़ी गई है।"

जुलाई 1942 में कांग्रेस कार्य समिति ने ऐतिहासिक भारत छोड़ो प्रस्ताव पास किया। इसमें कहा गया कि भारत में ब्रिटिश शासन फौरन खत्म हो, "सिर्फ इसीलिए नहीं कि विदेशी हुकूमत चाहे जितना भी अच्छा हो, अपने आप में दुष्ट है, बल्कि इसलिए भी कि भारत अपनी सुरक्षा करने में कारगार भूमिका अदा कर सके, युद्ध का भविष्य तय करने और नाजीवाद, फासीवाद, सैन्यवाद और अन्य तरह के साम्राज्यवाद को और एक राष्ट्र का दूसरे राष्ट्र पर हमले को खत्म करने में प्रभावकारी हो सके।" लेकिन ग्रेट ब्रिटेन और मित्र राष्ट्रों को उनके युद्ध संचालन में परेशानी पैदा नहीं करने की दृष्टि से कांग्रेस "मित्र राष्ट्रों की सशस्त्र सेनाओं को भारत में रखने पर, अगर वे रखना चाहें, सहमत थी ताकि जापानी और अन्य हमलों को रोका जा सके, उनका प्रतिरोध किया जा सके और चीन को बचाया जा सके और उसको सहायता दी जा सके।"

अखिल भारतीय कांग्रेस कमेटी की बैठक 8 अगस्त 1942 को बंबई (अब मुम्बई) में हुई। इसने कांग्रेस कार्य समिति के 'भारत छोड़ो' प्रस्ताव की संपुष्टि की और "भारत से ब्रिटिश शासन की वापसी" की मांग की। अगले ही दिन कांग्रेस कार्य समिति के तमाम सदस्य जेल में डाल दिए गए और सभी कांग्रेस कमेटियों पर प्रतिबंध लगा दिया गया।

9 अगस्त 1942 से इस साल के अंत तक, सरकारी आंकड़ों के अनुसार, 60,230 लोग गिरफ्तार किए गए, 26,000 लोगों को सजा दी गई और करीब 18,000 लोग सुनवाई के बगैर गिरफ्तार रहे। सेन्ट्रल एसेम्बली में दिए गए अधिकारिक वक्तव्य के मुताबिक 538 बार फायरिंग हुई जिसके फलस्वरूप 960 लोग मारे गए और 1630 घायल हुए।

भारत छोड़ो आंदोलन में भारी तादाद में लोगों ने भाग लिया। लेकिन कुछ जगहों में वे पूरी तरह अहिंसक नहीं रहे। इस आंदोलन के बारे में पी. सीतारमैया ने, जो एक बार कांग्रेस अध्यक्ष भी हुए थे, कहा : ''जनता ने आपा खो दिया और वे गुस्से से पागल हो गए जब मीटिंगों पर, जुलूसों, प्रदर्शनों संघ बनाने की आजादी पर, राय व्यक्त करने की आजादी पर लगाये गए प्रतिबंध के आदेश का जरा भी अवज्ञा होने पर दबा दिया गया, सिर्फ लाठी से नहीं बल्कि रायफल और रिवाल्वर से, मशीन गन और हवाई फायरिंग से। गिरफ्तारी के 12 घंटे के अंदर रोड़े पत्थर और बुलेट की पुरानी कहानी शुरू हो गई। भीड़ ने चलती ट्रेनों पर रोड़ेबाजी, ट्रेनों और कारों को रोकना, रेलवे स्टेशनों का नुकसान पहुंचाना और उनमें आग लगाना या उनमें रखी संपत्ति को जलाना, खाद्यान्न दुकानों को लूटना, टेलीफोन तारों को काटना, कारों के टायर खोल देना, विक्टोरियाओं, बैल गाड़ियों और तांगाओं को परेशान करना। आम लोगों द्वारा शुरू की गई इन ज्यादतयों के अलावा, पूरे भारत में हड़तालें हुईं हालांकि उन पर रोक लगाने का अध्यादेश जारी हुआ था। इनमें स्कूली और कालेज छात्रों ने धरना देने में बड़े पैमाने पर भाग लिया। जल्द ही देश के एक छोर से दूसरे तक शिक्षण संस्थान और विश्वविद्यालय खाली और बंद हो गए।''

भारत छोड़ो आंदोलन ने विदेशी शासन के खिलाफ भारत के एकताबद्ध दृढ़संकल्प का प्रदर्शन किया। भारत छोड़ो आंदोलन शुरू होने के एक साल पहले 1941 में सुभाषचंद्र बोस नाटकीय ढंग से पुलिस निगरानी को चकमा देकर कोलकाता से भाग निकले और अफगानिस्तान तथा रूस के रास्ते जर्मनी पहुंच गए। जल्द ही वह दक्षिण-पूर्व एशिया में आ गए और आजाद हिंद फौज का गठन किया। बाद में एक जर्मन पनडुब्बी ने उन्हें इंडोनेशिया पहुंचाया जहां से वह विमान द्वारा जापान पहुंचे, उसके बाद बोस दक्षिण-पूर्व एशिया में आ गए और आजाद हिंद फौज का गठन किया।

बोस का विश्वास था कि किसी न किसी तरह की बाहरी सहायता के बगैर आजादी नहीं मिल सकती। उन्होंने दावा किया कि उन्होंने पिछले 200 वर्षों के स्वतंत्रता आंदोलनों का इतिहास पढ़ा है, लेकिन एक भी ऐसी मिसाल नहीं मिली है जिसमें किसी देश को बाहरी मदद के बगैर आजादी मिली हो। चूंकि ब्रिटिश साम्राज्य ताकतवर विश्वव्यापी साम्राज्य है ''जिसको कई अन्य शक्तियों का गिरोह बल पहुंचाता है'', इसलिए बोस ने कहा कि ''यह भारी भूल होगी अगर हम बाहर सहायता

मिलने के किसी प्रस्ताव को स्वीकार नहीं करेंगे।" उन्होंने दावा किया कि वह भारत से बाहर चले गए क्योंकि उनका विश्वास था कि देश के अंदर जितनी ताकत लगाई जा सकती है वे सारी ताकत लगाकर भी अंग्रेजों को भारत से बाहर नहीं निकाल सकते। उन्होंने कहा : "अगर देश के अंदर संघर्ष हमारी जनता की आजादी के लिए पर्याप्त होता तो मैं इतना मूर्ख नहीं होता कि यह अनावश्यक जोखिम और कठिनाइयां झेलने का रास्ता अपनाता...भारत से बाहर आने का मेरा मकसद देश के अंदर चल रहे संघर्ष को बाहर से पूरक बल पहुंचाना है।"

बोस ने दावा किया कि यद्यपि भारत आजादी के लिए परिपक्व था, उसके पास एक कमी थी और वह थी एक मुक्ति सेना की कमी। उन्होंने कहा कि "जार्ज वाशिंगटन अमरीका को आजाद करा सके क्योंकि उनके पास एक फौज थी। गैरीबाल्डी इटली को आजाद करा सके क्योंकि उनके पीछे उनके सशस्त्र वालंटियर थे।" 5 जुलाई 1943 को सिंगापुर में आजाद हिंद फौज की सैनिक परेड को संबोधित करते हुए उन्होंने आगे कहा : "यह आप के लिए गर्व और सम्मान की बात है कि सब से पहले आप आजाद हिंद फौज को गठित करने के लिए आगे आए हैं। ऐसा कर के आपने आजादी के रास्ते की एक अंतिम बाधा को हटा दिया है।"

अगस्त 1942 के अंत में 40 हजार भारतीय युद्धबंदियों ने आजाद हिंद फौज में शामिल होने का फैसला किया। अक्तूबर 1943 में बोस ने सिंगापुर से अस्थायी आजाद हिंद सरकार के गठन की घोषणा की।

4 फरवरी 1944 को आजाद हिंद फौज के सुभाष बिग्रेड का पहला बटालियन रंगून से प्रोम रवाना हुआ। मार्च 1944 में इस बटालियन ने ब्रिटिश फौज के पश्चिम अफ्रीकी सैनिकों को पराजित किया। 19 मार्च 1944 को आजाद हिंद फौज ने भारत की जमीन पर राष्ट्रीय झंडा फहराया। मई 1944 में आजाद हिंद फौज ने माउडोक पर कब्जा किया। लेकिन इसके बाद जल्द ही पासा पलट गया। जून 1944 में जापान बर्मा से पीछे हट गया। सितंबर 1944 में ब्रिटिश फौज ने माउडक को आजाद हिंद फौज से छीन लिया। 4 मई 1945 को मित्र राष्ट्रों की फौज ने रंगून पर फिर से कब्जा किया और 7 मई 1945 को जर्मनी ने आत्मसमर्पण कर दिया।

इस बीच 1943 में लिनलिथगो की जगह लॉर्ड वावेल वायसराय बनकर आए। 1945 में वावेल लंदन गए और एक नया संविधान बनाने का काम लंबित रखते हुए एक अंतरिम सरकार बनाने की योजना लेकर लौटे। आखिरक़ार सितंबर 1946 में भारतीय नेताओं को लेकर एक अंतरिम सरकार बनी। इस सरकार में कांग्रेस और मुस्लिम सरकार बनी। इस सरकार में कांग्रेस और मुस्लिम लीग दोनों शामिल हुए। लेकिन सरकार चलाने के दौरान मुस्लिम लीग के मतभेदों के कड़वे अनुभवों के कारण कांग्रेस को देश के बंटवारे का मुस्लिम लीग का प्रस्ताव मानना पड़ा।

अगस्त 1945 में ब्रिटेन में चर्चिल अपदस्थ हुए और सी0आर0एटली लेबर पार्टी की सरकार के प्रधानमंत्री बने। भारत छोड़ो आंदोलन और आजाद हिंद फौज के अफसरों के खिलाफ मुकदमों की सुनवाई से देश में परिस्थिति विस्फोटक हो गई थी। फरवरी 1946 में बंबई में ब्रिटिश नौसेना के भारतीय नाविकों ने विद्रोह तक कर दिया था। स्पष्ट हो गया था कि ब्रिटिश सिविल और फौजी प्रशासन को गंभीर चुनौतियों का सामना करना पड़ रहा था। इसके अलावा, युद्ध के फलस्वरूप एशिया में और खासकर भारत में ब्रिटेन की प्रतिष्ठा काफी गिर गई थी। इन हालतों में एटली ने घोषणा की कि भारत के राजनीतिक भविष्य पर भारतीय नेताओं से विचार करने के लिए कैबिनेट मिशन भारत जाएगा।

कैबिनेट मिशन ने 16 मई 1946 को एक वक्तव्य जारी किया जिसमें ब्रिटिश भारत और भारतीय राज्यों को लेकर भारतीय संघ (यूनियन ऑफ इंडिया) के गठन, भारत का संविधान बनाने के लिए संविधान सभा के गठन और संविधान बनने तक की अवधि के लिए बड़े राजनीतिक दलों द्वारा समर्थित अंतरिम सरकार के गठन की सिफारिश की गई।

कैबिनेट मिशन योजना के अंतर्गत संविधान सभा के गठन की सिफारिश का मतलब था–भारतीय राष्ट्रीय आंदोलन की एक पुरानी और लगातार की जा रही मांग की स्वीकृति। 1922 में ही गांधीजी ने कहा था कि स्वराज्य अवश्य ही "भारत की जनता से" उभर कर आवे "जिस जनता की अभिव्यक्ति इसके द्वारा मुक्त होकर चुने गए प्रतिनिधियों के जरिये हो"। कांग्रेस ने संविधान सभा के गठन की मांग 1934 में की थी जब उसने 1935 में भारत सरकार कानून (गवर्नमेन्ट आफ इंडिया ऐक्ट) बनने के पहले ब्रिटिश सरकार द्वारा जारी श्वेत पत्र 1933 को मानने से इनकार किया था। कांग्रेस कार्य समिति के 1934 के एक प्रस्ताव में कहा गया था : "श्वेत पत्र का एक-मात्र संतोषप्रद विकल्प एक संविधान है जो एक निर्वाचित संविधान बालिग मताधिकार के आधार पर या यथासंभव इसके निकट के आधार पर हो, जिसमें अल्पसंख्यकों को अलग से अपना प्रतिनिधि चुनने का अधिकार है जिनको अल्पसंख्यकों के मतदाता चुनेंगे।" इसके बाद 1937 में कांग्रेस के फैजपुर अधिवेशन में, 1938 में हरिपुरा अधिवेशन में और 1939 में त्रिपुरी अधिवेशन में संविधान सभा के गठन की मांग दुहराई गई। भारतीयों द्वारा निर्मित संविधान की मांग 1945 में शिमला सम्मेलन के दौरान भी कांग्रेस ने दुहराई।

1946 में आए कैबिनेट मिशन का एक अहम मकसद एक ऐसे तंत्र की स्थापना थी जिसके द्वारा भारतीय खुद ही अपना संविधान बनावें। कैबिनेट मिशन योजना मई 1946 में प्रकाशित हुई जिसमें यह समझ दी गई कि भारत एक ही राज्य रहेगा, लेकिन केंद्र सरकार की सत्ता का दायरा वैदेशिक मामलों, संचार और प्रतिरक्षा तक सीमित रहेगी और प्रदेशों को भौगोलिक आधार पर तीन समूहों में गठित किया

जाएगा, जिनमें एक हिंदू बहुल प्रदेश समूह होगा, दूसरा मुस्लिम बहुल और तीसरा प्रदेश समूह ऐसे होगा जहां दोनों समुदायों का प्रतिनिधित्व लगभग समान होगा। जून 1946 तक कांग्रेस और मुस्लिम लीग दोनों ने कुछ आपत्तियों के साथ कैबिनेट मिशन योजना को मान लिया। जिन्ना ने महसूस किया कि प्रदेशों के अनिवार्य ग्रुपिंग में पृथक मुस्लिम राज्य का सिद्धांत अंतर्निहित है बाद में जिन्ना ने ग्रुपिंग के बारे में कुछ कांग्रेसी नेताओं के बयानों पर एतराज जाहिर किया। आखिर में जिन्ना ने कैबिनेट मिशन योजना से अपनी मंजूरी वापस ले ली और संविधान सभा के अपने प्रतिनिधियों को संविधान सभा का बायकाट करने का निर्देश दिया।

20 फरवरी 1947 को एटली ने ऐलान किया कि ब्रिटिश सरकार भारत में एक ऐसा संविधान बनने तक इंतजार नहीं करेगी जो भारत के सभी राजनीतिक दलों को मान्य हो। उन्होंने कहा कि ब्रिटिश सरकार "जून 1947 तक, और उसके बाद नहीं, जिम्मेदार भारतीय हाथों में सत्ता हस्तांतरित करने के लिए" दृढ़संकल्प है। सर स्टानफोर्ड क्रिप्स कैबिनेट मिशन के सदस्य और उसके प्रधान थे। उन्होंने 5 मार्च 1947 को इस फैसले के कारणों की व्याख्या की। उन्होंने कहा कि युद्ध की हालत की बाध्यताएं ऐसी हैं कि ब्रिटिश सरकार भारत के लिए किसी यूरोपियन को सेक्रेटरी ऑफ स्टेट की सेवा में बहाल करने की स्थिति में नहीं है। उन्होंने यह भी कहा कि भारतीय सेनाओं में भारी बढ़ोतरी हुई है और अफसर की श्रेणी में भी उनकी संख्या बढ़ी है जिसका मतलब यह है कि सेक्रेटरी ऑफ स्टेट की सेवाओं के जरिये ब्रिटिश नियंत्रण कमजोर हुआ है। और जहां तक भारतीय अफसरों का सवाल है, सत्ता हस्तांतरण चाहे जैसा भी हो, वे सेना में अपना कैरियर जारी रखना चाहते हैं। इसलिए वे स्वभावतः उन भारतीय पार्टियों की ओर ताक रहे हैं जो सत्ता में आनेवाली हैं न कि ब्रिटिश की ओर। उन हालातों में स्पष्ट हो गया था कि ब्रिटिश सरकार भारत पर अपना कब्जा अनिश्चित काल तक नहीं बनाए रख सकती थी।

जुलाई 1947 में एक प्रार्थना सभा में गांधीजी से पूछा गया कि इंगलैंड के भारत छोड़ने के इस प्रस्ताव के पीछे उसका इरादा क्या है? पूछने वाले ने अपने सवाल को यों रखा : "सवाल यह था : जॉर्ज बर्नार्ड शॉ ने टिप्पणी की है कि अंग्रेज कभी गलत नहीं होते। वह सब कुछ सिद्धांत के मुताबिक करता है। वह आपके खिलाफ देशभक्ति के सिद्धांत पर लड़ता है, वह आप को व्यवसाय के सिद्धांत के मुताबिक लूटता है, वह आप को गुलाम बनाता है साम्राज्यवाद के सिद्धांत के मुताबिक, वह अपने राजा का समर्थन करता है, वफादारी के सिद्धांत के मुताबिक और अपने राजा का सिर काट लेता है—गणतांत्रिक सिद्धांत के मुताबिक।" मैं आप से यह जानना चाहता हूं कि इनमें से किस सिद्धांत के मुताबिक अंग्रेज भारत छोड़ रहे हैं? क्या अंग्रेज हमारे प्यारे देश की वर्तमान आर्थिक और राजनीतिक हालत पर खुश हैं? क्या

वह ट्रावनकोर और हैदराबाद के भारत से अलग होने पर संतुष्ट हैं? मई 1946 के पत्र को रद्द करके उसकी जगह हाल की विभाजन योजना लाने के पीछे उसका कोई छुपा हुआ मकसद है क्या? नोआखाली में, बिहार में, पंजाब में जो भयानक घटनाएं हुई हैं उनके बारे में क्या वह कुछ महसूस करता है, जिन घटनाओं ने कांग्रेस को यह योजना मानने के लिए बाध्य कर दिया है? इस योजना को जब मिस्टर चर्चिल एण्ड कंपनी ने अनुमोदित किया तब इसके पीछे क्या कारण और विचार थे? जवाब देते हुए गांधीजी ने कहा कि शॉ ने जो व्यंग्य किया है वह पूरा कतई नहीं है, न ही अंग्रेजों के साधन। गांधीजी को इस बात में कोई शक नहीं था कि अंग्रेज सिद्धांत के आधार पर ही भारत छोड़ रहे थे, ''क्योंकि उसे पता चल गया था कि आर्थिक और राजनीतिक आधार पर भारत को गुलाम बनाए रखना गलत था...(लेकिन) भारत छोड़ने के पहले वह एक समुदाय को दूसरे समुदाय के विरोध में खड़ा करने की नीति पर मंजूरी की मुहर लगा रहा था।''

भारत की जनता द्वारा छेड़े गए विविध संघर्षों और आंदोलनों की वजह से भारत को आजादी तो मिलनी ही थी। अनगिनत लोगों ने जो यातनाएं झेली और कुर्बानियां दीं, वे ही आखिरकार फलीभूत हुई और 15 अगस्त 1947 को भारत आजाद हुआ।

14 अगस्त 1947 की रात में भारत के प्रथम प्रधानमंत्री नेहरू ने भारत की चिरप्रतीक्षित स्वतंत्रता का स्वागत इन शब्दों में किया : ''वर्षों पहले हमने नियति के साथ साक्षात्कार किया था और अब समय आ गया है जब हम अपने संकल्प को अमल में उतारेंगे, पूरापूरी नहीं लेकिन बहुत हद तक...आधी रात का घंटा बजते ही जब कि दुनिया सो रही होगी, भारत जीवन और आजादी में जागेगा। एक ऐसा क्षण आता है, जो इतिहास में कभी-कभार ही आता है, जब हम पुराने से बाहर आते हैं और नए में प्रवेश करते हैं, जब एक युग का अंत होता है और जब लंबे अरसे से दबाई गई राष्ट्र की आत्मा बोलने लगती है। यह उपयुक्त ही है कि इस पावन घड़ी में हम अपने को भारत की सेवा में, भारत की जनता की सेवा में और इससे भी बड़े हित, मानवता की सेवा समर्पित करने का संकल्प लेते हैं।'' और तब उन्होंने आगे कहा : ''भारत की सेवा का मतलब है उन दसियों लाख जनता की सेवा जो दुखी हैं। इसका मतलब है गरीबी और अज्ञानता का, बीमारी और अवसर की असमानता का अंत...हमारी पीढ़ी के सबसे बड़े आदमी की आकांक्षा है कि हरेक आंख से हर आंसू को पोंछा जाए। वह हमारे बूते के बाहर हो सकता है, लेकिन जब तक आंसू और पीड़ा है, तब तक हमारा काम पूरा नहीं होगा।''

15 अगस्त 1947 भारत के लिए मिलीजुली किस्मत का दिन था। आजादी खुशियां और उमंग लेकर आई। लेकिन आजाद भारत खंडित भारत था। आजादी तो हासिल की गई, बंटवारे की कीमत चुका कर।

1947 में भारत का आजाद होना दुनिया के लिए अत्यंत महत्वपूर्ण घटना थी। इसने एशिया पर यूरोप के नियंत्रण की कड़ी तोड़ दी। भारत की आज़ादी के बाद और अंशतः इस आजादी के फलस्वरूप एशिया और अफ्रीका में यूरोप के साम्राज्य एक-एक करके ढहने लगे। युद्ध ने पश्चिमी उपनिवेशवादी ताकतों की सैनिक और आर्थिक शक्ति को ध्वस्त कर दिया, खासकर ब्रिटेन और फ्रांस की शक्ति को। पश्चिमी ताकतों की गिरावट के फलस्वरूप पूरब में यूरोपीय साम्राज्य पर ग्रहण लगा जिससे भारत 1947 में, श्रीलंका और बर्मा 1948 में और इंडोनेशिया 1949 में आजाद हुए।

करो या मरो

डॉ. के.के. दत्त

महायुद्ध की स्थिति में नाटकीय तेजी के साथ परिवर्तन हो रहा था। स्वभावतः लोगों के मन में अनेक तरह की गंभीर चिंताएं हो रही थीं। 1942 के कुछ ही पूर्व 1941 के दिसंबर में विश्वयुद्ध की स्थिति में नया पटापेक्ष हुआ जिससे युद्ध भारत के द्वार तक आ पहुंचा एवं ब्रितानी साम्राज्य के हितों पर एक नई दिशा से संघातक प्रहार का चरण शुरू हुआ। 7 दिसंबर, 1941 को पर्ल हार्बर स्थित अमरीकी विशाल नौसैनिक अड्डे पर आकस्मिक आक्रमण करके जापानी विमानों ने उसके संपूर्ण प्रशांत महासागरीय जंगी बेड़ा को विध्वस्त कर दिया। 10 दिसंबर को सिंगापुर स्थित विशाल ब्रितानी युद्ध पोत प्रिन्स ऑफ वेल्स तथा रिपल्स जलमग्न हो गए। दिसंबर के अंतिम सप्ताह में ब्रितानी साम्राज्य के विशाल सैनिक अड्डा एवं नौका हांगकांग पर जापानियों की उगते सूरज की ध्वजा फहराने लगी। 15 फरवरी, 1942 को सिंगापुर ने दक्षिण-पूर्वी एशिया में दुर्विजय ब्रितानी नौसैनिक अड्डा, 75,000 अंग्रेज एवं भारतीय सैनिकों के साथ आत्मसमर्पण कर दिया। मार्च तक जावा, सुमात्रा प्रभृति संपूर्ण डच प्राच्य साम्राज्य उनके हाथों में चला गया। 7 मार्च को ही जापानी सेना ने रंगून में प्रवेश करके बर्मा अभियान शुरू किया। 26 अप्रैल तक माण्डले उसके हाथों में जा चुका था।

इसके पूर्व 25 मार्च को अंडमान द्वीप समूह पर जापानियों के अधिकार होने की खबर सुनी गई। तौंगु को अंग्रेजों ने पहली अप्रैल को खाली कर दिया। 5 अप्रैल को कोलंबो पर जापानी विमानों ने बम गिराये। अगले दिन जापानियों ने विशाखापतनम् और कोकोनाडा पर बम गिराया। 6 अप्रैल के सवेरे ''त्रिंकोमाली'' पर भारी हवाई बमबाजी की गई। 12 अप्रैल को जनरल वावेल के प्रधान सेनापति को एक संदेश में कहा : ''यदि हमें आवश्यक साज-सामान की आपूर्ति करने के गंभीर प्रयत्न नहीं किए जाते (मैंने अतिरंजित मांगे नहीं प्रस्तुत की है) तो संभवतः हिंद महासागर और बंगाल की खाड़ी पर फिर से नियंत्रण प्राप्त करना शायद संभव नहीं होगा और भारत से हमें शायद हाथ धोना पड़े।''

इस सब के अतिरिक्त जापानी युद्धपोत बंगाल की खाड़ी में सक्रिय थे। भारत का संपूर्ण पूर्वी समुद्र तट उनके आक्रमण की परिधि में आ चुका था। मई के अंत तक जापानियों ने बर्मा रोड को प्रभावी ढंग से काट दिया। इस तरह चीन का बाहरी दुनिया से मार्ग बंद कर दिया गया था।

अमरीकियों के संरक्षित राज्य फिलिपिंस, पश्चिमी प्रशांत स्थित उनके नाके, ईस्ट इंडिज, दक्षिण-पूर्व एशिया पर छा जाने तथा भारत के सीमांत तक पहुंच जाने के फलस्वरूप इस देश में गहरी चिंता हो रही थी। भारत के पास अपनी आत्मरक्षा के साधन नहीं थे। भारत की सुरक्षा पूर्णतः ब्रितानी शक्ति पर आश्रित थी। उसकी स्थिति स्वयं ही अत्यंत चिंतनीय थी। शाहाबाद के जिलाधिकारी ने अपने आयुक्त को 25 दिसंबर 1941 के एक पत्र में लिखा, ''सुदूर पूर्व की स्थिति से गहरी चिंता हो रही है। रंगून पर बम गिराये गए हैं। इससे व्यापक आतंक फैल गया है। इस जिला के काफी लोगों के सगे-संबंधी बर्मा में हैं। शाहाबाद के अनेक जवान बर्मा पुलिस तथा सुदूर पूर्व के अन्य स्थानों पर काम करते हैं। आरा के रायबहादुर हरिहर प्रसाद सिन्हा जिनकी एक चीनी मील जियाबादी (बर्मा) में है, विमान द्वारा आने की आशा कर रहे थे, उन्हें विमान नहीं मिल सका। उनके कुछ लोग आज मुझसे मिले। उनसे मुझे मालूम हुआ कि वृद्ध रायबहादुर आसाम होकर स्थल मार्ग से भारत आने का प्रबंध कर रहे हैं यद्यपि आसाम और बर्मा के सीमावर्ती क्षेत्र में कुछ दूर तक सड़क नहीं है। रायबहादुर और उनके साथ के लोगों को उनके अपने आदमी बंदूक आदि के साथ लाएंगे। उनके संबंध आज ही आसाम में बर्मा सीमांत पर उनको लाने के लिए कुछ अन्य लोगों को भेज रहे हैं। इस जिला के कुछ प्रमुख व्यापारियों के कलकत्ता में कार्यालय हैं। वे वहां से अपने संबंधियों को हटा रहे हैं। लोग डर रहे हैं कि कलकत्ता, जमशेदपुर और अन्य इस्पात एवं कोयला उत्पादन केंद्रों पर जल्द ही बमबाजी होगी।'' इस तरह की व्याकुलता एवं डर बिहार के सभी जिलों में फैल रहा था। कलकत्ता और जमशेदपुर तथा वैसे अन्य स्थानों से बड़ी संख्या में लोग भाग रहे थे। वास्तव में एक तत्कालीन सरकारी रिपोर्ट के अनुसार दक्षिण-पूर्व एशिया एवं बर्मा की घटनाओं ने ''भारत पर किसी आक्रमण का सामना करने की अंग्रेज सरकार की क्षमता में विश्वास हिला दिया था।'' भारत में भी पीछे हटती हुई सेना के द्वारा ''सर्वविध्वंस'' (स्कॉर्चड अर्थ) की नीति कार्यान्वित किए जाने की आशंका तथा मलाया, सिंगापुर और रंगून से भारतीयों की तुलना में यूरोपियों को वापस लाने के पक्षपात आदि के कारण विदेशी आधिपत्य के विरुद्ध भारतीयों में असंतोष और भी तीव्र हो रहा था। बिहार में सिक्का के अवमूल्यन की आशंका से अनेक लोग जमीन और मकान खरीद रहे थे। फरवरी, 1942 के प्रथम सप्ताह में सेविंग्स बैंक से भारी परिमाण में लोगों ने रुपये निकाले थे, पिछले वर्षों की इस अवधि की तुलना में लगभग दूना।

बिहार के अखबारों में चिंता

भारत की निस्सहाय स्थिति पर बिहार के अखबारों में चिंता प्रकट की जा रही थी। 14 जनवरी, 1942 के "सर्चलाइट" में इस आशय की टिप्पणी प्रकाशित हुई :

सुदूर-पूर्व का घोटाला भारत की निस्सहायता तथा उसकी सुरक्षा के मध्य के करुण संबंध का संकेतक है। सुरक्षा गवर्नर जनरल का दायित्व है। हमें दिन रात यह सुनाया जाता रहा है कि यह दायित्व इतना गंभीर एवं पवित्र है कि भारतीयों को उसमें सम्मिलित नहीं किया जा सकता। वह पवित्र दायित्व किस प्रकार निभाया गया है यह सुदूर पूर्व की घटनाओं ने नग्न रूप में प्रस्तुत कर दिया है। आलोचनाओं और सरकारी क्षमा-याचनाओं के मध्य साम्राजी दायित्व की सूची में भारत के स्थान की स्वतः स्पष्ट कहानी पढ़ी जा सकती है। श्री सत्यमूर्ति ने इस समस्या को उपयुक्त भाषा में उठाया है कि यदि भारत की सुरक्षा वस्तुतः मलाया राज्य में निहित थी तो मलाया की रक्षा जैसे की जानी चाहिए थी, क्यों नहीं की गई। सारावाक के राजा ने जो यूरोपिय तथा अंग्रेज हैं, कहा है कि मलाया की वर्तमान स्थिति घोर अयोग्यता एवं दंडनीय असावधानी का परिणाम थी। ऑस्ट्रेलियाई प्रधानमंत्री श्री कर्टेन ने इस पर बल दिया है कि राज द्वारा ब्रितानी सैनिक तथा राजनैतिक नेतृत्व की आलोचना लंदन परिषद में कर दी जानी चाहिए। जिसमें ब्रितानी राजनीतिज्ञों की आंख खुले। इस आलोचना का संसद में कुछ क्षमा याचना के अतिरिक्त अन्य कोई जबाव नहीं दिया गया है। मेजर ऐटली के अनुसार "सभी स्थानों पर शक्तिशाली बने रहना हमारे साधनों के परे है।" इसलिए कि जापान के संदिग्ध आक्रमण का सामना करना पड़ेगा, मध्यपूर्व में हवाई सेना में कमी करना अक्षम्य होता। सर आर्किबल्ड सिक्लेयर ने यह स्वीकार किया है कि सुदूर पूर्व में खतरे का सामना करने की आवश्यक तैयारी नहीं की गई थी किंतु जानबूझ कर ये खतरे उठाए गए और इस विश्वास के साथ कि यदि जापान आक्रमण करता है तो संयुक्त राज्य की शक्तिशाली सेनाओं से हमें पूर्ण समर्थन मिलेगा। श्री ऐंथनी इडेन ने समस्या का मूल प्रस्तुत करते हुए कहा कि यदि कहीं गलती हुई थी तो वह असावधानी के कारण नहीं बल्कि जानबूझ कर लिए गए निणय के कारण जिसके लिए सरकार पूर्ण दायित्व ग्रहण करती है। दूसरे शब्दों में भारत पर खतरे आसन्न हए हैं इसलिए कि अन्यत्र साम्राजी दायित्वों के समक्ष उसकी सुरक्षा को संबद्ध कर दिया गया था।

क्रिप्स मिशन

कोई राष्ट्र विरोधी विदेशी सरकार तभी तक किसी अधीनस्थ देश पर अपना आधिपत्य जमाये रख सकती है जबतक कि उसे केवल उसी देश के साथ निबटना हो किंतु कोई बाहरी खतरा समुत्पन्न होने पर उसकी दुर्बलता प्रकट हो जाती है। उस

समय उसके लिए आवश्यक होता है कि वह बाहरी खतरा दूर करने का सामना करने के लिए अधीनस्थ देश में राष्ट्रीय समर्थन प्राप्त करे। फलतः जिन दिनों समग्र भारत में निराशा तथा किंचित उत्तेजना का वातावरण फैल रहा था, ब्रितानी सरकार ने भारतीय राजनैतिक गतिरोध के संदर्भ में एक अन्य प्रस्तावना प्रस्तुत की। चर्चिल ने भारत के वायसराय को 10 मार्च 1942 को लिखा : "दुर्भाग्यपूर्ण अफवाहों तथा प्रचार एवं आम अमरीकी दृष्टिकोण को देखते हुए पूर्ण निषेधात्मक रवैये पर अड़े रहना असंभव होगा। हमारी ईमानदारी सिद्ध करने एवं आवश्यक विचार-विमर्श के लिए समय प्राप्त करने के हेतु क्रिप्स मिशन अनिवार्य है।" 11 मार्च, 1942 को श्री चर्चिल ने एक नीति विषयक वक्तव्य में कहा कि मंत्रिमंडल ने युद्ध की आक्रामकता के खतरा से अपने देश की रक्षा करने हेतु सभी भारतीय तत्वों को एकत्र करने के उद्‌देश्य से भारत नीति के संबंध में एक सर्वसम्मत निर्णय लिया था। वक्तव्य में आगे कहा गया था कि सर स्टैफोर्ड क्रिप्स (श्री क्रिप्स ने हाल ही में ब्रितानी मंत्रिमंडल में वित्तमंत्री के रूप में पद ग्रहण किया था। वह युद्ध-मंत्रिमंडल का सदस्य तथा कॉमन्स सभा का नेता था) शीघ्र ही भारत के सभी दलों एवं संप्रदायों के प्रतिनिधियों से प्रत्यक्ष बातचीत करने हेतु वहां जाएगा। सर स्टैफोर्ड क्रिप्स 23 मार्च, 1942 को दिल्ली पहुंचा। सर क्रिप्स ने अपने साथ एक प्रस्तावित योजना लाई थी। इसकी मुख्य रूपरेखा इस प्रकार थी :

(1) भारत में यथाशीघ्र स्वशासन की उपलब्धि के लिए ब्रितानी सरकार एक नए भारतीय संघ के उदय के लिए कदम उठाना चाहती है। यह संघ युनाइटेड किंगडम के साथ एक अन्य औपनिवेशक राज्यों के साथ क्राउन के प्रति निष्ठा के माध्यम से संलग्न होगा। उनके साथ हर तरह से इसका दर्जा समानता का होगा। किसी रूप में आंतरिक अथवा वैदेशिक मामलों में यह किसी से हीन या अधीनस्थ नहीं होगा।

(2) युद्ध समाप्त होने के तुरंत बाद ब्रितानी भारत और भारत के देशी राज्यों के प्रतिनिधियों का एक संविधान निर्मात्री सदन निर्वाचित किया जाएगा।

(3) ब्रितानी सरकार उक्त सदन द्वारा निर्मित संविधान दो शर्तों के साथ "स्वीकृत करने एवं तत्क्षण कार्यान्वित करने का वचन देती है।"

(क) ऐसे किसी प्रांत को जो नया संविधान स्वीकार करने को तैयार नहीं होगा "उसी प्रक्रिया से नया संविधान जिसमें भारतीय संघ के समान ही उसे दर्जा प्राप्त होगा", बनाने का अधिकार होगा। कोई भारतीय राज्य उस संविधान के अंतर्गत रहेगा या नहीं उसे यह भी निर्णय करने का अधिकार होगा। दोनों स्थितियों में "उसकी संधि व्यवस्था में विचार-विमर्श करके आवश्यक परिवर्तन करना आवश्यक होगा।"

(ख) ''ब्रितानी सरकार और संविधान निर्मात्री संस्था बातचीत करके संधि शर्तें तय करेंगी। उसके अंतर्गत पूर्ण सत्ता हस्तातंरण से उत्पन्न सभी आवश्यक विषयों पर व्यवस्था होगी।''

(4) युद्ध काल में एवं ''नए संविधान बनाने तक अनिवार्यतः ब्रितानी सरकार भारत की सुरक्षा के निदेशन एवं नियंत्रण का पूर्ण दायित्व वहन करेगी विश्वव्यापक युद्ध प्रयत्नों के अंश के रूप में। किंतु भारत के सैनिक, नैतिक और भौतिक साधनों का पूरा-पूरा उपयोग कराने का कार्य भारतीय जनता के सहयोग से भारत सरकार का दायित्व होगा।'' इसके लिए ब्रितानी सरकार ''भारतीय जनता के प्रमुख भागों के नेताओं को प्रभावी एवं अविलंब भाग लेने को आमंत्रित करती है। यही उसकी कामना है। ब्रितानी सरकार चाहती है कि भारतीय जनता के प्रतिनिधि नेता अपने देश, कॉमनवेल्थ और संयुक्त राष्ट्रों के हित में काम करें।''

क्रिप्स मिशन को भारत में सवैधानिक गतिरोध दूर करने में सफलता नहीं मिली। भारत के सर्वाधिक नर्मदलीय नेता सहित ''प्रत्येक दल या गुट ने उसकी प्रस्तावना अस्वीकृत कर दी। उसके विफल होने से देश में और गहरी निराशा हुई। कांग्रेस कार्यकारिणी उसके प्रस्तावों को स्वीकृत करने में असमर्थ थी। उसने यह विचार प्रकट किया : ''यद्यपि प्रस्तावनाओं में भविष्य में स्वतंत्रता की बात स्पष्टतः की गई है–संलग्न प्रतिबंध की व्यवस्थाएं ऐसी है जिनसे सच्चे स्वतंत्रता के बदले उसका एक मुखौटा मात्र मिलता था। देशी राज्यों के 9 करोड़ लोगों तथा उनके शासकों की पूर्ण उपेक्षा जनतंत्र एवं आत्मनिर्णय का प्रतिशेध था। संविधान निर्मात्री संस्था में ब्रितानी भारत के किसी प्रांत का प्रतिनिधित्व आबादी के आधार पर नियत किया गया है पर देशी राज्यों के लोगों का उनके प्रतिनिधियों के निर्वाचन में कोई हाथ नहीं और न किसी चरण में उनसे सलाह लिए जाने की कोई व्यवस्था है जबकि ऐसे निर्णय लिए जा चुके हैं जो उनके मार्मिक हितों को प्रभावित करेंगे।'' ''किसी प्रांत की असंलग्नता का अभिनव सिद्धांत की महत्वपूर्ण अग्रिम स्वीकृति कांग्रेस कार्यकारिणी की दृष्टि में भारतीय एकता की धारणा पर एक कठोर आघात था और इससे ऐसे प्रांतों में भारी उपद्रव एंव उलझन खड़ा होने की आशंका थी। इसके परिणामस्वरूप भारतीय संघ में भारतीय राज्यों के सम्मिलित होने के मार्ग में और अधिक कठिनाइयां उत्पन्न हो सकती थीं।'' पंडित नेहरू ने इसपर यह महत्वपूर्ण बात कही कि ''योजना ने अनेक प्रांतों एवं राज्यों की संभावना प्रस्तुत कर दी है।''

श्री हॉरेस अलेक्जेंडर और कुमारी अगाथा हैरिसन ने सर स्टेफोर्ड के जाने के शीघ्र बाद गांधीजी ने एक पत्र लिखा। उसमें अन्य बातों के अतिरिक्त उन्होंने लिखा था कि ''सर स्टैफोर्ड आए और गए। किंतु अच्छा होता यदि वे उस व्यर्थ प्रस्ताव

को लेकर नहीं आए होते।" सचमुच क्रिप्स मिशन से भारत को कोई लाभ नहीं हुआ। उलटे इससे सांप्रदायिक कटुता और भी तीक्ष्ण हुई। इसके अतिरिक्त उसकी विफलता से हर क्षेत्र में निराशा हुई और भारतीय मानस में, जो युद्ध के खतरा के दिन समीप आने से पहले ही उत्तेजना एवं असमंजस की स्थिति में था, और भी अधिक निराशा की भावना भर गई।

वस्तुतः राष्ट्रीय युद्ध मोर्चा न तो राष्ट्रीय था और न रक्षा एवं सुरक्षा की व्यवस्था करने के उपयुक्त एक सुदृढ़ मोर्चा। बिहार सरकार की यह आशा कि राष्ट्रीय युद्ध मोर्चा जनता के मनोबल पर युद्ध के खतरों का निराशा पैदा करनेवाले प्रभाव को दूर कर सकेगा, सही नहीं साबित हुई। बिहार के कुछ प्रमुख लोग राष्ट्रीय युद्ध मोर्चा के "आम खतरा के विरुद्ध एक आम मोर्चा" के रूप में राष्ट्रीय युद्ध मोर्चा का नेता बन गए। उसके प्रांतीय नेता ने मोर्चा का उद्‌देश्य बताते हुए कहा : "मोर्चा को एक प्रेरणा एवं उद्‌देश्य-भारत माता की सेवा करने के हेतु संगठित देशभक्तों का एक सजीव संगठन बना दें। भारत की रक्षा करे और आप सारी मानवता की रक्षा कर लेंगे।" नरमदलीय विचार रखनेवाले ऐसे नेताओं का चाहे जो भी विचार हो, उस चरम खतरे की घड़ी में देश की सुरक्षा के लिए उनका किंचित चिंतित होना स्वाभाविक था। राष्ट्रीय युद्ध मोर्चा सरकार द्वारा स्थापित एवं समर्थित संस्था होने के कारण जनता का विश्वास नहीं प्राप्त कर सकता था। उन दिनों युद्ध भारत के दरवाजे तक आ पहुंचा था। फिर भी औसत भारतीय की दृष्टि में उसका उद्‌देश्य प्राच्य में अंग्रेजों के साम्राजी हित को चिरस्थाई बनाना था। ऐसी स्थिति में राष्ट्र में उसके लिए उत्साह कैसे होता? इस करुण, निस्सहाय एवं तनावपूर्ण स्थिति में कांग्रेस कार्यकारिणी और अखिल भारतीय कांग्रेस कमेटी की बैठक 1942 के अप्रैल के अंत में इलाहाबाद में हुई। गांधीजी उस समय इलाहाबाद में उपस्थित नहीं थे किंतु वर्धा से उन्होंने कार्यकारिणी के विचारार्थ तत्कालीन स्थिति पर अपने विचारों को व्यक्त करते हुए एक प्रस्ताव का प्रारूप भेजा। यद्यपि कार्यकारिणी को वह प्रारूप पूरी तरह स्वीकारणीय नहीं था तथा उसके सदस्यों में उस पर कुछ मतभेद था, फिर भी कार्यकारिणी द्वारा स्वीकृत प्रस्ताव में मूल रूप में वह अंतर्मुक्त कर लिया था। 29 अप्रैल से 2 मई तक इलाहाबाद में अखिल भारतीय कांग्रेस कमेटी की होनेवाली बैठक में उस पर विचार किया जाना था। इस प्रस्ताव की मुख्य बातें निम्नलिखित थीं :

(1) क्रिप्स प्रस्तावनाओं से भारत में और भी अधिक कटुता बढ़ी है तथा लोग निर्भ्रम हुए हैं।

(2) युद्ध में भारत का सहभागी होना भारतीय जनता पर बिना उसके प्रतिनिधियों की सहमति के अंग्रेजों द्वारा लादा गया है। स्वयं भारत का

किसी देश के लोगों से झगड़ा नहीं। वैसे नात्सीवाद और फासीवाद के प्रति उसने बार-बार अपनी कुत्सा व्यक्त की है, साम्राज्यवाद का भी वह घोर विरोधी है।

(3) वर्तमान भारतीय सेना भारत को गुलाम बनाए रखने हेतु अंग्रेज सेना की एक उपशाखा है। आम जनता से उसे पूर्णतया अलग रख गया है। फलतः आम जनता उसे किसी भी तरह अपना नहीं समझ सकती।

(4) भारत यदि स्वतंत्र होता तो अपनी नीति वह स्वयं निर्धारित करता और इस युद्ध से अलग रहता, यद्यपि उसकी सहानुभूति आक्रमण का शिकार होनेवाले देशों से अनिवार्यतः रहती किंतु यदि परिस्थितिवश उसे युद्ध में सम्मिलित होना पड़ता तो वह एक आजाद देश के रूप में लोकप्रिय आधार पर स्वतंत्रता के हेतु युद्ध करता तथा अपनी सुरक्षा की व्यवस्था करता।

(5) भारत अपनी ताकत से ही अपनी आजादी हासिल करेगा और उसी तरह उसे कायम रखेगा। यह भारत का ही हित नहीं, ब्रिटेन की रक्षा, विश्वशांति तथा स्वतंत्रता की मांग है कि ब्रिटेन भारत पर से अपना शिकंजा हटा ले।

(6) प्रस्ताव के अंत में इस विचार का खंडन किया गया था कि भारत को किसी विदेशी शक्ति के आक्रमण या हस्तक्षेप के फलस्वरूप स्वतंत्रता मिलेगी। विदेशी आक्रमण यदि हुआ तो उसका अवश्य प्रतिरोध किया जाना चाहिए। भारतीय जनता जिस स्थिति में उन दिनों थी उसमें ऐसा प्रतिरोध अहिंसात्मक असहयोग के रूप में ही हो सकता था क्योंकि अंग्रेज सरकार ने भारतीय जनता को राष्ट्रीय सुरक्षा के संगठन में भाग नहीं लेने दिया था। ऐसे स्थानों पर जहां अंग्रेज एवं आक्रामक सेनाएं युद्ध कर रही थीं, अंग्रेज सेनाओं के मार्ग में कोई बाधा नहीं डालना था। आक्रामक के साथ अपना असहयोग प्रदर्शित करने का यही एकमात्र तरीका था। उनके रवैये को देखते हुए इस निष्कर्ष पर पहुंचना अनिवार्य था कि अंग्रेज सरकार को हमारे हस्तक्षेप के अतिरिक्त और किसी सहायता की जरूरत नहीं थी। सरकार गुलामों के रूप में ही हमारी सहायता की आकांक्षी थी। कांग्रेस इस स्थिति को कभी भी स्वीकार नहीं कर सकती थी।

कार्यकारिणी श्री राजगोपालाचारी के उस प्रस्ताव से सहमत नहीं हो सकी जिसे उन्होंने कांग्रेस पार्टी के नेता के रूप में मद्रास विधान मंडल में पारित करवाया था। उस प्रस्ताव में मुसलमानों के साथ समझौते के आधार के रूप में देश के विभाजन का सिद्धांत स्वीकार करने की अनुशंसा की गई थी। फलतः श्री राजगोपालाचारी ने

कार्यकारिणी से त्यागपत्र दे दिया एवं अखिल भारतीय कांग्रेस कमेटी की बैठक में गैर सरकारी प्रस्ताव के रूप में उसे उपस्थित किया। श्री राजगोपालाचारी का प्रस्ताव 15 के विरुद्ध 120 मतों से अस्वीकृत हो गया। अखिल भारतीय कांग्रेस कमेटी ने बिहार के श्री जगतनारायण लाल द्वारा प्रस्तुत एक (उसका उलटा) प्रस्ताव स्वीकृत किया। उसमें कहा गया था "किसी अंगीभूत राज्य का क्षेत्रीय इकाई को भारतीय यूनियन या संघ से अलग होने की स्वतंत्रता देकर भारत के विखंडन का कोई प्रस्ताव राज्यों या प्रांतों तथा समग्र रूप में देश की जनता के हितों के प्रतिकूल होगा। फलतः कांग्रेस ऐसे किसी प्रस्ताव से सहमत नहीं हो सकती।" अध्यक्ष ने इस सिलसिले में यह स्पष्ट किया कि इस प्रस्ताव को स्वीकृत करके समिति किसी भी तरह इस आशय के अपने पूर्ववर्ती प्रस्ताव से अलग नहीं हो रही थी कि "कांग्रेस किसी क्षेत्रीय यूनियन या भारतीय यूनियन में अपनी सुनिश्चित एवं अभिव्यक्त इच्छा के विरुद्ध रहने की बात नहीं सोच सकती।"

विदेशी सरकार को भारतीय जनता द्वारा चुनौती दिया जाना अनिवार्य प्रतीत होता था। अतः अप्रैल के अंत से एवं मई और जून के महीनों में राजेंद्र बाबू, श्रीबाबू तथा अन्य कांग्रेसी नेता बिहार के विभिन्न जिलों में आसन्न संघर्ष के लिए जनता को तैयार एवं प्रशिक्षित करने के उद्देश्य से यात्रा कर रहे थे। स्थान-स्थान पर सभाएं करके आगामी अग्निपरीक्षा का स्पष्ट संकेत दे रहे थे। अंग्रेज सरकार के वास्तविक उद्देश्यों तथा जापानी खतरा के स्वरूप से जनता को अवगत कराते एवं इस गंभीर संकट की स्थिति में देशवासियों का क्या कर्तव्य था, यह उन्हें बताते। बिहारी नेता अपने भाषणों में संघर्ष का संकेत करते समय इसपर बल देना नहीं भूलते कि जनता को जो भी कुछ करना था वह अहिंसात्मक ढंग से ही राजेंद्र बाबू के शब्दों में "ब्रितानी जनता को परेशान करने के लिए हमारी योजना नहीं बनाई गई थी। उसका उद्देश्य था भारत पर जो भी अपना आधिपत्य जमाना चाहे, चाहे वह अंग्रेज हो या जापानी, उसका प्रतिरोध करने को जनता में क्षमता प्रदान करना।" राजेंद्र बाबू जनता से आत्मरक्षा के लिए स्थानीय रक्षा दल तथा खाद्य सामग्री एवं वस्त्र में स्वतः संपूर्णता हासिल करने हेतु उपयुक्त कार्रवाइयां करने को कहते। गया और मानभूम में अनेक लोगों की जमीनें सरकार द्वारा हवाई अड्डा के प्रसार के लिए ले ली गई थी। इसके लिए आंदोलन चल रहा था। राजेंद्र बाबू ने उन्हें समझा-बुझा कर शांत किया। स्थानीय सरकारी अधिकारियों को मुआवजा के भुगतान की व्यवस्था करने को कहा। अधिकारियों ने उनके परामर्श के अनुसार काम किया।

कांग्रेस कार्यकारिणी समिति का प्रस्ताव

विदेशी सरकार के संघर्ष के हेतु बिहार में पृष्ठभूमि तैयार की जा रही थी। 6 जुलाई को स्थिति पर विचार करने के लिए वर्धा में कांग्रेस कार्यकारिणी ने 14 जुलाई, 1942

को सुप्रसिद्ध ''भारत छोड़ो'' प्रस्ताव स्वीकृत किया तथा उसे अखिल भारतीय कांग्रेस कमेटी की बंबई में होनेवाली बैठक के समक्ष प्रस्तुत करने का निर्णय किया। वैसे प्रस्ताव में वार्ताओं के लिए द्वार खुले रखे गए थे। उसमें कहा गया था : ''कांग्रेस की हार्दिक इच्छा है कि भारतीय जनता पूर्ण संकल्प एवं शक्ति के साथ आक्रमण का प्रभावी रूप से प्रतिरोध कर सके इसके योग्य बने। भारत से अंग्रेजी शासन समाप्त करने की प्रस्तावना करने में कांग्रेस की ब्रिटेन या उसके साथ संलग्न अन्य राष्ट्रों के युद्ध चलाने में किसी भी भांति परेशान करने की आकांक्षा नहीं थी और न जापानियों अथवा किसी अन्य आक्रामक शक्ति द्वारा चीन पर दबाव में वृद्धि करने या भारत पर आक्रमण को प्रोत्साहन देने का ही इरादा था। कांग्रेस मित्र राष्ट्रों की सुरक्षा क्षमता के लिए उलक्षण पैदा नहीं करना चाहता—फलतः जब कांग्रेस राष्ट्रीय लक्ष्य हासिल करने को अधीर है, वह यह भी चाहती है कि जल्दीबाजी में कोई कदम नहीं उठाया जाय और जहां तक संभव होगा, ऐसी कोई कार्यनीति वह नहीं अपनाना चाहेगी जिससे युद्ध संलग्न धुरी विरोधी राष्ट्रों को परेशानी हो। कांग्रेस इतने से ही संतुष्ट हो जाएगी यदि अंग्रेज सरकार इस अत्यंत समुचित प्रस्तुत प्रस्ताव को स्वीकार कर लेती है, यह प्रस्ताव न केवल भारत के हित में है बल्कि यह ब्रिटेन के हित में भी है और उस स्वतंत्रता के हित में भी जिसके प्रति धुरी विरोधी युद्धरत राष्ट्र अपनी निष्ठा की उद्घोषणा करते रहते हैं। किंतु यदि इस अपील का कोई फल नहीं निकला तो वर्तमान स्थिति जारी रहने में जो गंभीरतम खतरा निहित है उसके प्रति कांग्रेस चुपचाप बैठी नहीं रह सकती क्योंकि उससे स्थिति उत्तरोत्तर बिगड़ते जाने एवं आक्रमण के प्रतिरोध करने की भारत की शक्ति एवं संकल्प के दुर्बल होते जाने की आशंका है। तब कांग्रेस अनिच्छापूर्वक राष्ट्र के राजनैतिक अधिकारों एवं स्वतंत्रता के हेतु अपनी समस्त अहिंसात्मक शक्ति का प्रयोग करने को बाध्य होगी जिसका संचय 1920 से अहिंसा को अपनी नीति स्वीकार करने के समय से वह संचय करती रही है। ऐसा देशव्यापी संघर्ष अनिवार्यतः महात्मा गांधी के नेतृत्व में होगा।''

स्थिति अविलंब गंभीर रूप लेनेवाली थी। 5 अगस्त को कार्यकारिणी की बैठक हुई। उसमें प्रख्यात ''भारत छोड़ो'' प्रस्ताव की संपुष्टि की गई। प्रस्ताव के अंतर्गत भारत से अंग्रेजी शासन को इस देश एवं संसार के हित में अविलंब समाप्त करने की बल देकर मांग की गई थी। सरकार द्वारा उसे अस्वीकृत करने पर समिति ने सर्वाधिक व्यापक स्तर पर गांधीजी के नेतृत्व में अहिंसात्मक संघर्ष आरंभ करने की अनुमति देने का संकल्प किया। प्रस्ताव के अंतर्गत भारतीय जनता के प्रति गांधीजी के नेतृत्व में हर तरह के खतरे एवं कठिनाइयों का सामना करते हुए स्वातंत्र्य संघर्ष के अनुशासित सैनिक के प्रति उनके आदेशों का अनुपालन करने की ''अपील की गई थी।'' प्रस्ताव में लोगों से यह कहा गया था कि इस आंदोलन का आधार अहिंसा था इसे वे हमेशा याद रखेंगे।

बंबई में अखिल भारतीय कांग्रेस कमेटी का अधिवेशन 7 अगस्त को शुरू हुआ और 8 तक चला। इस ऐतिहासिक अधिवेशन में उपर्युक्त प्रस्ताव कार्यकारिणी की ओर से प्रस्तुत किया गया एवं भारी बहुमत से स्वीकृत हुआ। गांधीजी ने प्रस्ताव होने के उपरांत भाषण करते हुए जनता के नाम "करो या मरो" का महामंत्र दिया। उन्होंने कहा कि हम या तो भारत को स्वतंत्र करेंगे अथवा उसके लिए संघर्ष में अपने प्राणों की बलि देंगे। "हम देश को चिरंतन दासता की बेड़ियों में बंधे हुए देखने को जिन्दा नहीं रहेंगे।"

द्वितीय विश्वयुद्ध तथा भारतीय स्वतंत्रता संग्राम

बी. एल. ग्रोवर

द्वितीय विश्वयुद्ध वास्तव में दो विरोधी साम्राज्यवादों के बीच युद्ध था...यह तो सरासर मूर्खता तथा असम्भव था कि हम उसी साम्राज्यवाद की रक्षा के हेतु लड़ें जिसका हम इतने दिनों से विरोध करते आ रहे थे।

—जवाहरलाल नेहरू

जब सितम्बर 1939 में युद्ध आरम्भ हुआ तो उससे पूर्व ही कांग्रेस ने युद्ध के विषय में अपनी त्रिमुखी स्थिति स्पष्ट कर दी थी अर्थात्—पहले तो यह कि सैद्धान्तिक स्तर पर कांग्रेस की सैनिक तानाशाही से कोई भी सहानुभूति नहीं थी। उसने बहुत ही स्पष्ट तथा पर्याप्त शब्दों में फ़ासिज्म, नाज़ीवाद तथा जापानी सैनिकवाद की निन्दा की थी और जो लोग इनकी साम्राज्यवादी नीति के शिकार हुए थे उनसे सहानुभूति प्रकट की थी। उदाहरणार्थ कांग्रेस ने फासिस्टों तथा नाजियों द्वारा स्पेन के गृह-युद्ध में सक्रिय हस्तक्षेप की तथा जापानियों द्वारा चीन पर सैनिक आक्रमण की निन्दा की थी।

दूसरे, कांग्रेस ने भारत की स्वतंत्रता की आवश्यकता पर बल इस कारण ही नहीं दिया कि वह इसका आधारभूत उद्देश्य था जिसके लिए वह इतने दिनों से संघर्ष कर रही थी अपितु उसने होने वाले युद्ध के संदर्भ में इसकी मांग की थी।

तीसरे, कांग्रेस ने यह कहा था कि भारत को उसकी जनता अथवा प्रतिनिधियों से पूछे बिना किसी युद्ध में सम्मिलित नहीं कर दिया जाना चाहिए और कोई भारतीय सेना ऐसी अनुमति के बिना भारत से बाहर नहीं भेजी जानी चाहिए।

14 सितम्बर, 1939 को कांग्रेस ने ब्रिटिश सरकार से कहा, "वह लोकतंत्र, साम्राज्यवाद तथा उस नवीन व्यवस्था के संबंध में अपने युद्ध-उद्देश्य स्पष्ट करे जो उसने तय किए हैं।" कांग्रेस ने इस बात की भी निन्दा की कि ब्रिटिश सरकार ने मनमाने ढंग से भारत को ऐसे युद्ध में खींच लिया है जिसके उद्देश्य अभी तक स्पष्ट नहीं हैं।

ब्रिटिश मंत्रियों ने यह पर्याप्त रूप से स्पष्ट कर दिया था कि उनका तात्कालिक उद्‌देश्य केवल आत्म-रक्षण है और युद्ध जीतना है परंतु फिर भी भारतीय राष्ट्रीय जनमत को सन्तुष्ट करने के लिए कुछ कपटपूर्ण अस्पष्ट से प्रयत्न किए गए, जिनमें नीति वक्तव्य, प्रस्ताव तथा शिष्टमण्डल सम्मिलित थे अर्थात् वाइसराय का वक्तव्य (17 अक्तूबर, 1939), अगस्त प्रस्ताव (1940), क्रिप्स शिष्ट मण्डल (मार्च-अप्रैल 1942) इत्यादि सम्मिलित थे। इन वक्तव्यों में बार-बार हिंदू-मुस्लिम परस्पर विरोधी भेदों का उल्लेख था और भारत को अंत में औपनिवेशिक स्वशासन देने की बात कही गई थी। इनमें किसी निश्चित तिथि की बात नहीं कही गई थी। अब यह स्पष्ट था इंग्लैंड 'बांटो और राज्य करो' की नीति का अनुसरण कर रहा था और जान-बूझकर साम्प्रदायिकता तथा अन्य विभाजक तत्वों को बढ़ावा दे रहा था और केवल भविष्य के वचनों पर समय व्यतीत करने का प्रयत्न कर रहा था।

भारत छोड़ो आंदोलन और 1942 का विद्रोह

हम करेंगे अथवा मरेंगे। या तो भारत को स्वतंत्र करा लेंगे अथवा इस प्रयत्न में प्राण दे देंगे।

—महात्मा गांधी

मैं सम्राट का प्रधानमंत्री इसलिए नहीं बना कि मेरी अध्यक्षता में साम्राज्य समाप्त हो जाए।

—विन्सटन चर्चिल

हमें स्वतंत्रता चाहिए, यहां और अभी। **—जवाहरलाल नेहरू**

भारत छोड़ो आंदोलन की उत्पत्ति इस तथ्य में देखी जा सकती है कि मित्र शक्तियों ने विश्वयुद्ध को, लोकतंत्र तथा तानाशाही के बीच युद्ध की संज्ञा दी, जिससे जनता की आशाएं बढ़ी थीं, परंतु उसके साथ चर्चिल के इस कथन से कि एटलांटिक प्रपत्र भारत पर लागू नहीं होगा, बहुत निराशा हुई। अक्तूबर 1939 में कांग्रेसी सरकारों ने 7 प्रांतों में अपने त्याग-पत्र दे दिए, क्योंकि उनकी इच्छा के विरुद्ध देश को युद्ध में झोंक दिया गया था। केवल सिन्ध, पंजाब और बंगाल में लोकप्रिय मंत्रिमंडल कार्य कर रहे थे। गांधीजी ने इसके उपरान्त व्यक्तिगत सविनय अवज्ञा आंदोलन प्रारंभ किया जिसका कोई विशेष प्रभाव नहीं हुआ। इसके उपरान्त अगस्त 1940 का प्रस्ताव तथा क्रिप्स शिष्टमंडल की असफलता से भी सभी नेताओं को यह विश्वास हो गया कि अंग्रेजी सरकार खुले विद्रोह के अतिरिक्त किसी भाषा को नहीं समझेगी। दूसरी ओर जापान युद्ध में सम्मिलित हो चुका था और भारत की ओर बढ़ता आ रहा था। अतएव 'भारत छोड़ो' आंदोलन के अतिरिक्त सम्भवतः कोई अन्य विकल्प नहीं था। परंतु सितम्बर 1939 तथा अगस्त 1942 के बीच की घटनाओं को भी हमें ध्यान में रखना होगा।

1. उत्तरदायी सरकार के बिना लोकप्रिय युद्ध प्रयत्न सम्भव नहीं—जब द्वितीय विश्वयुद्ध प्रारंभ हुआ तो साधारण भावना यह थी कि यह युद्ध ब्रिटेन का है हमारा नहीं। परंतु फिर भी गांधी तथा नेहरू जैसे आदर्शवादी लोगों ने ये वक्तव्य दिए कि यद्यपि भारत की स्वतंत्रता के प्रश्न पर हमारा और इंग्लैंड का मतभेद है परंतु फिर भी हम यह चाहते हैं कि ब्रिटेन युद्ध जीते और हम इस कठिन बेला में ब्रिटेन के लिए अधिक कठिनाइयां उत्पन्न नहीं करना चाहते, विशेषकर इसलिए कि हमने फ़ासिज्म-नाज़िज्म तथा सैनिक तानाशाही का विरोध किया है। परंतु सुभाषचंद्र बोस जैसे वामपंथी नेताओं के नेतृत्व में लोगों ने यह कहा कि इंग्लैंड की कठिनाइयां ही हमारा सुअवसर है और अंग्रेजी साम्राज्य के विघटन के बिना भारतीय स्वतंत्रता सम्भव नहीं।

राष्ट्रीय मत के सभी पक्ष भारत की स्वतंत्रता की आवश्यकता के पक्ष में थे। जैसे अमरीकी स्वतंत्रता संग्राम के समय उन लोगों ने कहा था, "प्रतिनिधित्व के बिना कर नहीं" अब भारतीय लोगों ने कहा, "भारत में उत्तरदायी सरकार के बिना लोकप्रिय युद्ध सम्भव नहीं।" यद्यपि कांग्रेस ने स्पष्ट रूप से यह कह दिया था कि भारत साम्राज्यवादी युद्ध में सम्मिलित नहीं होगा, वाइसराय ने सितम्बर 1939 में भारत को एक युद्धरत देश घोषित कर दिया था और भारत को जर्मनी के विरुद्ध युद्ध में सम्मिलित कर दिया गया था। भारतीय सेनाएं मिस्त्र, अदन एवं सिंगापुर में, लोकप्रिय सरकार की अनुमति के बिना भेज दी गई थी। कांग्रेस ने सरकार से कहा कि वह अपने युद्ध-उद्देश्य स्पष्ट करे। परंतु शीघ्र ही यह स्पष्ट हो गया कि संघर्ष तो साम्राज्यवादी शक्तियों के मध्य उपनिवेशों के बंटवारे पर था। 12 अगस्त, 1941 को इंग्लैंड और अमरीका की संयुक्त घोषणा, एटलांटिक प्रपत्र के जारी करने से कुछ आशाएं बंधी क्योंकि इसमें अन्य बातों के अतिरिक्त यह भी कहा गया था, "जनता का अधिकार है कि वह यह निश्चय करे कि उसकी सरकार कैसी होगी और उसमें यह भी कहा गया था कि जिन देशों को बलपूर्वक स्वशासन से वंचित कर दिया गया है वहां पुनः स्वशासन लागू किया जाएगा। परंतु चर्चिल के इस स्पष्टीकरण से कि यह प्रपत्र भारत पर लागू नहीं होगा, भारतीय राष्ट्रवादियों को बहुत निराशा हुई।"

2. कांग्रेस असहयोग तथा व्यक्तिगत सत्याग्रह असफल—गांधीजी ने वाइसराय के वक्तव्य पर जो उन्होंने 17 अक्तूबर, 1939 को युद्ध-उद्देश्य स्पष्ट करने के लिए दिया, अपनी प्रतिक्रिया में कहा था, "कांग्रेस ने रोटी मांगी थी, परंतु उसे पत्थर मिले।" अतएव कांग्रेस कार्यकारिणी ने सरकार से अपना सहयोग वापस ले लिया और कांग्रेस बहुमत प्रांतों में मंत्रिमंडलों ने त्याग-पत्र दे दिए। अगस्त 1940 के प्रस्ताव में जो इंग्लैंड के युद्ध मंत्रिमंडल ने प्रस्तुत किया था, अनिच्छाएं तथा सामान्य बातें कही गई थीं और केवल टालने के लिए कूटनीति का प्रयोग किया गया था। कांग्रेस ने सार्वजनिक रूप से सविनय अवज्ञा आंदोलन प्रारंभ करने की सोची, परंतु वह

अंग्रेजों को कठिनाइयों में नहीं डालना चाहती थी, विशेषकर जब इंग्लैंड पर दिन-रात हवाई हमले हो रहे थे और इंग्लैंड जीवन-मृत्यु के संघर्ष में जुटा था। अतएव कांग्रेस ने केवल नाममात्र को अपना विरोध प्रकट करने के लिए व्यक्तिगत सत्याग्रह की अनुमति दे दी और यह आंदोलन 21 अक्तूबर, 1940 को आरम्भ किया गया। विनोबा भावे पहले सत्याग्रही थे और उन्होंने ब्रिटेन द्वारा भारत को उसकी इच्छा के विरुद्ध युद्ध में घसीटने के विरुद्ध विरोध प्रकट करते हुए स्वयं को गिरफ्तार कराया। इसके उपरांत नेहरू, पटेल, आजाद, राजगोपालाचारी तथा कांग्रेस कार्यकारिणी के अन्य सदस्यों ने गिरफ्तारी दी। अप्रैल 1941 तक 2,200 कांग्रेसी जेलों में थे। शीघ्र ही यह संख्या 25,000 तक पहुंच गई। सरकार का रुख कड़ा होता चला गया। कांग्रेस को एक अधिक कड़ा कदम उठाना पड़ा। दूसरी ओर जापान के आक्रमण का भय हुआ, और कांग्रेस ने व्यक्तिगत सत्याग्रह आंदोलन निलम्बित कर दिया। कांग्रेसी सदस्यों को आज्ञा हुई कि वे अपने-अपने स्थान पर रहें और आवश्यकता पड़ने पर लोगों की सहायता करें।

3. क्रिप्स शिष्टमंडल की असफलता—दिसम्बर 1941 में जापान भी युद्ध में धुरी शक्तियों की ओर से सम्मिलित हो गया और अंग्रेजों को स्थान-स्थान पर हार खानी पड़ी। फरवरी 1942 में सिंगापुर का पतन हुआ और 7 मार्च को रंगून उनके हाथ से चला गया और जापानी सेनाएं भारत की सीमा पर पहुंच गईं। इंग्लैंड और अमेरिका भयभीत हो गए और ब्रिटिश मंत्रिमंडल ने हाऊस ऑफ कामन्ज के नेता सर स्टैफर्ड क्रिप्स को भारत भेजा क्योंकि यह समझा गया कि वह ही इस कार्य के लिए उपयुक्त व्यक्ति है।

क्रिप्स के प्रस्ताव केवल उन्हीं तत्वों की पुनरावृत्ति थे, जो बार-बार पहले कहे जा चुके थे। यही नहीं, इसमें तो कुछ शरारत भरे शब्द भी थे, जिनमें युद्ध के उपरांत भारत-विभाजन की ओर भी इशारा था। जवाहरलाल नेहरू की प्रतिक्रिया यह थी, ''इन प्रस्तावों से भारत के प्रांतों तथा रियासतों के असंख्य बंटवारे के द्वार खुल जाने थे।'' इस भावना को स्पष्ट करते हुए उन्होंने लिखा था, ''ये प्रस्ताव न केवल पाकिस्तान की स्वीकृति अथवा एक विशेष बंटवारे की बात स्वीकार करते थे अपितु इससे असंख्य बंटवारे की सम्भावनाएं थीं। ये भारत की स्वतंत्रता के लिए चिरस्थायी भय ही नहीं प्रस्तुत करते हैं अपितु ये उन सभी वचनों को पूर्ण करने में रुकावट बनेंगे जो आज तक भारत को दिए गए हैं।''

क्रिप्स शिष्टमंडल को अप्रैल 1942 में सहसा वापस बुला लिया गया। इससे यह विचार और अधिक दृढ़ हो गया कि यह तो केवल विलम्ब करने के लिए, एक कूट चाल थी और सम्भवतः संयुक्त राज्य अमेरिका को धोखा देने के लिए ऐसा किया गया था। इस प्रस्ताव में कहा गया था कि 'स्वीकार करो अथवा छोड़ दो' और जब बातचीत टूट गई तो इंग्लैंड ने समझौते के सभी द्वार बंद कर दिए और लोगों का

इंग्लैंड पर से विश्वास पूर्णतः उठ गया और राष्ट्र में एक कुंठित भावना जो लगभग विद्रोह की सीमा पर थी, फैल गई।

4. जातिवाद का प्रदर्शन—पेनांग तथा सिंगापुर के पतन के उपरान्त बर्मा में बसे भारतीयों ने भारत की ओर सार्वजनिक रूप से प्रस्थान किया। इन सभी भारतीयों में अधिकांश लोग अंग्रेजी नागरिक थे। सैनिक और असैनिक अधिकारियों ने अंग्रेजी और यूरोपीय उद्‌गम के विस्थापितों के लिए तो प्रबन्ध किए परंतु भारतीय विस्थापितों को भारत की ओर पैदल यात्रा करने पर बाध्य किया। इन लोगों को मार्ग में वर्षा, गरमी, जंगली पशु, जंगली जनजातियों, नदियों और दलदलों का सामना करना पड़ा। इस प्रकार बर्मा से विस्थापित हुए लोगों के लिए दो मार्ग थे—एक श्वेत मार्ग जो केवल श्वेत लोगों के लिए सुरक्षित था और दूसरा काला मार्ग जो भारतीय विस्थापितों के लिए था। जीवित बचे भारतीयों ने भारत पहुंच कर ब्रिटिश अधिकारियों के हाथों इस जातिवाद के नंगे नृत्य की कथा सुनाई। विदेशी सैनिकों के हाथों भारतीय स्त्रियों पर होने वाले बलात्कारों की संख्या भी बढ़ गई। इससे भारत में रोष होना स्वाभाविक था। कांग्रेस के एक मुख्य सचिव ने टिप्पणी की थी, "भारत के अनादर का प्याला उमड़ चुका था।"

5. भारत सरकार के युद्धकालीन अत्याचार—युद्ध की घोषणा करने के तुरंत पीछे भारत सरकार ने बहुत-सी नागरिक स्वतंत्रताओं पर प्रतिबन्ध लगा दिए। 1935 के भारत सरकार अधिनियम के अनुसार प्रस्तावित अखिल भारतीय संघ का विचार छोड़ दिया गया। भारत सरकार संशोधन अधिनियम पारित किया गया जिससे प्रांतीय सरकारों की शक्तियां तथा कार्य सीमित कर दिए गए। भारत सुरक्षा नियमों से कार्यकारिणी को यह अधिकार दे दिया गया कि वह जनता को भाषण तथा अभिव्यक्ति की स्वतंत्रता न दे। उसे यह भी अधिकार दिया गया कि वह निवारक बंदीकरण भी कर सकती थी तथा वैध भारतीय हितों को टाल अथवा विफल कर सकती थी। नौकरशाही ने सम्भवतः सर्वध्वंस की नीति अपनाने की सोची थी। पूर्वी बंगाल में यह आज्ञा दी गई कि सभी छोटी-बड़ी देशी नौकाएं जब्त कर ली जाएं और उन्हें नष्ट कर दिया जाए। इस आज्ञा का क्या प्रभाव हुआ होगा जब यह सोचा जाए कि ये नौकाएं लोगों को जीविका उपलब्ध कराती थीं और प्रायः मानसून के दिनों में संचार का एकमात्र साधन होती थीं। गांधीजी ने अपने 3 मई, 1942 के हरिजन में लिखा था : "पूर्वी बंगाल के लोगों को नावों से वंचित करना ऐसा ही है जैसे कि उनका आवश्यक अंग काट दिया जाए।"

ऐंग्लो-इंडियन नौकरशाही को, जो कांग्रेस को अपना सबसे बड़ा शत्रु मानती थी, यह कांग्रेस को दबाने का स्वर्ण अवसर मिला था। इसको यह आशा थी कि अब दो पक्षों पर युद्ध जीतने का अवसर था, एक ओर धुरी शक्तियों के विरुद्ध और दूसरी ओर राष्ट्रवादी तत्वों के विरुद्ध। नौकरशाही की पकड़ इस युद्ध के दिनों में अपने

सब से घिनौने रूप में प्रकट हुई।

6. आर्थिक कठिनाइयां–यदि भावों के बढ़ने से कृषकों के तथा श्रमिकों के एक वर्ग को लाभ हुआ, तो श्रमिकों की एक बड़ी संख्या को इससे बहुत कठिनाई भी हुई। युद्ध के दिनों में जमाखोरों, कालाबाजारी व्यापारियों तथा ठेकेदारों ने बहुत लाभ उठाया। सरकार ने यह समझा कि लाभ की भावना से प्रेरित होकर लोग अधिक काम करेंगे और युद्ध प्रयत्नों को बढ़ावा मिलेगा और युद्ध के लिए बहुत-सा धन चंदे के रूप में मिलेगा। सरकार के छोटे-मोटे पदाधिकारियों ने बहुत-सा धन एकत्रित किया। यदि लोग इस बलपूर्वक एकत्रित किए गए चंदे की आलोचना करते थे तो उन्हें यह कहा जाता था कि ये युद्ध-विरोधी लोग हैं और बहुमुखी भारत सुरक्षा नियमों के आधीन उन्हें दण्ड दिया जाता था।

जापान के युद्ध में सम्मिलित होने से भारत पर भी युद्ध के बादल छा गए। अतिरिक्त अंग्रेजी तथा अमरीकी सेनाएं भरत में तैनात कर दी गई, जिससे भारत की आर्थिक स्थिति पर प्रतिकूल प्रभाव पड़ा। सम्भरण व्यवस्था तो युद्ध प्रयत्न के हित में ही जुड़ी हुई थी। अन्न तथा अन्य जीवन के आवश्यक तत्वों की अत्यधिक कमी अनुभव होने लगी। भारत के सम्मुख अकाल का दैत्य खड़ा था।

7. जापानी आक्रमण का भय–जापानी सेना ने अमरीकी, अंग्रेजी, चीनी तथा डच सेनाओं को अति तीव्र गति से, जो लगभग हिटलर की जर्मन सेना जैसी ही तीव्र गति से आगे बढ़ रही थी, बहुत क्षति पहुंचाई। 15 फरवरी को सिंगापुर, 7 मार्च को रंगून और 12 मार्च को अण्डमान द्वीप उनके हाथों में चले गए। कुछ बम त्रिंकोमली, काकिनाडा तथा विशाखापत्तनम पर गिराए गए। कलकत्ता को भी छोड़ देने की योजना बनाई गई। कलकत्ता से त्रिंकोमली तक के पूर्वी तट पर आतंक छा गया। फिर भी भारत सरकार, ग्राम तथा नगर स्तर पर रक्षा दल गठन करने को उद्यत नहीं थी। जब कुछ नागरिकों ने स्वयंसेवी दलों का गठन किया तो उन्हें बंद कर दिया गया। सरकार अपनी रक्षा योजनाएं तो बना रही थी परंतु जनता के विश्वास, उसकी सहमति तथा समर्थन के बिना। क्या भारतीय लोग इस समस्त विपत्ति को हाथ पर हाथ र,खकर बैठे देखते रहें? भारतीय राष्ट्र पूर्ण रूप से हतउत्साह हो चुका था।

गांधीजी ने भारत छोड़ो आंदोलन का विचार बनाया–क्रिप्स शिष्टमंडल की असफलता, जापानी आक्रमण का भय तथा सर्वव्यापक कुंठित भावना से गांधीजी के रुख में परिवर्तन आया। उन्होंने यह अनुभव किया कि पूर्ण निष्क्रियता, साम्राज्यवादी आज्ञाओं के चुपचाप पालन करते रहने से जनता में गतिहीनता आ जाएगी तथा वे सभी प्रकार के अतिक्रमण के शिकार बन जाएंगे। जनता को उनकी तन्द्रा से जगाने के लिए, तथा उन्हें कार्य में निर्देशन देने के लिए उन्होंने यह अनुभव किया कि इंग्लैंड को भारत तुरंत छोड़ देना चाहिए। केवल एक स्वतंत्र

भारत ही मित्र शक्तियों के साथ मिलकर भारत के संरक्षण की योजना बना सकता है। यदि साम्राज्यवादी शासक समझदारी से काम करने को तैयार नहीं तो गांधीजी समस्त प्रणाली को चुनौती देने को तैयार थे और एक सार्वजनिक सविनय अवज्ञा आंदोलन प्रारंभ करने को तैयार थे।

गांधीजी ने इस आंदोलन की योजना अप्रैल-मई, 1942 में बनाई तथा 'हरिजन' में इस विषय पर लिखना आरम्भ किया। 26 अप्रैल, 1942 के 'हरिजन' में उन्होंने लिखा था, "चाहे भारत के लिए इसके परिणाम कुछ भी क्यों न हो, उसकी वास्तविक सुरक्षा और इंग्लैंड की भी इसी में है कि इंग्लैंड भारत से सुव्यवस्थित ढंग से और समय पर वापस चला जाए।" 10 मई के अंक में उन्होंने लिखा था : "भारत में अंग्रेजों की उपस्थिति, जापानियों को आक्रमण के लिए एक निमंत्रण है। उनके वापस चले जाने से यह प्रलोभन समाप्त हो जाएगा। मान लो कि ऐसा न हो, फिर भी भारत इस आक्रमण का सामना अधिक अच्छी तरह कर सकेगा।" 24 मई को उन्होंने फिर लिखा, "भारत को ईश्वर के हाथों में छोड़ दो। दूसरे शब्दों में यहां अराजकता आने दो। इस अराजकता में, कुछ समय के लिए आपसी युद्ध होंगे। इनमें से उस झूठे भारत के स्थान पर जो हम देख रहे हैं, एक वास्तविक भारत उत्पन्न होगा।" गांधीजी ने भारत में अंग्रेजी राज्य को "एक व्यवस्थित अनुशासित अराजकता" की संज्ञा दी और वह चाहते थे कि इसका अंत होना चाहिए, चाहे इसका परिणाम पूर्ण अराजकता ही क्यों न हो।

भारत छोड़ो प्रस्ताव–14 जुलाई, 1942 को कांग्रेस कार्यकारिणी की वर्धा में बैठक हुई और वहां वह प्रस्ताव पारित किया गया। जिसे प्रायः 'भारत छोड़ो' प्रस्ताव कहा जाता है। अखिल भारतीय कांग्रेस समिति की बैठक में, जो 7 तथा 8 अगस्त को बंबई में हुई, इस 'भारत छोड़ो' प्रस्ताव का समर्थन किया गया।

प्रस्ताव में यह स्पष्ट किया गया कि "भारत में अंग्रेजी राज्य को समाप्त करना, भारत के लिए भी और मित्र शक्तियों के लिए भी, एक परम आवश्यकता है। इस राज्य का बने रहना भारत को अपमानित करना है, और उसे निःशक्त बनाना है और उसे स्वरक्षा के लिए और संसार की स्वतंत्रता में योगदान देने के लिए अधिकाधिक कम समर्थ बनाता जा रहा है।

"भारत जो साम्राज्यवाद का सबसे उत्कृष्ट उदाहरण है, अब एक पहेली मात्र बन गया है...इस देश में अंग्रेजी राज्य का अंत करना एक महत्वूपर्ण तथा तात्कालिक प्रश्न बन गया है जिस पर युद्ध का भविष्य तथा स्वतंत्रता और लोकतंत्र की सफलता निर्भर है। एक स्वतंत्र भारत इस स्वतंत्रता के युद्ध के हित में और नाजीवाद, फासिज्म और साम्राज्यवाद के विरुद्ध अपने समस्त स्त्रोतों का प्रयोग करके इस सफलता को आश्वस्त कर सकता है।

"आज के संकट के कारण भारत की स्वतंत्रता तथा अंग्रेज साम्राज्य की समाप्ति

और भी आवश्यक हो गई है। भविष्य में पूरे किए जाने वाले कोई भी वचन अथवा प्रत्याभूति आज की स्थिति को प्रभावित कर सकती है अथवा उस संकट का सामना कर सकती है। वे सार्वजनिक मन की आवश्यक मनोवृत्ति उत्पन्न नहीं कर सकती। केवल स्वतंत्रता की दीप्ति ही लाखों लोगों के मन में उस ऊर्जा तथा उत्साह को भर सकती है जो तुरंत युद्ध के स्वरूप को बदल देगी।

"भारत की स्वतंत्रता की घोषणा करके, एक अस्थायी सरकार का गठन किया जा सकेगा और यह मित्र राष्ट्रों की सहायक बन जाएगी और यदि ब्रिटेन भारत की इस प्रार्थना को स्वीकार नहीं करता तो अखिल भारतीय कांग्रेस समिति यह निश्चय करती है कि, "भारत की स्वतंत्रता के अविच्छेद्य अधिकार के दावे को स्थापित करने के लिए दह अधिकाधिक सम्भव बड़े आकार में सविनय अवज्ञा आंदोलन प्रारंभ करने की अनुमति देगी जिसमें वह पिछली 22 वर्षों की संचित अहिंसात्मक शक्ति का प्रयोग शांतिपूर्ण संघर्ष के लिए करेगी। ऐसा आंदोलन आवश्यक रूप से महात्मा गांधी के नेतृत्व के अधीन होगा।"

अखिल भारतीय कांग्रेस समिति के अधिवेशन के उपरान्त महात्मा गांधी ने अपना 'करो अथवा मरो' का भाषण दिया। इसमें उन्होंने कहा, "इस क्षण से आप में से प्रत्येक व्यक्ति अपने आपको स्वतंत्र समझे और स्वतंत्र व्यक्तियों की नाईं ही कार्य करे। मैं पूर्ण स्वतंत्रता से भी कम सन्तुष्ट नहीं होऊंगा। हमें करना अथवा मरना चाहिए। या तो हम भारत को स्वतंत्र करा लेंगे अथवा इस प्रयत्न में प्राण दे देंगे।"

कांग्रेस के इस स्पष्ट विद्रोह से निबटने के लिए सरकारी तैयारियां पूरी हो चुकी थीं। वास्तव में वह यह प्रतीक्षा कर रही थी कि कांग्रेस अधिकृत रूप से गठित सरकार के विरुद्ध स्पष्ट रूप से विद्रोह की घोषणा कर अपने आपको एक गलत परिस्थिति में डाल ले। सरकार ने झट कार्यवाही की। 9 अगस्त, 1942 को कांग्रेस के सभी महत्वपूर्ण नेता गिरफ्तार कर लिए गए और कांग्रेस एक अवैध संस्था घोषित कर दी गई तथा समाचार-पत्रों पर सैंसर लगा दिया गया।

1942 का विद्रोह

1942 की घटना को हमें एक आकस्मिक घटना के रूप में नहीं देखना चाहिए अपितु यह उन सभी संघर्षों का चरम बिंदु था जो प्रथम विश्व युद्ध से आज तक हो चुके थे। लोगों में यह भावना आ गई थी कि अब इस विदेशी तानाशाही सरकार के अधीन रहना सम्भव नहीं। इस विद्रोह का मूलाधार यह था कि बिना और देर किए, हमें इस विदेशी सरकार से मुक्ति प्राप्त करनी चाहिए। यही इसका मूलाधार था।

द्वितीय विश्वयुद्ध ने राष्ट्रीय भावनाओं की उपलब्धि के लिए नवीन आशाएं उत्पन्न कर दी थीं। परंतु शीघ्र ही यह स्पष्ट हो गया कि मित्र शक्तियां केवल अपने साम्राज्यों तथा पूर्वस्थिति के पुनःस्थापन की ही बात सोचती थी। केवल कुछ आदर्शवादी लोग

ही युद्ध की नैतिकता की ओर भी ध्यान देते थे और सोचते थे कि संसार में एक नवीन व्यवस्था, तथा एक ऐसी सामाजिक प्रणाली स्थापित की जाएगी जिससे पुनः ऐसे युद्ध न हों। विन्स्टन चर्चिल तथा उसके सहयोगी, इंग्लैंड की केवल पुरानी सामाजिक व्यवस्था तथा साम्राज्य को बनाए रखना चाहते थे। जैसा नेहरूजी ने कहा था, पश्चिमी लोकतंत्र का फासिज्म तथा नाजिज्म के साथ कुछ विशेष प्रकार का सैद्धान्तिक गठबन्धन सा था जिसमें वे केवल उनकी कुछ निन्दनीय, तथा नीच अभिव्यक्तियों को स्वीकार नहीं करते थे। हिटलर ने भी अंग्रेजी साम्राज्य के प्रति शुभ कामना व्यक्त की थी और उसके दीर्घकाल तक बने रहने की इच्छा प्रकट की थी। भारतीय जनता को अंग्रेजी साम्राज्य फासिस्ट राज्य से अधिक अच्छा प्रतीत नहीं होता था।

अखिल भारतीय कांग्रेस समिति ने 'भारत छोड़ो' प्रस्ताव पारित किया और लोगों को यह अनुमति दी कि यदि सरकार भारतीय राष्ट्रीय इच्छाओं की अवहेलना करती है तो लोगों को सविनय अवज्ञा आंदोलन आरम्भ करना चाहिए। इस आंदोलन का नेतृत्व गांधीजी को सौंपा गया, जिन्हें इसके समय तथा रूप का निर्धारण करने की पूर्ण अनुमति थी। गांधीजी ने "प्रस्ताव के पारित करने तथा आंदोलन के आरम्भ करने के बीच कुछ अवधि होने की बात सोची थी।" उन्होंने वास्तव में यह सोचा था कि वह वाइसराय को एक पत्र लिखें जिसमें भारतीय मांग की न्यायपूर्णता पर प्रकाश डाला जाए और एक शांतिमय समझौते की आवश्यकता सुझाई जाए। उनकी यह भी इच्छा थी कि मित्र शक्तियों के सदस्यों को भारत की समस्या के विषय में पत्र लिखा जाए और इस समस्या के सुलझाने के लिए उनकी सद्भावनाओं के योगदान के लिए प्रार्थना की जाए। दुर्भाग्य से सरकार समझौता करने को तैयार नहीं थी। उसने समझा कि 'भारत छोड़ो' प्रस्ताव का अर्थ खुला विद्रोह है और यह विद्रोही कार्यवाही के लिए निमंत्रण है। उसने तुरंत कठोरता से कार्यवाही की। कांग्रेस नेताओं को बहुसंख्या में बंदी बना लिया गया और भारत सुरक्षा अधिनियमों की सहायता से 'आतंक का राज्य' स्थापित कर दिया।

जब नेता ही नहीं रहे तो जनता का क्रोध कोई भी रूप धारण कर सकता था। महात्माजी ने सविनय अवज्ञा आंदोलन के स्वरूप का ब्यौरा तो निश्चित ही नहीं किया था। इस पकड़-धकड़ के विरुद्ध पहला विरोध तो सार्वजनिक सभाएं तथा जुलूस निकालना अथवा हड़ताल ही था। सरकार ने तेजी से कार्यवाही की और दुकानों तथा जलपानगृहों इत्यादि का बंद करना भारत सुरक्षा अधिनियमों के अधीन अवैध घोषित कर दिया। शांतिपूर्ण सभाओं को अकारण ही पुलिस तथा सेना की गोलियों से भंग करने का प्रयत्न किया गया। हिंसा की प्रतिक्रिया में जनता की ओर से भी हिंसा हुई और एक प्रकार का विद्रोह सा हो गया जो 1942 के अंत तक चलता रहा।

बिहार, उत्तर प्रदेश, बंगाल, असम, मध्य प्रांत, बंबई तथा मद्रास में कई स्थानों पर विद्रोह हो गया। लोग इस घृणित प्रशासन को ठप्प करना चाहते थे अतएव उन्होंने

तार तथा टेलीफोन की तारें काट दी, डाकखानों को आग लगा दी और रेल लाइनें तथा बिजली की तारें तथा खम्भे उखाड़ दिए। परंतु लोगों ने इस बात का ध्यान रखा कि औद्योगिक प्रतिष्ठानों को हानि न की जाए, वहां भी जहां वे पूर्ण रूप से सरकारी काम में लगे हुए थे।

लगभग सम्पूर्ण बिहार तथा पूर्वी उत्तर प्रदेश, इन गतिविधियों के मुख्य केंद्र थे। पटना नगर अत्यधिक रूप से प्रभावित हुआ था, उसका शेष भारत से संबंध टूट गया था। जमशेदपुर में टाटा इस्पात कारखाने में हड़ताल हो गई तथा कई केंद्रों में कार्य बंद हो गया। सर्वश्री जयप्रकाश नारायण, बृजकिशोर प्रसाद, कार्तिक प्रसाद सिंह तथा डाक्टर वैद्यनाथ झा जैसे क्रांतिकारियों ने मुख्य भूमिका निभाई तथा देश के लिए अनेक यातनाएं सही। उत्तर प्रदेश के बलिया, आजमगढ, गाजीपुर, बस्ती, मिर्जापुर, जौनपुर तथा गोरखपुर के पूर्वी जिलों में स्थिति बहुत शोचनीय हो गई। ईस्ट इण्डियन रेलवे तथा बिहार और पूर्वोत्तरी रेलवे का बहुत सा कार्य ठप्प हो गया। बलिया के विषय में नेहरूजी ने लिखा है : "बलिया में ब्रिटिश साम्राज्य का अंत हो गया था। ऊंचे से नीचे तक समस्त प्रशासन ठप्प हो गया था यद्यपि यह स्थिति देर तक नहीं चली।" इन जिलों को सेना द्वारा पुनः जीतना पड़ा।

नागपुर में जनसमूह ने सभी थानों पर अधिकार कर लिया, सरकारी कोष लूट लिया गया, तथा जिला कार्यालय पर तिरंगा झण्डा फहरा दिया गया। मध्य प्रांत के राज्यपाल ने कहा था, "72 घण्टे तक नागपुरियों ने नागपुर पर राज्य किया।"

बंगाल में कलकत्ता, ढाका तथा मिदनापुर जिले बहुत प्रभावित हुए। कई क्षेत्रों में सरकार ने हवाई जहाजों से बम गिराए। आसाम में सितम्बर 1942 में आंदोलन अपनी चरम सीमा पर था। जनसमूह ने पुलों को हानि पहुंचाई तथा रेलवे लाइनें उखाड़ दी। सैनिकों से भरी दो गाड़ियां उलट गईं जिससे 150 सैनिक मारे गए।

पश्चिमी भारत में भी अशांति फैली, बंबई में छात्रों ने स्कूलों तथा कॉलेजों का बहिष्कार कर दिया और विरोध सभाएं की। सड़कों पर बाधाएं खड़ी कर दी गईं। तार तथा टेलीफोन व्यवस्था भंग हो गई। रेलवे स्टेशनों तथा सरकारी भवनों पर भी आक्रमण हुए। सब से प्रमुख बात यह थी कि बंबई में 'कांग्रेस रेडियो' स्थापित कर दिया गया जहां से उषा मेहता तथा उनके मित्र प्रतिदिन विद्रोह के समाचार प्रसारित किया करते थे। पूना, शोलापुर, नासिक, अहमदनगर तथा सतारा भी आंदोलन में सक्रिय थे।

सरकार ने इस विद्रोह का दमन करने के लिए लगभग 50 बटालियनों का उपयोग किया। सरकारी आंकड़ों के अनुसार सरकार द्वारा 538 अवसरों पर गोली चलाई गई जिसमें लगभग 1,028 लोग मारे गए और 3,200 लोग हताहत हुए। साधारण लोगों के अनुसार लगभग 25,000 लोग हताहत हुए। पण्डित नेहरू के अनुसार, लगभग 10,000 लोग मारे गए। पटना के पास तो हवा में मशीन गनें भी

चलाई गईं। सरकार द्वारा 90 लाख रुपया सामूहिक जुर्मानों के रूप में लगाया गया और 78,50,000 रूपया वसूल किया गया। 1943 के अंत तक बंदी बनाए गए लोगों की संख्या 91,836 थी।

विद्रोह की असफलता के कारण—1942 का आंदोलन अहिंसात्मक तथा हिंसात्मक दोनों था। गांधीवादियों ने क्रांतिकारियों से मिलकर देश को स्वतंत्र कराने का प्रयत्न किया। यह प्रयत्न इसलिए असफल रहा क्योंकि असमानताएं अत्यधिक थीं।

विद्रोह का गठन और संचालन योजनाबद्ध तथा सुचारू रूप से नहीं किया गया था। जैसा कि श्री जयप्रकाश नारायण, जिन्होंने इसमें प्रमुख भाग लिया था, ने कहा था, "बहुत समय तक तो कांग्रेसी लोगों को यह भी ज्ञात नहीं था कि जो कुछ लोग कर रहे हैं वह कांग्रेस कार्यक्रम के अनुसार ही है अथवा नहीं।"

कांग्रेस ने कोई स्पष्ट कार्यक्रम तो निश्चित किया ही नहीं था। उदाहरण के रूप में बलिया में जब लोगों ने विदेशी सत्ता समाप्त कर दी तो वे हाथ पर हाथ रख कर बैठ गए, उन्हें आगे क्या करना है, यह पता नहीं था। अंत में नगर अंग्रेजों ने पुनः जीत लिया। क्या ये लोग एक क्रांतिकारी सरकार नहीं बना सकते थे, क्या अपनी पुलिस नहीं बना सकते थे अथवा क्या वे अन्य मुक्त हुए प्रदेशों से ताल-मेल स्थापित नहीं कर सकते थे?

विद्रोहियों के पास हथियार तथा धन नहीं था। उन्हें उपरिवर्ग का समर्थन प्राप्त नहीं था क्योंकि ये लोग निजी हित की चिंता में थे और वे अंग्रेजी अजेयता में विश्वास करते थे।

भारतीय साम्यवादी दल ने विश्वासघात किया। जून 1941 में रूस अंग्रेजों का सहयोगी बन गया था और उसे अमरीका और इंग्लैंड से शस्त्र मिल रहे थे। भारतीय कम्युनिस्ट अब अंग्रेजों के सहयोगी बन गए। अब न केवल इन्होंने इस विद्रोह में भाग ही नहीं लिया अपितु विद्रोहियों के साथ विश्वासघात किया और विद्रोह को दबाने में सहायता की। वे अब इस अंग्रेजों के युद्ध को जनता के युद्ध की संज्ञा देते थे। अब उन्होंने श्रमिकों में अपने प्रभाव का प्रयोग कर उन्हें विद्रोह में सम्मिलित होने से रोका।

1942 के विद्रोह का मूल्यांकन—स्पष्ट है कि विद्रोह असफल रहा और सरकार की सैनिक शक्ति द्वारा दबा दिया गया परंतु यह कहना कि यह पूर्णतया असफल रहा, भी ठीक नहीं। असफलताओं से भारतीयों की स्वतंत्रता की इच्छा समाप्त नहीं हो गई और न ही विदेशियों को भारत भूमि से निकाल देने की तीव्र इच्छा ही कम हुई। भारत के स्वतंत्रता संग्राम का सन्देश देश के कोने-कोने में पहुंच गया और लोग देश के लिए हर सम्भव बलिदान करने को उद्यत थे। भारत में देशद्रोहियों तथा चाटुकारों के विरुद्ध एक सामाजिक घृणा उत्पन्न हो गई। स्थान-स्थान पर यह सुनने

को मिलता था, 'टोडी बच्चा हाय हाय' (चाटुकारों का नाश हो)।

समाचार पत्रों पर सेन्सर के कारण शेष संसार को यह पता नहीं चला कि 1942 में देश में क्या हुआ। संयुक्त राज्य अमरीका ने अपने सहयोगी इंग्लैंड के मामलों में हस्तक्षेप करना ठीक नहीं समझा। रूस ने भी अपनी सहानुभूति साधारण से शब्दों में व्यक्त की, चीनी लोग भी सहानुभूतिपूर्ण थे। नेहरूजी ने ठीक ही कहा है, "समस्त एशिया में, मिस्त्र, मध्य पूर्व में, भारतीय स्वतंत्रता शेष परतंत्र देशों की स्वतंत्रता के प्रश्न के साथ जुड़ गई, जो वर्तमान का परीक्षण तथा भविष्य का मापदण्ड बन गया।" अब यह स्पष्ट था कि भारत अथवा एशिया में तब तक शांति नहीं हो सकती जब तक भारत स्वतंत्र नहीं होगा।

इंग्लैंड में यद्यपि चर्चिल ने यह तो कहा कि, "मैं सम्राट का प्रधानमंत्री इसलिए नहीं बना कि ब्रिटिश साम्राज्य का अंत हो जाय" परंतु ये शब्द मूलतः लोगों के बहकावे के लिए थे। उसे भी यह स्पष्ट हो गया कि अंग्रेजों का प्रभाव जितना भी हो, आंदोलनकारी जब चाहें देश के बड़े भाग में एक व्यवस्थित प्रशासन को ठप्प कर सकते हैं। वेवल, जो एक समय भारत के मुख्य सेनापति थे और आगे चल कर वाइसराय भी रहे (अक्तूबर 1943 से मार्च 1947), भी इस निश्चित परिणाम पर पहुंच चुके थे कि भारत पर युद्ध के उपरान्त सत्ता बनाए रखना असम्भव हो जाएगा और समझौते की बातचीत युद्ध के अंत से पूर्व ही आरम्भ हो जानी चाहिए। इसी प्रकार चर्चिल ने भी अपनी आशंका अपने सम्राट पर इस प्रकार प्रकट की थी और सम्राट ने 28 जुलाई, 1942 को अपनी डायरी में इस प्रकार लिखा था : "उस (चर्चिल) से मैं यह सुन कर स्तब्ध हो गया कि वह और उसके सहयोगी तथा संसद के तीनों दलों के सदस्य अब पूर्णरूप से इसके लिए तैयार हैं कि युद्ध के अंत पर भारत को भारतीयों को सौंप दिया जाए। वह यह अनुभव करता था कि वे सभी भारत को छोड़ने को मान गए हैं। क्रिप्स, समाचार पत्र तथा संयुक्त राज्य अमरीका के लोक मत ने उन्हें यह मानने पर बाध्य कर दिया है कि भारत में हमारा राज्य गलत है तथा सदैव गलत रहा है।" इसलिए हम यह कह सकते हैं कि 1942 के विद्रोह ने भारत की स्वतंत्रता की ओर अग्रसर होने में महत्वपूर्ण भूमिका निभाई।

अंग्रेजी संस्कृति के विरुद्ध प्रतिक्रिया राजनैतिक एवं सांस्कृतिक विघटन

एस. आबिद हुसैन

प्रथम विश्व युद्ध के अंत में नई राजनैतिक परिस्थितियों ने शिक्षित वर्ग के रुख में कुछ क्रांतिकारी भावनाएं उत्पन्न कर दीं। ब्रिटिश सरकार द्वारा किए गए वादे के अनुसार स्वायत्त शासन प्राप्त करने की आशाओं के प्रति निराश होकर, वे अपनी भौतिक एवं बौद्धिक पराधीनता के प्रति सजग हो गए। इसलिए वे धार्मिक समुदायों तथा आम जनता की ओर मुड़े, जिनसे उन्होंने अपने को अलग कर लिया था और उनके साथ होकर विदेशी शासकों के विरोध का एक समान ध्येय बना लिया।

रुख में अचानक परिवर्तन कुछ अंशों में केवल 1919 के सुधार कानून से मोह भंग और अप्रसन्नता के कारण हुआ। अधिक शक्तिशाली तथ्य था आर्थिक मंदी, जो युद्ध की तेजी के बाद आई और पहली बार साम्राज्यवादी पूंजीवाद का भद्दा चेहरा भारतीयों के सामने उघड़कर आया। यद्यपि इस मंदी ने लगभग सभी वर्ग के लोगों को प्रभावित किया, किंतु सबसे बड़े भुक्तभोगी नीचे, मध्यम और श्रमिक वर्ग के लोग थे, जो बेकारी के शिकार हुए और किसान, जिन्हें अपनी उपज बहुत कम कीमत पर बेचनी पड़ी। युद्ध के समय बहुत से औद्योगिक कारखाने उभरे, जिनमें से अधिकांश ब्रिटिश पूंजी के द्वारा थे। चूंकि श्रमिक संघ का आंदोलन और श्रम विधान अब भी शैशव अवस्था में था इसलिए श्रमिकों का जो निष्ठुरतापूर्वक शोषण हो रहा था, उसके विरुद्ध कोई सुरक्षा नहीं थी और जब युद्ध की समाप्ति के बाद श्रमिक काम से बाहर हो गए, उनकी राहत के लिए कोई प्रावधान नहीं था। इसी तरह वहां शिक्षित बेकारों की पूरी सेना थी। जहां तक किसानों का संबंध है, उनके कष्ट अनंत थे, क्योंकि उनके विनाश के लिए तीन शक्तियां क्रियाशील थीं–विदेशी प्रतिस्पर्धा, मालगुजारी एवं साहूकार और कभी-कभी प्रकृति आवश्यक वर्षा को रोककर या खतरनाक बाढ़ की स्थिति पैदाकर उन्हें संकट में डाल देती थीं।

यद्यपि भारतीय जनता की तत्कालीन सरकार के समक्ष निष्ठापूर्वक समर्पित होने की आदत रही है, किंतु दूसरी ओर वे पृथ्वी की सभी बुराइयों के लिए सरकार को

उत्तरदायी ठहराते थे। इसलिए मंदी के लिए संपूर्ण दोष उन्होंने विदेशी सरकार पर डाल दिया। इससे नेशनल कांग्रेस के लिए, जिसने शिक्षित वर्ग से सभी ब्रिटिश विरोधी तत्वों को पहले ही आकर्षित कर लिया था, आर्थिक संकट को राजनैतिक असंतोष में बदलने में कोई कठिनाई नहीं हुई। इसमें उसे हिंदू और मुसलमान धार्मिक तथा सांस्कृतिक आंदोलन के नेताओं से सहायता मिली।

ब्रिटिश सरकार के विरुद्ध एक संयुक्त मोर्चे के रूप में इन समान तत्वों को संगठित करने के लिए कांग्रेस को एक नेता की आवश्यकता थी, जो आम जनता तथा शिक्षित वर्ग के लोगों की जरूरतों को समझ सके, जिसका आर्थिक तथा धार्मिक और नैतिक शक्तियों के मूल्यों के प्रति रुझान हो और जो मुसलमानों की न्याय संगत महत्वाकांक्षाओं के प्रति उतनी ही गहरी सहानुभूति रख सके, जितनी हिंदुओं के प्रति हो। भाग्य से उस समय महात्मा गांधी, जो ये सब शर्तें पूरी करते थे, भारत के राजनैतिक क्षितिज पर अवतरित हुए। वह उनके व्यक्तित्व का आकर्षण था, जिसने कांग्रेस में सभी वर्ग और समुदाय के लोगों को खींचा तथा उनके नैतिक एवं आध्यात्मिक प्रभाव, जिसने उन्हें एक समान ध्येय, विदेशी सत्ता से मुक्ति के लिए प्रेरित किया।

राजनैतिक अभियान में, जो महात्मा गांधी के नेतृत्व में नेशनल कांग्रेस ने ब्रिटिश शासन के विरुद्ध प्रारंभ किया, 1919 के रौलट एक्ट को निरस्त करने के विरुद्ध विद्रोह था। इन कानूनों में ब्रिटिश भारतीय सरकार की युद्धकाल की दमनात्मक नीतियों को केवल कायम रखना ही नहीं, बल्कि उन्हें युद्ध के बहुत बाद गहरा बनाने का प्रावधान भी था और स्पष्ट रूप से स्वतंत्रता आंदोलन को मोड़ने का उद्देश्य था। महात्मा गांधी ने सत्याग्रह सभा स्थापित कर राष्ट्रीय स्तर पर सविनय अवज्ञा के कार्यक्रम के साथ चुनौती को स्वीकार किया। सरकार ने अमृतसर में जलियांवाला बाग में शांतिपूर्ण विरोध सभा पर गोली चलाई तथा बाद में संपूर्ण पंजाब में मार्शल लॉ लागू कर आंदोलन को दबाया। अमृतसर में गोलियों के शिकार हिंदू, मुसलमान और सिखों के खून ने, इंडियन नेशनल कांग्रेस के झंडे के नीचे, तीनों संप्रदायों को, मित्रता के पवित्र बंधन में बांध दिया।

मध्य पूर्व में ब्रिटिश सरकार की नीतियों का भारतीय मुसलमानों ने कड़ाई से विरोध किया, जहां तुर्की साम्राज्य की सदस्यता समाप्त कर दी गई थी, और जहां इस तरह से गठित नए राज्य तथा अन्य मुस्लिम राज्य राजनैतिक चेस-बोर्ड पर प्यादे के समान उपयोग में लाए जा रहे थे। इसलिए उन्होंने आंशिक रूप में धार्मिक संगठन बनाया खिलाफत कमेटी, जिसने रूढ़िवादी धार्मिक समुदाय मुसलमानों के नए शिक्षित वर्ग के मिलने का एक केंद्र बना दिया। खिलाफत कमेटी ने अब स्वतंत्रता के आंदोलन में नेशनल कांग्रेस के साथ संबद्ध होने का निश्चय किया तथा महात्मा गांधी के अहिंसा एवं असहयोग के कार्यक्रम को अपनाकर आगे बढ़े, जो

इस सिद्धांत पर आधारित था कि विदेशी सत्ता केवल शासितों के सहयोग से कायम रह सकती है और जब सहयोग अलग कर लिया जाएगा तब वह धराशायी हो जाएगी।

यह सम्मानजनक लड़ाई जिसमें कानूनों के विरुद्ध संगठित अवरोध निहित था, जिसे भारतीय चेतना में अनुचित मानते थे, संपूर्ण रूप से क्रिया और शब्दों के द्वारा बिना हिंसा के लड़ाई प्रारंभ की। इसने भारतीय मस्तिष्क को भाग्यवादिता और निराशा से मुक्त किया तथा यह धारणा उत्पन्न की कि बिना हथियारों के शासित जनता अपना आत्मविश्वास और स्वाभिमान कायम रख सकती है और स्वतंत्रता के लिए प्रयत्न कर सकती है। ऊंचे उठने और नीचे गिरने के क्रम के साथ उसका पहला हिस्सा सात वर्षों तक चला। महात्मा गांधी और अन्य कांग्रेस नेता अनेक वर्षों तक जेलों में रखे गए, किंतु आंदोलन चलता रहा, जब तक कि सरकार ने अपना तरीका नहीं बदला और समाधानकारक नीति नहीं अपनाई।

सन् 1927 में ब्रिटिश सरकार ने घोषणा की कि सर जान साइमन के नेतृत्व में एक कमीशन भारत आएगा, यह मालूम करने के लिए कि क्या भारत देश राजनैतिक सुधार के दूसरे भाग के लिए तैयार है। कांग्रेस ने इस विलंबकारी चालबाजियों का उत्तर, मद्रास सेशन (दिसंबर 1927) में प्रस्ताव पास करके दिया कि उनका ध्येय ब्रिटिश साम्राज्य से पूर्ण मुक्ति प्राप्त करना है। यदि संभव हो, यदि आवश्यक हो कि बात नहीं। स्वतंत्र भारत का संविधान तैयार करने तथा सभी भारतीय राजनैतिक दलों के सम्मेलन में उसे स्वीकृत कराने के लिए, पंडित मोतीलाल नेहरूजी की अध्यक्षता में एक कमेटी नियुक्त की गई।

सन् 1928 में, जब साइमन कमीशन भारत आया, सभी नियमित राजनैतिक दलों द्वारा उसकी अवहेलना की गई तथा वह केवल निजी व्यक्तियों या विशेष वर्ग के हितों का प्रतिनिधित्व करने वाले समुदाय के लोगों के सबूत रिकार्ड कर सका। दूसरी ओर नेहरू कमेटी रिपोर्ट, जिसमें ब्रिटिश राष्ट्र मंडल में भारत का एक स्वतंत्र उपनिवेश के रूप में समावेश था, अली बंधुओं के नेतृत्व में बड़ी संख्या में सिर्फ मुसलमानों को छोड़कर, जिन्होंने उसके सांप्रदायिक प्रतिनिधित्व के प्रावधानों का विरोध किया था, सभी दलों के द्वारा मान्य की गई। दस वर्ष पूर्व लाई गई सांप्रदायिक सद्भावना का यह अंत था और यद्यपि बहुत से मुसलमान कांग्रेस को समर्थन देते रहे लेकिन एक बड़े समुदाय के लोगों पर विघटनकारी प्रवृतियां हावी हो गईं। फिर भी कांग्रेस ने कलकत्ता सेशन में नेहरू रिपोर्ट को मान्य किया (दिसंबर 1928), इस प्रावधान के साथ कि यदि एक वर्ष में स्वतंत्र उपनिवेश का दर्जा नहीं दिया गया तो नेहरू रिपोर्ट रद्द मानी जाएगी तथा कांग्रेस पूर्ण स्वतंत्रता की अपनी नीति पर वापिस आ जाएगी। चूंकि ब्रिटिश सरकार द्वारा कांग्रेस की मांग की अवहेलना की गई, उसने 31 दिसंबर, 1929 की मध्य रात्रि पूर्व स्वराज्य के लिए प्रयत्न करने हेतु अपरिवर्तनीय निर्णय

लिया। 26 जनवरी, 1930 को स्वतंत्रता के लिए ऐतिहासिक शपथ देश भर में आयोजित सार्वजनिक सभाओं में लाखों लोगों द्वारा ली गई।

मार्च 1930 में स्वतंत्रता के लिए भारतीय आंदोलन का दूसरा चरण उस कानून को तोड़कर प्रारंभ किया गया, जिसके अंतर्गत बिना सरकारी लाइसेंस के लोगों के द्वारा थोड़ा भी नमक बनाया जाना प्रतिबंधित था। यह विशेष कानून ही क्यों? सविनय अवज्ञा आंदोलन का आधार बनाया गया, इसका कारण यह था कि नमक पर भारी कर ने उसकी कीमत बढ़ा दी थी, जिसके कारण सबसे गरीब जनता कष्ट अनुभव कर रही थी। समुद्र के पानी से नमक बनाने के घोषित उद्देश्य को लेकर, महात्मा गांधी की दांडी की प्रसिद्ध पदयात्रा ने, जो काठियावाड़ के समुद्री तट पर स्थित था, संपूर्ण देश के उन कानूनों के उल्लंघन के लिए उत्तेजित किया, जो मूलतः न्यायसंगत नहीं थे और विदेशी कपड़े का त्याग किया जो मुख्य रूप से ब्रिटिश कारखानों से आता था। इस बार आंदोलन पूर्णतया संगठित तथा अनुशासित था। लगभग एक लाख सभी जाति और धर्म के लोग जेल भेजे गए, बहुत से लोग बिना प्रतिरोध के शारीरिक हिंसा के शिकार हुए। बहुत से पुलिस की गोलियों से मर गए।

सन् 1931 के प्रारंभ में कुछ मध्यमार्गी नेताओं ने कांग्रेस और सरकार के बीच एक समझौता संपन्न किया, जिसे गांधी-इरविन पेक्ट के रूप में जाना जाता है। महात्मा गांधी ने ब्रिटिश सरकार से सम्मानजनक शांति के लिए सुलह हेतु लंदन में राउंड-टेबिल-कांफ्रेंस में भाग लिया, किंतु कोई समझौता नहीं हो सका और महात्मा गांधी के भारत लौटने के बाद सविनय अवज्ञा आंदोलन पुनः प्रारंभ किया गया। इस बार सरकार पहले की अपेक्षा और भी निष्ठुर थी। गांधीजी को मिलाकर केवल सभी कांग्रेस नेता ही जेल नहीं भेजे गए बल्कि संपूर्ण भारत में कांग्रेस का पूरा कोष और कांग्रेस नेताओं की निजी पूंजी तथा संपत्ति हस्तगत कर ली गई। बहुत से स्वतंत्रता संग्राम सैनिकों के लिए, अपना सब कुछ खोने तथा परिवार को भुखमरी में डालने का भय जेल या मृत्यु की अपेक्षा अधिक कष्टप्रद सिद्ध हुआ और इसलिए कालांतर में आंदोलन मृतप्राय हो गया।

कांग्रेस आंदोलन के अस्थायी पतन का लाभ उठाते हुए ब्रिटिश सरकार ने कुछ अनुकूल लोगों की एक दूसरी राउंड-टेबिल-कांफ्रेंस आयोजित की और राजनैतिक सुधार की योजना तैयार की जो गवर्नमेंट ऑफ इंडिया एक्ट के नाम से सन् 1935 में ब्रिटिश पार्लियामेंट द्वारा पारित की गई। इसके अंतर्गत प्रांतों में सभी विभाग तथा केंद्र में उद्योग, व्यापार, रेलवे आदि के विभाग चुने हुए भारतीय मिनिस्टरों को हस्तांतरित करने का प्रावधान किया गया, किंतु अंतिम निर्णय के लिए उसमें वाइसराय और प्रांतीय गवर्नरों के अधिकार सुरक्षित रखे गए। केंद्रीय सरकार ब्रिटिश भारत तथा स्वशासी भारतीय राज्यों की संघ मानी गई। बाद वाले सदस्यों के 33

प्रतिशत केंद्रीय विधान परिषद् के लोअर चेंबर में और 40 प्रतिशत अपर चेंबर में भेजे जाते थे। सभी शासकों द्वारा नामजद होते थे।

नए कानून के अनुसार 1937 में आम चुनाव संपन्न होने के पूर्व, कांग्रेस द्वारा सविनय अवज्ञा आंदोलन स्थगित कर दिया गया था और सरकार द्वारा कांग्रेसी नेताओं को मुक्त कर दिया गया। उन्होंने चुनाव लड़ा और बड़ी सफलता प्राप्त की। पांच प्रांतों में कांग्रेस को पूर्ण बहुमत मिला और शेष प्रांतों में वह सबसे बड़े या दूसरे सबसे बड़े दल के रूप में रही। कुछ माह हिचकिचाने के बाद, उसने प्रांतों में केंद्र की प्रतिक्रियावादी योजनाओं का विरोध करते हुए सुधार का निश्चय किया। बहुमत के दल के रूप में उसने पांच प्रांतों में अपने मंत्रिमंडल बनाए और दो में संयुक्त मंत्रिमंडल।

नेशनल कांग्रेस के इतिहास में सीमित अधिकारों के साथ सरकार की जिम्मेदारी लेना एक भाग्यशाली घटना थी जिसके मिश्रित परिणाम हुए। एक ओर उसने कांग्रेसी नेताओं को अपनी प्रशासनिक क्षमता सिद्ध करने का अवसर दिया, जिसका उन्होंने बहुत अच्छा उपयोग किया और दस गुना सदस्य बढ़ाते हुए दल प्रभाव बढ़ाया। दूसरी ओर उसने कांग्रेस के पूर्व के स्वतंत्रता और सांप्रदायिक सद्भावना के आदर्श को कुछ सीमा तक मोड़ दिया और इस तरह अल्पसंख्यकों विशेषकर मुसलमानों से शत्रुता उत्पन्न हुई। स्पष्टतया कारण यह था कि बड़ी संख्या में नए सदस्य, जिनमें से बहुत से कांग्रेस के बुनियादी सिद्धांतों से पूरी तरह सहमत नहीं थे, किंतु सत्ता की चमक से आकर्षित हुए थे, पुराने तत्वों को समाप्त कर दिया और रूढ़िवादिता तथा सांप्रदायिकता का रूप देते हुए प्रशंसनीय ढंग से दल का सामान्य रंग बदल दिया। काफी संख्या में पूर्व के सदस्य अलग हो गए। कुछ वामपंथी दल में शामिल हुए और अधिकांश मुसलमान मुस्लिम-लीग में चले गए।

लीग, जो अनेक वर्षों तक शैडो पार्टी के रूप में अस्तित्व में रही, जिसका महत्वपूर्ण तत्व यह था कि मि. मुहम्मद अली जिन्ना उसके आजीवन अध्यक्ष थे, ने बाद में कांग्रेस के विरुद्ध प्रतिक्रिया का पूरा लाभ उठाया, जो आंशिक रूप से उनकी नई सांप्रदायिक प्रवृति के कारण था किंतु मुख्य रूप से घातक जमींदारी प्रथा को समाप्त करने के कारण हुआ, जिस पर कुछ प्रांतों में मध्यम श्रेणी के मुसलमान अपनी जीविका के लिए निर्भर थे। शीघ्र पूर्ण रूप में, सुगठित राजनैतिक पार्टी की तरह विकसित होते हुए तथा ब्रिटिश सरकार एवं देश के प्रतिक्रियावादी तत्वों से समर्थन मिलने पर मुस्लिम लीग ने एक बड़े वर्ग के मुसलमानों में पृथकतावादी प्रवृतियां भर दीं, जब तक कि उसने पाकिस्तान की मांग का रूप नहीं ले लिया, अर्थात् बहुसंख्यक मुसलमान प्रांतों का एक अलग स्वतंत्र राष्ट्र निर्मित करना। हम आगे प्रदर्शित करेंगे कि यह सांस्कृतिक विघटन का राजनैतिक परिणाम था, जो एक लंबे समय से क्रियाशील था, तथा अस्थायी रूप से राष्ट्रीय स्वतंत्रता आंदोलन के लिए उत्साह के द्वारा छाया में दब गया था।

सन् 1939 में कांग्रेस पार्टी और उसकी प्रांतीय सरकारों को इस समस्या का सामना करना पड़ा कि द्वितीय विश्व युद्ध के संबंध में क्या रुख हो। सभी कांग्रेसी नाजीवाद की भर्त्सना करते तथा प्रजातांत्रिक उद्देश्य के प्रति सहानुभूति दर्शाने में एक मत थे किंतु ब्रिटिश सरकार के युद्ध प्रयत्नों में सहयोग देने के प्रश्न तथा ऐसे सहयोग की शर्तों के संबंध में अलग-अलग मत थे। महात्मा गांधी का मत था कि कांग्रेस अपनी राजनैतिक मांगों को स्थगित कर दे, सच्चे हृदय से ब्रिटेन और उसके मित्र देशों को नैतिक समर्थन प्रदान करे, किंतु युद्ध प्रयत्नों में व्यावहारिक रूप से हिस्सा न ले, क्योंकि वह अहिंसा की आत्मा के विरुद्ध था। कुछ ने सोचा कि कांग्रेस को इस अवसर का लाभ उठाना चाहिए। अपनी मांग के संबंध में दबाव डालकर और यदि वे मान ली जाती हैं तो संबंधित ध्येय में केवल नैतिक नहीं, पूरा व्यावहारिक समर्थन दिया जाना चाहिए, क्योंकि कांग्रेस ने अहिंसा स्वीकार की है, केवल आंतरिक राजनैतिक संघर्ष के लिए एक नीति के रूप में, एक पंथ के रूप में नहीं कि जिसका बाहर से आक्रमण की स्थिति में भी पालन करना होता है। अधिकांश सदस्य इन दो दृष्टिकोणों के बीच घूमते रहे।

इस कठिन स्थिति को समाप्त करने के लिए, सभी प्रांतों में कांग्रेस मंत्रिमंडल ने त्यागपत्र दे दिया, किंतु पार्टी कोई कदम उठाने से दूर रही, जो सरकार को धर्म संकट में डालता या युद्ध में हस्तक्षेप करता। बाद में, महात्मा गांधी की सलाह के विरुद्ध, उसने ब्रिटिश सरकार से सहयोग करने का प्रस्ताव रखा, बशर्ते कि एक काम चलाऊ राष्ट्रीय सरकार तत्काल स्थापित हो जाती और भारत को युद्ध के बाद पूर्ण स्वराज्य का समर्थन मिलता। इस प्रस्ताव पर सरकार द्वारा कोई ध्यान नहीं दिया गया और इसी प्रकार युद्ध के समय नागरिक स्वतंत्रता के दमन के विरुद्ध प्रतिशोध के लिए, महात्मा गांधी द्वारा नए रूप में चलाया गया प्रतीकात्मक व्यक्तिगत सविनय अवज्ञा आंदोलन था।

सन् 1942 के प्रारंभ में, जब जापान ने बर्मा और मलाया पर अधिकार कर लिया था और भारत पर आक्रमण की धमकी दे रहा था, ब्रिटिश सरकार ने प्रेसीडेंट रूजवेल्ट के लगातार सुझाव पर सर स्टेफर्ड क्रिप्स को भारत के राजनैतिक दलों से, रक्षा विभाग को छोड़कर केंद्रीय शासन के सभी विभाग, प्रमुख राजनैतिक दलों से चुने गए भारतीय मंत्रियों को हस्तांतरित करने के संबंध में वार्ता करने हेतु भेजा। युद्ध के बाद स्वतंत्र उपनिवेश का दर्जा दिए जाने का आश्वासन दिया गया। इस प्रस्ताव ने, ऐसा प्रतीत होता है कि कांग्रेस और मुस्लिम-लीग पर प्रभाव डाला, किंतु उसका महात्मा गांधी द्वारा विरोध किया गया और अंततोगत्वा सभी के द्वारा निरस्त कर दिया गया।

महात्मा गांधी का विश्वास था कि ब्रिटिश सरकार ऐसा नहीं सोचती कि वह जापानी आक्रमण से भारत को बचा सकती है और तर्क प्रस्तुत किया कि यदि अंग्रेज पीछे हटते हैं तो जापानी आक्रमण करना बंद कर देंगे। इसके बाद भी यदि वे

आक्रमण करते हैं, तो स्वतंत्रता की भावना से उत्तेजित भारतीय उनसे सहयोग अस्वीकार कर, रोक सकेंगे।

उन्होंने कांग्रेस को समझाया कि ऐसा प्रस्ताव पारित करें (अगस्त 1942) कि ब्रिटिश सरकार से भारत छोड़ने की मांग की जाए, और यदि वे इंकार करते हैं तो देश भर में सविनय अवज्ञा आंदोलन प्रारंभ किया जाए। महात्मा गांधी वाइसराय से मिलते और बहस करते, इसके पूर्व ही उन्हें और सभी प्रमुख कांग्रेसी नेताओं को गिरफ्तार कर जेल भेज दिया गया। उत्तरदायी नेताओं के निर्देश से वंचित और निष्ठावान, देशभक्त, किंतु युवा और नेतृत्व आकांक्षी अविवेकी वामपंथियों द्वारा, उत्तेजित देश में एक कोने से दूसरे कोने तक आग भड़का दी गई। खेदजनक सामूहिक दंगे सरकार द्वारा और भी अधिक बेरहमी से दबा दिए गए और भारत में श्मशान की शांति फैल गई।

द्वितीय विश्व युद्ध की समाप्ति के बाद ब्रिटिश पार्लियामेंट ने लेबर सरकार के नेतृत्व में, भारतीय समस्याओं के उपयुक्त समाधान हेतु आवश्यक प्रयत्न करने के लिए राजपुरुषों के समान उदार हृदय वाली नीति अपनाई। ब्रिटिश केबिनेट मिशन को जिसमें सेक्रेटरी ऑफ स्टेट फार इंडिया, लार्ड पैथिक लारेंस, सर स्टेफोर्ड क्रिप्स और एलेक्जेंडर शामिल थे, भारत भेजा गया कि वे प्रमुख राजनैतिक दलों से विचार विमर्श कर, सत्ता के हस्तांतरण की एक मान्य योजना तैयार करें। बहुत शीघ्र यह प्रकट हुआ कि, केवल मुस्लिम लीग की अलग राज्य की मांग ही समस्या के समाधान के मार्ग में वास्तविक रोड़ा है, जिससे कांग्रेस की अखंड स्वतंत्र भारत की भावना का सामंजस्य स्थापित करना होगा। केबिनेट मिशन ने भारतीय नेताओं के समक्ष जो समझौते का प्रस्ताव प्रस्तुत किया, वह तय था कि मुसलमान तथा हिंदू बहुमत वाले प्रांतों के स्वायत्त समुदायों को एक अस्थायी शिथिल संघ में सम्मिलित कर दिया जाए और तुरंत ब्रिटिश स्वतंत्र उपनिवेश का दर्जा दे दिया जाए, जिसमें अवसान किए जाने के अधिकार भी निहित हों। प्रस्ताव का पहले अच्छा स्वागत हुआ और समझौते की संभावना प्रकट हुई, किंतु विघटनकारी प्रवृतियों ने जो विगत दस वर्षों में ब्रिटिश सरकार द्वारा प्रोत्साहित की गई थी, देश में न्यस्त स्वार्थों ने घृणा के निरंतर चलने वाले अभियान के द्वारा लगातार खूनी सांप्रदायिक दंगों की श्रृंखला प्रारंभ कर दी थी और आपसी कडुआपन तथा परस्पर अविश्वास उत्पन्न हो गया था, जिसने तर्क संगत विचार किया जाना असंभव बना दिया। स्वाभाविक है कि देश के अनेक भागों में हिंसक संघर्षों के बीच चलाई गई समझौता वार्ताएं असफल हो गई। चूंकि मामले चरम सीमा पर पहुंच रहे थे, जो ब्रिटिश सरकार को शांति बनाए रखने के लिए भारत में बने रहने का उपयुक्त बहाना देते थे। अतः विभाजन का कडुआ घूंट पीना पड़ा और यह निश्चय किया गया कि भारत को दो भागों में विभाजित कर दिया जाए—एक पाकिस्तान नाम से, जिसमें पश्चिमी पंजाब, उत्तर-पश्चिम सीमांत

प्रांत, बलोचिस्तान, सिंध और पूर्वी बंगाल शामिल हों और दूसरे में देश का बचा हुआ भाग शामिल रहे। दो भाग, स्वतंत्र ब्रिटिश उपनिवेश, 14 और 15 अगस्त, 1947 को क्रमशः घोषित किए गए। इस तरह आजादी का बड़ा स्वप्न जो भारत एक लंबे समय से देख रहा था अंत में साकार हुआ। वह जीवन के बंधन से मुक्त हो गया किंतु एकीकृत अंगों के साथ नहीं क्योंकि उसे अपने दो अंग खोने पड़े। एक संविधान तैयार किया गया और सन् 1949 के अंत में संविधान सभा द्वारा पारित किया गया और 26 जनवरी, 1950 से लागू हुआ। भारत एक स्वतंत्र प्रजातांत्रिक गणराज्य बन गया किंतु तब से ब्रिटिश राष्ट्रमंडल के माध्यम से अनौपचारिक संबंध बने हुए हैं।

भारत और भारत छोड़ो आंदोलन

एम.वी. कामथ

हो सकता है भारत के लोग तारीख और वर्ष भूल गए हों। यह भी हो सकता है कि वे वार्षिकी और जुबली मनाने की कला बिसर गए हों। शायद उनके मन में अतीत के प्रति सम्मान नहीं रह गया है। यह महज अनुमान है, पर यह भी हो सकता है कि वे वर्षों पहले घटी घटनाओं की प्रासंगिकता पर ही सवाल उठा रहे हों। लेकिन हम आशा करते हैं कि एक पुरानी पीढ़ी को लोग 7 और 8 अगस्त 1942 के महान दिनों को याद करने के लिए माफ करेंगे। वे ऐतिहासिक दिन थे। क्योंकि 60 साल पहले 7 अगस्त 1942 को ही भारतीय राष्ट्रीय कांग्रेस ने मुंबई (तब बंबई) के गोवालिया टैंक में आयोजित अपने अधिवेशन में मशहूर 'भारत छोड़ो प्रस्ताव' पास किया था जिसके फलस्वरूप महात्मा गांधी की गिरफ्तारी से शुरू करके पूरे देश में कांग्रेस के पूरे नेतृत्व को गिरफ्तार कर लिया गया था।

इतने बड़े पैमाने पर नेताओं की गिरफ्तारी बाद में फिर कभी नहीं हुई, सिवा 1975 में आपातकाल के दौरान।

जिसको 'भारत छोड़ो आंदोलन' कहा गया, उसके पीछे क्या था? हम थोड़ा इतिहास में चलें। सितंबर 1939 में ब्रिटेन ने नाजी जर्मनी के खिलाफ युद्ध की घोषणा की। सामान्य शब्दों में कहें तो, देश इसके लिए तैयार नहीं था। परिणामतः पराजयों का सामना करना पड़ा, यूरोप में भी और एशिया में भी। भारत में कांग्रेस नाराज हुई क्योंकि उस समय के वायसराय लार्ड लिनलिथगो ने देश को युद्ध में झोंकने के पहले भारतीयों से, खासकर कांग्रेस नेताओं से सलाह-मशविरा करने की जरूरत नहीं समझी।

यह अक्षम्य मूर्खता थी। इसकी वजह से पांच प्रदेशों में कांग्रेस मंत्रियों ने इस्तीफा दे दिया। भारत में तूफान के पहले वाली शांति थी। आक्रोश सुलग रहा था, क्योंकि यह समझ बन रही थी कि ब्रिटेन ने उपनिवेश भारत को सोच-समझकर अपमानित किया है। साथ ही सोच विभाजित थी। एक ओर भारत आजादी चाहता था। दूसरी ओर बहुत से नेता नहीं चाहते थे कि ब्रिटेन को ऐसे वक्त निशाना बनाया जाए जब

वह नाजीवाद और फासीवाद से लड़ रहा है, क्योंकि उस वक्त के नाजीवाद और फासीवाद को साम्राज्यवाद से भी बुरा मानते थे।

उन हालतों में गांधीजी ने सोचा कि वह राष्ट्रीय मनोदशा की परीक्षा लें। उन्होंने जन सिविल नाफरमानी के विपरीत उस आंदोलन का आह्वान किया जिसको 'व्यक्तिगत सत्याग्रह' कहा गया। ऐसा लगा कि यह कारगर हो रहा है। 23,000 सत्याग्रही गिरफ्तार हुए। महात्मा गांधी का निष्कर्ष था कि परिस्थिति पूर्ण स्वराज के लिए परिपक्व है। ब्रिटिश सरकार घबरा गई। उसने कांग्रेस के साथ शांति बनाने की कोशिश की और वार्ता के लिए सर स्टाफोर्ड क्रिप्स को भेजा। बेचारे सर स्टाफोर्ड को वार्त्ता के लिए जो विषयवस्तु दी गई वह संदेह के परे न थी। पहले तो उन्होंने भारत को एक जिम्मेवार कैबिनेट सरकार देने का वादा किया, लेकिन बाद में वह लंदन के दबाव में आकर इस वादे से मुकर गए। सो, भारत और साम्राज्यवादी सत्ता के बीच टकराव अवश्यंभावी हो गया।

इस बीच जापान ने सिंगापुर और मलेशिया पर कब्जा कर लिया और उसकी फौज बर्मा की ओर बढ़ने लगी। फरवरी 1942 आते-आते गांधीजी इस निष्कर्ष पर पहुंचे कि वह और ज्यादा इंतजार नहीं कर सकते और अवश्य ही चोट की जाए। यह 'अभी नहीं तो कभी नहीं' की स्थिति थी। "भारत को भगवान भरोसे छोड़ दो या अराजकता के भरोसे", ऐसा ही उन्होंने महसूस किया। उनके लिए पीछे लौटना मुमकिन न था। खुशी की बात थी कि वह कांग्रेस के दो दिग्गज नेताओं को समझाने में कामयाब हो गए। ये नेता थे जवाहरलाल नेहरू और मौलाना अबुल कलाम आजाद। इसकी पृष्ठभूमि में नेताओं के बीच काफी बहस और तर्क-वितर्क हुआ जिसमें उन दिनों के सोशलिस्ट लोग आगे रहे। ऑल इंडिया कांग्रेस कमेटी की एक मीटिगं मुंबई में 7 और 8 अगस्त 1942 को होनेवाली थी। वातावरण में तनाव था। तब तक भारत छोड़ो प्रस्ताव प्रतिनिधियों के बीच वितरित हो चुका था।

प्रारंभिक औपचारिकताओं के बाद गांधीजी ने मीटिंग को संबोधित किया जिसमें उन्होंने बताया कि भारत छोड़ो प्रस्ताव का मतलब क्या है। तब प्रस्ताव के लगभग सर्वसम्मति से पास होने (13 कम्युनिस्टों ने, जो उस समय ए. आई.सी.सी. के सदस्य थे, विरोध में वोट दिया था), गांधीजी ने अधिवेशन को फिर संबोधित किया, इस बार 100 मिनट तक। उन्होंने कहा-"इसलिए मैं फौरन आजादी चाहता हूं, आज की रात ही, सुबह होने के पहले ही, अगर ऐसा हो सके। आजादी अब सांप्रदायिक एकता कायम होने तक इंतजार नहीं कर सकती। अगर वह एकता हासिल नहीं होती, इसके लिए आवश्यक कुर्बानियां बहुत ज्यादा देनी पड़ेगी बनिस्पत उसकी जो आम तौर से देनी पड़ती। लेकिन कांग्रेस या तो निश्चय ही आजादी हासिल करे या इस प्रयास में उसका सफाया हो जाए। और यह न भूले कि कांग्रेस जिस आजादी के लिए लड़ रही है वह केवल कांग्रेसजनों के लिए ही नहीं होगी बल्कि तमाम 40 करोड़ भारतीयों

के लिए होगी।...मैं पूर्ण स्वराज से जरा भी कम पर संतुष्ट होने वाला नहीं हूं।...यह एक मंत्र है, एक संक्षिप्त मंत्र जो मैं आपको देना चाहता हूं। आप इसे अपने दिल में अंकित कर लें। मंत्र है : 'करेंगे या मरेंगे।' ईश्वर और खुद अपनी आस्था को साक्षी बनाकर संकल्प लें कि आप तब तक चैन नहीं लेंगे जब तक आज़ादी हासिल नहीं हो जाती।'' बड़े जोरदार शब्द थे वे।

लेकिन ब्रिटिश सरकार को अनुमान था कि गड़बड़ियां होगी। 9 अगस्त 1942 की अहले सुबह तमाम अग्रणी कांग्रेसजन गिरफ्तार कर लिए गए। सिर्फ मुबंई में हीं नहीं बल्कि हर जगह। महात्माजी को पुणे के आगा खां महल में रखा गया (पहले उन्हें मारिशस भेजने की योजना थी) और बाकि नेताओं को यरवदा जेल में ठूंस दिया गया।

क्रांति शुरू हो गई थी। भारत छोड़ो क्रांति ने कई-कई नायकों और नायिकाओं को उभारा, जैसे जयप्रकाश नारायण, अच्युत पटवर्धन, अरुणा आसफ अली, ऊषा मेहता आदि और हजारों अज्ञात जिन्होंने गिरफ्तारी, जेल यातनाएं और मौत तक को गले लगाया। आंदोलन जंगल की आग की तरह फैला। कुल मिलाकर 60,000 को गिरफ्तार कर जेलों में बंद किया गया, कोई 600 घायल हुए और सरकारी आंकड़े के मुताबिक 900 लोग शहीद हुए। इसके पहले ऐसा कभी नहीं हुआ था। आगे ऐसा कुछ नहीं होने वाला था।

एक पार्टी जिसने भारत छोड़ो आंदोलन का विरोध किया और जानबूझ कर इसको कमजोर करने की कोशिश की वह भारतीय कम्युनिस्ट पार्टी (सी.पी.आई.) थी। उसने गांधीजी और नेताजी सुभाषचंद्र बोस की आलोचना की। सी.पी.आई का तर्क यह था कि चूंकि नाजी जर्मनी ने सोवियत संघ पर हमला किया है, सभी कम्युनिस्टों को सोवियत संघ के समर्थन में आना चाहिए और तब तक भारत की आजादी का इंतजार करना चाहिए। कम्युनिस्टों का समर्थन पाने के लिए, जो यों भी मिल ही रहा था, ब्रिटिश सरकार ने जेलों में बंद कुछ कम्युनिस्ट नेताओं को रिहा किया, जैसे एस.ए.डांगे, बी.टी.रणदिवे और सोली वाटलीवाला को।

भारत छोड़ो आंदोलन भारत के स्वतंत्रता संग्राम में अद्वितीय है। यह एक विदेशी सरकार के खिलाफ जनता के सुलगते आक्रोश और ऊर्जा का विस्फोट था।

बदकिस्मती से, इसमें केंद्रीय मार्गदर्शन का अभाव था। अगर गांधीजी अचानक गिरफ्तार न कर लिए जाते, जिसकी उनको उम्मीद नहीं थी, तब आंदोलन ज्यादा केंद्रित होता। अतीत के सिविल नाफरमानी आंदोलनों में सब कुछ खुला और सबके सामने था। भारत छोड़ो आंदोलन अनेक अर्थों में हिंसक हो गया। महाराष्ट्र में करीब 600 गांवों ने अपने को आजाद घोषित कर दिया और एक 'पत्री सरकार' चलाई। 1857 के बाद भारत में पहले ऐसा कभी नहीं हुआ था। लेकिन 1944 आते-आते आंदोलन ठंडा पड़ने लगा और उधर युद्ध में ब्रिटेन का पलड़ा भारी होने लगा।

1945 आते-आते स्पष्ट होने लगा कि धुरी राष्ट्रों को नष्ट कर दिया जाएगा। तब भारत में ब्रिटेन को डरने की कोई वजह नहीं थी। महात्माजी को रिहा कर दिया गया और बाद में एक-एक करके दूसरे नेताओं को भी। लेकिन कांग्रेस अपना इरादा साफ कर चुकी थी। युद्ध में भले ही ब्रिटेन विजयी रहा हो, लेकिन यह थका-मांदा देश भारत पर शासन करते रहने की ताकत नहीं रखता था। अंतिम रूप से भारत छोड़ने के लिए सिर्फ कुछ वक्त का सवाल था। अगस्त 1942 में जो महज एक नारा था वह अगस्त 1947 में हकीकत बन गया।

अकसर यह सवाल उठाया जाता है : अगर कांग्रेस युद्ध की तैयारी में ब्रिटेन के साथ सहयोग करने को सहमत हो जाती और जर्मनी और इटली तथा बाद में जापान के खिलाफ लड़ाई में उसका पूरा समर्थन करती तो क्या चीजें बहुत भिन्न होतीं? क्या युद्ध समाप्त होने के बाद ब्रिटेन भलमंशाहत दिखाते हुए भारत को आजादी दे देता? इस पर तो कोई अनुमान ही लगा सकता है। एक चीज तय है : युद्ध की मियाद घट गई होती। भारत की ताकत के साथ ब्रिटेन का पलड़ा जल्द ही भारी हो गया होता। लेकिन इससे क्या ब्रिटेन ज्यादा आभारी हुआ होता? क्या विन्सटन चर्चिल नरम पड़े होते? शायद यह सब कुछ हुआ होता। और क्या पता कि पाकिस्तान पैदा ही नहीं हुआ होता। लेकिन यह सब महज अनुमान है। 7 अगस्त 1942 की चीजें भिन्न दिखाई देती थी और समय को अपने ही रास्ते पर चलना था। और एक घटना के बारे में जो इतिहास बन चुकी है, इससे ज्यादा क्या कहा जा सकता है? आज हम जो कर सकते हैं वह इतना ही है कि हम उसे याद करें और उन सब को श्रद्धांजलि अर्पित करें जो शहीद हुए और जिन्होंने अकथनीय कष्ट झेले ताकि एक दिन भारत आजाद हो। आजाद भारत उन्हें भूल नहीं सकता और उसे भूलना भी नहीं चाहिए।

1942–अगस्त क्रांति

मन्मथनाथ गुप्त

अगस्त क्रांति का आरंभ–सुप्रसिद्ध अगस्त प्रस्ताव 8 अगस्त को रात में पास हुआ, और उसी रात अर्थात् अंग्रेजी हिसाब के अनुसार कुछ घंटों बाद 9 अगस्त को बंबई में एकत्रित सब नेता गिरफ्तार कर लिए गए। नेताओं की गिरफ्तारी से देश में विस्फोटक स्थिति उत्पन्न हो गई। यह कोई नहीं सोचता था कि इतनी जल्दी सरकार हमला बोल देगी। सरकार ने अपने ख्याल से ठीक ही किया था, पर कांग्रेस के नेता इसके लिए पूर्णतः तैयार नहीं थे। अगले दिन अर्थात् 9 तारीख को गांधीजी ने प्रत्येक प्रांत से कुछ खास कार्यकर्त्ताओं को बुलाया था जिसमें वे अपना कार्यक्रम बताने वाले थे, पर उसका मौका ही नहीं आया।

स्पष्ट कार्यक्रम नहीं–नतीजा यह हुआ कि देश को ठीक-ठीक कार्यक्रम नहीं दिया जा सका। फिर भी कुछ बातें हवा में थी, और देश ने उन पर अमल किया। सबसे पहली बात तो कानून भंग कर जुलूस निकालना वगैरह देश के सामने था ही। इसके अतिरिक्त कुछ जिम्मेदार कांग्रेसियों ने तोड़-फोड़ के संबंध में जो हिदायतें दी थीं, वे भी इस संबंध में आगे के आंदोलन को एक दिशा देने में समर्थ हुई। यह ऐतिहासिक बात है, और इससे इंकार करने का कोई कारण नहीं है कि जिम्मेदार कांग्रेसियों ने तोड़-फोड़ के संबंध में हिदायतें दी थीं।

आंध्र की गश्ती चिट्ठी–ऐसी हिदायतों में आन्ध्र की गश्ती चिट्ठी है, जिसमें कांग्रेसजनों से तार काटने की सिफारिश की गई थी। सरकार ने इस गश्ती चिट्ठी को पकड़ लिया था, और इसका हवाला देकर यह प्रमाणित करने की चेष्टा की गई कि अव्यवस्थित भीड़ नहीं बल्कि कांग्रेस के नेता रेल और तार में हस्तक्षेप और तोड़-फोड़ के लिए जिम्मेदार थे। इस विषय पर सरकारी प्रस्ताव यों था–"कौंसिल सहित गवर्नर जनरल को इस बात का पता रहा है कि कुछ दिनों से कांग्रेसजनों ने बराबर गैरकानूनी और कुछ क्षेत्रों में हिंसात्मक कार्रवाइयां की है। ऐसी कार्रवाइयों में रेल, तार, यातायात तथा समाचार के साधनों में तोड़-फोड़, हड़तालों की तैयारी, सरकारी फौजों का बरगलाना तथा युद्ध की तैयारियों में विशेषकर भरती में बाधा देना था।"

तोड़-फोड़ के लिए कौन जिम्मेदार—भारत सचिव एमरी ने नेताओं की गिरफ्तारी का समर्थन करते हुए एक भाषण दिया, जिसमें बताया गया कि कांग्रेस तोड़-फोड़ मूलक कार्य करना तय कर चुकी है।

बहुत से लोगों को तो इसी भाषण से ज्ञात हुआ कि कांग्रेस का ऐसा कार्यक्रम है। इस प्रकार से जैसे भी जो कार्यक्रम लोगों को मालूम हो सका उस कार्यक्रम को चलाने के लिए चंदा भी किया गया। कहीं-कहीं पर तो प्लास वगैरह भी बांटे गए। यह कहना सत्य का अपलाप होगा कि ऐसा केवल वामपंथियों ने ही किया या उन लोगों ने किया जो राजनैतिक कार्य में बल प्रयोग में विश्वास रखते हैं। वामपंथियों में अधिकांश तो पहले ही धर लिए गए थे, यदि वे बाहर होते तो शायद तोड़-फोड़ ही करते, पर उनमें से बहुत थोड़े बाहर रह गए थे। इस आंदोलन से हिंसात्मक या कथित हिंसात्मक जो भी कार्य हुए, उनमें बचे-खुचे वामपंथी तथा दक्षिणपक्षी सभी कांग्रेसियों ने हिस्सा लिया।

जनता की क्रांतिकारी बुद्धि—जनता की क्रांतिकारी बुद्धि पर इस आंदोलन में सबसे अधिक भाग नेताओं का नहीं जनता का ही रहा। जनता ने सरकार की चुनौती को स्वीकार कर लिया। जनता ने इस आंदोलन के दौरान नई-नई तकनीकों की सृष्टि की। कहीं गोली का सामना करने के लिए लोग सीना तान देते या लेट जाते, तो कहीं पीछे हटकर फिर रात को हमला करते। बड़े-बड़े क्रांतिकारी जिन कामों को करने में यह नहीं समझ पाते कि कैसे किया जाए, उन सब विशेषज्ञतापूर्ण कामों को, जैसे तार काटना, इंजन तोड़ना, थाने पर कब्जा करना आदि को जनता ने अपनी बुद्धि से किया।

जनता पर नेहरू—जवाहरलाल ने बाद को एक व्याख्यान में कहा था : "यद्यपि 9 अगस्त को ही सब नेता गिरफ्तार हो गए थे, फिर भी जनता ने सरकार की चुनौती स्वीकार कर ली और साहसपूर्ण तरीके से तुर्की-बतुर्की जवाब दिया। नेताओं की गिरफ्तारी पर क्रोध तथा आवेश में जनता ने बहादुरी के साथ बमबाजी, मशीनगन के गोले तथा लाठियां बरदास्त की। उनके हृदयों पर स्वतंत्रता के लिए जो अमिट ज्वाला धधक रही थी, वह साहसी तथा वीरतापूर्ण कृत्यों में पल्लवित हुई।"

कांग्रेस में कम्युनिस्ट—जब फासिस्टवाद के उद्भव के कारण रूस ने संयुक्त मोर्चे का नारा दिया था, तब से कम्युनिस्ट पार्टी के लोग कांग्रेस में काम करने लगे, और यह मानना पड़ेगा कि उन्होंने अच्छा काम किया। सन् 34 में कम्युनिस्ट पार्टी गैरकानूनी करार दी गई थी। कम्युनिस्ट पार्टी ने कांग्रेस समाजवादी दल को अपना मंच बनाया, और कई जगह तो कांग्रेस समाजवादी दल के सभी लोग भीतर-भीतर कम्युनिस्ट थे। ऐसा नहीं कि यह उन्होंने छिप कर ही किया, कांग्रेस समाजवादी नेता इसको जानते थे, पर उन्होंने इस बात पर कोई विशेष ध्यान नहीं दिया।

कांग्रेस समाजवादी दल ने इस प्रकार कम्युनिस्ट पार्टी को खुला मंच देकर उसे जीवित रखा। अस्तु, कम्युनिस्ट पार्टी कांग्रेस के अंदर काम करती रही। 1941 में जून में जब जर्मनी ने रूस पर हमला कर दिया, उस समय भी वे अपने साम्राज्यवाद विरोध रुख पर डटे रहे। इन दिनों जेलों में वे बराबर कहते रहे कि नहीं, हम कभी अपना रुख नहीं बदलेंगे। पर बाद को जैसा कि हम इंगित कर चुके हैं जब कम्युनिस्ट इंटरनेशनल से हिदायत आ गई, तभी उन्होंने 'जन युद्ध' का नारा दिया और बयान देकर जेलों से छूटे। जब 1942 में काग्रेस ने लड़ाई छेड़ दी, तो उन्होंने इसका विरोध किया।

पूर्व आंदोलनों से भिन्न–इसमें संदेह नहीं कि अधिकांश स्थानों की जनता ने हत्या, तोड़-फोड़ आदि में भाग नहीं लिया, पर उन लोगों ने तो किसी काम में भी भाग नहीं लिया। इसमें संदेह नहीं कि यह आंदोलन गुण रूप से 1921, 1930, 1931 तथा 1940 के आंदोलनों से भिन्न था। इस आंदोलन के दौरान जो वीर तथा शहीद सामने आए उनके कृत्यों से ही इस बात का अनुमोदन हो सकता है।

बलिया की घटनाएं–जिस बलिया की बहुत ख्याति हुई, उसकी घटनाएं यों हैं–9 अगस्त की शाम को गांधीजी तथा अन्य नेताओं की गिरफ्तारी की खबर बलिया पहुंची। 10 अगस्त को शहर में पूर्ण हड़ताल रही। 11 अगस्त को छात्रों ने एक जुलूस निकालकर कोतवाली की ओर जाना चाहा, पर सिटी मजिस्ट्रेट ने उन्हें चेतावनी दी कि वे ऐसा न करें। छात्रों ने इस चेतावनी को मानने से इंकार किया, इस पर उन पर लाठी चार्ज हुआ, और कई लोगों को सख्त चोटें आईं। उसी रात को छात्रों के घरों की तलाशियां हुई और 40 छात्र गिरफ्तार कर लिए गए।

12 तथा 13 अगस्त को सब तार कट गए, स्टेशन जला दिए गए और सरकारी संपत्ति नष्ट कर दी गई। 14अगस्त को बलिया जिला सारी दुनिया से कट चुका था। 15 अगस्त को सरकारी इमारतों पर हमले हुए, नगर पोस्ट ऑफिस लूट लिया गया और जिला कांग्रेस कमेटी का दफ्तर, जिस पर 10 अगस्त से पुलिस का कब्जा था, जनता के अधिकार में आ गया। 16 अगस्त को पुलिस ने शहर में मनमाने तौर पर गोलियां चलाईं, जिसमें नौ शहीद हुए और अनेक घायल हुए। 10 अगस्त को रसड़ा तहसील के थाने तथा खजाने पर जनता ने हमला कर दिया। पुलिस ने यहां फिर गोलियां चलाईं, जिनमें वहां कई खेत रहे। 18 अगस्त को जनता ने बांसडीह तहसील के खजाने को लूट लिया तथा वहां के थाने में आग लगा दी। जनता ने बैरिया थाने पर भी हमला कर दिया। इस पर पुलिस साढ़े चार घंटे तक गोलियां चलाती रही। 19 मरे तथा कई घायल हुए।

सारे जिले पर जनता का कब्जा हो गया।

19 अगस्त को यह प्रस्ताव पास किया गया कि बलिया शहर पर हमला किया जाय, जिला मजिस्ट्रेट को पकड़ लिया जाय तथा जेल पर हमला करके कांग्रेस

नेताओं को छुड़ा लिया जाय। पर डिस्ट्रिक्ट मजिस्ट्रेट ने चीतू पांडे को, जो उन दिनों जेल में बंद थे, जेल से मुक्त कर उनके हाथों में आत्मसमर्पण कर दिया।

ढिंढोरा पीट कर अब बलिया की स्वतंत्रता की घोषणा कर दी गई और तीन दिन तक बलिया में जनता का राज्य रहा।

22 अगस्त को सेना आ गई और जनता के साथ कई बार डट कर लड़ाई करने के बाद बलिया पर फिर अधिकार कर लिया गया। 1 सितंबर को बलिया के इंचार्ज अफसर ने लाट साहब को एक तार भेजा जिसमें कहा गया कि बलिया पर फिर से अधिकार कर लिया गया है।

मेदिनीपुर की क्रांति–मेदिनीपुर में भी जनता ने पहले तो जुलूस निकाला, फिर जब उसके साथ छेड़-छाड़ हुई, तो दूसरे ढंग अख्तियार किए। सूत्ताहाट्टा थाना के इंचार्ज ने जुलूसवालों से तितर-बितर होने को कहा पर जनता ने उसे गिरफ्तार कर लिया और पुलिसवालों को गोली न चलाने को मौका देकर उनके हथियार छीन लिए। क्रांतिकारी जनता इलाके भर में फैल गई। कुछ सरकारी इमारतों में आग लगा दी गई। रास्ते बंद कर दिए गए, तार काट दिए गए। विद्युत वाहिनी ने सारा इंतजाम अपने हाथों में ले लिया।

क्रांति का दमन–यदि हम और विवरण दें, तो वह स्वयं ही एक ग्रंथ हो जाएगा। जो घटनाएं बलिया तथा मेदिनीपुर में हुईं, वे कुछ परिवर्तित रूप में सतारा आदि स्थानों में भी हुई। उत्तर प्रदेश के पूर्वी जिले, बिहार, बंगाल का मेदिनीपुर, असम, बंबई शहर, अहमदाबाद तथा सतारा इस आंदोलन में सबसे आगे रहे।

छः महीने तक के आंकड़े–उस समय के सरकारी आंकड़े यों हैं–

पुलिस तथा फौज की गोलियों से मरे	-	940	व्यक्ति
पुलिस तथा फौज की गोलियों से घायल	-	1630	व्यक्ति
गोलियां चली	-	538	बार
गिरफ्तारी	-	60000	व्यक्ति
नजरबंद	-	18000	व्यक्ति
फौज बुलाई गई	-	60	बार
हवाई जहाज से बम गिराये गए	-	6	स्थानों पर
दिसंबर तक बरबाद स्टेशन	-	318	
गिराई हुई गाड़ी	-	59	
तोड़-फोड़ द्वारा रेल की क्षति	-	रुपये	18,00,000
मोटर लारियों की क्षति	-	रुपये	9,00,000
स्टेशनों की इमारतों की क्षति	-	रुपये	6,50,000
डाकखाने जिन पर हमले हुए	-	954	
टेलिफोन तथा तार काटे	-	12000	जगह

इसके अतिरिक्त और भी हानि हुई जिसको सही तौर पर दिखाया नहीं गया है। इन आंकड़ों में बहुत कमी है। किसी भी आंकड़े से परिस्थिति की भयंकरता का अनुमान नहीं हो सकता। 1942 की क्रांति 1857 से कहीं अधिक व्यापक और भयंकर थी। यह जनक्रांति थी।

बिहार में 1942 का आंदोलन

सुमंत नियोगी

गांधीजी के बतिया मन में रखिहो भाई
भारत बसिया हो भाई
बंगा की खेती करिहो भाई रूइया होतई ढेर
चर्खा पर जे सुतवा कतिहो मत करिहो सब देर
करघा पर जे कपड़ा बुनिहो झपिहो अपना देह
परदेशी के आशा छोड़िहो मत करिहो अब नेह
गांव-गांव पठशाला खोल के पढ़ लो अपना भाषा
तरह-तरह के हुनर सिखले तब जीये की आशा
गांव-गांव पंचायत कर झगड़ा देहु मिटाये

मगही का यह गीत 1942 के आंदोलन के दौरान ग्रामीण बिहार में खूब लोकप्रिय हुआ। किसी अज्ञात गीतकार ने 1921 के असहयोग आंदोलन के दौरान यह गीत लिखा था। इसके अलावा एक प्रख्यात लेखक और कवि रामवृक्ष बेनीपुरी की एक कविता 'शहीदों, तुम्हारी याद में' की पंक्तियां भी 1942 के आंदोलन के दौरान बिहार में खूब गाई जाती थी।

1942 का भारत छोड़ो आंदोलन बिहार प्रदेश में अत्यंत सघन और व्यापक था। सच तो यह है कि उत्तरी और मध्य बिहार तथा पूर्वी उत्तर प्रदेश देश में इस आंदोलन का केंद्र था। बिहार के आंदोलनकारियों के लिए प्रेरणा के सबसे बड़ा स्त्रोत तो महात्मा गांधी ही थे। लेकिन इस प्रदेश में आंदोलन को बढ़ावा और मार्ग दर्शन मुख्य रूप से भारतीय राष्ट्रीय कांग्रेस के प्रांतीय नेताओं से मिला। बेशक अन्य राजनीतिक संगठनों, राजनीतिक कार्यकर्त्ताओं के भूमिगत संगठनों और सामाजिक-धार्मिक सुधार समूहों ने भी इस बगावत में योगदान किया जिसने औपनिवेशिक अधिकारियों को लंबे समय तक उलझाये रखा। बहरहाल, प्रांतीय कांग्रेस नेतृत्व में आंदोलन के तरीके और कार्यक्रम को लेकर गहरा वैचारिक मतभेद था।

राजेंद्र प्रसाद, अनुग्रह नारायण सिन्हा और श्रीकृष्ण सिंह जैसे नेता गांधीजी की जन कार्रवाई की लाइन के प्रबल समर्थक थे। लेकिन जयप्रकाश नारायण, जो कांग्रेस सोशलिस्ट पार्टी (कांग्रेस की सोशलिस्ट धारा) के सेक्रेटरी थे, "जन क्रांतिकारी संघर्ष" के पक्षधर थे जो आवश्यकतानुसार हिंसक लाइन पर भी जा सकता था ताकि औपनिवेशिक शिकंजे से देश को आजाद किया जा सके। जयप्रकाश नारायण अनुदार वकीलों के प्रभाव में चलने वाले स्वतंत्रता आंदोलन में मार्क्सवादी संघर्षशीलता का समावेश चाहते थे। यह मतभेद 1940 में खुलकर सामने आया था।

आधुनिक भारत के इतिहास में यह एक अत्यंत जटिल अवधि थी। द्वितीय विश्वयुद्ध के प्रति क्या रणनीति हो, इस सवाल पर कांग्रेस नेताओं में उलझन थी। जिन्ना उनके मुस्लिम लीग के अनुयायी वायसराय लार्ड लिनलिथगो के करीबी होते जा रहे थे। इसने भी कांग्रेस की चिंताएं बढ़ा दी थी। इस बीच जयप्रकाश नारायण ने लीग के कट्टरपंथियों और कांग्रेस के अनुदारवादियों के खिलाफ जंग छेड़ दी थी। उन्होंने ब्रिटिश हुकूमत के खातमे के लिए एकमात्र रास्ते के रूप में "जन क्रांतिकारी संघर्ष" की वकालत की। उन्होंने 1940 में जेल की अपनी मियाद पूरी कर ली थी, तो भी उनके वामपंथी क्रांतिकारी कैम्प विचारों और सरकार के खिलाफ भूमिगत अभियान चलाने की योजना की वजह से उनको फिर गिरफ्तार कर के देवली कैम्प जेल में डाल दिया गया। बाद में उन्हें हजारीबाग जेल में स्थानांतरित किया गया। गांधीजी ने जयप्रकाश नारायण की हिंसा की इस लाइन का विरोध किया।

लेकिन 1941-42 के दौरान घटनाएं बड़ी तेजी से घटित हुई, राष्ट्रीय स्तर पर और अंतर्राष्ट्रीय स्तर पर भी। दरअसल, कांग्रेस और ब्रिटिश सरकार के बीच संबंध द्वितीय विश्वयुद्ध के शुरू से ही बिगड़ने लगा। हालांकि कांग्रेस ने युद्ध में सहयोग देने का संकेत दिया था, इस शर्त पर कि केंद्रीय स्तर पर एक राष्ट्रीय सरकार बनाई जाए और युद्ध के बाद भारत से ब्रिटेन पूरी तरह वापस चला जाए। लेकिन ब्रिटिश सरकार ने यह प्रस्ताव ठुकरा दिया।

बहरहाल, अंतर्राष्ट्रीय स्तर पर तेजी से हुए बदलाव ने परिस्थिति में नाटकीय मोड़ ला दिया। दिसंबर 1941 में जापान भी रोम-बर्लिन धुरी में शामिल हो गया। जल्द ही उसने ब्रिटेन के कब्जे से मलाया, सिंगापुर और बर्मा को छीन लिया। इन घटनाओं का भारत पर भी, और खासकर बिहार पर असर पड़ा। 1942 के शुरू में सिंगापुर और रंगून के पतन के बाद हफ्तों के अंदर ही जमशेदपुर से 46,000 मजदूरों का पलायन हुआ (स्त्रोत : फोर्टनाइटली रिव्यू, बिहार, 1 फरवरी 1942)। अप्रैल 1942 में जापानी वायुसेना ने विशाखापत्तनम और काकीनाडा पर बमबारी की तो हजारों बिहारी कोलकाता से भाग खड़े हुए। जापानियों के खौफनाक बढ़ावा के आगे ब्रिटिश फौज पूरी तरह धरशायी हो गई। वह ब्रिटिश उपनिवेशों को हमलावरों की दया पर छोड़ कर भाग खड़ी हुई।

उसने विन्स्टन चर्चिल की अनुदार सरकार को भारत पर शिंकजा कसने को प्रेरित किया। मकसद यह था कि दक्षिण और दक्षिण पूर्व एशिया के लिए भारत का इस्तेमाल मित्र राष्ट्रों के रणनीति के अड्डे के रूप में किया जाए और भारत के साधनों का इस्तेमाल इन युद्ध प्रयासों में किया जाए। रूस पर जर्मनी के हमले से ब्रिटिश और भी घबरा गए। ब्रिटिश सरकार ने तो यहां तक सोच लिया था कि अगर ब्रिटेन जर्मनी का कब्जा हो जाएगा तब ब्रिटेन भारत को अड्डा बनाकर लड़ेगा। इन घटनाओं ने भारत में तनाव और भय पैदा किया।

धुरी शक्तियों के साथ सुभाषचंद्र बोस के संपर्क चाहे वास्तविक रहे हों या काल्पनिक, इसने ब्रिटिश गुलामी के खिलाफ जन विद्रोह के लिए आवश्यक उत्तेजना और उत्साह पैदा करने में बड़ी भूमिका निभाई। 1942 के आंदोलन के पहले पटना और बिहार की अन्य जगहों में टोकियो और बर्लिन के रेडियो प्रसारण बड़े चाव से सुने जाते थे। इन प्रसारणों में जोर देकर कहा जाता था कि धुरी राष्ट्रों के सहयोग से सुभाषचंद्र बोस ब्रिटिश को भारत से भगाने में कामयाब होंगे। बिहार खुफिया विभाग की सितंबर 1942 की रिपोर्ट में स्वीकार किया गया है कि बोस की सफलताओं की कहानियों ने ''विद्रोह भड़काने और प्रतिरोध को लंबा खींचने में उल्लेखनीय भूमिका अदा की।''

उलझनपूर्ण स्थिति की वजह से अहिंसा की पद्धति में कांग्रेसजनों का भरोसा टूटने लगा जिसको राजेंद्र प्रसाद ''डैम में दरार जैसी चीज'' कहते हैं जो बीतते समय के साथ चौड़ी होती गई। अहिंसा और हिंसा का इस सवाल ने पूरे आंदोलन के दौरान बिहार के कांग्रेसजनों को उलझाये रखा। गांधीजी अंत तक अहिंसा के रास्ते पर अडिग रहे, लेकिन उनकी कुछ उक्तियों से ऐसा लगता है कि उन्होंने भी अपनी नीति में कुछ ढील दी। कुछ जगहों में उन्होंने कार्रवाई का संकेत दिया और तोड़फोड़ की भी मंजूरी दी लेकिन उसी हद तक जहां मानव जीवन की क्षति न हो। जवाहरलाल नेहरू ने भी इस बात को नोट करते हुए लिखा है इस बार गांधीजी के भाषणों और लेखनों में ''नई जल्दबाजी और भावुकता'' और ''प्रतीकात्मक विरोध की बजाय कार्रवाई का संकेत'' (स्त्रोतः राजेंद्र प्रसाद, आटोबायोग्राफी, पृ. 536)।

देश के हर हिस्से में असंतोष था।...लेकिन जन असंतोष को एक संगठित आंदोलन की ओर मोड़ने की जरूरत थी। ऐसी ही परिस्थिति में गांधीजी ने जन संपर्क की अपनी तकनीक पेश की और अग्रणी कांग्रेसजनों को ब्रिटिश हुकूमत से पूर्ण आजादी के लिए संघर्ष के वास्ते जन चेतना जगाने का आह्वान किया। राजेंद्र प्रसाद ने 6 मई 1942 को वर्धा से अनुग्रह नारायण सिन्हा को पत्र लिखा। राजेंद्र प्रसाद गांधीजी के बुलावे पर वर्धा गए हुए थे, प्रस्तावित आंदोलन में जनता को उतारने की योजना पर विचार करने के वास्ते। इस पत्र से नेताओं की चिंता साफ झलकती है :

"मैं गांधीजी के निर्देश पर इलाहाबाद से यहां आया हूं। गांधीजी ने एक प्रस्ताव कार्य समिति को भेजा था जिसने तीन दिनों की गरमागरम बहस करा दी। मैंने इसको थोड़ा आसान बनाया पर तो भी इसको अधिकांश सदस्यों ने मंजूरी नहीं दी। अंत में जवाहरलालजी ने एक प्रस्ताव का मसविदा तैयार किया जो सर्वसम्मति से पारित हुआ। लेकिन इसमें उनमें से अधिकांश बिंदु शामिल नहीं हैं जो गांधीजी चाहते थे। इन तमाम बिंदुओं पर विचार करने के लिए गांधीजी चाहते थे कि मैं यहां आऊं। उनका मत है कि अगर ब्रिटिश चले जाते हैं तो हमें कुछ साधन तैयार करना होगा। अतः हमें ब्रिटिश सरकार को साफ-साफ कहना चाहिए कि वे भारत से चले जाएं और अपनी फौज भारत से हटा लें। यह तब तक नहीं हो सकता और हमारी आकांक्षा तब तक पूरी नहीं हो सकती जब तक जनमत एक स्वर से मुखर नहीं होता है। हमें इसके चलते पैदा होनेवाली खराब से खराब हालत का सामना करने के लिए तैयार रहना चाहिए और इससे देश में एक नई जान आएगी।" (दिलीप के.सिंह, "द 1942 मूवमेन्ट इन बिहार" से उद्धृत)।

उपरोक्त उद्धरण से साफ झलकता है कि अप्रैल-मई 1942 के दौरान गांधीजी और दूसरे कांग्रेस नेता उस प्रस्ताव के मसविदा को लेकर चिन्तित थे जो अगस्त 1942 में ए.आई.सी.सी. के मुम्बई अधिवेशन में पेश होने वाला था।...ऐतिहासिक मुम्बई कांग्रेस अधिवेशन ने 8 अगस्त 1942 को 'भारत छोड़ो' प्रस्ताव पारित किया जिसने 1942 के आंदोलन की दुंदुभि बजाई। यह प्रस्ताव आधुनिक भारत के राजनीतिक इतिहास का शास्त्रीय अभिलेख है। इसमें कहा गया :

"भारत में ब्रिटिश शासन की तुरंत समाप्ति भारत और संयुक्त राष्ट्र दोनों के लिए आवश्यक है।...साम्राज्य पर आधिपत्य शासक सत्ता के लिए ताकत बढ़ाने की बजाए उस पर बोझ और अभिशाप बन गया है। भारत आधुनिक साम्राज्यवाद का एक शास्त्रीय देश है। यह प्रश्न का मूल तत्त्व बन गया है क्योंकि भारत की आजादी से ही ब्रिटेन और संयुक्त राष्ट्र का न्यायनिर्णय होगा और इसी से एशिया और अफ्रीका के जनगणों में आशा और उत्साह भरेगा। इस तरह इस देश में ब्रिटिश शासन का अंत एक अत्यंत महत्वपूर्ण और तत्कालिक मुद्दा है जिस पर युद्ध का भविष्य और स्वतंत्रता तथा लोकतंत्र की सफलता निर्भर करता है। एक स्वतंत्र भारत अपने तमाम विशाल साधनों को झोंककर स्वतंत्रता के लिए और नाजीवाद, फासीवाद तथा साम्राज्यवाद के हमलों के खिलाफ संघर्ष सफलता की गारंटी करेगा।"

प्रस्ताव में चेतावनी दी गई कि हो सकता है कि कांग्रेस के लिए नियमित रूप से निर्देश जारी करते रहना संभव न हो या निर्देश लोगों तक पहुंच ही न पाये या अनेक जगहों में कांग्रेस दफ्तर न हो। इन हालतों में प्रस्ताव में सलाह दी गई :

"हरेक पुरुष और स्त्री जो इस आंदोलन में भाग ले रही हैं वे अवश्य ही अपने-अपने लिए कार्रवाई करें,...जारी किए गए सामान्य निर्देशों के दायरे के अंदर।

हरेक भारतीय जो आजादी चाहता और इसके लिए प्रयास करता है, निश्चय ही अपना मार्गदर्शक खुद बने।"

प्रस्ताव यद्यपि भागीदारों का आह्वान करता है कि वो सामान्य निर्देशों की सीमा में रहे, लेकिन प्रत्येक भारतीय "निश्चय ही अपना मार्गदर्शक खुद बने" जैसी अभिव्यक्ति के कई अर्थ लगाये जा सकते हैं, हिंसा के पक्ष में भी और विरोध में भी।...गांधीजी ने इस आंदोलन को 'निहत्था विद्रोह' और 'खुली बगावत' कहा। 9 अगस्त 1942 को अपनी गिरफ्तारी के पहले उन्होंने कहा :

"इस क्षण के बाद से आगे आप में से हरेक पुरुष या नारी, खुद को आजाद समझे और इस तरह काम करें जैसे आप आजाद हैं और इस साम्राज्यवाद के जूते तले नहीं जी रहे हैं।...हर व्यक्ति अहिंसा के अधीन पूरी दूरी तक जाने को आजाद है। हड़ताल और अहिंसक साधनों से पूरा जाम। सत्याग्रही मरने को निकलें, जीने को नहीं। वे मौत को दावत दें और मौत को गले लगावें। जब व्यक्ति मरने को चलेगा, तभी राष्ट्र जिन्दा रहेगा। करेंगे या मरेंगे।" (देखें, कलेक्टेड वर्क्स ऑफ महात्मा गांधी, खंड 76, पृ.391, 403)।

इस तरह गांधीजी अहिंसा के सिद्धांत पर अंत तक अडिग रहे, लेकिन उनके इस मंत्र का कि 'करेंगे या मरेंगे', आम आदमी पर बिजली के करंट जैसा असर हुआ। एक साधारण व्यक्ति के मनोविज्ञान को ऐसा लगा कि राष्ट्र की स्वतंत्रता के लिए प्राणों की आहुति देनी ही है तो वीरता इसमें है कि जो भी रास्ता रोकने आवे उससे लड़ते हुए मरो, न कि शांतिपूर्ण अहिंसक तरीके से पुलिस की गोली खाकर मरने में। उसके लिए हिंसा और अहिंसा का प्रश्न अप्रासंगिक हो गया...। जैसा कि एक अमरीकी विद्वान पॉल ग्रीनॉफ ने कहा है :

"सिद्धांत में अहिंसा और व्यवहार में हिंसा के बीच अंतर्विरोध महात्मा के नेतृत्व में चलने वाले पहले के राष्ट्रीय सत्याग्रह में भी सामान्य विशिष्टता रही है।" (ज्ञानेन्द्र पांडे संपादित द इंडियन नेशन इन 1942, पृ. 124)।

बिहार में ताज्जुब की बात है कि पहले दो दिनों (9-10 अगस्त) तक दबा-दबा सा रुझान देखा गया। 8 अगस्त को देर शाम के रेडियो समाचार में ए.आई.सी.सी. के प्रस्ताव की खबर आई। इसकी तात्कालिक प्रतिक्रिया तो उत्तेजक कतई नहीं थी। पटना में 'अत्यल्प समर्थन' और प्रदेश में आंदोलन के प्रमुख केंद्र मुजफ्फरपुर-छपरा में 'परेशान करने वाली निष्क्रियता' रही (जनकधारी प्रसाद, कुछ अपनी कुछ देश की, पृ. 155-56)।

अनेक चश्मदीदों ने कहा कि आबादी के एक बड़े हिस्से ने आंदोलन में असहभागिता का रुख अपनाया और निष्क्रियता दिखाई। प्रमुख नेताओं की गिरफ्तारी की खबर 9 अगस्त के प्रातःकालीन समाचार बुलेटिन में आया। निस्संदेह यह खबर जंगल की आग की तरह फैली, लेकिन यह भी उम्मीद के अनुकूल असर पैदा करने में विफल रहा। तिलक मैदान में एक मीटिंग करने के बाद मुजफ्फरपुर जिला कांग्रेस

कमेटी के सचिव जनकधारी प्रसाद ने शिकायत की कि किसी में उभार नहीं आया है। उन्होंने यहां तक शिकायत की कि इस महान संघर्ष के लिए पर्याप्त तैयारी नहीं की गई और शंका जाहिर की कि कांग्रेसजनों में इसकी इच्छाशक्ति भी है या नहीं (पूर्वोक्त पृ. 155)। पटना में 9 अगस्त को एक ही घटना हुई जिसने थोड़ी खलबली पैदा की लेकिन उत्तेजना नहीं। वह घटना थी सदाकत आश्रम में अस्वस्थ राजेंद्र प्रसाद की गिरफ्तारी जिनको बांकीपुर जेल जाने के पहले मालाएं पहनाकर और नारे लगाकर हार्दिक विदाई दी गई।

बिहार सरकार ने प्रांतीय और जिला स्तरीय कांग्रेस नेताओं की गिरफ्तारी, आंदोलन समर्थक राजनीतिक संगठनों पर पाबंदी और प्रेस सेन्सरशिप लागू करके आंदोलन को कुचलने की योजना बनाई।...बहरहाल, नेताओं की गिरफ्तारी और राजनीतिक संगठनों पर पाबंदी के साथ-साथ प्रेस का मुंह बंद करने से बिहार में आंदोलन दबने की बजाय उसकी गति में तेजी आई।...आंदोलन में वास्तविक गति पटना में 11 अगस्त 1942 की घटना से आई। गांधीजी की गिरफ्तारी के विरोध में सचिवालय पर झंडा फहराने के लिए राजनीतिक कार्यकर्त्ताओं, छात्रों, व्यवसायियों और मजदूरों का एक बड़ा जुलूस बी.एन. कालेज से प्रांतीय सरकार के सत्ता-केंद्र सेक्रेटरियेट की ओर चला। जैसे-जैसे जुलूस आगे बढ़ा, हजारों लोग इसमें शामिल होते गए। जुलूस देर अपराह्न में सेक्रेटरियेट पहुंचा। ज्योंही कुछ विद्यार्थी तिरंगा झंडा फहराने को बढ़े, जिला मजिस्ट्रेट ए. डब्ल्यू. आर्चर के आदेश पर पुलिस ने प्रदर्शनकारियों पर 15 चक्र गोलियां चलाईं जिसमें सात विद्यार्थी शहीद हुए। इनमें एक विद्यार्थी बी.एन.कालेज का था, दो राममोहन राय सेमिनरी, पटना का, एक मिलर हाई स्कूल, पटना का। 30 लोग गंभीर रूप से घायल हुए (के.के. दत्त संपादित द कम्प्रीहेंसिव हिस्ट्री ऑफ बिहार, खंड 3, भाग 1, पृ. 187)।

शहीद होनेवाले विद्यार्थी थे : (1) उमाकांत प्रसाद सिन्हा, राममोहन राय सेमिनरी, पटना, जो सीवान का रहने वाला था, (2) रामानंद सिंह, राममोहन राय सेमिनरी, पटना, जो मसौढ़ी, पटना का रहने वाला था, (3) सतीश प्रसाद झा, पटना कालेजियट स्कूल, बांका भागलपुर का निवासी, (4) देबीपद चौधरी, मिलर हाई स्कूल, पटना, (5) राजेंद्र सिंह, पटना हाई स्कूल, सोनपुर छपरा का निवासी, (6) राम गोविन्द सिंह, पुनपुन हाई स्कूल, पुनपुन पटना और (7) जगपति कुमार, बी.एन. कॉलेज पटना, ओबरा, गया के निवासी। सिर्फ जगपति कुमार प्रथम वर्ष का कालेज छात्र था। बाकी सभी ग्यारहवीं कक्षा के हाई स्कूल के विद्यार्थी थे।

महापंडित राहुल सांकृत्यायन 11 अगस्त को पटना में थे। उन्होंने अपनी जीवनी मेरी जीवन यात्रा में उस दिन की दर्दनाक घटनाओं का बड़ा ही सजीव वर्णन यों किया है :

"लोग अत्यंत उत्तेजित थे। अहमदाबाद, मुम्बई और पुणे में पुलिस फायरिंग हुई थी। उन घटनाओं ने लोगों का गुस्सा बेहद बढ़ा दिया था, खासकर विद्यार्थियों का।

वे किसी भी हद तक जाने को तैयार थे। छात्रों ने एक विशाल जुलूस संगठित किया जो सेक्रेटरियेट की तरफ बढ़ा। सेक्रेटरियेट पहुंचते-पहुंचते प्रदर्शनकारियों की संख्या 10,000 हो गई। पुलिस ने भीड़ पर गोलियां चलाईं। तीन लोग वहीं शहीद हुए और अनेक लोग घायल हो गए। आधी रात को 7 शवों को एक जुलूस की शकल में निकाला गया। यह बड़ा ही हृदय विदारक दृश्य था। कोई हृदयहीन व्यक्ति ही इन मृत युवकों को देख कर नहीं रोता। शवों पर फूल मालाएं चढ़ाई गई। शोक जुलूस अविश्वसनीय रूप से लंबा था। सभी उदास थे, पर साथ ही गुस्से में भी। 12 अगस्त को नगर में पूर्ण हड़ताल रही। ऐसा लगा कि ब्रिटिश हुकूमत के सारे प्रतीक गायब हो गए। आंदोलन एक जन विद्रोह में बदल गया जब इसका नेतृत्व छात्रों के हाथ से रिक्शा चालकों, एक्का चालकों और अन्य लोगों के हाथ में चला गया, जो सिर्फ इतना भर जानते थे कि ब्रिटिश उनके दुश्मन हैं। चंद्रशेखर सिंह और दूसरे कम्युनिस्ट नेताओं ने छात्रों को संयम में रखने की कोशिश की, लेकिन उनको 'ब्रिटिश दलाल' कहा गया। अपराह्न में एक बड़ी आम-सभा की गई जिसमें कुछ कांग्रेस नेताओं ने जनता से 'क्रांति' में शरीक होने की अपील की। लेकिन भीड़ में से बहुतों ने चिल्ला कर कहा : ''हमें आप का लेक्चर नहीं चाहिए, हमें कार्रवाई में जाने दीजिए'' । पूरे शहर में टेलीग्राफ, टेलीफोन और बिजली की लाइन कटी थी। यदुनंदन शर्मा और मैं नगर किसान सभा के दफ्तर से उन घटनाओं को देख रहा था। डाकघर जलाए जा रहे थे। राजेंद्र प्रसाद का विश्वास यथार्थ में बदल रहा था। हर व्यक्ति खुद ही अपना नेता बन गया। क्रांति ने लोगों को इतना प्रभावित किया कि वे राष्ट्र को खुद से ऊपर समझने लगे। वातावरण निश्चय ही क्रांतिकारी था, लेकिन क्रांति आई नहीं क्योंकि इसको लाने वाला कोई नहीं था। जनता ने सरकार को कुचल दिया और अब एक शून्य था। छात्रों ने कोई कार्यक्रम नहीं पेश किया, न कोई विकल्प सुझाया।'' (मेरी जीवन यात्रा, पृ. 550)

...राष्ट्र के लिए कुछ करने का दृढ़संकल्प तो था। लेकिन वह (राहुलजी) निराशा भी जाहिर करते हैं, क्योंकि क्रांति नेतृत्वविहीन थी और न उसका कोई कार्यक्रम था, न कोई संगठन। लगता है कि यह उलझनों में फंसी थी, 'सभी स्वच्छंद' वाली घटना थी जिसके गंतव्य को भाग्य भरोसे छोड़ दिया गया था...।

तो भी इसमें संदेह नहीं कि 11 अगस्त की पुलिस फायरिंग ने वह आग भड़कायी जो तेजी से फैलने लगी, न केवल बिहार में बल्कि पूरे देश में। प्रेस सेन्शरशिप के बावजूद इस बर्बर घटना की खबर कुछ ही दिनों में प्रदेश के कोने-कोने तक पहुंच गई। जैसा कि अनुग्रह नारायण सिन्हा ने अपनी पुस्तक मेरे संस्मरण में लिखा है :

''फायरिंग छात्रों को रोक न सकी। दो छात्र सेक्रेटरियेट भवन पर चढ़ गए और आखिरकार तिरंगा झंडा फहराने में कामयाब हुए। भवन के मुख्य द्वार पर खून से लथपथ लाशें पड़ी थी जो भयावह दृश्य उपस्थित कर रही थी, वह इतना दर्दनाक थी

कि उसका वर्णन करना मुश्किल है। इस घटना ने बिहार की जनता में एक नया जोश और एक नया संकल्प पैदा किया।" (मेरे संस्मरण, पृ. 389)।

श्रीकृष्ण सिन्हा इतने मर्माहत थे कि अगले दिन जब जिला मजिस्ट्रेट जेल देखने गए तो उन्होंने पूछा : "मिस्टर आर्चर, आप ने युवकों को मारने का आदेश कैसे दे दिया?" आर्चर ने जवाब दिया : "वे गोलियों की बौछार के बीच भी आगे बढ़ रहे थे।" सिन्हा ने उनसे पूछा : "क्या आप लंदन में बैठे भारत के लिए अपने सेक्रेटरी आफ स्टेट को बताएंगे कि इस आंदोलन के जरिये भारत की जनता कैसे दृढ़ निश्चय और आकांक्षा व्यक्त कर रही है?"

...11 अगस्त की घटना के बाद पटना में आतंक का राज कायम हो गया। बड़े पैमाने पर लोग पीटे गए और जेलों में बंद किए गए। बांकीपुर में क्षमता से ज्यादा लोग ठूंसे गए। बहुतों को कैम्प जेल में स्थानांतरित किया गया। उसी के दौरान 11 अगस्त को दूसरी घटना घटी। 100 कैदियों को जिनमें ज्यादातर छात्र थे, कैम्प जेल ले जाने के लिए बांकीपुर जेल आई दो लारियों को छात्रों ने जला दिया। लारियां जलकर राख हो गई और उससे मची अफरा-तफरी में कुछ छात्र जेल से भाग निकले। उस घटना ने आग में घी डालने का काम किया। हिंसक घटनाओं ने कांग्रेस नेताओं को परेशान किया। राजेंद्र प्रसाद ने कहा कि वह हिंसक घटना कांग्रेस का इरादा नहीं थी। लेकिन भारत के लिए ब्रिटिश सेक्रेटरी आफ स्टेट एल.एस. एमरी का बहुप्रचारित बयान यही धारणा फैला रहा था। आम जनता ने भी मान लिया कि कांग्रेस ने हिंसा की इजाजत दे दी है। (राजेंद्र प्रसाद, पूर्वोक्त, पृ. 569, अनुग्रह नारायण सिन्हा, पूर्वोक्त, पृ. 380-90)।

...कांग्रेस ने 12 अगस्त को कदमकुआं (पटना) के कांग्रेस मैदान में एक मीटिंग आयोजित की जिसमें दूसरी बार आंदोलन की रणनीति और कार्यक्रम बताया गया। मीटिंग की अध्यक्षता कांग्रेस नेता जगतनारायण लाल ने की। तीन दिन पहले पार्टी 'सर्कुलर' में जो कार्यक्रम दिए गए, उन सब को अनुमोदित किया गया। लेकिन एक बड़ी तबदीली यह की गई कि सत्याग्रह के आदर्श को दरकिनार कर दिया गया और इसकी जगह तोड़फोड़ की अनेक कार्रवाइयों की सिफारिश की गई। प्रस्ताव पारित करके लोगों से आग्रह किया गया कि रेलवे लाइन उखाड़कर, टेलीफोन के तार काटकर, सड़कों और पुलों को नष्ट कर के संचार के तमाम साधनों को ध्वस्त कर दे और थानों, अदालतों, डाकघरों और अन्य सरकारी दफ्तरों का नियंत्रण अपने हाथों में ले लें (के.के. दत्त, पूर्वोक्त, पृ. 287)।

ब्रिटिश अधिकारी परिस्थिति में भयावह मोड़ की आशंका से चिन्तित हुए। पटना के जिला मजिस्ट्रेट ए.डब्ल्यू.आर्चर राजेंद्र प्रसाद और अनुग्रह नारायण सिन्हा से मिले और उनसे अपील की कि शांति की अपील जारी कीजिए जिसमें जनता से आग्रह कीजिए कि वे तोड़फोड़ की कार्रवाईयों से बाज आएं और शांति कायम करने के लिए प्रयास करें। लेकिन यद्यपि वे हिंसा भड़कने से चिन्तित थे, उन्होंने दृढ़तापूर्वक अपील

जारी करने से इनकार किया, क्योंकि अगर वे ऐसी अपील करते तो इसका मतलब होता प्रांतीय अधिकारियों की ओर से वकालत करना–(अनुग्रह नारायण सिन्हा, पूर्वोक्त, पृ. 389)।

सरकार ने आंदोलन को कुचलने के लिए दमनात्मक कदम उठाए।...पटना के आसपास के क्षेत्रों में सशस्त्र सेनाएं भेजी गईं, जैसे दिघा, नौबतपुर, बिक्रम, बिहटा, मसौढ़ी, खगौल, मनेर, पालीगंज, बाढ़, फतुहा और मोकामा। पुलिस और फौज ने इन जगहों में फायरिंग की, लाठीचार्ज किया और आंदोलन में शामिल होने के संदेह में बेगुनाह लोगों को यातनाएं दी। चूंकि विद्यार्थी प्रमुख भूमिका निभा रहे थे, इसलिए कुलाधिपति ने 13 अगस्त को अधिसूचना जारी करके पटना के तमाम कालेजों को एक महीना के लिए बंद कर दिया और छात्रों को होस्टल खाली करने को बाध्य किया गया (द सर्चलाइट, पटना, 14 अगस्त 1942)।

...ब्रिटिश अधिकारी कितना घबरा गए थे, इसका अंदाजा उन दो पत्रों से लग जाता है जो गवर्नर जनरल लार्ड लिनलिथगो ने 16 अगस्त को भारत के लिए सेक्रेटरी आफ स्टेट और 31 अगस्त को ब्रिटिश प्रधानमंत्री विन्स्टन चर्चिल को लिखा था। उन्होंने सेक्रेटरी आफ स्टेट को लिखा था :

"तूफान का केंद्र बिहार मालूम पड़ता है जहां पटना और उसके आसपास बड़े पैमाने पर तोड़फोड़, रेल लाइन और संचार साधनों को काट देने की वजह से गंभीर परिस्थिति पैदा हो गई है। फौज भेजी गई है और गवर्नर के साथ संचार संपर्क जोड़ लिया गया है। फिर से व्यवस्था कायम करने के लिए तमाम उपाय किए जा रहे हैं, लेकिन इसमें थोड़ा समय लगेगा, क्योंकि बड़े पैमाने पर नुकसान हुआ है।" (एन मैसेर्घ, ट्रांसफर आफ पावर, 1942-47, पृ. 730-31)।

एक पखवारा बाद लिनलिथगो ने विन्स्टन चर्चिल को लिखा :

"मैं 1857 के बाद के सबसे गंभीर विद्रोह का सामना करने में व्यस्त हूं जिसकी गंभीरता और व्यापकता को हमने सैनिक सुरक्षा को ध्यान में रखकर दुनिया से छुपाया है।" (एन. मैनसेर्फ, पूर्वोक्त, पृ. 730-31)

...पटना से फैलकर आंदोलन प्रदेश के विभिन्न हिस्सों में फैल गया। 'अधिकतम सघनता' वाले क्षेत्र थे। इसका मतलब उन क्षेत्रों सें है जहां आंदोलन ज्यादा फैला हुआ था, जहां तनाव और संपर्क विच्छेद ज्यादा दिनों तक जारी रहा और जहां ज्यादा लोग इसमें शरीक थे और गिरफ्तारियां ज्यादा हुईं। पटना और पड़ोसी क्षेत्र पटनासिटी (अब पटना साहेब) मध्य बिहार में और छपरा-हाजीपुर-मुजफ्फरपुर जोन उत्तर बिहार में 'अधिकतम सघनता' वाले क्षेत्र माने जा सकते हैं। अगर पटना में सात विद्यार्थियों की मौत ने पटना क्षेत्र में आंदोलन को गति दी, छपरा में कांग्रेस नेता जगलाल चौधरी के पुत्र इंद्रदेव की बर्बर हत्या ने, वह भी जगलाल चौधरी की नजर के सामने, सारण जिला में विद्रोह की ज्वाला भड़का दी।

'मध्यम सघनता' के क्षेत्र थे पूर्वी बिहार में मुंगेर-भागलपुर जोन, पश्चिमी बिहार में आरा-बक्सर और उत्तरी भाग में दरभंगा-पूर्णिया जोन। इनमें से कुछ क्षेत्रों की घटनाओं पर गौर करें तो 'मध्यम' शब्द भ्रामक लगता है। मुंगेर और आरा-बक्सर के कुछ क्षेत्रों में परिस्थिति सचमुच बहुत तनावपूर्ण थी। आरा-बक्सर और छपरा-बलिया (बलिया यूपी में) क्षेत्रों की दिलचस्प बात 1857 के विद्रोह के दो नायकों की वीरता का प्रभाव था, क्रमशः मंगल पांडेय और वीर कुंवर सिंह की वीरता का प्रभाव। मंगल पांडेय बलिया के थे और कुंवर सिंह शाहाबाद जिला के जगदीशपुर के...।

मुंगेर में पहले कुछ दिनों में परिस्थिति बहुत गंभीर हो गई, लेकिन उस पर नियंत्रण कर लिया गया। लेकिन असली समस्या तब पैदा हुई जब आंदोलन दूर-दराज के क्षेत्रों में फैला जहां पुलिस भी जाने की हिम्मत नहीं जुटा पाती थी। 16 अगस्त को मुंगेर के जिला मजिस्ट्रेट ने ऊपर वालों को भेजी गई रिपोर्ट में लिखा :

"सिवा इसके कि मुंगेर और जमालपुर के नगरपालिका क्षेत्रों में 14 अगस्त के बाद परिस्थिति नियंत्रण में कर ली गई है, जिला में परिस्थिति की गंभीरता शायद चोटी पर पहुंच गई है। रेलवे और टेलीग्राफी स्टेशन अलग-थलग पड़ गए हैं और अंदरूनी इलाकों में पूरी अराजकता और अस्त-व्यस्तता फैली होने की रिपोर्ट है। न पुलिस, न ही अदालती पिओन अंदरूनी इलाकों में जाने की हिम्मत जुटा पा रही है।...सरकारी सेवकों की जिन्दगी खतरे में है।" (ज्ञानेन्द्र पांडेय, पूर्वोक्त, पृ. 165-66)

बिहार का दक्षिणी हिस्सा आमतौर से 'निम्न सघनता' का क्षेत्र था। इसका मतलब यह नहीं कि दक्षिणी मोर्चे पर शांति थी। इस क्षेत्र में भी यदा-कदा हिंसा, आगजनी और संपत्ति की बरबादी की घटनाएं हुई। हजारीबाग में आंदोलन का असर स्पष्ट दिखाई देता था, और कुछ हदतक रांची और जमशेदपुर में भी।

कुछ रेल खंड ज्यादा प्रभावित हुए। आंदोलन जब हिंसक हो गया तब पूर्वी क्षेत्र में पटना-झाझा खंड और पटना-बक्सर खंड पश्चिमी क्षेत्र में, पटना-गया लाइन और उत्तर बिहार में सोनपुर-छपरा खंड को भारी क्षति उठानी पड़ी। फलस्वरूप, जब आंदोलन थमा तो इन क्षेत्रों को सबसे ज्यादा बरबर दमन का निशाना बनाया गया। इन रेल लाइनों पर अनवरत पुलिस पेट्रोलिंग लगाई गई। पुलिस को 'देखते ही गोली मारने' का आदेश था। रेल इंजिनों में विस्फोटक लगा दिए गए थे जो कान फाड़ देने वाली आवाज करते थे ताकि तोड़फोड़ में संलग्न आंदोलनकारियों को डराया जा सके। अनेक मामलों में, रेल लाइन पार करते निर्दोष नागरिकों को भी पुलिस ने गोली मार दी। (बलदेव नारायण, अगस्त क्रांति, पृ. 80)।

सघनता में जो भी फर्क हो, आंदोलन की शैली प्रदेश के सभी जिलों में मोटा-मोटी एक जैसी थी। आंदोलन की शुरूआत छात्रों द्वारा स्थानीय स्कूलों या कालेजों में झंडोत्तोलन के साथ होती थी। इसके बाद स्थानीय कांग्रेसजनों द्वारा जुलूस निकाला जाता था जिसमें विद्यार्थी और दूसरे तबके के लोग शामिल होते थे। जुलूस

जिला मजिस्ट्रेट या एस.डी.ओ. या लोकल बोर्ड या स्थानीय थाना पर जाता था। प्रदर्शनकारी आजादी के नारे लगाते थे और नेताओं की रिहाई की मांग करते थे। वे कार्यालय भवन या थाने पर तिरंगा झंडा फहराने की कोशिश करते थे। वे दफ्तरों को बंद करने की मांग करते थे और भारतीय अफसरों और कर्मचारियों से काम छोड़ने की अपील करते थे। इनकार करने पर अनेक मामलों में दफ्तरों और थानों पर हमले किए गए और उनमें आग लगा दी गई। अनेक थानों में थाना प्रभारी और पुलिस कर्मी थाना छोड़कर आंदोलन में शामिल हुए। कई मामलों में वे लंबा जुलूस आते देख भाग खड़े हुए।

पुलिस और फौज को आने से रोकने के लिए संचार और यातायात के साधन ध्वस्त किए गए। सड़कों पर पेड़ गिरा दिए गए या ईंट या भारी चट्टानें डाल दी गई। अधिकांश मामलों में सड़कें काट दी गई। बहुत से पुल तोड़ दिए गए। रेलवे को पटना-किऊल, पटना-बक्सर, पटना-गया और सोनपुर-छपरा खंडों पर भारी क्षति पहुंचाई गई।

इन घटनाओं के बाद कई जगहों में जन सरकार गठित की गई जिसके मुख्यमंत्री, पुलिस और प्रशासन थे। अनेक गांवों में 'पंचायतें' खड़ी हुई। कई जगहों में थाने को ही जिला मुख्यालय बना दिया गया जिसके अपने कलक्टर, एस.डी.ओ. और पुलिस प्रणाली थी। (के.के. दत्त, पूर्वोक्त, पृ. 110-13)। कई जगह लोगों ने सरकार को चौकीदारी टैक्स देना बंद कर दिया। लोगों ने दूसरे टैक्स देने से इनकार किया। मुजफ्फरपुर, सारण, मुंगेर और सहरसा जिलों के गांवों में इन टैक्सों को चुकाने से इनकार करना आम बात थी। प्रदर्शनों में लोग नारा लगाते थे : "मालगुजारी मत दो, चौकीदारी मत दो, इसके चलते जो भी हो।" ये जन सरकारें स्वतंत्र इकाइयों के रूप जैसे-तैसे महीनों तक चली, खासकर उत्तर बिहार में। यह दिलचस्प बात है कि तिरहुत के कमिश्नर को साहेबगंज, पारू, लालगंज, सोनवर्षा, मेजरगंज और अन्य थानों को बंद करना पड़ा क्योंकि वे प्रायः निष्क्रिय थे (सरकारी दस्तावेज, बिहार सचिवालय अभिलेखागार)।

जहां तक आंदोलन में भाग लेने वालों के चरित्र और सामाजिक पृष्ठभूमि का सवाल है, उल्लेखनीय बात यह है कि वे समाज के बड़े हिस्से का प्रतिनिधित्व करते थे। कार्रवाइयों के नेतृत्व और संगठनकर्ता की जिम्मेवारी सामान्य भूमिपति वर्गों ने ली जिनको ग्रामीण इलाकों में छोटे जमीन्दार और शहरी इलाकों में शिक्षित मध्यम वर्ग या पेशागत पूंजीपति कहा जा सकता है।...जो कांग्रेस कार्यकर्त्ता थे उनको छोड़ कर बाकी बड़े जमीन्दारों और भूस्वामियों का बहुमत हिस्सा ब्रिटिश-पंथी था और कुछ ने तो उपनिवेशवादी सरकार की सहायता भी की। बड़े जमीन्दार इसलिए परेशान थे कि 1937-39 के दौरान कांग्रेस मंत्रालयों ने बकाश्त भूमि पुनर्स्थापन कानून और बिहार रैयती कानून में कुछ बदलाव किए हैं जो उन्हें पसंद नहीं है। इसमें संदेह नहीं

कि इन कानूनों में किए गए बदलाव से कृषि और राजस्व प्रणाली में परिवर्तन होगा जिससे किसानों की हालत में सुधार आएगा। लेकिन बड़े जमीन्दार क्षुब्ध थे क्योंकि ये परिवर्तन उनके कुलीन विशेषाधिकारों की कीमत पर किए गए थे...।

शहरी मध्यम वर्ग की भूमिका आंदोलन के लिए अत्यंत महत्वपूर्ण थी। वे आधुनिक शिक्षा से लैस थे। स्वतंत्रता और राष्ट्रवाद की भावना से प्रेरित थे। वे लोकतंत्र और संविधानिक सरकार के पाश्चात्य विचारों से प्रभावित थे। इसलिए वे आंदोलन की अगली कतार में थे। बड़ी तादाद में शिक्षकों, वकीलों साहित्यकारों और पत्रकारों ने जनमत तैयार करने, जनता को गोलबंद करने, उन्हें आंदोलन के कार्यक्रमों में उतारने और भूमिगत गतिविधियों की योजना बनाने में बड़ी भूमिका निभाई।

बिहार में 1942 के आंदोलन में छात्रों की भूमिका वीरता, साहस और कुर्बानी की हैरतअंगेज कहानी है। ये छात्र भी शहरी मध्यवर्ग और गांव के जमीन-जायदाद वाले साधारण कृषक परिवार के थे। बिहार सरकार के साबिक मुख्य सचिव ने सितम्बर 1942 में भारत सरकार के गृहसचिव के नाम लिखे गए अपने पत्र में छात्रों की भूमिका के बारे में यों लिखा :

"खासकर शुरूआती दौर में छात्रों की भूमिका बहुत प्रमुख रही और वे तोड़फोड़ की कार्रवाइयां संगठित करने और उन्हें अंजाम देने में सबसे आगे थे।" (होम पोलिटिकल फाइल न. डी/34/42, बी.एस.ए, पटना)

जहां तक आबादी के अन्य तबकों का सवाल है, व्यावसायिक पूंजीपति वर्ग और संपन्न व्यापारी, मजदूर वर्ग और किसान भी कई तरह से आंदोलन में शरीक हुए। आंदोलन के समर्थन में दुकानें बंद करना पूरे बिहार में आम बात थी। शहरी क्षेत्रों में कई-कई दिनों तक दुकानें बंद होती।...किसान सभा के नेताओं की गिरफ्तारी और उनके दफ्तरों को नष्ट करने की घटनाओं से आंदोलन में किसानों की शिरकत के प्रति सरकार की चिंता का अंदाजा लगाया जा सकता है।

यही बात शहरी मजदूरों के बारे में कही जा सकती है। सड़क काटने, पुल उड़ाने और रेलवे लाइन तोड़ने में किसान और मजदूर दोनों सक्रिय थे। पुलिस और सेना की फायरिंग में सैंकड़ों किसान और मजदूर शहीद हुए (बलदेव नारायण, पूर्वोक्त, पृ. 110)। मजदूरों की शिरकत से ही गया में आंदोलन ने जोर पकड़ा। 13 अगस्त को गया कॉटन मिल्स के मजदूरों ने 'अंग्रेजो भारत छोड़ो' नारे के साथ जुलूस निकाला। जुलूस जब जिला मजिस्ट्रेट के कार्यालय के निकट पहुंचा, पुलिस ने गोलियां चलाई जिसमें मजदूर नेता जगन्नाथ मिश्र शहीद हुए। उनके शव को पूरे शहर में घुमाया गया जिससे लोगों का आक्रोश चरम सीमा पर पहुंच गया।

जमशेदपुर के टाटा स्टील और रोहतास उद्योग समूह के मजदूरों ने लंबे समय तक हड़ताल की। रोहतास उद्योग के खुद श्रम अधीक्षक ने मजदूरों को हड़ताल करने की सलाह दी। सीतामढ़ी का बेलसंड शुगर मिल उन दिनों मुजफ्फरपुर जिला में था।

वहां हालत इतनी भयावह हो गई कि वहां के अंग्रेज अधिकारियों और उनके परिवारों को हटाकर मुजफ्फरपुर लाना पड़ा (के.के. दत्ता, पूर्वोक्त, पृ. 90)। धनबाद और झरिया में खान मजदूरों ने कई हफ्तों तक हड़ताल रखी।...बिहार में इस आंदोलन की एक खासियत यह थी कि इसमें मुस्लिम समुदाय की शिरकत नगण्य रही क्योंकि जिन्ना इस आंदोलन का समर्थन नहीं कर रहे थे। यह तब जबकि अनेक उदार राष्ट्रवादी मुस्लिम नेता इसी सूबे के थे, जैसे खुदा बक्श खां, मजरूल हक, अब्दुल बारी सिद्दकी, पटना के इमाम परिवार और रांची के अब्दुल कलाम आजाद के परिवार...।

महिलाओं की शिरकत कई तरह से हुई, लेकिन यह शहरी क्षेत्रों की सवर्ण महिलाओं तक सीमित थीं।...1939 में कांग्रेस अधिवेशन रामगढ़ में हुआ था। इसी में महिलाओं को स्वयं सेविकाओं के रूप में भाग लेने और कांग्रेस की सदस्या बनने का मौका मिला। इसका परिणाम 1942 में देखने को मिला। उन्होंने जुलूसों में भाग लिया, सत्याग्रह में शामिल हुई और कुछ ने सभाएं आयोजित की, उनमें भाषण दिया अैर गिरफ्तार भी हुई।...उनकी शिरकत की शुरूआत कदमकुआं, पटना, में महिला चर्खा समिति द्वारा आयोजित जुलूस से हुई। जुलूस शहर में घूमने के बाद कांग्रेस मैदान में सभा में परिणत हो गई जिसकी अध्यक्षता राजेंद्र प्रसाद की बहन भगवती देवी ने की। 11 अगस्त की घटना के विरोध में 12 अगस्त को एक मशहूर महिला बैरिस्टर धर्मशिला लाल ने एक जुलूस का नेतृत्व किया और गिरफ्तार हुईं।...हजारीबाग में 11 अगस्त को सरस्वती देवी ने जुलूस निकाला। उन्होंने एक सभा को संबोधित किया और गिरफ्तार हुई। पुलिस उनको जीप से भागलपुर सेन्ट्रल जेल ले गई। वहां नाथनगर में महिलाओं ने उनको पुलिस की गिरफ्त से छुड़ा लिया और भागलपुर ले गई। भागलपुर में फिर उन्होंने एक सभा में भाषण दिया जहां फिर पुलिस ने उन्हें गिरफ्तार किया। जयप्रकाश नारायण की पत्नी प्रभावती देवी 14 अगस्त को गिरफ्तार की गई।

मौजूदा सीवान जिला के महाराजगंज में तारा रानी श्रीवास्तव के साहस की कहानी आज भी श्रद्धा से याद की जाती है। वह स्वतंत्रता सेनानी शहीद फुलेना प्रसाद की पत्नी थीं। फुलेना प्रसाद 16 अगस्त को आंदोलन का नेतृत्व करते हुए शहीद हुए थे। मशहूर हिंदी उपन्यासकार मन्मथनाथ गुप्त ने उस घटना का वर्णन यों किया है :

"फुलेना प्रसाद के नेतृत्व में भीड़ थाना पहुंची। फुलेना प्रसाद की पत्नी भी उनके साथ थी। यूनियन जैक उतार दिया गया। फुलेना प्रसाद ने फहराने के लिए तिरंगा झंडा लिया। उनपर गोरा पल्टन ने आठ चक्र गोलियां चलाई। फिर भी वह बढ़ते रहे। नौवीं गोली उनके सिर में मारी गई। वह गिर गए और खून में लथपथ थे। तारा देवी ने अपनी साड़ी से कपड़े का एक टुकड़ा फाड़ा, फुलेना बाबू के सिर में पट्टी बांधी और तब तिरंगा झंडा फहरा कर पति के अधूरे काम को पूरा किया। लौटी तो उनके

पति गुजर चुके थे। फुलेना बाबू की शहादत और तारा देवी की हिम्मत पूजनीय है'' (मन्मथनाथ गुप्त, भारतीय क्रांतिकारी आंदोलन का इतिहास, पृ. 435)।

इन हालतों में भी तारा देवी को गिरफ्तार कर जेल भेज दिया गया। दूसरी महिला आंदोलनकारी छपरा की बहुरिया रामस्वरूप देवी थी जिन्होंने वीरता और दृढ़संकल्प की मिसाल पेश की। 18 अगस्त को उन्होंने मढ़ौरा थाना पर तिरंगा लहराया। इसके बाद उन्होंने एक बड़ी सभा में भाषण शुरू किया। पुलिस ने भीड़ पर गोलीबारी शुरू कर दी। लोग भयभीत होकर भाग खड़े हुए, लेकिन बहुरिया देवी अडिग रही और उन्होंने भाषण जारी रखा। पुलिस फायरिंग भी जारी रही। लोगों ने समझा कि वह मारी गई होगी। भीड़ छंट गई, पर लोगों का गुस्सा बढ़ता गया। क्षुब्ध भीड़ लौटी, फौजियों पर हमला कर दिया और सात फौजियों को मारकर उनकी लाशे नदी में फेंक दी। बहुरिया देवी भूमिगत हो गईं। गोरा पल्टन ने उनके घर को जला दिया। जल्द ही पुलिस ने उन्हें गिरफ्तार कर जेल भेज दिया। भारत छोड़ो आंदोलन में बिहार ने सबसे ज्यादा महिलाओं की शहादत का रिकार्ड बनाया।

बिहार में हालात पर काबू पाने के लिए ब्रिटिश शासकों को बाहर से फौज बुलानी पड़ी। इनमें ब्रिटिश के अलावा अमरीकी और कनाडियन फौजी टुकड़ियां भी थी जिन्हें द्वितीय विश्वयुद्ध में भारत में तैनात किया गया था। उन सबको 'गोरा पल्टन' कहा जाता था। इसके बारे में बलदेव नारायण ने लिखा है :

''गोरा पल्टन में सिर्फ अंग्रेज नहीं बल्कि यूरोपियन, अमेरिकन और कनाडियन भी शामिल थे। लगता था कि पूरी ऐंग्लो-सैक्शन जाति ब्रिटिश गुलामी की जंजीरों से आजाद होने के लिए लड़ रहे निहत्थे भारतीयों को कुचलने के वास्ते उतर पड़ी है। इसके अलावा, 'गोरा' का मतलब सिर्फ वर्दीधारी श्वेत सैनिक ही नहीं थे। यूरोपियन व्यवसायी और भूस्वामी तथा यूरोपियन जज तक इसमें शरीक थे मानो उन्होंने अपने पेशे का सम्मान त्याग कर निहत्थे हिंदुस्तानियों को कुचलने के लिए हथियार उठा लिए हों।'' (बलदेव नारायण, पूर्वोक्त, पृ. 279)।

और उन्होंने बिहार के आंदोलनकारियों पर जो सितम ढाया वह सचमुच हृदयविदारक है। फतुहा में एक मठ के महंत शंकरगिरि ने हड़ताल और संचार साधनों को ठप करने का आंदोलन संगठित किया। इस क्रम में उत्तेजित आंदोलनकारियों ने दो कनाडियन फौजी अफसरों को ट्रेन से उतारकर मार डाला। इसके बाद गोरा पल्टन ने शंकर गिरि को गिरफ्तार कर जो यातनाएं दीं, उसको गिरि ने यो वर्णन किया है :

''11 सितंबर को आधी रात के बाद मेरे मठ को घेर लिया गया। मेरे भाई रामचंद्र को, जो सोया हुआ था, गिरफ्तार कर लिया गया। सुबह होते वे मेरे कमरे में घुसे, मेरी धोती खोल ली और उसी से मुझको बांध दिया। मुझे और मेरे भाई को एक कमरे में ले जाकर जमीन पर पटक दिया। फिर वे मेरे भाई को बेरहमी से पीटने लगे। मेरे परिवार की महिलाओं को उस कमरे में लाया गया ताकि वे हमारी पिटाई

देख सकें। मुझे जबरदस्ती जमीन पर षाष्टांग लिटा दिया गया। उन्होंने मेरे कपड़े उतार दिए। चार अंग्रेज मेरे पैरों पर खड़े हो गए, प्रत्येक पैर पर दो-दो। एक पुलिस वाले ने अपने बायनट से मेरे पीठ पर एक गहरा और लंबा निशान बनाया। मेरे शरीर से खून बह रहा था और मैं नंगा लेटा था। उन्हीं हालतों में हमें जीप से समस्तीपुर ले जाया गया। इस बीच हमारे घर को लूटा और तबाह किया गया। मैं जीप से देख रहा था कि छप्पर वाले तमाम मकान जल रहे थे। समस्तीपुर में हमें नंगी हालत में, पीटते और घसीटते हुए, एक पुलिस थाना में ले जाया गया। लगातार पिटाई के कारण हम बेहोश हो गए। होश आया तो हमारे घावों पर नमक डाला गया और जांघों पर गरम चाय। यह एक पूरा दिन जारी रहा। तब हमें पटना ले जाया गया। रास्ते में हमें इतना पीटा गया कि हम फिर बेहोश हो गए। होश आया तो देखा कि दो फौजी डाक्टर मेरी जांच कर रहे थे। मुझे ठीक होने में छः महीने लग गए।" (बलदेव नारायण, पूर्वोक्त, में उद्धृत, पृ. 285-86)।

महंत का यह दर्दनाक ब्रिटिश पुलिस और सेना द्वारा ढाये गए जुल्म और दी गई यातनाओं का आभास दिलाता है। ऐसी यातनाएं अनेक आंदोलनकारियों को दी गई। सब का विवरण उपलब्ध नहीं हैं। जहां तक महंत को डाक्टर का जिक्र आया है, वह आम बात नहीं थी। पटना में महंत को रेलवे पुलिस के इन्सपेक्टर जे.एन. बोस के हवाले किया गया था। महंत की गंभीर हालत को देखकर बोस ने फौरन डाक्टरी इलाज की व्यवस्था की। संबंधित अधिकारियों को बोस का यह बरताव बहुत बुरा लगा। बोस को पदावनति और हजारीबाग तबादले की सजा भुगतनी पड़ी। (उपरोक्त, पृ. 280)।

आगजनी और बलात्कार पुलिस और गोरा पल्टन के अत्याचारों के दो अहम पहलू थे। 11 अगस्त को पटना सेक्रेटरियेट की दर्दनाक घटना के आक्रोश में आंदोलनकारियों ने भी कुछ सरकारी दफ्तर आदि जलाए थे। बदले की भावना से ब्रिटिश पुलिस और फौज ने बड़े पैमाने पर आगजनी की।...बलात्कार की घटनाएं भी उतनी ही भयावह थी...।

ग्रामीण और आदिवासी इलाके पतित टौमियों, पठान-बलूच सैनिकों और स्थानीय पुलिस के लिए विशेष रूप से शिकारगाह बने। 15 से 35 साल की महिलाएं, खासकर गरीब दलित और आदिवासी बालिकाएं और महिलाएं इनका शिकार होने लगी। वर्दीधारी ब्रिटिश पुलिस और फौजी शाम और रात को भेड़ियों की तरह इनको बलात्कार का शिकार बनाने लगे। ग्रामीण इतने भयभीत हो गए कि शाम ढलते ही महिलाओं को घरों में बंद कर देते। कई ऐसी घटनाएं भी हुई जब पुलिस महिलाओं को उठाकर थाने ले जाती जिनके साथ तीन-तीन, चार-चार दिनों तक बलात्कार किया जाता।

जहां तक बिहार में हताहतों के आंकड़े का ताल्लुक है, सरकारी और गैर-सरकारी

आंकड़ों के बीच बहुत फर्क है। सरकारी आंकड़ों के मुताबिक बिहार में 158 लोग मारे गए जिनमें 9 पुलिस वाले और 15 सरकारी मुलाजिम शामिल थे। लेकिन गैर-सरकारी आंकड़ों के मुताबिक यह संख्या 1761 थी। इसी तरह गिरफ्तारों की सरकारी संख्या 14,474 थी और गैर-सरकारी 26,642। गंभीर रूप से घायलों की ये संख्याएं 309 (+165 पुलिस वाले) और 2,683 हैं। सामूहिक जुर्माना की रकम लगभग 20 लाख रु. थी।

सितंबर 1942 के दूसरे सप्ताह तक स्थिति नियंत्रण में आ गई थी, हालांकि तनाव बना हुआ था।...जेल से भाग निकलने के बाद जयप्रकाश नारायण (जेपी) ने आंदोलन में नई जान डालने की भरसक कोशिश की। दीवाली की रात (9 नवंबर 1942) जेपी और उनके पांच अन्य सहयोगी हजारीबाग जेल से भाग निकलने में क़ामयाब हुए। भाग निकलने वाले अन्य थे : रामनंदन मिश्र, योगेन्द्र शुक्ल, सूरज नारायण सिंह, गुलाबचंद्र गुप्त और शालिग्राम सिंह।...जेल से निकलने के बाद वे भूमिगत रहे। गुप्त स्थानों से ही पर्चे, समाचार बुलेटिन, और चिट्ठियों द्वारा उन्होंने आंदोलन को फिर से जगाने की कोशिश की...।

नेपाल के तराई क्षेत्र में 'बकरो का टापू' में जेपी ने अखिल भारत आजाद दस्ता और बिहार आजाद दस्ता गठित किया। इसके कमांडर-इन-चीफ जेपी थे। इसके तहत भूमिगत क्रियाकलापों के लिए एक नेटवर्क खड़ा हुआ। सभी जिलों में दस्ते की शाखाएं खुलीं...। बहरहाल, मई 1943 में जेपी, राममनोहर लोहिया और अन्य गिरफ्तार कर लिए गए। उन्हें हनुमान नगर पुलिस आउटपोस्ट में रखा गया। लेकिन सूरज नारायण सिंह के नेतृत्व में भूमिगत दस्ते ने रात में आउटपोस्ट पर हमला करके उन्हें पुलिस से छुड़ा लिया। गिरफ्तारी से बचने के लिए वह भागते रहे। आखिर में 18 सितंबर 1943 को पंजाब के मुगलपाड़ा रेलवे स्टेशन से उन्हें पुलिस ने गिरफ्तार किया।...इसी के साथ कहानी का अंत हुआ। जेपी के तमाम प्रयासों के बावजूद आंदोलन को पुनर्जीवित नहीं किया जा सका।

कुल मिलाकर, बिहार में 1942 का आंदोलन भले ही विफल रहा, इस तथ्य से इनकार नहीं किया जा सकता कि इस प्रदेश के आधुनिक इतिहास में यह सही अर्थों में पहला जन आंदोलन था। प्रदेश की आबादी का सभी तबका, प्रत्यक्ष या परोक्ष रूप से इसमें अभूतपूर्व पैमाने पर शरीक हुआ।...इसकी पराजय हुई, लेकिन इसने भारत के स्वतंत्रता आंदोलन में एक गौरवशाली अध्याय जोड़ा। "आंदोलन ने दिखा दिया कि भारत के लोग अभी ही ब्रिटिश शासन का अंत चाहते हैं" (फ्रांसिस जी. हचिंस, स्पोर्टेनियस रिवोल्यूशन : द किवट इंडिया मूवमेंट, पृ. 324)।

भारत छोड़ो आंदोलन 1942

भद्रदत्त शर्मा

क्रिप्स मिशन की असफलता से राजनीतिक वातावरण में अनिश्चयता व्याप्त हो गई थी। क्रिप्स मिशन अंग्रेजों की एक कूटनीतिक चाल थी। अंग्रेज सरकार का उद्‌देश्य विश्व को विशेषकर अमेरिका एवं चीन की जनता को, मौलाना आजाद के शब्दों में 'यह प्रदर्शित करना था कि कांग्रेस भारत का वास्तव में प्रतिनिधित्व नहीं करती। भारतीयों में एकता के अभाव के कारण ही ब्रिटेन भारत को सत्ता हस्तांतरित करने में असफल रहा है।'

युद्ध की प्रगति से भारतीय जनता चिंतित थी। जापान बड़ी तेजी से जीत रहा था। सिंगापुर, मलाया एवं बर्मा को जीत कर जापानी फौजें भारत के पूर्वी सीमान्त तक आ गई थी। देश में निराशा का वातावरण था। अंग्रेजों की युद्ध में पराजय हो रही थी और युद्ध क्षेत्रों में पीछे हटते जा रहे थे। ब्रिटिश सरकार युद्ध एवं उसके संभावित खतरों के विरुद्ध जनता को न तो संगठित और न जागृत कर सकी। जापान द्वारा विजित प्रदेशों में वहां की जनता को अंग्रेजों ने आश्रयहीन छोड़ दिया था। बर्मा से हजारों की संख्या में भारतीय वापस लौटे थे। उनको अमानुषिक कष्ट झेलने पड़े थे। भारतीय शरणार्थियों के लिए कोई व्यवस्था नहीं थी। गवर्नर जनरल की कार्यकारिणी के सदस्य श्री आणे एवं पंडित हृदयनाथ कुंजरू भारतीयों की दशा देखने के लिए गए थे। भारतीयों के प्रति किए गए व्यवहार से उन्हें दुःख था। जापानी आक्रमण की संभावना के कारण पूर्वी बंगाल एवं पूर्वी समुद्रतट के क्षेत्रों में आतंक छाया हुआ था। सरकार ने इन प्रदेशों में सैनिक उद्‌देश्यों की दृष्टि से कृषकों की भूमि पर अधिकार कर लिया था। इससे उनके कष्ट और बढ़ गए थे।

युद्ध के कारण वस्तुओं के मूल्यों में वृद्धि हो गई थी। आर्थिक स्थिति बिगड़ती जा रही थी। मूल्य वृद्धि एवं जीवनोपयोगी वस्तुओं के अभाव के कारण जनता के कष्टों में और अधिक वृद्धि हो गई थी। भारतीयों को अंग्रेजों से अपनी रक्षा की आशा नहीं थी। संपूर्ण देश नैराश्य में डूबा हुआ था। इस समय भारत में अंग्रेजों के विरुद्ध

घृणा एवं रोष का वातावरण था। गांधीजी का कहना था कि अंग्रेज एक शांत ज्वालामुखी पर बैठे हैं। इंग्लैंड गुलाम भारत के बोझ को उठा सकने में असमर्थ था। उनका यह भी कहना था कि अमेरिकी एवं चीनी सेनाओं द्वारा भारत की रक्षा के स्थान पर ब्रिटिश साम्राज्य की रक्षा की जाएगी। अंग्रेजों के चले जाने की अवस्था में जापानी भारत को भारतीयों की ही कृपा पर छोड़ देंगे। भारत की सुरक्षा तो अंग्रेजों के भारत से चले जाने में है। विदेशी सत्ता के चले जाने पर भारतीयों में सांप्रदायिक विभेद मिट जाएगा। वे एक अस्थायी शासन का निर्माण कर लेंगे।' जनता में व्याप्त नैराश्य को दूर करना भी जरूरी था। अतः कांग्रेस के नेताओं ने स्थिति पर विचार करने का निश्चय किया।

अखिल भारतीय कांग्रेस समिति का इलाहाबाद अधिवेशन

इलाहाबाद में अखिल भारतीय कांग्रेस समिति का 27 अप्रैल से 1 मई 1942 तक अधिवेशन हुआ। कांग्रेस समिति के समक्ष मुख्य प्रश्न यह था कि इस विकट स्थिति में क्या किया जाय एवं भावी कार्यक्रम क्या होना चाहिए? महात्मा गांधी ने इस संबंध में वर्धा से एक प्रस्ताव विचार के लिए भेजा था। इसमें मुख्य बातें थी : (1) अंग्रेजों से भारत छोड़ने के लिए कहा जाय, (2) ब्रिटिश साम्राज्यवाद के कारण ही भारत युद्ध क्षेत्र बना है, (3) देश की स्वतंत्रता के लिए किसी विदेशी सहायता की आवश्यकता नहीं है, विदेशी सैनिकों की उपस्थिति भारत के लिए खतरा है, (4) भारत का किसी देश से कोई झगड़ा नहीं है। यदि जापान भारत पर आक्रमण करता है तो उसका सामना वह असहयोग पूर्वक अहिंसात्मक ढंग से करेगा। इस प्रस्ताव को जवाहरलाल नेहरू द्वारा संशोधित रूप में पारित किया गया जिसका सार यह था कि कांग्रेस किसी भी अवस्था में ऐसी स्थिति को स्वीकार नहीं करेगी जिसमें उसे ब्रिटिश शासन के दास के रूप में कार्य करना पड़े।

वर्धा में कांग्रेस कार्यसमिति का अधिवेशन (6 से 14 जुलाई 1942)

कार्य समिति ने अपने वर्धा अधिवेशन में एक प्रस्ताव पारित करके यह मांग की कि 'भारत में ब्रिटिश शासन का शीघ्र अंत होना चाहिए...क्योंकि दासता की शृंखला में जकड़ा भारत अपनी रक्षार्थ तथा मानवता का विध्वंस करने वाले युद्ध में भाग्य चक्र को प्रभावित करने में पूरा-पूरा योग नहीं दे सकेगा। इस प्रकार भारत की सुरक्षा न केवल भारत के हित में आवश्यक है वरन् सरकार की सुरक्षा तथा नाजीवाद, फासीवाद, सैन्यवाद एवं अन्य प्रकार के साम्राज्यों एवं एक राष्ट्र का दूसरे राष्ट्र पर आक्रमणों का अंत करने के लिए आवश्यक है।' भारत से ब्रिटिश सत्ता की समाप्ति से कांग्रेस का यह तात्पर्य नहीं है कि ब्रिटेन एवं मित्र राष्ट्रों के कार्य में बाधा पहुंचे

या इससे जापान या धुरी राष्ट्रों को भारत पर आक्रमण करने या चीन पर दबाव डालने को प्रोत्साहन मिले। 'कांग्रेस मित्र राष्ट्रों की रक्षा समिति को हानि पहुंचाने का इरादा भी नहीं रखती। इसलिए जापान या किसी अन्य के आक्रमण को दूर रखने या विरोध करने तथा चीन की रक्षा और सहायता के लिए मित्र राष्ट्रों की सेनाओं को तो भारत में ठिकाने के लिए तैयार है।'

प्रस्ताव में यह स्पष्ट कर दिया गया था कि यदि कांग्रेस की यह अपील बेकार जाती है और परिस्थिति बिगड़ती है तो वह अपनी सारी अहिंसात्मक शक्ति को अनिच्छापूर्वक उपयोग करने के लिए बाध्य होगी। इस प्रकार के व्यापक संघर्ष का नेतृत्व महात्मा गांधी को सौंपा गया।

वर्धा प्रस्ताव के उपरांत

कांग्रेस ने प्रस्ताव पारित करने के तुरंत बाद अहिंसक आंदोलन प्रारंभ नहीं किया। कांग्रेस के उच्च्कोटि के नेताओं ने अपने वक्तव्यों द्वारा जनता को होने वाले संघर्ष के बारे में आभास दे दिया था। जवाहरलाल नेहरू ने 1 अगस्त 1942 को कहा था 'हम आग के साथ खेलने जा रहे हैं। हम दुधारू तलवार का प्रयोग करने जा रहे हैं। इसकी उलटी चोट हमारे ऊपर भी हो सकती है।' लेकिन हम विवश हैं। सरदार पटेल ने कहा था कि 'यह आंदोलन कुछ दिनों का परंतु बड़ा भयानक होगा।' डॉ.राजेंद्र प्रसाद ने कहा था कि 'हम को इस बार गोली खाने एवं तोप का सामना करने के लिए तैयार रहना चाहिए।' सरकार भी सजग हो गई थी और उसने जन-आंदोलन को कुचलने का निश्चय कर लिया था।

भारत छोड़ो प्रस्ताव (8 अगस्त 1942)

अखिल भारतीय कांग्रेस समिति का अधिवेशन 7 अगस्त 1942 को बंबई में हुआ था। 8 अगस्त 1942 को काफी सोच-विचार के बाद कांग्रेस समिति ने 'भारत छोड़ो' प्रस्ताव को स्वीकार कर लिया। भारतीय स्वतंत्रता संग्राम का यह ऐतिहासिक अधिवेशन था। प्रस्ताव एवं तद्जनित जो आंदोलन फूट पड़ा था वह भी ऐतिहासिक था। प्रस्ताव में 14 जुलाई 1942 के वर्धा के कांग्रेस कार्यकारिणी के प्रस्ताव का समर्थन किया और यह स्पष्ट कर दिया कि 'भारत में ब्रिटिश शासन का अंत भारत के लिए और मित्र राष्ट्रों के आदर्श की पूर्ति के लिए अत्यंत आवश्यक है।...इस देश में ब्रिटिश शासन का अंत अत्यंत तथा तत्काल आवश्यकता है। इसी पर युद्ध का भविष्य निर्भर है।...(हम) पूरे आग्रह के साथ ब्रिटिश सत्ता के हटाने की मांग को दोहराते हैं।' इस प्रस्ताव में अल्पसंख्यकों को यह आवश्वासन दिया गया था कि जन आंदोलन का लक्ष्य कांग्रेस द्वारा राज्याधिकार प्राप्त करना नहीं है। राज्य सत्ता

का प्रयोग सारे देशवासी करेंगे। स्वतंत्र होने पर भारत मित्र राष्ट्रों का मित्र बनेगा तथा सुख-दुख में हाथ बंटाएगा।

इस अवसर पर महात्मा गांधी ने जो भाषण दिया था वह ऐतिहासिक है। इन्द्रविद्यावाचस्पति के अनुसार 'गांधीजी उस समय ऐसे बोल रहे थे जैसे उनकी अंतरात्मा से भगवान स्वयं बोल रहा हो' डॉ. पट्टाभि सीतारमैया के शब्दों में 'महात्मा गांधी एक अवतार एवं पैगम्बर की प्रेरक शक्ति से प्रेरित होकर भाषण दे रहे थे। उनके अंदर एक आग भभक रही थी।' गांधीजी ने कांग्रेस कार्यकारिणी में 70 मिनट तक भाषण दिया था। कांग्रेस के नेता यह भली प्रकार जानते थे कि अंग्रेज भारत को छोड़कर नहीं जाऐंगे। अतः जन आंदोलन करना पड़ेगा। परंतु आंदोलन की कोई तारीख घोषित नहीं की गई थी। गांधीजी आंदोलन प्रारंभ करने के पूर्व एक बार वायसराय से मिल लेना चाहते थे। गांधीजी ने 'करो या मरो' के लिए तैयार रहने के लिए जनता को उद्‌बोधन किया था।

1942 की अगस्त क्रांति एवं दमन

भारत सरकार ने 9 अगस्त 1942 को सूर्योदय के पूर्व ही गांधीजी सहित कार्यकारिणी के सभी सदस्यों को बंदी बना लिया। प्रांतीय नेताओं को भी एक दो दिन में पकड़कर कारावास में बंद कर दिया। सरकार ने 8 अगस्त की रात्रि को एक विज्ञप्ति जारी की जिसमें कांग्रेस के द्वारा आंदोलन में अपनाये जाने वाले कार्यक्रम का उल्लेख था। इसके अनुसार रेल की पटरियों को उखाड़ना, टेलीफोन तथा टेलीग्राफ के तारों को तोड़ा जाना निश्चित था। इसलिए सरकार ने कहा कि नेताओं को जेल भेजना आवश्यक हो गया था। यह सरकारी विज्ञप्ति सभी अखबारों में प्रकाशित कर दी गई थी।

ऐसी स्थिति में जनता नेतृत्व विहीन एवं स्तब्ध थी तथा ब्रिटिश शासन से ऊब चुकी थी। शासन की दमनपूर्ण नीति के विरुद्ध जगह-जगह जुलूस निकाले गए, हड़तालें एवं सभाएं की गईं। सरकार ने प्रदर्शनकारियों के प्रति कड़ाई का बरताव किया। अहिंसात्मक विरोध प्रकट करने के लिए जनता के सभी मार्ग बंद कर दिए। ऐसी स्थिति में जनता ने हिंसा का मार्ग अपनाया। स्थान-स्थान पर टेलीफोन एवं टेलीग्राम के तारों, रेलवे स्टेशन, थानों, सरकारी भवनों को उखाड़ा या जलाया गया। इन कार्यों को करने का उद्‌देश्य ब्रिटिश शासन के कार्य में बाधा डालना था। बिहार एवं वर्तमान उत्तर प्रदेश के पूर्वी जिलों में जन हिंसात्मक कार्य उग्र रूप में फूट पड़े थे। 15 अगस्त 1942 को महादेव भाई की मृत्यु तथा सिंध के मुख्यमंत्री श्री अल्लाबख्श को पदच्युत किए जाने से हिंसात्मक कार्यों में वृद्धि हो गई थी। उत्तर प्रदेश के बलिया जिले में आंदोलन उग्र था। वहां बम वर्षा की गई। काशी विश्वविद्यालय को सेना के नियंत्रण में दे दिया गया। शासन को

आंदोलन के वेग को रोकने में 3 माह लगे। कुछ क्षेत्रों जैसे कि मिदनापुर एवं सतारा में समानांतर राष्ट्रीय सरकारों की स्थापना कर ली थी। यहां आंदोलन को पूरी तरह से 2 वर्ष में कुचला जा सका। समाजवादी जयप्रकाश नारायण तथा अरुणा आसफअली ने भूमिगत हिंसात्मक आंदोलन का संगठन एवं संचालन किया था। परंतु बहुत दिनों तक कार्य न कर सके। जमशेदपुर, बंबई एवं अहमदाबाद में मजदूरों ने हड़तालें आयोजित कीं। आंदोलन को दबाने के लिए पुलिस के अतिरिक्त सेना का भी सहारा लिया गया। सामूहिक अर्थ दंड लगाये गए। कुछ स्थानों पर बम वर्षा की गई। यही वह समय था जब नेताजी सुभाषचंद्र बोस के नेतृत्व में आजाद हिंद सेना बन चुकी थी एवं भारत आने का उसने घोर प्रयत्न किया था। आंदोलन की उग्रता निम्नलिखित आंकड़ों से स्पष्ट है–"पुलिस द्वारा 538 बार गोली चलाई गई थी, परिणामस्वरूप 950 आदमी मारे गए और 1350 घायल हुए थे। 60229 व्यक्ति गिरफ्तार किए गए थे। 200 रेलवे स्टेशन एवं 550 डाकखाने नष्ट किए गए थे। 70 थानों एवं 85 अन्य सरकारी भवनों को जलाया गया था। 3500 स्थानों पर तार एवं टेलीफोन की लाइनों को काटा गया था। कई सप्ताह बिहार एवं पूर्वी उत्तर प्रदेश के जिलों में आवागमन स्थगित रहा था।

भारतीय स्वतंत्रता संघर्ष में 'भारत छोड़ो' आंदोलन एक युगांतरकारी संघर्ष है। डॉ. ईश्वरी प्रसाद के अनुसार 'अगस्त क्रांति अत्याचार एवं दमन के विरुद्ध भारतीय जनता का विद्रोह था। इसकी तुलना फ्रांस के इतिहास में बिस्टेले के पतन या सोवियत रूस की अक्टूबर क्रांति से की जा सकती है। यह क्रांति जनता में उत्पन्न नवीन विश्वास तथा गरिमा की सूचक थी।' यद्यपि आंदोलन असफल रहा लेकिन हर आंदोलन की असफलता में आगामी आंदोलन की सफलता छिपी रहती है। भारत की जनता में इस आंदोलन के फलस्वरूप एक अनोखी कभी न बुझने वाली जागृति-ज्योति प्रज्वलित हुई थी। भारत की स्वतंत्रता अब बहुत दूर नहीं रह गई थी। ब्रिटेन के लिए पाशविक शक्ति से भारतीयों की न्यायपूर्ण मांग को रोकना सम्भव नहीं था। स्वतंत्रता की मांग स्पष्ट शब्दों में की गई थी। प्रज्वलित राष्ट्रीय चेतना से सेना भी प्रभावित हुए बिना बहुत समय तक न बच सकी। इसका प्रमाण यह है कि 1946 में भारत में जल सेना में विद्रोह हुआ था।

आंदोलन के फलस्वरूप विश्व जनमत एवं मित्र राष्ट्रों में भारत के प्रति सहानुभूति उत्पन्न हुई थी एवं अमेरिकी राष्ट्रपति रूजवेल्ट, चीन के राज्याध्यक्ष चांक काई शेख का भारत की न्यायोचित मांग का समर्थन प्राप्त हुआ था।

आंदोलन के 5 वर्ष बाद ही भारत को स्वतंत्रता प्राप्त हो गई थी। स्मरणीय है पं. जवाहरलाल नेहरू ने इस आंदोलन एवं उसके कार्यों के लिए गर्व व्यक्त किया

था। डॉ. राजेंद्र प्रसाद का कथन था कि इस आंदोलन के कारण जनता में सरकार का मुकाबला करने की शक्ति बढ़ गई है। महात्मा गांधी ने सर रेजीनाल्ड मेक्सबेल से कहा था कि मैं ऐसे कांग्रेस आंदोलन को रद्द नहीं कर सकता जो अहिंसात्मक है। मुझे उस पर गर्व है। मुझे कोई सुधार नहीं कराना है क्योंकि मेरे मन में कोई पाप नहीं है।

डॉ. लोहिया और अगस्त क्रांति

डॉ. गिरीश मिश्र एवं डॉ. व्रजकुमार पांडेय

बीसवीं शताब्दी विगत शताब्दी से बिलकुल भिन्न थी। राजनीतिक जागरण उपनिवेशों में फैल चुके थे। यह संभव नहीं था कि शक्ति का भय दिखाकर उन्हें साम्राज्यवादियों का अधीनस्थ बनाए रखा जाता। यही कारण है कि साम्राज्यवाद ने अपना दृष्टिकोण और अपनी रणनीति बदल दी और सर स्टैफॉर्ड क्रिप्स को शांति-दूत के रूप में भारत भेजा गया। युद्ध की समाप्ति तक के लिए भारतवासियों को तुष्ट एवं शांत बनाए रखना था। क्रिप्स विफल रहे, क्योंकि वे भारतीय नेताओं की आंखों में धूल नहीं झोंक पाए। इससे वे क्रोधित हुए और उनका सही रंग 27 जुलाई 1942 को अमेरिका के नाम किए गए एक रेडियो-भाषण में प्रकट हो गया। अन्य बातों के अलावा क्रिप्स ने कहा :

"श्री गांधी की मांग है कि हमें सहजतापूर्वक भारत से चला जाना चाहिए और भारी धार्मिक विभेद वाले इस देश को बिना किसी संवैधानिक सरकार के और संगठित प्रशासन के छोड़ दिया जाना चाहिए। कोई भी उत्तरदायी सरकार ऐसा कदम नहीं उठा सकती, वह भी तब जब कि युद्ध जारी हो। कम-से-कम 80,000,000 मुसलमान तथा करोड़ों दलित वर्ग के लोग हिंदू प्रभुत्व के भारी विरोधी हैं। कांग्रेस पार्टी या महात्मा गांधी की मांग से सहमत होने का अर्थ अपरिहार्य हंगामा एवं कुव्यवस्था को आमंत्रित करना होगा।"

लोहिया ने क्रिप्स द्वारा समर्थित ब्रिटिश साम्राज्यवाद की योजना को, जिसका उद्देश्य यहां साम्राज्यवाद के क्रियान्वयन हेतु मार्ग प्रशस्त करने के लिए भारत का अनेक टुकड़ों में बंटवारा करना था, स्पष्ट रूप से रेखांकित कर उसका पर्दाफाश किया। रजवाड़ों को स्वतंत्र किया जाना था एवं प्रांतों को भारत से विलग होने का अधिकार दिया जाना था और भारतीय जनसमुदाय की वृद्धिमान एकता को खंडित करने हेतु सांप्रदायिक एवं जातिगत विद्वेष को प्रोत्साहित करना था।

अंग्रेजों पर प्रहार करने वाले लोहिया जापानियों से उपस्थित होने वाले खतरों से अनभिज्ञ नहीं थे। वे जापानियों के प्रति सदाशयता रखनेवाले उन भारतीय नेताओं में से नहीं थे जो इस उक्ति में विश्वास रखते थे कि 'दुश्मन का दुश्मन दोस्त होता

है' और यह मानते थे कि जापान एक ऐसा सहगामी एशियाई राष्ट्र है जो पूरी तरह ब्रिटिश साम्राज्यवाद को समाप्त करने पर उतारू था। लोहिया के लिए ब्रिटिश साम्राज्यवाद एवं जापानी साम्राज्यवाद में से चुनने के लिए कुछ भी नहीं था, क्योंकि दोनों समान रूप से खतरनाक थे। लोहिया ने 'कपटी जापान एवं आत्मसंतुष्ट ब्रिटेन' शीर्षक से एक निबंध लिखा। यह हरिजन में गांधीजी की इस संपादकीय टिप्पणी के साथ प्रकाशित हुआ कि "मैं आशान्वित हूं कि यह लेख सभी संबंधित पक्षों का ध्यान आकृष्ट कर सकेगा।"

इस लेख में लोहिया ने जोर डालते हुए कहा :

"हमें इस तथ्य से मुंह नहीं मोड़ना चाहिए कि भारतीय एक दीन एवं मानमर्दित जाति है और जापान एक एशियाई शक्ति है। यदि मुझे यूरोपीय नीतिपरक दीक्षा मिली होती तथा मुझ पर महात्मा गांधी का एवं जिसे मैं अपने इतिहास का उत्कृष्ट पक्ष मानता हूं का प्रभाव नहीं होता, तो मैं भी तोज़ो का अभिवादन कर रहा होता। वह न सिर्फ ब्रिटेन को शिकस्त दे रहा है, यह तो एक तुच्छ घटना है, बल्कि उसने हिटलर को भी पीछे छोड़ दिया है...।

"मेरी नजर में तोजो उतना ही दुष्ट है जितना कि हिटलर या चर्चिल, क्योंकि यदि इस दर्दनाक नरसंहार का अंत इनमें से किसी की विजय के रूप में होता है, तो उससे बेहतर विश्व की मेरी आशाएं चकनाचूर हो जाएंगी।" शीर्षस्थ कांग्रेसी नेताओं के बीच महीनों इस मुद्दे पर बहस जारी रही कि क्या उनके द्वारा फासीवाद को ब्रिटिश साम्राज्यवाद से बड़ी बुराई मानते हुए अंग्रेजों का साथ दिया जाना चाहिए और फासीवाद के संयुक्त रूप जर्मनी-इटली-जापान के विरुद्ध उनके हाथ मजबूत करने चाहिए। मई 1942 में इलाहाबाद में अखिल भारतीय कांग्रेस कमेटी के अधिवेशन में इस पर गरमागरम बहस हुई। लोहिया ने गांधीजी के इस मत का समर्थन किया कि दोनों ही खतरनाक हैं। और भारत सिर्फ पूर्ण स्वतंत्र होकर ही फासीवाद के विरुद्ध लड़ी जानेवाली लड़ाई में सही और अधिक प्रभावशाली योगदान दे सकता है। वास्तव में, भारत में अंग्रेजों की उपस्थिति ने ही जापान को इस पर आक्रमण करने के लिए उकसाया था।

अखिल भारतीय कांग्रेस कमेटी ने जब 7-8 अगस्त, 1942 को बंबई की अपनी बैठक में ऐतिहासिक 'भारत छोड़ो' प्रस्ताव पारित किया था तो लोहिया वहां उपस्थित थे। प्रस्ताव में कहा गया था कि भीतरी एवं बाहरी दोनों ही तौर पर घट रही घटनाओं से स्पष्ट है कि भारत में ब्रिटिश शासन का अंत अत्यावश्यक आवश्यकता है, ऐसा होना भारत एवं संयुक्त राष्ट्र के उद्देश्य की सफलता दोनों ही के हित में होगा। उस शासन का जारी रहना अपमानजनक एवं भारत को कमजोर बनाना है और इससे वह अपनी रक्षा में तथा विश्व स्वातंत्र्य की दिशा में योगदान करने में क्रमिक रूप से कम सक्षम होता जाएगा।

कमेटी ने रूसी एवं चीनी सीमाओं पर परिस्थितियों में हुई गिरावट को व्याकुलता से लिया तथा रूसी एवं चीनी जनता को अपनी स्वतंत्रता की रक्षा के लिए दिखाई जा रही बहादुरी के लिए साधुवाद दिया। यह बढ़ती विनाशलीला आजादी के चहेतों को तथा आक्रमण के शिकार हुए लोगों के प्रति सहानुभूति रखनेवाले को अबतक मित्र राष्ट्रों द्वारा अनुसरण की जानेवाली तथा बारंबार एवं बुरी तरह विफल रहनेवाली नीति के आधारों की जांच करने के लिए विवश करती है। उन हथियारों, नीतियों एवं तरीकों से चिपके रहकर विफलता को सफलता में नहीं बदला जा सकता है, क्योंकि अतीत का अनुभव यही दर्शाता है कि विफलता उनमें अंतर्निहित है। इन नीतियों का आधार स्वतंत्रता न होकर शासित समुदाय एवं उपनिवेशों पर प्रभुत्व जमाए रखना तथा साम्राज्यवादी परंपरा एवं उपाय को जारी रखना है। सत्तारूढ़ देश की शक्ति में वृद्धि करने के बजाय साम्राज्य को काबिज बनाए रखना एक बोझ एवं अभिशाप बन गया है। भारत, जो आधुनिक साम्राज्यवाद का विलक्षण उदाहरण है, इस प्रश्न के केंद्र में है, क्योंकि भारत के आजादी के आधार पर ही ब्रिटेन एवं संयुक्त राष्ट्र को परखा जाएगा और एशिया एवं अफ्रीका के लोगों में आशा एवं उत्साह का संचार होगा। अतएव इस देश में ब्रिटिश शासन की समाप्ति एक महत्त्वपूर्ण एवं तात्कालिक मुद्दा है जिस पर युद्ध का भविष्य और स्वतंत्रता एवं जनतंत्र की सफलता निर्भर है। स्वतंत्र भारत अपने विपुल संसाधनों को स्वतंत्रता के लिए संघर्ष में तथा नाजी, फासीवादी एवं साम्राज्यवादी आक्रमण के विरुद्ध झोंककर इस सफलता को सुनिश्चित करेगा। यह युद्ध के भाग्य को भौतिक रूप से प्रभावित नहीं करेगा, बल्कि समस्त अधीनस्थ एवं पीड़ित मानवता को संयुक्त राष्ट्र का पक्षधर बना देगा तथा इन राष्ट्रों को, जिनका भारत मित्र होगा, विश्व का नैतिक एवं आध्यात्मिक नेतृत्व सुपुर्द कर देगा। परतंत्र भारत ब्रिटिश साम्राज्यवाद का संकेत-चिन्ह बना रहेगा और साम्राज्यवाद का यह कलंक संयुक्त राष्ट्र के भविष्य को प्रभावित करेगा। इसीलिए "आज का यह विनाश भारत की आजादी एवं ब्रिटिश प्रभुत्व के अंत को आवश्यक बना देता है। कोई भी भावी आश्वासन या प्रतिभूति वर्तमान परिस्थिति को प्रभावित या विनाश का मुकाबला नहीं कर सकता है। वे जन-साधारण के दिमाग पर अनुकूल मनोवैज्ञानिक प्रभाव नहीं पैदा कर सकते हैं। सिर्फ स्वतंत्रता की दमक से ही ऊर्जा एवं करोड़ों लोगों में वह उत्साह उत्सर्जित कर सकते हैं जो युद्ध की प्रकृति का तत्काल कायापलट कर सकते हैं।"

अखिल भारतीय कांग्रेस कमेटी ने कुछ बिंदुओं पर भी जोर डाला जो लोहिया के मन के लायक थे। प्रथमतः न सिर्फ भारत वरन् सभी उपनिवेशों को आजाद किया जाना चाहिए। दूसरे "भावी शांति, सुरक्षा एवं विश्व की सुव्यवस्थित प्रगति की मांग स्वतंत्र राष्ट्रों का विश्वसंघ है और अन्य किसी भी आधार पर आधुनिक विश्व की समस्याओं का समाधान नहीं किया जा सकता है। ऐसा विश्व संघ अपने घटक राष्ट्रों

की स्वतंत्रता, एक राष्ट्र द्वारा दूसरे राष्ट्र पर आक्रमण या उसके शोषण की रोकथाम, राष्ट्रीय अल्पसंख्यक समुदायों की रक्षा, सभी पिछड़े क्षेत्रों एवं लोगों की उन्नति तथा सभी के सामान्य हित में विश्व के संसाधनों के संचय को सुनिश्चित करेगा। ऐसा विश्व संघ की स्थापना से निरस्त्रीकरण सभी देशों में व्यावहारिक हो पाएगा और राष्ट्रीय थल सेना, नौसेना एवं हवाई सेनाएं आवश्यक नहीं रह जाएंगी तथा एक विश्व सुरक्षा बल आक्रमण से रक्षा करेगा।''

उक्त प्रस्ताव पर बोलते हुए महात्मा गांधी ने कहा था, ''मैं आपको इस रूप में एक संक्षिप्त मंत्र देता हूं। आप इसे हृदयस्थ कर सकते हैं तथा अपनी हरेक सांस में इसे प्रकट होने दे सकते हैं। यह मंत्र है : 'करो या मरो'। हम या तो भारत को आजाद कराएंगे या ऐसा करते हुए मर जाएंगे, हम अपनी दासता को भुगतने के लिए जिंदा नहीं रहेंगे। प्रत्येक पुरुष या स्त्री कांग्रेसी इसी अटल निश्चय के साथ संघर्ष में शामिल होंगे, हम अपनी दासता को दीर्घायु होते देखने के लिए जीवित नहीं रहेंगे।''

लोहिया ने 'भारत छोड़ो' प्रस्ताव का समर्थन किया और अखिल भारतीय कांग्रेस कमेटी के अधिवेशन में अपना भाषण दिया। 9 अगस्त 1942 की अगले सुबह जब सभी शीर्षस्थ कांग्रेसी नेता गिरफ्तार कर लिए गए, लोहिया बच निकले और भूमिगत हो गए। हमने पहले ही उल्लेख किया है कि जब नेहरू एवं कांग्रेस कार्यकारिणी के अन्य सदस्यों को विशेष रेलगाड़ी से बंबई से बाहर ले जाया जा रहा था, तब उस समय लोहिया रेलवे स्टेशन के पास उपस्थित थे और उन्होंने हाथ उठाकर नेहरू का अभिवादन किया। उन्होंने संघर्ष को जारी रखने तथा उससे संबंधित देश भर की गतिविधियों को समन्वित एवं निर्देशित करने के लिए एक केंद्रीय निदेशालय की स्थापना की। अच्युत पटवर्धन एवं अरुणा आसफ अली जैसे प्रमुख नेता उनके साथ थे। उन्हें बंबई के शल्य-चिकित्सक डॉ. बालिगा से आर्थिक एवं अन्य प्रकार के समर्थन प्राप्त थे।

उन लोगों ने कलकत्ता एवं मुबंई में भूमिगत केंद्रों की स्थापना की। लोहिया अकसर ही इन केद्रों का दौरा किया करते थे। उन्होंने मुबंई से 94 दिनों तक (13 अगस्त से 14 नवंबर 1942) भूमिगत 'कांग्रेस रेडियो स्टेशन' का भी संचालन किया जिसका उद्देश्य राष्ट्रीय एवं अंतर्राष्ट्रीय दोनों ही प्रकार के मुद्दों पर कांग्रेस के मत का प्रचार करना था। बाद में एक 'कांग्रेस रेडियो स्टेशन' की स्थापना कलकत्ता में भी की गई। उन्होंने डू एंड डाई नाम से एक भूमिगत बुलेटिन भी जारी किया। उन्होंने अनेक पैंफलेट का प्रकाशन किया जिनमें फाइटर्स एवं मार्च फारवर्ड सर्वप्रमुख थे। भूमिगत रहते हुए भी उन्होंने स्वतंत्र भारत में भावी व्यवस्था के स्वरूप पर चिंतन आरंभ किया।

लोहिया को नेपाल में उस समय गिरफ्तार कर लिया गया जब वे वहां स्थित एक भूमिगत प्रशिक्षण केंद्र की यात्रा पर थे। उनके साथ जयप्रकाश को भी गिरफ्तार

कर लिया गया था। यह स्मरणीय है कि गिरफ्तारी के कुछ ही महीनों बाद जयप्रकाश हजारीबाग जेल से भाग निकलने में सफल रहे थे और तत्पश्चात् वे भूमिगत हो गए थे। वे दोनों ही अपने लोगों द्वारा आजाद कराए गए थे।

राममनोहर लोहिया ने स्वतंत्रता संग्राम मोर्चा के तत्वावधान में लड़ाई को जारी रखने की योजना तैयार की थी। मोर्चा ने इस बात पर संतोष प्रकट किया था कि देश में व्यापक उत्साह बना हुआ है। तथा लोग बिना संगठन, उचित मार्ग-दर्शन एवं योजना के भी संघर्ष को जारी रखे हुए हैं। इन सब चीजों को मुहैया करनेवाले बड़े नेतागण जेल में बंद थे। फिर भी संघर्ष जिस रूप में जारी था वह ब्रिटिश शासन के लिए अप्रत्याशित था और वह संत्रस्त होकर निराशोन्मत दमन का सहारा ले रहा था। ''जिनसे अपील किया जा रहा है वे अशक्त हृदय हैं, घबराये हुए मस्तिष्क से वे कर्कश स्वर में आंदोलनकारियों की भर्त्सना कर रहे हैं और दासोचित शरीर वाले ये शासकगण चेतना की उफान को दबाने पर उतारू हैं। किंतु उनके (लोहिया के) विचारों का प्रकोप यहां विद्यमान है। यह नूतन इतिहास का गहनतम तथ्य है।''

यद्यपि लोग 'अनिर्दिष्ट, अनियंत्रित एवं नेताविहीन' थे और वैयक्तिक तौर पर अपने विवेक से संघर्ष कर रहे थे तथा वे 'विभिन्न ध्येयों एवं आदर्शों से उत्प्रेरित थे,' फिर भी संघर्ष तेजी पकड़ रहा था। यह गांधीजी की कल्पना के अनुसार ही था। उन्होंने प्रत्येक व्यक्ति से सीधी अपील की थी और अनुक्रिया भी सीधी होनी थी। ''पार्टी या संगठनात्मक मशीन का माध्यम आवश्यक हो जाता है। इस संघर्ष की सक्रिय इकाइयां व्यक्ति हैं, आंदोलनकारी अगले कदम के लिए किसी बाह्य निर्देश पर निर्भर नहीं हैं। यह विशेषता आंदोलन को स्वतः स्फूर्त, नमनीय एवं अमर बनाती है, यह तात्विक एवं सर्वग्राही गुण राष्ट्रीय एवं अंतर्राष्ट्रीय संभावनाओं की दृष्टि से रोमांचकारी रूप से विलक्षण है। गांधीजी ने हमें क्रांति की एक नई तकनीक दी है। यह सामूहिक नरसंहार से भिन्न होने के कारण नैतिक दृष्टिकोण से अन्य सभी प्रविधियों से श्रेष्ठ है और इसमें रक्तपात की न्यूनतम गुंजाइश है। यह आत्म-रक्षा, आत्म-अभिव्यक्ति एवं जनमुक्ति का हथियार है, न कि क्षेत्रीय आक्रमण और दूसरों के शोषण का। यह शत्रु से लड़ने के लिए संसाधनों की आवश्यकता की दृष्टि से किफायती है, क्योंकि इसके अंतर्गत लड़ाई के लिए किसी भारी एवं कीमती शस्त्रागार की जरूरत न होकर वैयक्तिक प्रतिरोध के माध्यम से सैन्य बल को लकवाग्रस्त बनाने की आवश्यकता होती है। यह बड़े पैमाने पर जन शिक्षा की एक प्रक्रिया है, जो अपनी उपलब्धि के स्थायित्व की अंतर्निहित प्रत्याभूति पेश करते हुए प्रत्येक व्यक्तिगत सहभागी को अपनी अन्दरूनी शक्ति के प्रति चेतनशील बनाता है तथा सहभागी योद्धाओं एवं व्यक्ति के स्वयं के हित की एकता का एहसास कराता है। यह एकता प्रतिशत के स्थैतिक सूत्र में नहीं ढूंढ़ी जानी चाहिए इसकी अनुभूति तो सिर्फ गतिशील संघर्ष के माध्यम से ही संभव है, एक स्पष्ट उद्देश्य का अनुसरण करते हुए यह भय,

अज्ञानता एवं फूट की समस्याओं का समाधान भी साथ-साथ कर देता है। आम आदमी एवं शक्ति के प्रति उसे जाग्रत करने पर जोर देते हुए यह सुनिश्चित करता है कि वही वह केंद्र होगा जिसके चारों ओर नए राज्य की संरचना खड़ी की जाएगी।''

उपर्युक्त कथन लोहिया के दृष्टिकोण का तथा उनका अपने कांग्रेस समाजवादी पार्टी के उन सहयोगियों के साथ मतांतर का स्पष्ट संकेत देता है जो मार्क्सवाद एवं संघर्ष की मार्क्सवादी पद्धति के प्रति निष्ठा रखते थे। स्पष्टतः संगठनात्मक मामलों में लोहिया एक अलग वैचारिक दृष्टिकोण रखते थे, जो जीवनपर्यंत उनकी गतिविधियों में बना रहा।

इस प्रकार के आंदोलन के लिए आवश्यक था कि उसमें एक किस्म का समन्वय एवं योजना का समावेश हो, ताकि लोगों के सीमित संसाधनों का दक्षतापूर्वक एवं मितव्ययी ढंग से अधिकतम उपयोग किया जा सके। वैसे समन्वय एवं योजना की संभावना पर विचार करते हुए मोर्चा ने कहा :

''यह आंदोलन विकेंद्रित, व्यक्तिपरक एवं अराजक है। फिर भी चूंकि यह एक आंदोलन है, न कि ऊर्जा का अनैच्छिक विस्फोट, अतएव इसकी एक दिशा है और इसकी अराजकता जानी-बूझी एवं सोद्देश्य है। योजना का ध्येय दिशा एवं सूचना को निश्चित करना तथा सहभागियों को उद्देश्य के प्रति जीवन्त बनाना है। परंतु इस प्रकार के वैयक्तिक चरित्र वाले आंदोलन में केंद्रीय निर्देशन एवं नियंत्रण की गुंजाइश अत्यंत सीमित होती है। इस आंदोलन में योजना के कार्य त्रिस्तरीय हैं : इसे पग-पग पर विचारधारात्मक परिप्रेक्ष्य पेश करना होगा, इसे उन बृहत् सिद्धांतों को स्पष्ट करना होगा जो कार्रवाई का मार्ग-दर्शन करें तथा इसे समूहों के प्रयासों एवं व्यक्तियों के बीच सामान्य सहयोग की व्यवस्था करनी होगी, ऐसा संपर्कों को सुव्यवस्थित करके अभिज्ञान का प्रसार कर तथा परस्पर व्यापी अथवा परस्पर विरोधी कार्यों से बचने की सलाह देकर किया जा सकता है। केंद्रीय नियंत्रण लचीलापन एवं विकेंद्रित पहल जो, इस आंदोलन की मूल विशेषता है, को बरबाद किए बिना और अधिक कुछ नहीं कर सकता है। वास्तविक कार्यों एवं युक्ति चालनों में सामान्य सिद्धांतों के विस्तृत प्रयोग का मामला प्राथमिक संघर्षशील इकाइयों के जिम्मे छोड़ दिया जाना चाहिए। आंदोलन की समरूप प्रतिकृति का इसी कारण सभी क्षेत्रों में एक होना मुश्किल था। इसका बाह्य प्रकटीकरण उन बड़ी विविधताओं का प्रदर्शन करेगा जो स्थानीय समस्याओं एवं परिस्थितियों में पाए जाते हैं। अभिव्यक्ति की इस अनन्त विविधता का स्वागत किया जाना चाहिए। यह दुश्मनों के लिए विस्मयकारी है और इसे किसी भी क्षेत्र में व्याप्त सर्वाधिक संगीन विशेष स्थानीय शिकायत को सुलझाकर प्रोत्साहित किया जाना चाहिए। यह किसी स्थान पर खाद्यान्न का अभाव हो सकता है, तो दूसरी जगह लगान वसूलने वाले का अपकर्षण हो सकता है, कहीं खेतों की सिंचाई करने से मनाही हो सकती है, तो अन्यत्र सामूहिक दंड की वसूली हो सकती

है। ऐसी प्रत्येक समस्या संबंधित क्षेत्र में आंदोलन खड़ा करने का मुख्य बिंदु हो सकती है। सामान्य योजना वैसी शक्ति की तलाश को निर्देशित करेगी, यह बतलाएगी कि क्यों हमारे सड़े आर्थिक स्त्रोत स्थानीय आंदोलन के अत्यंत उपयुक्त आरंभिक बिंदु होंगे, क्योंकि ये गहराई से महसूस किए जानेवाले, त्वरित, सर्वाधिक स्वाभाविक तथा स्थानीय लोगों के बीच एकीकरण के महत्वपूर्ण अभिकरण होंगे, यह स्पष्ट करेगी कि कैसे वर्तमान व्यवस्था के ढांचे में इन मुद्दों का निदान कभी संभव नहीं है, और जैसे ही यह समझदारी फैलती है तथा आंदोलन एक यथेष्ट ऊंचाई को छू पाता है, अन्य बृहत् मुद्दों को अवक्षेपित करने की सलाह दें और इस प्रकार लोगों को संघर्ष की अगली उच्च अवस्था में ले जाएं।''

मोर्चा आंदोलन की योजना बनाने तथा उसमें समन्वय स्थापित करने के लिए मशीनरी तैयार करने में स्थापित दलों, समूहों एवं व्यक्तियों का उपयोग करना चाहती थी। केवल ऐसी मशीनरी ही मस्तिष्क में मौजूद उद्देश्य के लिए अर्थात् सामान्य नीति एवं निर्देशन को रेखांकित करने तथा ढीले-ढाले एवं लचीले समन्वय के लिए, उपयुक्त हो सकती थी। वैसे संकीर्ण एवं वर्गीय मुद्दों से, जो विभेदकारी सिद्ध हो सकते थे, बचने पर काफी जोर डाला गया। समय की मांग भारत के लोगों में एकता कायम करनी थी। अग्रिम तौर पर उन सभी को जो आजादी की लड़ाई लड़ रहे थे, उनके आंतरिक संघर्ष को नजरअंदाज करते हुए एकजुट करना था। ''समाज के प्रत्येक स्तर पर व्याप्त असंतोष एवं निराशा का दोहन किया जाना चाहिए तथा उसे एक विनाशकारी शक्ति के रूप में पोषित किया जाना चाहिए। यदि धनी मिल मालिक अथवा बैंकर क्रांति का वित्तीय संपोषण करना चाहता है, तो इस सहायता का सहज स्वागत किया जाना चाहिए। संभव है, वह अपने स्वार्थ में ऐसा कर रहा हो और उसकी चाहत पूंजी निवेश के लिए अधिक स्वतंत्र क्षेत्र का होना हो, अथवा जैसा कि पुराणपंथी साम्यवादियों की मान्यताओं से भिन्न अकसर हां होता है, वह परिवेश में होनेवाले राष्ट्रवादी परिवर्तनों से प्रभावित हो। किसी भी स्थिति में संघर्ष के विकास का क्रम जो केवल जनता को सत्ता के प्रति जागरूक बनाकर सफल बनाया जा सकता है, उसे या तो जनसाधारण के हितों में अपना हित ढूंढ़ना होगा या फिर उनकी शक्ति के उदीयमान ज्वार में डूब जाना होगा। किसी अक्षत संत्रास या वर्गीय मुद्दों का अतिरंजन उनके द्वारा प्राप्त होनेवाली सहायता में बाधक नहीं होना चाहिए। उसे भी जड़ जमाने का मौका मिलना चाहिए।''

मोर्चा के कार्यक्रम का मुख्य केंद्र बिंदु ग्रामीण क्षेत्र रहा, जहां किसान मानव शक्ति का मुख्य स्त्रोत हो सके। किसानों को संगठित किया जाना चाहिए तथा आश्वस्त किया जाना चाहिए कि वे अपनी समस्त शक्ति के साथ आजादी की लड़ाई लड़ें क्योंकि सिर्फ आजादी ही ग्रामीण अर्थव्यवस्था को उन्नत बना सकती है। सत्ता के साथ अभी की अवस्था में खुले संघर्ष से बचना चाहिए तथा आंदोलन को आर्थिक

छूटों की वैध मांगों का प्रतिनिधित्व करना चाहिए। ज्यों ही असंतोष कुछ हद तक ठोस रूप ग्रहण कर चुके, स्थानीय अधिकारियों के समक्ष सामूहिक प्रतिनिधित्व के लिए व्यवस्थित एवं विश्वसनीय प्रदर्शन किया जाना चाहिए। उनके (अधिकारियों) द्वारा मांगों की पूर्ति में विफल होने पर, जो अपरिहार्य है, किसानों के अधिक उग्र एवं जुझारू प्रवक्ताओं को आगे बढ़कर नेतृत्व संभालने में तथा प्रत्यक्ष कार्रवाई के लिए युवकों को तैयार करने में मदद करनी चाहिए, यह आवश्यक सामग्रियों के भंडार को संगठित एवं सुनियोजित ढंग से जब्त कर, लगान एवं करों का भुगतान बंद कर, अनाज पर लेवी देने से इनकार कर, अवरोध हेतु न्यायिक प्रक्रिया को नजरअंदाज कर तथा नीलामी का बहिष्कार कर, यूनियन बोर्ड, चौकी, थाना जैसे स्थानीय प्रशासन की मशीनरी पर कब्जा कर और उन्हें स्वयं संचालित कर तथा आवश्यकतानुसार नई मशीनरी की स्थापना कर दिया जा सकता है। यदि विकास के कार्यक्रमों को केंद्र से विभिन्न क्षेत्रों में अच्छी तरह समक्रमिक बनाया जा सके और इसमें काफी हद तक प्राकृतिक संसर्गात्मक प्रकिया सहायक होगी, तो राज्य की शक्तियां इस प्रगति को रोकने में असहाय हो जाएंगी तथा अशांति दूर-दूर तक फैल जाएगी। पुलिस एवं सेना आगे बढ़कर किसी एक गांव को राख में बदल सकती है। परंतु उनके किनारे पुष्ट एवं अग्र भाग सतत परेशान होंगे, उनकी संचार व्यवस्था लगातार बाधित रहेगी, उनकी खाद्य-आपूर्ति चिंताजनक बन जाएगी। ग्रामीणों की रक्षा-संबंधी रणनीति यह होगी कि वे अपने क्षेत्र को विलग रखें, नजदीक आते दुश्मन की जानकारी देने के लिए स्काउट्स का गठन करें, इनके आने से पहले ही वे वहां से विलीन हो जाएं और दुश्मन के लौटने की तैयारी के समय वे ज्वार की तरह वापस लौट आएं।

यह योजना महत्वाकांक्षी थी और लोहिया की भूमिगत सेना के पास वह साधन नहीं था जिसके सहारे वह योजना को क्रियान्वित कर पाती। अतः इसका प्रभाव सीमित था, फिर भी यह मनोबल को बढ़ाने वाला था। लोहिया एवं उनके सहकर्मियों की भूमिगत मशीनरी की गतिविधियों में रोमांसवाद का पुट था। ऐसा प्रतीत होता था कि योजना प्रारंभ करने से पूर्व उन्होंने अपनी क्षमताओं का यथार्थवादी आकलन नहीं किया था। जैसा कि इस प्रकार के प्रत्येक संगठन में जासूसों की घुसपैठ पहले या बाद में हुई रहती है, इस संगठन के साथ भी विश्वासघात हुआ और अधिकारियों को इसकी गतिविधियों से अवगत कराया जाता रहा।

लोहिया अंततः 20 मई, 1944 को बंबई में पुलिस द्वारा गिरफ्तार कर लिए गए और एक महीने बाद, उन्हें लाहौर किला में स्थानांतरित कर दिया गया जो राजनीतिक कैदियों के लिए सर्वाधिक भयावह स्थान माना जाता था। यहां कैदियों के साथ इस रूप से यंत्रणा और दुर्व्यवहार किया जाता था कि कमजोर इच्छाशक्ति वाले लोग पागल होने के लिए बाध्य किए जा सकते थे। लोहिया ने स्वयं अपने अनुभवों का

वर्णन प्रो0 हेराल्ड लास्की को लिखे एक पत्र में किया, जो उस समय लेबर पार्टी के प्रधान थे (यह पत्र जेल से किसी तरह बाहर आ गया और समाचार पत्रों में जगह पा गया जिसने अंग्रेजों के लिए परेशान करनेवाली स्थिति पैदा कर दी)। अपनी पीड़ा का वर्णन करते हुए लोहिया ने लिखा, "चार महीने से अधिक किसी-न-किसी रूप में मेरे साथ दुर्व्यवहार किया जाता रहा कि मुझे दिन-दिन भर और रात-रात भर जगाए रखा जाता, सर्वाधिक लगातार दस दिनों तक मेरे साथ ऐसा किया जाता रहा और जब मैंने अपने को खड़ा होने के लिए पुलिस के प्रयासों का प्रतिरोध किया तो उन सबों ने मुझे हथकड़ी लगे हाथों को चारों तरफ से घेरकर धकेलकर जमीन पर गिरा दिया।"

उसके बाद उन्हें आगरा जेल में स्थानांतरित कर दिया गया जहां वे 11 अप्रैल 1946 को रिहा हुए। आगरा की जनता द्वारा उनका शानदार स्वागत किया गया और इसके शीघ्र बाद उन्होंने कई स्थानों का भ्रमण किया।

वे सही अर्थों में 'भारत छोड़ो आंदोलन' के राष्ट्र योद्धा माने गए। अनेकों प्रकार की धमकियों एवं अपमान के बावजूद उन्होंने ब्रिटिश अधिकारियों के समक्ष अपने को झुकने नहीं दिया। उनकी बहादुरी और दृढ़ निश्चय के लिए उनकी प्रशंसा की जाती थी। उनके पिता की अक्टूबर 1945 में मृत्यु हो गई थी और पैरोल पर उनके जेल से रिहा होने की संभावना थी, किंतु उन्होंने इस संबंध में आवेदन देने और इस प्रकार की कृपा प्राप्त करने से इनकार कर दिया। यहां किसी को यह नहीं भूलना चाहिए कि वे अपने पिता की इकलौती संतान थे और दोनों एक-दूसरे के प्रति गहन रूप से समर्पित थे।

अपने संबंधियों से मिलने कलकत्ता जाने से पूर्व, वे दिल्ली में गांधीजी से मिले। 'भारत छोड़ो' प्रस्ताव के अंगीकार किए जाने के बाद की घटनाओं पर गांधीजी के विचारों और चिंतन के साथ उन्होंने स्वयं को अवगत कराया और अपनी भविष्य की योजना के बारे में उनसे निर्देश मांगा। उस समय **ब्रिटिश केबिनेट मिशन** भारत में था और भारतीय राजनीतिक जनमत के विभिन्न समूहों से उसने वार्ता करना आरंभ कर दिया था। दिल्ली में गहन क्रियाशीलता थी।

नेहरू को जैसे ही उनके जेल से छूटने की जानकारी मिली—उन्होंने लोहिया को लिखा। पत्र से ऐसा प्रतीत होता है—नेहरू के उस समय तक लोहिया के प्रति कोमल भाव थे और आशा करते थे कि वे अपनी तीक्ष्ण बुद्धि का इस्तेमाल सर्वोच्च उद्देश्यों की प्राप्ति करने में सक्षम होंगे। पत्र लोहिया के बारे में नेहरू के मूल्यांकन की दृष्टि से स्मरणीय भी है। पत्र के उद्धृत बिंदु इस प्रकार हैं :

"क्या तुम अब भी अपने पुराने रूप में हो, तीक्ष्ण, बुद्धिमान, थोड़ा चंचल और स्वेच्छाचारी? क्या जीवन ने तुम्हें कठोर बना दिया है? किंतु ये केवल प्रश्न हैं—जिसका उत्तर तुम नहीं दे सकते हो। और तुझे खोजकर निकाल लेने के लिए मुझे तुमसे

मिलना होगा। मैं आशा करता हूं जब हम मिलेंगे–तुम मेरी ओर नहीं देखोगे जैसे कि तुम एक खोल के माध्यम (जरिए) से देख रहे होंगे।

जब तुम्हारे पिता मरे मैं असम में था और उनकी दयालुता की स्मृतियां ही मेरे दृष्टि पटल पर आती रहीं। मैंने महसूस किया, किस प्रकार की विपत्ति तुम पर आ गिरी होगी।''

जून 1946 में, लोहिया अपने पुराने मित्र जुलियस मेनजेस के अनुरोध पर जो लोहिया की शारीरिक स्थिति के बारे में काफी चिंतित थे–आराम करने के लिए गोवा गए। जेल में मिली यातना और पीड़ा ने उनके स्वास्थ्य को तोड़ दिया था। गोवा पहुंचने पर लोहिया लोगों की दुर्दशा और दमनकारी पुर्तगाली सरकार द्वारा बरती जा रही क्रूरताओं से उद्विग्न हो उठे। वे शीघ्र ही संघर्ष में कूद पड़े और एक सार्वजनिक सभा को संबोधित किया जहां उन्होंने यह घोषणा की कि पुर्तगाली हुकूमत अब बहुत दिनों की मेहमान नहीं है जबकि दुर्दांत ब्रितानी साम्राज्य भारत में अपने क्षरण के कगार पर है। उन्होंने गोवा की जनता को अपनी स्वतंत्रता के संघर्ष की रफ्तार को तेज करने के लिए आह्वान किया। लोहिया पुर्तगाली सरकार द्वारा तत्काल गिरफ्तार कर लिए गए किंतु वे दूसरे दिन ही छोड़ दिए गए।

अगस्त क्रांति : एक दृष्टि

प्रमोद कुमार

अक्टूबर, 1934 में कांग्रेस का 48वां अधिवेशन राजेंद्र प्रसाद की अध्यक्षता में बंबई में हुआ। इस अधिवेशन में गांधी के नेतृत्व में विश्वास प्रकट करते हुए उनके इस आश्वासन पर संतोष प्रकट किया गया कि जब भी आवश्यक होगा उनकी नेक सलाह कांग्रेस को मिलती रहेगी। बंबई कांग्रेस ने नवंबर, 1932 में लंदन में हुए तृतीय गोलमेज़ सभा में 1935 में पारित किए जाने वाले भारत सरकार अधिनियम के निर्णय को अस्वीकार कर दिया गया। तृतीय गोलमेज सभा में कांग्रेस ने अपना प्रतिनिधि भी नहीं भेजा था। इसके स्थान पर भारत का संविधान बनाने के लिए संविधान सभा बुलाने की मांग की गई।

बंबई अधिवेशन में कांग्रेस के नियमों में भी संशोधन किया गया। कांग्रेस अध्यक्ष के निर्वाचन के स्थान पर उसको मनोनीत करने की व्यवस्था की गई। खादी और अहिंसा में पुनः रुचि जागृत करने के लिए कांग्रेस के पदाधिकारी पद के लिए सूत कातना, हाथ का बुना खादी पहनना आदि आवश्यक घोषित कर दिया गया। कांग्रेस ने नवंबर में होने वाले केंद्रीय विधान सभा के चुनाव में भाग लेने का निर्णय भी लिया। नव निर्वाचित केंद्रीय सभा में कांग्रेस 44, नेशनल पार्टी के 15 तथा मुस्लिम लीग के 19 सदस्य निर्वाचित हो कर आए थे। इन्होंने सरकार द्वारा प्रस्तावित ''भारत सरकार विधेयक'' ठुकरा दिया।

1861 से प्रारंभ होकर 'इंडियन काउंसिल एक्ट' परंपरा में 1935 का भारत सरकार अधिनियम छठवां संवैधानिक सुधार था। इसके बीच में 1883 का स्थानीय स्वशासन अधिनियम, 1892 का भारतीय परिषद् अधिनियम, 1909 का अधिनियम तथा 1919 का मांटेगू चेम्स फोर्ड सुधार जैसे प्रमुख संवैधानिक सुधार अधिनियम पारित किए जा चुके थे। 1935 के अधिनियम में निर्वाचित विधान मंडलों के प्रति उत्तरदायी मंत्रियों की व्यवस्था की गई। 1919 के द्वैध शासन पद्धति तथा सरकारी सदस्यों को मनोनीत करने की प्रथा का अंत कर दिया गया। इस अधिनियम में संघात्मक शासन की व्यवस्था की गई थी। एक तरफ यह कहा गया कि काउंसिल

का रूप पार्लियामेंट जैसा होगा, पर दूसरी तरफ गवर्नरों के अंतिम निर्णय का अधिकार भी बरकरार रखा गया। यद्यपि कांग्रेस ने इस अधिनियम को अस्वीकार कर दिया, परंतु कांग्रेस ने चुनाव लड़ कर संविधान को भंग करने का निर्णय भी लिया।

1935 के संविधान के अनुसार प्रांतीय विधान सभाओं का चुनाव 1937 में प्रारंभ हुआ। इसमें कुल 1585 प्रतिनिधियों का चुनाव होना था। कुल सीटों में से 657 सबके लिए, 482 मुसलमानों के लिए, 151 परिगणित जातियों, 56 व्यापारियों, 41 महिलाओं, 38 मजदूरों, 37 जमींदारों, 34 सिक्खों, 26 यूरोपियों, 24 आदिवासियों 20 भारतीय इसाइयों, 11 आंग्ल भारतीयों तथा 8 विश्व-विद्यालयों के लिए निर्धारित की गई थी। ये चुनाव अंग्रेजों और कांग्रेस के मध्य हुआ, जिसमें सरकार ने पूरी कोशिश कर ली थी कि कांग्रेस पराजित हो जाए, परंतु चुनाव के परिणाम अप्रत्याशित थे। कांग्रेस ने 1585 में से 715 सीटें जीत कर सरकार को आश्चर्यचकित कर दिया। मुस्लिम लीग के 108, निर्दलीय मुसलमानों के 128 तथा अन्य के 634 प्रतिनिधि निर्वाचित हुए। कुल 11 प्रांतों में से छह मद्रास (159), बंबई (88), संयुक्त प्रांत (134), बिहार (98), मध्य प्रदेश (71) तथा उड़ीसा (36) में से कांग्रेस को बहुमत प्राप्त हुआ था। बंगाल (50) तथा असम (35) तथा प्रश्चिमोत्तर प्रांत (19) में कांग्रेस दूसरी बड़ी पार्टी के रूप में उभरी। केवल पंजाब (18) तथा सिंध (7) में कांग्रेस को कम सीटें प्राप्त हुई थीं। कांग्रेस को लगभग सभी जनरल सीटें तथा 26 मुस्लिम सीटें प्राप्त हुई थीं।

सरकार बनाने के प्रश्न पर कांग्रेस में प्रारंभ से ही मतभेद था। अंत में कांग्रेस मंत्रिमंडल बनाने के प्रश्न पर इस शर्त पर राजी हुई कि वह वायसराय के सामने यह शर्त रखेगी कि मंत्रिमंडलों में गवर्नर का हस्तक्षेप नहीं होगा। यह आश्वासन न मिलने पर कांग्रेस ने मंत्रिमंडल बनाना अस्वीकार कर दिया। इसके जवाब में गवर्नरों ने अपने-अपने प्रांतों में अल्पमत के दलों का मंत्रिमंडल गठित कर दिया। फलस्वरूप, सारे देश में आंदोलन का वातावरण बनने लगा। अंत में सरकार ने 22 जून, 1937 को यह घोषणा की कि सभी गवर्नर इस बात की पूरी कोशिश करेंगे कि "वे मंत्रियों से, वे चाहे जिस पार्टी के हों संघर्ष मोल न लें और केवल इतना ही नहीं, अपितु इस प्रकार के संघर्ष टालने या समाप्त करने का हर संभव प्रयास करें।" इस आंशिक स्वीकृति पर कांग्रेस मंत्रिमंडल बनाने के लिए राजी हो गई, तथा जुलाई, 1937 में सात प्रांतों में कांग्रेस की सरकारें बन गईं। बाद में आसाम तथा सिंध में भी कांग्रेस ने संयुक्त सरकारें बनाई। इस मंत्रिमंडल ने सर्वप्रथम 1935 के अधिनियम के विरुद्ध प्रस्ताव पारित कर यह मांग की कि "इसको रद्द कर दिया जाए और इसके स्थान पर व्यस्क मताधिकार द्वारा, एक निर्वाचित संविधान सभा द्वारा, स्वतंत्र भारत का संविधान बनाया जाए।" प्रांतों की यह सरकारें लगभग दो साल तक रही। 1939 में द्वितीय विश्वयुद्ध प्रारंभ हो जाने पर केंद्रीय सरकार के साथ मतभेद की वजह से

इन सभी प्रांतों की कांग्रेसी सरकारों ने त्यागपत्र दे दिया। इस बीच कांग्रेसी सरकारों ने नागरिक स्वतंत्रता तथा किसानों और मजदूरों को राहत देने जैसे प्रश्नों पर कई प्रशंसनीय कदम उठाए।

20वीं सदी के इस चौथे दशक में द्वितीय विश्वयुद्ध प्रारंभ होने के तत्काल पहले भारतीय राष्ट्रवाद में दो महत्वपूर्ण गुणात्मक परिवर्तन नजर आने लगे थे। पहला, भारतीय राष्ट्रवाद में मुस्लिम राष्ट्रीयता का तत्त्व निर्णायक रूप से मजबूत होने लगा। दूसरा, कांग्रेस के अंदर तथा बाहर दोनों तरफ वामपंथी विचारधारा मजबूत होने लगी थी।

1922 में गांधी के असहयोग आंदोलन के बंद होने के बाद कांग्रेस और मुस्लिम लीग तथा हिंदू और मुसलमानों के बीच दूरी बढ़ने लगी थी। इसका परिणाम साम्प्रदायिक दंगों में जबरदस्त वृद्धि के रूप में सामने आया। 1925 में अखिल भारतीय स्तर पर हिंदू साम्प्रदायवादियों ने मुस्लिम लीग के समानांतार हिंदू महासभा तथा राष्ट्रीय स्वयं सेवक दल जैसे उग्र साम्प्रदायिक संगठनों का विस्तार प्रारंभ कर दिया। मुस्लिम लीग तथा हिंदू महासभा जैसे साम्प्रदायिक संगठनों का जन आधार अत्यंत सीमित था। दोनों अंग्रेज साम्राज्यवादियों के 'बांटो और राज करो' की नीति में यंत्र की तरह प्रयोग किए जा रहे थे। 1937 के चुनाव में यह तथ्य पूरी तरह साफ हो गया, क्योंकि मुस्लिम लीग को कुल मुस्लिम वोटों का केवल 4.6 प्रतिशत वोट मिला और हिंदू महासभा की स्थिति और भी बुरी हुई। कांग्रेस को भी 442 मुस्लिम सीटों में से केवल 26 सीटें मिल पायी थी। प्रांतों में सरकार बनाने के प्रश्न पर कांग्रेस और मुस्लिम लीग में संघर्ष प्रारंभ हो गया। मुस्लिम लीग ने प्रांतीय मंत्रिमंडलों में सीटों के निर्धारण के बारे में समझौता करने का प्रयास किया। यह प्रस्ताव कांग्रेस द्वारा ठुकरा दिया गया, क्योंकि कांग्रेस अपने को पूरे देश का प्रतिनिधि मानती थी, और मुस्लिम लीग को केवल एक उच्च मध्यम वर्ग के लोगों का गुट समझती थी। जिन्ना ने घोषित किया कि भारत में कांग्रेस और सरकार के अतिरिक्त एक और शक्ति है, मुस्लिम शक्ति। कांग्रेस और मुस्लिम लीग दोनों दलों में अधिक से अधिक अपने दल की सदस्यता दिलाने का प्रयास प्रारंभ हो गया। मुस्लिम लीग ने जिन्ना के नेतृत्व में अपने संगठनों को मज़बूत बनाने का बीड़ा उठा लिया, और उसने विभिन्न असंतुष्ट मुस्लिम दलों और संगठनों को मिलाना प्रारंभ कर दिया। 1927 में जिस मुस्लिम लीग की सदस्यता कुल 1330 थी 1939 तक लाखों में पहुंच गई। कांग्रेस की सदस्यता में भी तेजी से वृद्धि हुई। परंतु इसमें मुसलमानों की संख्या बहुत कम थी। इसका परिणाम यह हुआ कि जिन्ना कांग्रेस को हिदुओं की पार्टी कहने लगे, और मुस्लिम लीग को मुसलमानों की एकमात्र प्रतिनिधि संस्था। गांधी के 'रामराज्य' की वह 'हिंदूराज' से तुलना करने लगे। यही वह दौर था, जिसमें भारतीय राष्ट्रवाद पर धार्मिक राष्ट्रवाद हावी होने लगा था।

इस धार्मिक राष्ट्रवाद के उभरने का मूल कारण इस दौर के राष्ट्रवादी आंदोलन में चौरी-चौरा कांड के बाद आने वाली शिथिलता थी, जिसके बाद साम्प्रदायिक तत्त्वों ने धार्मिक द्वेष को बढ़ाना प्रारंभ कर दिया था। साम्प्रदायिक दंगों के प्रादुर्भाव ने हिंदुओं और मुसलमानों के मध्य कटुता बढ़ाने में प्रमुख भूमिका निभाई। इस दौर में इकबाल जैसा राष्ट्रवादी शायर भी मुस्लिम मजहब वाद का प्रमुख प्रवक्ता बन गया। उन्होंने 1930 में पश्चिमी-उत्तर भारत में एक मुस्लिम राष्ट्र का प्रस्ताव भी रखा था। अपने कविताओं और दार्शनिक लेखों के द्वारा उन्होंने युवा मुस्लिम वर्ग को 'इस्लामिक राज' की स्थापना की तरफ आकर्षित करना प्रारंभ कर दिया था। इसी समय कैंब्रिज के विद्यार्थी चौधरी रहमत अली ने 'पाकिस्तान आंदोलन' की नींव रख दी थी। पंजाब, अफगान, कश्मीर तथा सिंध के पहले अक्षरों को लेकर उन्होंने 'पाकिस्तान' शब्द की रचना की, तथा भारत के तीन मुस्लिम प्रांतों को मिला कर पाकिस्तान की स्थापना का विचार रखा। प्रारंभ में जिन्ना तथा भारत के अन्य राष्ट्रवादी मुस्लिम नेता इस विचार का मजाक उड़ाते थे, पर यही शब्द मुस्लिम राष्ट्रीयता का आधार बन गया, और जिन्ना तक हिंदू और मुसलमानों को दो राष्ट्र बताने लगे।

भारतीय राष्ट्रवाद के विकास के दौर में धार्मिक राष्ट्रवाद के मौलिक तत्त्व को जीवित रखने और संचालित करने में प्रमुख भूमिका साम्राज्यवादी अंग्रेजों तथा देशी हिंदू-मुस्लिम रजवाड़ों, सामंतों और उच्च वर्ग के प्रतिनिधियों के मध्य इस समझौते ने निभाया जो राष्ट्रवाद की प्रतिक्रिया स्वरूप उनके अस्तित्व की रक्षा के लिए आवश्यक हो गई थी। भारतीय राष्ट्रवाद के विकास ने अंगेजों के साथ-साथ इनको भी भयभीत कर दिया था। फलस्वरूप, इन्होंने अंग्रेजों के साथ मिल कर राष्ट्रवाद को धार्मिक दिशा में मोड़ने का प्रयास जारी रखा।

इस दशक में कांग्रेस के भीतर और बाहर दोनों तरफ वामपंथ का जोर बढ़ने लगा था। गांधी के निकलने के बाद कांग्रेस में नेहरू का प्रभाव और वामपंथ विचारधारा हावी होने लगी। इसका स्पष्ट उदाहरण कांग्रेस के 49वें अधिवेशन में मिला, जो अप्रैल, 1936 में लखनऊ में जवाहरलाल नेहरू की अध्यक्षता में संपन्न हुआ। इस अधिवेशन में नेहरू ने कांग्रेस के समाजवादी लक्ष्य, मजदूरों और किसानों को संगठित करने के प्रयास तथा दुनिया में फासीवाद ताकतों के विरुद्ध चलने वाले संघर्षों पर विशेष जोर दिया। उन्होंने सम्राज्यवाद विरोधी शक्तियों का एक 'संयुक्त जनमोर्चा' बनाने की मांग भी रखी। लखनऊ अधिवेशन में नेहरू समर्थक यह समाजवादी गुट अभी छोटा ही था, परंतु इसी वर्ष दिसंबर में फैजपुर के 50वें कांग्रेस अधिवेशन तक इसकी ताकत काफी बढ़ गई थी। फैजपुर (महाराष्ट्र) अधिवेशन के भी अध्यक्ष जवाहरलाल नेहरू ही थे। इसमें किसानों से संबंधित 13 सूत्री कार्यक्रम अपनाया गया, जिसमें लगान कम करने, बेगारी खत्म करने, खेत मजदूरों की मजदूरी बढ़ाने तथा किसानों को अपना संगठन बनाने का

अधिकार सम्मिलित था।

1937 में कांग्रेस का मंत्रिमंडल बनने के बाद मजदूरों की सक्रियता भी बढ़ गई थी। इस वर्ष की हड़तालों में कुल 6,47,000 मजदूरों ने भाग लिया, जो अपने आप में एक महत्त्वपूर्ण बात थी। कांग्रेस ने मजदूरों की हालत में सुधार तथा उनका वेतन बढ़ाने की दिशा में भी कार्य किया। कानपुर के मजदूरों की हड़ताल खत्म करने के लिए कांग्रेस ने मिल मालिकों के सामने यह प्रस्ताव रखा था कि मजदूरों का वेतन बढ़ाया जाए। जब मालिकों ने इसका विरोध किया तो कांग्रेस और मजदूरों की एकता के कारण ही मिल मालिकों के विरुद्ध उन्हें सफलता मिली।

फरवरी, 1938 में कांग्रेस का अधिवेशन सुभाषचंद्र बोस की अध्यक्षता में हरिपुरा में हुआ। इसमें प्रस्तावित राज्य संघ योजना की भर्त्सना की गई। कांग्रेस के वामपंथी गुट ने इस अधिवेशन में अपने विरोधियों के समझौतावादी नीतियों का विरोध किया। यह विरोध 1939 के कांग्रेस अधिवेशन तक इतना बढ़ गया कि सुभाषचंद्र बोस ने त्रिपुरा के अधिवेशन में अध्यक्ष पद का चुनाव लड़ने की घोषणा कर दी। अब तक कांग्रेस में अध्यक्ष पद का चुनाव नहीं होता था, बल्कि वह मनोनीत किया जाता था। स्वयं सुभाषचंद्र बोस हरिपुरा में मनोनीत ही किए गए थे। परंतु त्रिपुरी के चुनाव में वामपंथी राष्ट्रवादियों, समाजवादियों और साम्यवादियों का प्रभाव इतना बढ़ गया कि सुभाषचंद्र बोस यह चुनाव 1376 मतों के मुकाबले 1575 मतों से जीत गए। इसके विरोध में कांग्रेस कार्यकारिणी समिति के सभी सदस्यों ने त्यागपत्र दे दिया। सुभाषचंद्र बोस ने अध्यक्ष पद से त्यागपत्र देकर कांग्रेस के अंदर फारवर्ड ब्लाक की स्थापना कर ली।

वामपंथी विचारधारा के बढ़ते जोर का दूसरा उदाहरण 'कांग्रेस समाजवादी दल की स्थापना' थी। यह दल जयप्रकाश नारायण, आचार्य नरेन्द्रदेव तथा अशोक मेहता द्वारा 1934 में स्थापित किया गया। इसका ध्येय कांग्रेस को समाजवादी दिशा की तरफ बढ़ाना था। इस दौर में जगह-जगह किसान संगठनों की स्थापना हुई। इन संगठनों का एक अखिल भारतीय सम्मेलन 1936 में लखनऊ में हुआ। इसकी सदस्यता बहुत तेजी से बढ़ी। 1939 के गया सम्मेलन तक इनकी सदस्यता 8 लाख तक पहुंच चुकी थी। यह मौलिक रूप से गांधीवाद, कांग्रेस समाजवाद तथा साम्यवाद की नीतियों से प्रभावित आंदोलन था। बिहार में इसके नेता सहजानन्द सरस्वती तथा यदुनन्दन शर्मा, हैदराबाद में स्वामी रामानन्द तीर्थ आदि थे। तमिलनाडु, केरल, नागालैंड तथा आसाम तक इस तरह के संगठनों का विस्तार हुआ। उनका नेतृत्व मुख्य रूप से ही कांग्रेस समाजवादियों के हाथों में था।

मेरठ षडयंत्र मुकदमे के बाद भारत के साम्यवादी दल पर प्रतिबंध लग गया था। यह मुकदमा 8 अप्रैल, 1929 को साम्यवादियों द्वारा केंद्रीय विधान सभा में 'ट्रेड डिस्प्यूट बिल' के विरुद्ध बम फेंकने के बाद गिरफ्तार किए गए साम्यवादियों पर

चलाया गया था। इस मुकदमे में साम्यवादी दल को अत्यधिक हानि उठानी पड़ी। इस समय मजदूरों का सबसे बड़ा संगठन अखिल भारतीय मजदूर संघ कांग्रेस 'ए. आई.टी.यू.सी.' था। मजदूरों के दूसरे बड़े संगठन वी.वी. गिरी का 'अखिल भारतीय रेलवे मजदूर फेडरेशन' तथा पी.सी. जोशी, चमनलाल और कृपाल क्रांति बोस के नेतृत्व वाली 'भारतीय राष्ट्रीय मजदूर संघ फेडरेशन' थे। बाद के दोनों संगठनों ने मिल कर 'राष्ट्रीय मजदूर संघ फेडरेशन' बना लिया। मेरठ मुकदमे के बाद मजदूर संगठनों में जो बिखराव आया था, वह धीरे-धीरे खत्म होने लगा। परंतु 1934 में सरकार ने 'लाल मजदूर संघ कांग्रेस' को गैर कानूनी घोषित कर दिया। इसका निर्माण 'अखिल भारतीय मजदूर संघ कांग्रेस' के मतभेदों के बाद हुआ था। इस दौर के प्रारंभ में मजदूर आंदोलनों के परिणामस्वरूप यह दोनों संगठन मिल कर फिर एक हो गए। 1938 के नागपुर के अधिवेशन के समय 'राष्ट्रीय मजदूर संघ फेडरेशन' भी 'अखिल भारतीय मजदूर संगठन' के साथ मिल गई। इस तरह पूरे भारत में एक बार फिर मजदूर आंदोलन एकजुट हो गया।

1939 से प्रारंभ दूसरे विश्वयुद्ध के समय भारतीय राष्ट्रवाद की परिपक्वता में पहले से पर्याप्त अंतर आ चुका था। भारतीय राष्ट्रीय नेतृत्व में देश से संबंधित सभी प्रकार की समस्याएं के प्रति एक निश्चित दृष्टिकोण विकसित हो चुका था। भारत की अंदरूनी समस्याओं हों अथवा अंतर्राष्ट्रीय घटनाएं, राष्ट्रीय नेतृत्व वर्ग में साम्राज्यवादी नीतियों के समानांतर स्वावलंबी नीति-निर्धारण की क्षमता उत्पन्न हो गई थी। पहले और दूसरे विश्वयुद्धों के बीच के दौर में ही भारतीय राष्ट्रीय कांग्रेस ने लगभग प्रत्येक अंतर्राष्ट्रीय घटना के प्रति एक स्वतंत्र नीति अपनाना प्रारंभ कर दिया था। यह नीति मौलिक रूप से प्रत्येक प्रकार के साम्राज्यवाद के विरोध पर आधारित थी। यूरोपियन साम्राज्यवाद के विरुद्ध एशिया के अन्य देशों में चलने वाले राष्ट्रवादी संघर्षों को कांग्रेस ने खुल कर समर्थन दिया। 1927 में जब चीनी क्रांति के दमन के लिए भारतीय सेना शंघाई भेजी गई, कांग्रेस ने इसका कड़ा विरोध किया। इसी वर्ष कांग्रेस ने नेहरू को ब्रूसेल्स में होने वाले 'उत्पीड़ित जनता की साम्राज्यवाद विरोधी अंतर्राष्ट्रीय सम्मेलन' में कांग्रेस के प्रतिनिधि के रूप में भेजा था। एशिया, अफ्रीका तथा लातीनी अमेरिका के उपनिवेशों के क्रांतिकारियों ने साम्राज्यवाद में सम्मिलित विरोध के लिए जिस 'इंटरनेशनल लीग ऑफ दि अप्रेस्ड पीपुल्स अंगेस्ट इंपीरियलिज्म' की स्थापना की, उसकी कार्यकारिणी समिति में नेहरू को भी रखा गया था।

जर्मनी के नाजीवाद और इटली के फासीवाद पर आधारित साम्राज्यवाद के विरुद्ध कांग्रेस ने आवाज बुलंद की। 1936 के कांग्रेस अधिवेशन में स्पेन में जनतांत्रिक क्रांति का समर्थन करते हुए इटली तथा जर्मनी की आक्रामक कार्यवाही की भर्त्सना की गई। नेहरू एक बार फिर ब्रूसेल्स में आयोजित 'विश्व शांति सम्मेलन' में कांग्रेस के प्रतिनिधि की हैसियत से गए। उन्होंने इस समय स्पेन के जनतांत्रिक

नेताओं से भी मुलाकात की। 1937 में चीन पर जापानी सैन्यवादियों के आक्रमण के विरुद्ध जापानी माल के बहिष्कार की घोषणा की गई तथा 1938 के त्रिपुरी अधिवेशन में म्यूनिख संधि, आंग्ल-इटली संधि तथा विद्रोही स्पेन की मान्यता पर विरोध प्रकट किया गया। इसके पूर्व हरिपुरा-कांग्रेस में 'सामूहिक सुरक्षा' के समर्थन की घोषणा भी की गई थी।

भारतीय राष्ट्रीय कांग्रेस का विश्वास था कि साम्राज्यवाद के विरुद्ध एशिया, अफ्रीका तथा लातीनी अमेरिका के उपनिवेशों में चलने वाला संघर्ष वास्तव में, स्वतंत्रता, समाजवाद तथा लोकतंत्र का संघर्ष था, जिससे भारत का आगामी भविष्य पूरी तरह जुड़ा हुआ था। अंतर्राष्ट्रीय घटनाओं के महत्व को पहचानने वाले प्रमुख नेताओं में जवाहरलाल नेहरू अग्रणी थे। विदेश नीति के इस क्षेत्र में उन्होंने तत्कालीन सभी नेताओं को पीछे छोड़ दिया। इस दौर में उन्होंने दुनिया के सभी महत्वपूर्ण नेताओं से प्रगाढ़ संबंध स्थापित कर लिया था। जिस समय विश्वयुद्ध की घोषणा हुई थी, वह चीन की यात्रा पर थे।

3 सितंबर, 1939 को ब्रिटेन ने जर्मनी के विरुद्ध युद्ध की घोषणा कर दी। इसके कुछ ही घंटों के अंदर भारत के वायसराय लिनलिथगो ने प्रांतीय विधान सभाओं के निर्वाचित प्रतिनिधियों से बिना किसी परामर्श के ही, भारत द्वारा मित्र राष्ट्रों के पक्ष में युद्ध में शामिल होने की घोषणा कर दी। इधर ब्रिटेन में लंदन की संसद ने 1935 में भारत अधिनियम में एक संशोधन कर भारत के वायसराय को यह अधिकार दे दिया कि वह अध्यादेशों के द्वारा भारत अधिनियम की किसी भी धारा की अवहेलना कर सकते थे। भारत सरकार ने तत्काल एक अध्यादेश द्वारा नागरिक स्वाधीनताओं पर प्रतिबंध लगा दिया।

ब्रिटिश सरकार के इस साम्राज्यवादी रवैयों से कांग्रेस के अंदर तीव्र प्रतिक्रिया हुई। एक तरफ कांग्रेस प्रारंभ से ही हिटलर, नाजीवाद तथा फासीवाद का विरोध कर रही थी, तो दूसरी तरफ ब्रिटेन और फ्रांस के साम्राज्यवादियों ने उन्हें विचलित कर दिया। कांग्रेस कार्यकारिणी ने 8 सितंबर को होने वाले पांच दिवसीय अधिवेशन में यह वक्तव्य दिया कि "यदि युद्ध का उद्देश्य यथा स्थिति को, साम्राज्यों को, उपनिवेशों को, निहितस्वार्थों तथा विशेषाधिकारों को, बनाए रखना है तो भारतीयों का उससे कुछ लेना-देना नहीं, परंतु यदि मुख्य प्रश्न लोकतंत्र पर आधारित विश्व-व्यवस्था का है तो भारत उसमें भारी दिलचस्पी रखता है।" कार्यकारिणी ने स्पष्ट शब्दों में ब्रिटिश सरकार से उसके युद्ध संबंधी उद्देश्यों तथा उन्हें लागू करने के तरीकों की घोषणा करने की मांग की। इसके जवाब में वायसराय ने भारत के प्रमुख नेताओं गांधी, नेहरू तथा जिन्ना समेत विभिन्न दलों के 52 प्रतिनिधियों से भेंट कर यह घोषणा की कि भारत सरकार अधिनियम में 'वांछनीय' परिवर्तन किए जाएंगे, तथा वह एक 'युद्ध परामर्शदाता समिति' का गठन करेंगे, जिसमें सभी प्रमुख

राजनीतिक दलों तथा देशी नरेशों के प्रतिनिधि लिए जाएंगे। इनका कार्य युद्ध संचालन में परामर्श देना होगा। परंतु इस घोषणा में कांग्रेस की मांगों का कोई जिक्र नहीं था। 11 अक्टूबर को नेहरू ने वर्धा के अखिल भारतीय कांग्रेस समिति के सम्मुख यह घोषित किया कि "गुलाम भारत ब्रिटेन को सहायता नहीं दे सकता, स्वतंत्र होने के बाद हम लोकतांत्रिक देशों की सहायता कर सकते हैं।" कांग्रेस के सभी मंत्रिमंडलों ने इस साम्राज्यवादी घोषणा के विरुद्ध दिसंबर, 1939 में त्यागपत्र दे दिया।

मार्च, 1940 में रामगढ़ अधिवेशन में, मौलाना अब्दुल कलाम आजाद की अध्यक्षता में, कांग्रेस ने औपचारिक रूप से यह घोषणा की कि 'युद्ध में ब्रिटेन को कोई सहायता न दी जाए।' यह भी स्वीकार किया गया कि अनिवार्य परिस्थितियों में कांग्रेस बिना किसी हिचक के सत्याग्रह आंदोलन छेड़ देगी। इसके लिए गांधीजी को सत्याग्रह प्रारंभ करने के पूर्ण उत्तरदायित्व सौंप दिया गया। गांधी ने कांग्रेस समितियों को सत्याग्रह समितियों में बदलने का निर्देश दे दिया। इस समय कांग्रेस में स्पष्ट रूप से दो विचारधाराएं कार्य कर रही थी। चक्रवर्ती राजगोपालाचारी के नेतृत्व में एक दल यह चाहता था कि ब्रिटिश सरकार यदि भारत के पूर्ण स्वतंत्र होने के अधिकार को स्वीकार कर लें, तथा एक अस्थायी राष्ट्रीय सरकार बना दे, तो कांग्रेस युद्ध में ब्रिटेन को सहयोग देने की घोषणा कर दे। परंतु गांधी, नेहरू तथा खान अब्दुल गफ्फार खान आदि इस साम्राज्यवादी युद्ध से असहयोग की घोषणा करने के अधिकार की मांग कर रहे थे। इनके विचार में इस युद्ध से भारत का कुछ भी लेना-देना नहीं था। सितंबर, 1940 में गांधी वायसराय से दो-दो बार मिले पर कोई समझौता नहीं हो सका। फलस्वरूप 17 अक्टूबर, 1940 को गांधी ने अपना आंदोलन प्रारंभ कर दिया।

इस आंदोलन के प्रारंभ होने से पूर्व ही कांग्रेसी नेताओं की गिरफ्तारी प्रारंभ हो गई। जयप्रकाश नारायण तथा राममनोहर लोहिया जैसे समाजवादी नेता इसी प्रारंभिक दौर में गिरफ्तार कर लिए गए। गांधी का यह सत्याग्रह, युद्ध के विरुद्ध अहिंसा के आधार पर, वातावरण निर्मित करने के लिए प्रारंभ किया गया। इसके लिए उन्होंने सामूहिक सत्याग्रह के स्थान पर 'व्यक्तिगत सत्याग्रह' प्रारंभ किया तथा विनोबा भावे को पहला सत्याग्रही चुना। चार दिन के युद्ध विरोधी प्रचार के बाद विनोबा भावे को गिरफ्तार कर लिया गया। इसके बाद 6 नवंबर को जवाहरलाल नेहरू को दूसरा सत्याग्रही चुना गया, परंतु उन्हें 31 अक्टूबर को ही गोरखपुर में दिए गए भाषणों के लिए गिरफ्तार कर चार महीने की कैद की सजा दे दी गई। व्यक्तिगत सत्याग्रह को लेकर कांग्रेस के अंदर मतभेद पैदा हो जाने से दिसंबर में सत्याग्रह बंद कर दिया गया तथा गांधी ने कांग्रेस को रचनात्मक कार्यों में जुट जाने का निर्देश दे दिया।

युद्ध प्रारंभ होने के बाद जिन्ना ने 5 अक्टूबर को लिनलिथगो से मिल कर यह

आश्वासन दे दिया कि मुस्लिम लीग ब्रिटिश सरकार को पूर्ण समर्थन दे देगी, परंतु वह कांग्रेसी प्रांतों में मुस्लिम पर हो रहे तथाकथित दमन के विरुद्ध ब्रिटिश सरकार से 'सुरक्षा' की मांग कर रहे थे। कांग्रेस शासित प्रांतों में इस तरह का कोई दमन न होने के कारण वायसराय ऐसा कोई आश्वासन देने में असमर्थ थे। वास्तव में, जिन्ना कांग्रेस की प्रतिक्रिया का इंतजार कर रहे थे। इस समय तक वह मुसलमानों के लिए एक अलग राष्ट्र के निर्माण पर दृढ़ हो चुके थे। उन्हें केवल उपयुक्त समय का इंतजार था। अंततोगत्वा, कांग्रेस और वायसराय के मध्य समझौता न हो सका तथा कांग्रेस मंत्रिमंडलों ने नवंबर, 1939 को रोज़ा माह (मुस्लिम का उपवास का माह) के अंतिम दिन वायसराय ने जिन्ना को ईद के अवसर पर भारत के मुसलमानों के नाम संदेश प्रसारित करने की आज्ञा दे दी। धर्म-निरपेक्ष जिन्ना अब पूरी तरह एक धार्मिक नेता बन चुके थे।

मार्च, 1939 से ही वह मुस्लिम लीग की कार्यकारिणी के अध्यक्ष थे। इसके अन्य सदस्य सर सिकंदर, लियाकत अली तथा फजलुल हक थे। इस समय कार्यकारिणी भारत के राजनैतिक भविष्य की विभिन्न योजनाओं पर विचार कर रही थी। जिन्ना के द्वारा प्रतिक्षित अवसर आ चुका था। उन्होंने 2 दिसंबर को 'मुक्ति तथा धन्यवाद अर्पण दिवस' के रूप में मनाने का संदेश दिया, क्योंकि उन्हें अंततोगत्वा कांग्रेस शासन से राहत मिल गई थी। जिन्ना ने अपने प्रस्ताव में यह कहा कि "कांग्रेस मंत्रिमंडल ने अंतिम रूप से कांग्रेस के इस दावे को गलत सिद्ध कर ही दिया कि यह सबके हितों का प्रतिनिधित्व करती है।" गांधी और नेहरू दोनों जिन्ना की इस घोषणा से अत्यंत निराश हो गए। हिंदू-मुस्लिम समस्या के समाधान की सभी आशाएं क्षीण हो गई।

13 मार्च, 1940 को जिन्ना ने लिनलिथगो से यह आश्वासन ले लिया कि ब्रिटिश सरकार बिना मुसलमानों से परामर्श के कांग्रेस से कोई राजनीतिक समझौता नहीं करेंगी। इसके बदले में जिन्ना ने यह विश्वास दिलाया कि भारतीय मुस्लिम युद्ध-प्रयत्नों में किसी भी प्रकार की बाधा नहीं उत्पन्न करेंगे। इस समय तक असम, पश्चिमोत्तर प्रदेश और सिंध में मुस्लिम लीग ने सरकार के आशीर्वाद से अल्पमत सरकारें बना ली थीं।

22 मार्च, 1940 को मुस्लिम लीग का वार्षिक अधिवेशन लाहौर में होना निश्चित था। परंतु इस समय लाहौर खाकसारों के विद्रोह की आग में जल रहा था। खाकसार मुस्लिम लीग के उतने ही विरुद्ध थे, जितने हिंदुओं और सिक्खों के। परंतु जिन्ना ने अधिवेशन स्थगित नहीं किया। मिंटो पार्क में कर्फ्यू के बीच 60,000 मुसलमानों की उपस्थिति में यह ऐतिहासिक सम्मेलन संपन्न हुआ। इस अधिवेशन में जिन्ना ने यह घोषित किया कि 'भारतीय मुसलमान अल्पसंख्यक नहीं, एक अन्य राष्ट्र है। भारत की समस्या साम्प्रदायिक नहीं, अंतर्राष्ट्रीय है। जब तक यह सत्य स्वीकार नहीं कर लिया जाता, किसी भी प्रकार का संविधान संभव नहीं तथा वह न केवल

मुसलमानों के लिए, बल्कि अंग्रेजों और हिंदुओं सभी के लिए हानिकारक होगा।'

जिन्ना ने यद्यपि इस प्रस्ताव में कहीं भी पाकिस्तान का नाम नहीं लिया, परंतु बाद में यही प्रस्ताव, 'पाकिस्तान प्रस्ताव' के रूप में प्रसिद्ध हुआ।

द्वितीय विश्व युद्ध की भयंकरता दिन प्रति दिन बढ़ती ही जा रही थी। 8 मार्च, 1942 को जापान ने रंगून पर अधिकार कर लिया। विश्वयुद्ध भारत की सीमाओं तक पहुंच चुका था। 11 मार्च, 1942 को क्रिप्स आयोग की घोषणा कर दी गई। ब्रिटिश युद्ध मंत्रिमंडल के सदस्य क्रिप्स मार्च के अंत तक अपनी घोषणा के साथ भारत पहुंच गए। इस योजना में मुख्य रूप से दो प्रस्ताव थे। पहले, युद्धोत्तर तथा युद्धकालीन प्रस्ताव। पहले प्रस्ताव के अंतर्गत एक भारतीय संघ की स्थापना की बात कही गई थी, जिसका स्तर औपनिवेशिक स्वराज्य 'डमीनियन स्टेट्स' के बराबर होता। यह औपनिवेशिक स्वराज ब्रिटेन तथा अन्य स्वराज प्राप्त उपनिवेशों से सम्राट के प्रति निष्ठा की भावना से संबद्ध होता। भारत के किसी भी प्रांत अथवा देशी रियासत को इससे अलग रहने का अधिकार होता। युद्ध के बाद एक संविधान सभा बनाने की योजना भी इसमें शामिल थी। युद्धकालीन प्रस्ताव में यह कहा गया था कि इस दौर में सत्ता ब्रिटिश सरकार के पास रहेगी, तथा भारतीय प्रतिनिधि सलाहकार के रूप में कार्य करेंगे।

क्रिप्स योजना के कई हिस्सों पर कांग्रेस का मतभेद था। क्रिप्स के साथ कांग्रेस के नेताओं की बहस के बाद भी कोई परिणाम नहीं निकला। कांग्रेस की मुख्य मांग एक 'वास्तविक राष्ट्रीय सरकार' की स्थापना थी, जिसके पास सारे अधिकार सुरक्षित हों तथा जिसमें वायसराय केवल एक अध्यक्ष की हैसियत से कार्य करता हो। इन वार्तालापों के दौरान तत्कालीन कांग्रेस अध्यक्ष मौलाना अब्दुल कलाम आजाद ने कांग्रेस का प्रतिनिधित्व किया था। इन वार्तालापों से कोई परिणाम नहीं निकला। गांधी ने इस प्रस्ताव को 'एक बाद की तारीख का चेक' कहा जिसे वह स्वीकार करने को तैयार नहीं थे। क्रिप्स ने ब्रिटिश सरकार के प्रस्तावों की योजना वापस ले ली। इस आयोग की विफलता से भारत में सर्वत्र निराशा छा गई।

इस बीच विश्व युद्ध एक नए दौर में पहुंच चुका था। हिटलर की नाजी सेना ने पोलैंड, बेल्जियम, हालैंड, नार्वे तथा फ्रांस पर विजय प्राप्त करने के पश्चात 22 जून, 1941 को सोवियत संघ पर भी आक्रमण कर दिया था। 7 दिसंबर, 1941 को जापान ने अमेरिका के पर्लहार्बर पर आक्रमण करने के बाद फिलीपीन द्वीप समूह, हिंद-चीन, हिंदेशिया, मलेशिया तथा बर्मा तक अपना साम्राज्य विस्तार कर लिया था। मार्च, 1942 में रंगून पर अधिकार करने के बाद जापानी सेना भारत की तरफ बढ़ने लगी थी। युद्ध का खतरा भारत की सीमाओं तक पहुंच चुका था और क्रिप्स आयोग द्वारा प्रस्तावित समझौते का प्रयास असफल हो गया था।

इन नई परिस्थितियों ने भारतीय जनता तथा राष्ट्रीय नेतृत्व को गहरी चिंता में

डाल दिया। आमतौर पर फासीवादी शक्तियों से घृणा होने के बाद भी मित्र राष्ट्रों की लगातार पराजय ने तथा ब्रिटेन के साम्राज्यवादी रवैयों ने भारत के तत्कालीन राजनीतिक वातावरण को अनिश्चय के घोर अंधेरे में खड़ा कर दिया था। यह भय भी उत्पन्न होने लगा था कि यदि जापान, भारत पर भी अधिकार कर लेता है तो वह आजादी देगा अथवा नहीं। इसी अनिश्चय के वातावरण में अखिल भारतीय कांग्रेस समिति की बैठक संपन्न हुई। महात्मा गांधी ने एक पत्र द्वारा अपने विचार प्रेषित किए। उन्होंने लिखा कि 'क्रिप्स प्रस्ताव ने साम्राज्यवाद को उसके नग्न रूप में उपस्थित कर दिया है। ब्रिटेन, भारत की रक्षा करने में अक्षम है। जापान की लड़ाई भारत से नहीं ब्रिटिश साम्राज्य से है। अंग्रेजों को भारत से चले जाना चाहिए, ताकि भारत अपनी रक्षा कर सके। जापान यदि भारत पर हमला करेगा तो उससे पूर्ण रूप से अहिंसात्मक असहयोग किया जाएगा। जापान से इसीलिए खतरा है, क्योंकि भारत ब्रिटेन के साम्राज्य का एक अंग है।' इस समिति ने गांधी के विचारों के अनुरूप ही प्रस्ताव पारित किया। महात्मा गांधी ने भारतवासियों को निर्देश दिया कि वे अंग्रेजों से पूरी शक्ति के साथ कह दे, 'भारत छोड़ दो'। ये नारा उनके आगामी आंदोलन का आधार बनने वाला था। गांधी के अनुसार यह आंदोलन उनके जीवन का सबसे बड़ा आंदोलन होगा। उन्होंने अंग्रेजों से यह कहा कि 'आप भारत को ईश्वर के भरोसे छोड़ कर चले जाइए और यदि आप उसे ईश्वर के भरोसे नहीं छोड़ना चाहते हैं तो आप उसे अराजकता में छोड़ जाइए।'

बर्मा पर जापानी अधिपत्य के कारण बर्मा से आने वाला चावल बंद हो गया। चावल के दाम आसमान छूने लगे और कालेबाजारियों की बन आई। कलकत्ता के सेठों और साहूकारों ने अपने गोदामों में चावल भरना प्रारंभ कर दिया। उधर भूख से मरते लोग गांव से भाग-भाग कर कलकत्ता आने लगे। बंगाल ऐतिहासिक अकाल की चपेट में आ चुका था। इस अकाल की समस्या और जापानी आक्रमण का भय, इन दोनों के लिए जिम्मेदार ब्रिटिश साम्राज्य से मुक्ति का एकमात्र मार्ग गांधी के अनुसार यह आंदोलन ही था जिससे भारतीय जनता के भय को निर्मूल किया जा सकता था। कांग्रेस के अंदर आंदोलन प्रारंभ करने के विषय पर मतभेद हो गया था। अंत में गांधी ने घोषणा कर दी कि यदि उनका प्रस्ताव स्वीकार नहीं किया जाएगा तो वे कांग्रेस छोड़ देंगे और 'भारत की मिट्‌टी से एक ऐसा आंदोलन खड़ा कर देंगे जो कांग्रेस से भी बड़ा होगा।' वर्धा में कांग्रेस ने 'भारत छोड़ो' को एक राष्ट्रीय मांग के रूप में अंग्रेजों के सामने रखा और बंबई में 7 अगस्त को अखिल भारतीय समिति की बैठक बुलाई। इस बीच अमेरिका के राष्ट्रपति रूजवेल्ट तथा चीन के राष्ट्रवादी नेता चियांग काई शेक ने ब्रिटेन को यह परामर्श दिया की वह भारत की स्थिति पर उदारतापूर्ण निर्णय ले। परंतु ब्रिटेन के प्रधानमंत्री चर्चिल ने सार्वजनिक रूप से यह घोषणा की कि 'वह ब्रिटिश साम्राज्य के विघटन की अध्यक्षता करने वाले प्रधानमंत्री

नहीं होंगे।'

8 अगस्त, 1942 को अखिल भारतीय कांग्रेस समिति के अधिवेशन में जवाहर लाल नेहरू ने भारत छोड़ो आंदोलन का प्रस्ताव रखा, जिसका अनुमोदन बल्लभ भाई पटेल ने किया। इस प्रस्ताव का विरोध 13 सदस्यों ने किया जिसमें 12 कम्युनिस्ट थे। सोवियत संघ पर जर्मनी के हमले के बाद भारत के कम्युनिस्टों ने मित्र राष्ट्रों के प्रति सहयोगात्मक रवैया अपनाते हुए साम्राज्यवादी युद्ध को 'जन युद्ध' घोषित कर दिया था। गांधी ने अपने भाषण में भारतीयों को 'करेंगे या मरेंगे' का मंत्र दिया। उन्होंने सत्याग्रहियों को निर्देश दिया कि वे इस अहिंसात्मक संग्राम में मरने के लिए जाएं। गांधी की अहिंसा का यह सर्वाधिक उग्र रूप था। गांधी की अहिंसा 'खुली बगावत' तक पहुंच चुकी थी। परंतु सरकार ने आंदोलन प्रारंभ होने की प्रतिक्षा नहीं की। 9 अगस्त की सुबह ही गांधी के साथ कांग्रेस कार्यकारिणी के सभी सदस्य गिरफ्तार कर लिए गए।

गांधी और कांग्रेस के नेताओं की गिरफ्तारी ने एक विस्फोट का काम कर दिया। सारे देश में 'खुली बगावत' प्रारंभ हो गई। सरकार ने समाचार पत्रों में इन समाचारों को छापने पर प्रतिबंध लगा दिया। परंतु शीघ्र ही यह आंदोलन बंबई उत्तरी प्रांत, दिल्ली तथा बिहार तक फैलता चला गया। 15 अगस्त तक अकेले बंबई में ही सरकारी आंकड़ों के अनुसार 30 लोग मारे जा चुके थे। पूरे पूर्वी प्रांत में रेल लाइनें उखाड़ डाली गई। टेलीफोन और टेलीग्राफ के तार काट डाले गए थे। वायसराय लिनलिथगो द्वारा उपद्रवी क्षेत्रों में देखते ही गोली मारने का आदेश दे दिया गया था। विशाल जन समूहों ने डाकखाने को लूटना, थानों में आग लगाना तथा कचहरियों पर कब्जा करना प्रारंभ कर दिया। संयुक्त प्रांत के बलिया जिले पर कब्जा कर आंदोलनकारियों ने स्वराज्य सरकार की स्थापना कर दी। 19 अगस्त को स्थापित यह सरकार लगभग एक सप्ताह तक चली। इन विद्रोहों में मुख्य रूप से आम जनता और छात्र हिस्सा ले रहे थे। विद्रोही दमन से बचने के लिए गुप्त रूप से भी आंदोलन का संचालन कर रहे थे। सरकार के दमन के विरुद्ध गांधी ने 10 फरवरी, 1943 को 21 दिन का उपवास प्रारंभ कर दिया। उनकी हालत इस बीच में अत्यंत बिगड़ चुकी थी, पर सरकार अपने इरादे से न हटी वह गांधी के मौत के लिए पूरी तरह तैयार थे। 3 मार्च को 21 दिन पूरे होने पर ही अंत में गांधी ने उपवास तोड़ा। जनता और सरकार दोनों ने राहत की सांस ली। इस समय तक लगभग 1 लाख लोग जेलों में बंद किए जा चुके थे।

पुलिस का दमन बढ़ने के बाद अब गुप्त रूप से चलने वाले इस आंदोलन का नेतृत्व जयप्रकाश नारायण, राममनोहर लोहिया तथा अरुणा आसफ अली जैसे युवा समाजवादी कर रहे थे। यह विद्रोह ब्रिटिश भारत के साथ-साथ देशी रियासतों में भी फैल गया था। 1857 के बाद भारतीय स्वतंत्रता संग्राम का यह दूसरा और अंतिम

महान विस्फोट था।

मुस्लिम लीग तथा भारत के कम्युनिस्टों ने अपने आपको इस आंदोलन से दूर रखा था। आंदोलन की जीत जिन्ना के लिए कांग्रेस की जीत होती। इन्होंने भारत के मुसलमानों को इसमें भाग न लेने का निर्देश दिया था। कम्युनिस्टों ने भी ब्रिटेन के प्रति समझौता परख रवैया अपना कर अपने राष्ट्रवादी चरित्र पर एक धब्बा लगा लिया।

दिसंबर, 1943 में मुस्लिम लीग ने कराची अधिवेशन में 'भारत छोड़ो आंदोलन' के ही समान 'बांटो और भागो' का नारा दिया, जिसका अर्थ था कि अंग्रेज भारत का बंटवारा कर तथा पाकिस्तान मुस्लिम लीग को सौंप कर यहां से चले जाएं।

1943 के अंत तक भारत छोड़ो आंदोलन पूरी तरह बिखर चुका था और चारों तरफ एक निराशा छा चुकी थी। इस वर्ष बंगाल के अकाल में मरने वाले कम से कम 40,000 लोगों ने निराशा के वातावरण को और धूमिल कर दिया था।

अगली फसल की जोरदार तैयारी

शंकर दयाल सिंह

"मैं अपने जीवन में जिन निर्णयों पर पहुंचा हूं, उन्हें मैने इतिहास से नहीं पाया-मेरे विचार-चिंतनों पर इतिहास का प्रभाव बहुत थोड़ा ही है। मेरी कार्यप्रणाली की नींव अभिज्ञता पर है अर्थात् मेरे सभी निर्णय अपनी व्यक्तिगत अभिज्ञता से प्राप्त हुई हैं। मैं मानता हूं कि इसमें गलती होने की संभावना है।"

–रोमां रोलां से गांधीजी की बातचीत का एक अंश

दिन गरम तवे-सा जल रहा था।

रातों में भी गरम हवा दिन के संदेश को कह जाती थी।

वह-जून का महीना था।

एक विदेशी नागरिक तांगे पर सवार वर्धा से सेवाग्राम की ओर चला जा रहा था।

हिचकोलों से अपरिचित शरीर कभी इधर झुक जाए, तो कभी उधर। लेकिन उसकी धुन थी और इसी कारण अमरीका से कई जगहों में होता हुआ, वह भारत पहुंचा और वह जानता था कि भारत का अर्थ ही है...

तांगा सेवाग्राम पहुंच गया था। उसे पैसे दिए जा रहे थे। उतरने वाले यात्री ने देखा चारों और फूस की या टाट-जूट की या फिर मिट्टी की दीवारें, फूंस के या फिर खपड़ों के छाजन।

एक कुटिया के अंदर गया, तो देखा कि आधे बदन को मुश्किल से ढाके गोरादिप्त चेहरा लिए एक बूढ़ा जमीन पर बैठा है। जमीन पर शीतलपाटी बिछी है। और हर ओर से गरमी की भयानक हठ-धर्मी झलक रही है।

वह बूढ़ा कोई और नहीं–हिंदुस्तान की करोड़ों जनता की आशा-आकांक्षा और भविष्य के सपनों के प्रतीक राष्ट्रपिता महात्मा गांधी थे।

वह विदेशी कोई और नहीं, दुनिया के सुप्रसिद्ध पत्रकार लुई फिशर थे।

सेवाग्राम की कुटिया, कुटिया नहीं, राष्ट्रतीर्थ बन चुकी थी।

लुई फिशर अवाक् रह गए। दुनिया का सबसे बड़ा आदमी इस तरह! लेकिन यही तो गांधी की विशेषता थी, जो उन्हें औरों से अलग करती थी। उन्होंने धरती से जो संबंध बनाया था, उसी का फल था कि धरती-पुत्रों का अगाध विश्वास लेकर वे चल रहे थे।

लुई फिशर गांधीजी के साथ सेवाग्राम की कुटिया में एक सप्ताह रहे और वहां से गांधीजी से बातें करके जो सूत्र ले आए, वह यह कि भारत में बहुत जल्द कोई बड़ा संग्राम छिड़ने वाला है—जन-संग्राम, जिसके संबंध में सोते-जागते, उठते-बैठते, बोलते-बतियाते गांधी कुछ ताना-बाना बुन रहे हैं।

जून के बाद जुलाई का महीना आया और उस के साथ ही आसमान में बादलों के कुछ टुकड़े इधर-उधर आते-जाते दिखाई दिए। किसानों ने समझ लिया बरसात करीब है और नई फसल की तैयारी शुरू हो गई। हलों के फल ठीक होने लगे, बैलों के सींगों में तेल की मालिश होने लगी, बीहन-खैहन-जोताई-बोवाई के परंपरागत कार्य आरंभ हो गए।

हर साल ऐसा ही होता है, लेकिन इस साल कुछ जोरदार तैयारी थी। पता नहीं क्यों किसानों में कुछ विशेष उत्साह था। शायद इसलिए कि घाघ और भडरी ने मौसम और पैदावार के बारे में जो उक्तियां कही हैं, उससे ऐसा लगता था कि इस साल फसल बहुत अच्छी होगी, इसीलिए जोरदार तैयारी भी किसानों ने शुरू कर दी थी।

दूसरी ओर बादलों के साथ-साथ आसमान में बमवर्षक विमानों का आवागमन भी शुरू हो गया था। कभी-कभी बादलों की उमड़-घुमड़ तथा बिजली की कड़क उन विमानों का भ्रम पैदा करती थी और कभी-कभी वे विमान बादलों का भ्रम पैदा करते थे।

द्वितीय विश्वयुद्ध की घोषणा के साथ-साथ अनजाने और अनचाहे रूप में भारत को भी उसमें घसीट दिया गया था। गांधीजी उसका परिणाम जानते थे, जर्जर भारत और भी खोखला हो जाएगा। जिन लोगों के बदन पर मात्र ढकने को ही कपड़ा है, वह भी छिन जाएगा। और जहां एक शाम खाकर किसी प्रकार जिन्दगी घिसट रही है, वहां दोनों जून के लाले पड़ जाएंगे। विकृतियां बढ़ेगीं। मूल्यों में बढ़ोतरी होगी। ब्रिटिश सरकार भारतीयों का खून चुसकर अपना सम्मान बढ़ाएगी अथवा गौरव-वृद्धि करेगी। पराजित देश की लाशों के ढेर पर विजयी कहलाने का ब्रिटिश गुमान बढ़ेगा।

ब्रिटिश प्रधानमंत्री चर्चिल, भारत-मंत्री एमरी, वाइसराय लिनलिथगो सभी के द्वार भारतीय नेताओं ने खटखटाए, लेकिन कुत्तों की तरह उन्हें दुत्कारा गया। गांधीजी व्यग्र हो उठे। उन्होंने सहारे के रूप में आमरण अनशन करने का इरादा किया, लेकिन महादेव देसाई के अनुरोध पर वे खून का घूंट पीकर रह गए। लेकिन 1940 में ही उन्होंने व्यक्तिगत सत्याग्रह की योजना बनाई-जिसके पहले सत्याग्रही हुए विनोबा और बाद में जेल गए पं. नेहरू और पटेल।

लेकिन मामला इतना ही तो था नहीं। युद्ध की विभीषिका दिन-प्रतिदिन बढ़ती जा रही थी। उसी अनुपात में गरीब देश पर उसका व्यय-भार भी बढ़ता जा रहा था। गांधीजी विचलित हो उठे और उन्होंने इसके लिए एक विस्तृत योजना बना ली।

कैसी थी वह योजना और क्या था देश का अगला कदम? गांधीजी ने जवाहरलाल को सेवाग्राम बुलाया, वे एक सप्ताह रहे और दोनों गुरू-शिष्य में भारी विवाद हुआ। विश्व जहां हिंसा के दावानल में पड़ा हो, वहां नेहरू को गांधी की अहिंसा अरण्यरोदन के समान लग रही थी। लेकिन गांधी दृढ़ थे कि भारत के सामने और कोई रास्ता है ही नहीं। अंत में हर बार की भांति जवाहरलाल ने गांधीजी की बात मान ली और तय हुआ कि 14 जुलाई को वर्धा में कांग्रेस कार्यसमिति की बैठक बुलाकर सारी बातों पर विस्तार से विचार हो।

उधर मुस्लिम लीग अपने पाकिस्तान के सिद्धांत पर अड़ी हुई थी। गांधीजी का कहना था कि पाकिस्तान की नींव उनकी लाश पर ही पड़ेगी।

गांधी-टीम के चाणक्य श्री राजगोपालाचारी ने गांधीजी को कहा ही नहीं बल्कि कांग्रेस कार्यसमिति के सामने प्रस्ताव भी ला दिया कि पाकिस्तान दे दिया जाए और उसमें शरीक हुए सरदार वल्लभभाई पटेल। गांधीजी अवाक् थे। खान अब्दुल गफ्फार खान ने साथ दिया गांधी का—नहीं दिया जाएगा पाकिस्तान। लेकिन अन्य सभी एक साथ थे। मौलाना आजाद कांग्रेस के अध्यक्ष थे, चुप रहना था चुप रहे। जवाहरलाल प्रखर और मुखर थे, कह गए-राजाजी का प्रस्ताव बेजा नहीं है। अंग्रेजों को किसी प्रकार की बहानेबाजी का मौका क्यों दिया जाए।

गांधीजी चाहते कि यह प्रस्ताव पारित न हो तो सवाल ही नहीं उठता था पारित होने का। स्वयं राजगोपालाचारी ही इसे वापस ले लेते। लेकिन नहीं, गांधीजी व्यक्तिगत स्वतंत्रता में इतना विश्वास करते थे कि अपनी मरजी या सामर्थ्य को दांव पर लगाना बेमतलब मानते थे।

लेकिन ये सारी बातें छोटी-छोटी थीं, असल सवाल यह था कि विश्व में जब हिंसा की ताकत चारों ओर पाशविक नर्तन कर रही हो, तब गांधीजी अपनी अहिंसा को उसके सिर पर चढ़वाकर बुलवाना चाहते थे। और यही कारण था कि अपने मित्रों, सहयोगियों और कार्यसमिति के कई वरिष्ठ सदस्यों के ना-नू करने के बाद भी गांधीजी अडिग थे—इसी समय एक बड़ा प्रयोग करने के लिए।

1942 हर दृष्टि से राष्ट्रीय संग्राम का एक अप्रतिम वर्ष कहा जाएगा, क्योंकि एक से अनेक घटनाओं ने इस वर्ष इतिहास को एक नया मोड़ दिया। क्रिप्स-मिशन का आना और निराशा का ज्वार बिखेर कर चला जाना, भारत छोड़ो आंदोलन की शुरूआत, 'करो या मरो' का नारा, दस हजार से अधिक लोगों का शहीद हो जाना, एक लाख से आधिक लोगों की गिरफ्तारी, कांग्रेस को अवैध संस्था घोषित कर दिया

जाना, अनेक स्थानों से ब्रिटिश सरकार को खदेड़ दिया जाना आदि ऐसी बातें हैं, जो 1942 को एक सजीव वर्ष के रूप में हमारे इतिहास में प्रस्तुत करती है।

विदेशी पर्यटकों ने भारतीय जनजीवन की तस्वीर जब-तब बड़े करीने से रखी है। ह्वेनसांग, फाहियान, मैगस्थनीज आदि प्राचीन यात्रियों का उल्लेख आज भी हम भारतीय संदर्भ में जगह-जगह करते हैं। भारत जब दावानल के इस दौर से गुजर रहा था, तो 1942 में एक अमरीकी यात्री, जो संवेदनशील मानव के साथ-साथ दुनिया का जाना-माना पत्रकार और लेखक भी था—लुई फिशर, वह हिंदुस्तान आया। उसने यहां की दशा का जो चित्रण अपने लेखों में किया है, उसे हम एक ईमानदार दस्तावेज मान सकते हैं।

हम यहां उस समय की वास्तविकता के बोध के लिए लुई फिशर की सुप्रसिद्ध पुस्तक 'गांधी की कहानी' से कुछ अंश प्रस्तुत कर रहे हैं—

''युद्ध संकट पर पुनर्विचार करने के लिए वर्धा में कांग्रेस-कार्यसमिति की बैठक हुई। 21 जून, 1940 को उसने स्पष्ट बयान दिया कि अहिंसा के मामले में वह गांधीजी के साथ पूरी तरह नहीं जा सकती।''

गांधीजी ने स्वीकार किया—''इस परिणाम पर मुझे खुशी भी है और विषाद भी। खुशी इसलिए कि मैं इस विच्छेद का आघात सह सका हूं और मुझे अकेला खड़े रहने की शक्ति मिली है। विषाद इसलिए कि इतने वर्षों तक जिन लोगों को साथ लेकर चलने का मुझे गौरव मिला था, उनका साथ लेकर चलने की सामर्थ्य अब मेरे शब्दों में नहीं प्रतीत होती है।''

वायसराय ने 29 जून को फिर गांधीजी को मुलाकात के लिए बुलाया। लार्ड लिनलिथगो गांधीजी के अमिट प्रभाव को पहचानते थे। उन्होंने सूचना दी कि इंग्लैंड भारतवासियों को भारत के शासन में अधिक विस्तृत हिस्सा देने को तैयार है।

जुलाई के प्रारंभ में कार्य-समिति की बैठक इस प्रस्ताव को तौलने के लिए हुई। गांधीजी इसे बेकार समझते थे। उन्हें राजगोपालाचारी के विलक्षण विरोध का सामना करना पड़ा। राजगोपालाचारी ने वल्लभभाई पटेल को अपनी राय का बना लिया था। केवल फ्रंटियर गांधी गफ्फार खां गांधीजी का साथ दे रहे थे। राजाजी का प्रस्ताव भारी बहुमत से पास हो गया।

युद्ध के बीच विशुद्ध शांतिवाद की दूरदर्शिता को गांधीजी कांग्रेस के गले न उतार पाए।

विंस्टन चर्चिल इंग्लैंड के प्रधानमंत्री थे और देश को बहादुरी के साथ मुकाबले के लिए उत्प्रेरित कर रहे थे। पिछले वर्षों में उन्होंने भारत की स्वाधीनता के विरुद्ध अनेक वक्तव्य दिए थे। अब उनके हाथ में उसे रोकने की सामर्थ्य थी। तदनुसार 8 अगस्त को लिनलिथगो ने बयान दिया कि वह कुछ भारतवासियों को अपनी कार्यकारिणी कौंसिल में शामिल होने का निमंत्रण देंगे और एक युद्ध सलाहकार

कौंसिल स्थापित करेंगे, जिसकी बैठकें नियमित रूप से हुआ करेंगी। लिनलिथगो ने यह भी कहा कि ब्रिटिश सरकार अपनी मौजूदा जिम्मेदारियां ऐसी किसी भी भारतीय सरकार को सौंपने का विचार नहीं कर सकती, जिसके अधिकार को आबादी के बड़े तथा बलशाली तत्व मानने को तैयार नहीं है। इसका अर्थ यह था कि ब्रिटिश सरकार मुसलमानों की मरजी के बिना कांग्रेस को भारत का शासन नहीं करने देगी।

कांग्रेस कार्य-समिति बुरी तरह क्रोधित हुई और उसने ब्रिटिश सरकार पर दोष लगाया कि उसने सहयोग के मित्रतापूर्ण तथा देश-भक्तिपूर्ण प्रस्ताव को ठुकरा दिया और अल्पसंख्यकों के प्रश्न को भारत की प्रगति के मार्ग में दुर्गम रुकावट बना दिया।

''चर्चिल की कृपा से कांग्रेस फिर गांधीजी के पास लौट आई।''

(गांधी की कहानी : लुई फिशर)

पहले ही कह चुका हूं कि समय-समय पर विदेशी पर्यटकों ने हिंदुस्तान के इतिहास, सभ्यता, संस्कृति, रहन-सहन और शिक्षा-सद्भाव पर विस्तृत विवरण प्रस्तुत किया है। जिन दिनों लुई फिशर भारत-भ्रमण कर रहे थे, वह विश्व की तनातनी का तथा भारत के संघर्ष का काल था। लुई फिशर इस बात को भली-भांति जानते थे कि भारत की राजनीति का अर्थ ही है भारतीय राष्ट्रीय कांग्रेस की गतिविधि और कांग्रेस का साधारण-सा अर्थ ही था–गांधी। अतः उन्होंने भारत को करीब से जानने, उसकी समस्याओं का अवलोकन करने तथा जो व्यक्ति घटनाओं की धुरी की कील के समान था, उसे समझने के लिए भयानक गरमी के दिनों में भी सेवाग्राम में एक सप्ताह का समय बिताया और प्रतिदिन इस बीच उन्होंने गांधीजी से एक घंटे बातचीत करके विश्व को जो लेखा-जोखा दिया वह एक ईमानदार बुद्धिजीवी के साथ-साथ भारत के प्रति सहानुभूति रखने वाले मित्र के उद्गार कहे जाएंगे।

जिस तटस्थता के साथ उन्होंने साफ-साफ शब्दों में अपनी बातें लिखी हैं, वह उस समय की चेतना को समझने में पूर्णतया सहायक हैं।

1942 का हर महीना और विशेष तौर से अगस्त माह का एक-एक दिन राष्ट्रीय स्वतंत्रता-संग्राम का लेखा-जोखा है। जून के बाद जुलाई का महीना आया और बूंदाबांदी शुरू हो गई।

भारत गांवों का देश और उसकी आत्मा किसान! अतः गांवों में हलचल शुरू हो गई खेती की ओर किसान-मजदूर अपने-अपने कामों पर वैसे ही जुट गए, जैसे कोई सिपाही युद्ध-क्षेत्र में जुटता है।

उधर किसानों ने खेती में बीज बोए, इधर गांधी ने देश में आत्मचेतना जगाई।

उधर बीजों ने अंकुरित होकर अपनी आंखें खोली, इधर गांधी ने अपना भावी कार्यक्रम निर्धारित कर लिया।

उधर किसानों ने खेतों की सिंचाई-निराई शुरू की, इधर गांधी ने नए आह्वान की भूमिका बांधी।

उधर पौधे बड़े हुए, इधर घटनाओं में तेजी आई।

सावन की फुहारों में किसान अपना भविष्य देख रहे थे और 14 जुलाई, 1942 को वर्धा में आयोजित कांग्रेस कार्य-समिति की बैठक में गांधीजी अपने प्रस्ताव को तोल रहे थे।

सावन-भादो यही दो महीने हैं घनघोर बरसात के और गांधीजी ने इसी महीने को चुना आंदोलन के सूत्रपात के लिए। शंकाएं उठीं–बरसात में लोग-बाग खेत-गृहस्थी में फंसे रहते हैं। उत्तर मिला-राष्ट्र की आजादी से बड़ी खेती और कुछ नहीं हो सकती।

और उसके बाद किसानों ने देखा कि फसल लहलहाने को हो रही है, गांधीजी ने देखा कि एक दिन का समय भी व्यर्थ में गवाने का नहीं है। 14 जुलाई की कार्यसमिति ने फैसला लिया कि मात्र 21 दिन की सूचना जो कांग्रेस-विधान के अनुसार आवश्यक थी, पर कांग्रेस महासमिति की बैठक 7 अगस्त को बंबई में बुलाई जाए।

नदियों का ज्वार अब समुद्र किनारे पहुंच गया। छोटी-लहरों को महासमुद्र के ज्वारभाटों ने लील लिया। महासमिति में भारतीय नौजवानों के चहेते जवाहरलाल नेहरू ने प्रस्ताव रख दिया–'अंग्रेजों भारत छोड़ो' और भारतीय किसानों के प्रतीक-पुरुष वल्लभभाई पटेल ने इसकी ताकीद कर दी। फिर क्या था–हजारों हाथ एक साथ उठ गए-बस इसी की आवश्यकता थी।

फसलों में किसान खाद डाल रहे थे, बिना उसके पुष्ट दाने कैसे आते। गांधीजी चुप थे अब तक, रात आधी हो गई थी, कांग्रेस-अध्यक्ष मौलाना आजाद ने अदब के साथ ऐलान कर दिया कि अब बापू हमें मार्गदर्शन देंगे। गांधीजी ने उस आधी रात में भी लगभग ढाई घंटे का भाषण दिया, पहले हिंदी में और बाद में अंग्रेजी में, शब्दों ने एक आकृति ग्रहण की, पूरा भाषण क्रांति ताबीज बन गया, एक ही वाक्य मंत्र के समान कन्याकुमारी से लेकर कश्मीर तक फैल गया–'करेंगे या मरेंगे।'

करने वालों से अधिक संख्या मरने वालों की हो गई। करने वाले सबके सब जेल के सींकचों में, मरने वाले सेक्रेटरियेट, थाना, स्टेशन, कचहरी, पोस्ट आफिस के आगे-पीछे, बायें-दायें। रिकार्ड रखना मुश्किल हो गया कि यूनियन जैक को फाड़-जलाकर कितने तिरंगे उनकी जगह फहराए गए और उसी समान आंकड़ों में कैद करना भी कठिन हो गया कितने लोग कहां मारे गए, घायल हुए, नजरबंद किए गए, फरार रहे तथा कितने सदा के लिए इधर-उधर घूमते हुए हमसे सदा के लिए बिछड़ गए।

निश्चित निर्धारित कार्यक्रम के अभाव में तथा नेतृत्व की अनुपस्थिति में जनता ने, नौजवानों ने, किसानों ने तथा बुद्धिजीवियों ने इतना ही माना कि करना है मरना है, तो फिर चलो आगे बढ़ो, बोलो–भारत माता की जय!

दुनिया में और भी क्रांतियां हुई हैं तथा दुनिया में आजादी की लड़ाई अन्य मुल्कों ने और भी संजीदगी के साथ लड़ी है, जिसमें लाखों-लाख लोग परवान चढ़ते रहे हैं। लेकिन ऐसी लड़ाई दुनिया के किसी मुल्क में शायद ही लड़ी गई हो कि कुचले जा रहे हैं, हंटरों से पीटे जा रहे हैं, बर्फ की सिल पर लिटाए जा रहे हैं, नाखून में कील ठोकी जा रही है, गोलियों के शिकार हो रहे हैं, लाठियों से चूर-चूर किए जा रहे हैं और हाथ तक नहीं उठा रहे हैं।

सही मानें में विश्व के लिए यह एक नई देन और आश्चर्यचकित कर देने वाला प्रयोग-हिंसा का मुकाबला अहिंसा से, असत्य का मुकाबला सत्य से, दमन का मुकाबला निर्भयता से, शत्रुता का मुकाबला मैत्री से तथा अंगारों का मुकाबला फूलों से किया जा रहा था।

गांधी एक चुनौती थे, जिसका सामना बर्बर ब्रिटिश-सरकार कर तो रही थी, लेकिन यह जानते-समझते हुए कि नंगे फकीर के आगे वह बेबस लाचार है। घटनाएं उस एक आदमी के इर्द-गिर्द ही घूम रही थीं। अतः किसी भी रचनाकार के लिए यह असंभव-सा है कि गांधी को अलग करके घटनाओं का ब्यौरा प्रस्तुत करे।

सच्चाई यह की जा सकती है कि राष्ट्रीय आंदोलन का संचालन-सूत्र कांग्रेस के हाथ में था और कांग्रेस गांधी की मुट्ठी में थी। इस तथ्य को अनेक बार अनेक रूपों में कहा गया है। सुभाषचंद्र बोस ने जब कांग्रेस के अध्यक्ष पद से त्यागपत्र दिया था, तब उन्होंने भी यही बात कही थी, जवाहरलालजी हों या जयप्रकाश-लोहिया, अंत में उन्हें भी इसी तथ्य के साये में आना पड़ता था। जवाहरलालजी 1936-37 में कांग्रेस के अध्यक्ष थे, लेकिन उन्होंने स्वयं स्वीकार किया था कि गांधीजी कांग्रेस के 'स्थायी महाध्यक्ष' हैं।

अंग्रेज बार-बार इस बात को जाहिर करते थे कि गांधी कुछ नहीं है, उनकी एक प्रजा मात्र, लेकिन गांधी का जादू उनके सिर पर चढ़कर बोलता था। सुप्रसिद्ध गांधीवादी-लेखक और हिंदी-सेवी श्री मोहनलाल भट्ट ने अपनी पुस्तक 'आत्मा-साधना' में एक रोचक वर्णन दिया है–''गांधी-इरविन संधि के समय सर विन्सेंट चर्चिल दिल्ली की वायसराय भवन की सीढ़ियों पर चढ़ते हुए नंगे फकीर गांधीजी को देखकर बौखला उठे थे, परंतु आगे चलकर गांधीजी को इंग्लैंड में सम्राट के राजभवन, बकिंगघम पैलेस की सीढ़ियां चढ़ते हुए चर्चिल को देखना पड़ा। गोलमेज परिषद के सदस्यों से सम्राट की मुलाकात हुई, उस समय वे गांधीजी से भी मिले। वे घुटनों तक की अपनी धोती पहने थे और शरीर पर चादर ओढ़े हुए थे। उन्होंने अपने पहनावे में परिवर्तन नहीं किया क्योंकि वे भारत के दरिद्रनारायण के प्रतिनिधि थे। ब्रिटिश सरकार ने उन्हें इसी पोशाक में सम्राट से मिलने दिया। यह अभूतपूर्व बात थी और गांधीजी तथा भारत की प्रतिष्ठा की सूचक थी।''

वही गांधी 'भारत छोड़ो आंदोलन' के सूत्रधार थे। बिना सही नेतृत्व के कोई भी जन-आंदोलन नहीं चल सकता और आम जनता उस नेतृत्व को व्यक्तित्व, कर्तृत्व,

वक्तृत्व के तराजू पर तोलती है और उसे जब यह विश्वास हो जाता है कि यह आदमी हमारे भले की बात कर रहा है तब वह सब कुछ अर्पण करने को तैयार हो जाती है। गांधी और भारतीय जनता का संबंध भी इसी कसौटी पर बना।

किसानों ने देखा कि हम जिस बाने में अपने खेतों को जोत रहे हैं, उसी बाने में गांधीजी भी आंदोलन का संचालन कर रहे हैं। फिर लोगों का सहज विश्वास जगा कि यह जो खेती हम कर रहे हैं वह मात्र एक साल के लिए है, पता नहीं अगले साल क्या हो, लेकिन गांधीजी जिस खेती की तैयारी कर रहे हैं, खाद, पानी और बीज दे रहे हैं, वह खेती स्थायी है। फिर वैचारिक रूप से गांवों के किसानों-मजदूरों ने इस आंदोलन को अपना लिया, नतीजा यह हुआ कि 1942 के भारत छोड़ो आंदोलन में ग्रामीणों का जितना योगदान रहा है, उतना उसके पहले कभी नहीं रहा था।

उत्तर प्रदेश और बिहार में किए गए एक सर्वेक्षण के अनुसार 1942 के भारत छोड़ो आंदोलन में किसानों तथा खेतिहर मजदूरों का कुल आंदोलनकारियों में 40 प्रतिशत भाग था। ये आंकड़े ग्रामीण जाग्रति को द्योतित करते हैं तथा बतलाते हैं कि पूरा भारत जाग गया था। भारत की आबादी में 80 प्रतिशत से अधिक भाग किसानों और खेतिहर मजदूरों का रहा है, अतः बिना उनके सहयोग के कोई भी आंदोलन जन-आंदोलन नहीं कहला सकता है। गांधीजी इस बात को भली-भांति जानते थे। यही कारण था कि उन्होंने न केवल अपने आपको भारतीय दरिद्रनारायण का प्रतीक बनाया था, वरन् सेवाग्राम की उनकी कुटिया भी भारत के सात लाख गांवों में ही एक थी, जहां बिजली, फोन, सड़क आदि की कोई सुविधा नहीं थी।

और नतीजन नई फसल की तैयारी तथा 'भारत छोड़ो' आंदोलन की जाग्रति साथ-साथ हो रही थी।

किसानों के मन में आशा का संचार हो रहा था, इस बार अच्छी फसल काटेंगे, गांधीजी के मन में विश्वास जाग रहा था, इस बार तो कुछ होकर रहेगा।

हल और बैल यही दो किसान के हथियार थे, सत्य और अहिंसा यही दो गांधीजी के अस्त्र थे।

बारिश जमके शुरू हुई, आंदोलन जमकर प्रारंभ हुआ।

उधर जहां-तहां फसलों में कीड़े भी लगे, जिसे किसानों ने दवा-दारू देकर मारा-भगाया, इधर आंदोलन में भी मुखबिर घुसे, जिन्हें जनता ने पहचानकर बेनकाब किया।

इस तरह भारत में अगली फसल की तैयारी जोरदार ढंग से चली और फसल में पुष्ट दाने आए और ऐसा विश्वास होने लगा कि इस बार पिछले सालों की अपेक्षा कुछ अधिक उपलब्धि होगी।

स्वतंत्रता आंदोलन एवं बिहार

डॉ. फणीश सिंह

जय हो भारत के नए खड्ग, जय तरूण देश के सेनानी
जय नई आग, जय नई ज्योति, जय नए लक्ष्य के अभियानी।
स्वागत है, आओ, कालसर्प के फन पर चढ़ चलने वाले,
स्वागत है, आओ, हवन कुंड में कूद स्वयं जलने वाले।

दिनकर, 21 अप्रैल, 1946

1942 का आंदोलन बिहार में इस तरह संगठित हुआ कि सभी वर्गों के लोगों ने इस आंदोलन में समान उत्साह तथा निश्चय के साथ भाग लिया।

विधानपार्षद श्री केदारनाथ पांडेय के शब्दों में ''अगस्त क्रांति की याद आते ही आज फिर इन्हें देखने चला आया हूं। दाहिने हाथ से लक्ष्य को संकेतिक करती और बांये हाथ में राष्ट्रीय तिरंगा पकड़े यह पहली प्रतिमा शहीद उमाकांत सिंह की है। क्या जोश है शरीर में रोमांच होने लगता है। मन में स्फूर्ति और ताजगी की लहरें उठ आती है फिर प्रस्तर लिखावट पढ़ता हूं—पहला नाम—शहीद उमाकांत सिंह, नरेन्द्रपुर, सारण। अंतर इतना ही कि घर पर उमाकांत के आगे प्यार से ''रमण'' भी जुड़ा है। तब का सारण, आज का सिवान। नरेन्द्रपुर प्रथम राष्ट्रपति देशरत्न डॉ. राजेंद्र प्रसादजी के गांव जीरादेई से मात्र तीन किलोमीटर पूरब। थाना आंदर। पिता एक संभ्रांत एवं प्रतिष्ठित जमींदार राम कुमार सिंह। खानदानी संस्कार और सामाजिक कार्यों के प्रति समर्पण की भावना। राष्ट्रीय आंदोलन के प्रति गहरी अभिरुचि। तभी तो 9 अगस्त 1942 की क्रांति ने इतने बड़े बलिदान की प्रेरणा दी।''

उन्हीं के शब्दों में ''सचिवालय घिरा हुआ है। सारे रास्ते घिरे हुए हैं। सशस्त्र पुलिस की टुकड़ियां सारे आस-पास के मार्गों पर बंदूकें ताने खड़ी हैं। डब्लू. जी. आर्चर जिलाधिकारी पटना को इतने पर भी संतोष नहीं होता है तो अतिरिक्त आरक्षी अधीक्षक और सदर एस.डी.ओ. के साथ पहुंच कर सचिवालय की घेराबंदी को और मजबूत बना देता है।''

''इन्कलाब-जिन्दाबाद'' की आवाजें फिर गूंजती हैं। युवकों के चेहरों पर ''सरफरोशी की तमन्ना'' का भाव उभर आता है। इंतजार की घड़ियां उन्हें बोर करने लगती है। हरिश्चंद्र का त्याग, वीरता और कर्तव्यनिष्ठा पुकारती है। पुलिस के रोकते-रोकते भी झंडा लेकर आगे बढ़ जाता है उमाकान्त। लगता है कूदकर चढ़ जाएगा सचिवालय पर। अंग्रेज अधिकारी तिममिला जाता है। गोरखा मिलिट्री को फायरिंग का आदेश देता है। राइफलें आग उगलना शुरू करती है। क्रांति पुत्र उमाकांत 'झंडा ऊंचा रहे हमारा' गाते-गाते भारत की बलिवेदी पर शहीद हो जाता है। किंतु 'इसकी शान न जाने पाये चाहे जान भले ही जाए' इस भाव के साथ उसके साथी रामानंद, सतीश, जगपति, देवीपद, राजेंद्र और रामगोविन्द मुस्तैदी के साथ झंडे को पकड़े आगे बढ़ते हैं एक न टूटने वाला क्रम।

गोलियों का क्रम भी अटूट है। सभी राष्ट्र की बलिवेदी पर शहीद बनते हैं। छात्रों के इस त्याग से अधिकारी, पुलिस के जवान सभी बेचैन-परेशान हो उठते हैं। हिंदुस्तानी खून और इतना बड़ा त्याग। पुलिस का घेरा अपने आप टूटने लगता है। मनोबल बिखरने लगता है। खिन्न मन अंग्रेज कलक्टर पीछ हट जाता है। उसका जोश ठंठा हो जाता है। सारे बिहार में यह खबर शोला बनकर फैल जाता है। सर्वत्र अंग्रेजी सरकार की इस नृशंसता के विरुद्ध सभाएं होती हैं, जुलूस निकलते हैं। शोक सभाएं होती हैं। अंग्रेजो भारत छोड़ो आंदोलन और तीव्र हो उठता है।''

भारत से क्रिप्स मिशन के प्रस्थानोपरांत अखिल भारतीय कांग्रेस का अधिवेशन बंबई (अब मुम्बई) में हुआ और इसी अधिवेशन में 8 अगस्त, 1942 को 'भारत छोड़ो आंदोलन' का प्रस्ताव पारित किया गया। चूंकि यह आंदोलन अगस्त महीने में किया गया। अतः इसे 'अगस्त क्रांति' भी कहा जाता है। उक्त अधिवेशन में तीन नारे दिए गए थे—'करो या मरो', 'इन्कलाब जिन्दाबाद', 'अंग्रेजो भारत छोड़ो'। इसके अतिरिक्त, यह भी कहा गया कि अंग्रेजों का भारत छोड़ना भारत और संयुक्त राष्ट्र, दोनों के लिए अत्यावश्यक है तथा भारतीयों को सम्पूर्ण विश्व में स्वतंत्रता संघर्षों के साथ सहयोग करना होगा।

इस भारत छोड़ो आंदोलन में निःसन्देह बिहार की भूमिका अहम् थी। अगस्त प्रस्ताव पारित होने के अगले दिन ही कांग्रेस के प्रमुख नेताओं को जिनमें डॉ. राजेंद्र प्रसाद भी थे, गिरफ्तार कर लिए गए। छात्रों ने इसका जोरदार ढंग से विरोध किया। विरोध प्रदर्शन तथा सभाओं का सिलसिला पूरे प्रांत में शुरू हुआ। सभी शैक्षणिक केंद्रों पर हड़ताल का आयोजन किया गया तथा राष्ट्रीय झंडा फहराया गया। उधर सरकार ने भी सावधानी के तौर पर कई दमनात्मक आदेश जारी किए। 11 अगस्त, 1942 को विद्यार्थियों के एक जुलूस ने सचिवालय भवन के समक्ष विधायिका की इमारत पर राष्ट्रीय झंडा फहराने का भरसक प्रयास किया। पटना के तत्कालीन जिलाधीश डब्ल्यू. जी. आर्चर के आदेश पर पुलिस ने गोलियां चला दीं। इस गोली कांड में सात

छात्र शहीद हो गए एवं कई घायल हो गए जिनका जिक्र हम शुरू में कर चुके हैं।

उक्त गोली काण्ड के विरोध में 12 अगस्त को पटना में पूर्णरूपेण हड़ताल की गई। पुनः उसी सायंकाल कांग्रेस द्वारा आयोजित सभा में जगतनारायण लाल की अध्यक्षता में एक प्रस्ताव पारित किया गया कि संचार व्यवस्था को पूर्णतः अस्त-व्यस्त कर दिया जाना चाहिए एवं सरकारी कार्यों को निष्क्रिय बना दिया जाना चाहिए। परिणामतः सम्पूर्ण बिहार की रेल पटरियां उखाड़ दी गई, तार एवं टेलीफोन की लाइनें काट दी गई। डाकघरों, थानों, रेलवे स्टेशनों तथा अन्य सरकारी भवनों को फूंक दिया गया तथा पुलिस को निशाना बनाया गया। सरकार ने भी बलपूर्वक इस आंदोलन को दबाया। इसके बावजूद भी इस आंदोलन की ज्वाला बिहार के अधिकांश भागों में फैल गई। सारण, छपरा, सोनपुर, सिवान, गोविन्दपुर, मुजफ्फरपुर, बेलसंड, मीनापुर, शाहाबाद, गया, दरभंगा, कुरथा, अरवल, पटना, पूर्णिया, कटिहार, सहरसा, मुंगेर, धमदाहा, भागलपुर आदि क्षेत्रों में हिंसात्मक घटना घटी प्रशासन द्वारा पाशविक बलों के प्रयोग के बावजूद भी आंदोलनकारियों ने सरकारी कामकाज को कुछ समय के लिए पूर्णतः ठप्प कर दिया।

उक्त जगह में सबसे ज्यादा इस आंदोलन के दौरान प्रकाश में रहने वालों की विशेष चर्चा करना भी परमावश्यक है। सारण को 'अपराधी जिला' घोषित किया गया। यहीं के जगलाल चौधरी ने पुलिस थाने को जला डाला। इसी जिला के पड़ोसी जिला सिवान में आजाद दस्ता का गठन हुआ। इसमें डॉ. राजेंद्र प्रसाद गुप्त क्रांतिकारियों के साथ काफी सक्रिय रहे। डॉ. गुप्त ने सिवान थाने पर बमबारी करके प्रशासन में दहशत फैला दी। इस जिले के कई क्रांतिकारियों के घर जला दिए गए, लोगों को जेलों में बंद कर दिए गए एवं ग्रामीणों को सामूहिक रूप से जुर्माना किया गया। सिवान के ही फुलेना प्रसाद श्रीवास्तव पुलिस की गोलियों के शिकार हुए।

मिथिलांचल के दो क्षेत्र यथा दरभंगा और मधुबनी (अभी जिला है) का इस आंदोलन में बहुत बड़ा योगदान रहा। दरभंगा में कुलानन्द वैदिक और सिंधवारा में कर्पूरी ठाकुर ने संचार व्यवस्था को ठप्प करने का काम किया। अभी के मधुबनी जिले में भारत छोड़ो आंदोलन का प्रभाव काफी उग्रतर रहा। इस जिले का वर्तमान खादी भण्डार विद्रोहियों का मुख्य केंद्र था। यहां आंदोलन की प्रथम शुरूआत जयनगर (अब मधुबनी जिला का अनुमण्डल) से हुआ। वहां स्थानीय कार्यकर्ताओं एवं छात्रों ने पंडित गुलाब झा, राजेंद्र सिंह, पलट गोआर एवं महाबल कुंवर के नेतृत्व में एक विशाल जुलूस निकाला, लोग हाथों में तिरंगा झंडा लिए हुए, 'अंग्रेजो भारत छोड़ो' का नारा लगा रहे थे। इस आंदोलन में शहीद होने वाला नथुनी साह इसी जिले का निवासी था। मधुबनी में भी 12 अगस्त, 1942 को तोड़-फोड़ हुई और संचार एवं यातायात व्यवस्था को तहस-नहस कर दिया गया। इस जिले के बेनीपट्टी और खजौली क्षेत्र इस आंदोलन के प्रधान केंद्र थे। यहां के मकरमपुर निवासी यमुना सिंह ने सबसे पहले

तार काटकर तोड़-फोड़ शुरू की। खजौली के नगर थाना टोला निवासी जनकधारी चौधरी के नेतृत्व में रेलवे पुल को तहस-नहस कर दिया गया, रेल पटरी उखाड़ी गई और खजौली थाने पर जुलूस के आगे बढ़ने पर श्री चौधरी के सहयोगी और गुलरियां टोल वासी नेबी यादव को गोली मार दी गई। 13 अगस्त, 1942 को पंडौल, मधुबनी एवं जयनगर के विद्यार्थीगण थाने पर झंडा फहराने के लिए वहां पहुंचे, लेकिन पुलिस ने हस्तक्षेप किया। दोनों ओर से मुठभेड़ हुई। दरोगा ने गोली चला दी, गोली रामलखन यादव की बांह को छेदती हुई नथुनी साह के सुपुत्र की छाती में घुस गई। तत्क्षण ही उसके प्राणपखेरू उड़ गए। लोगों ने लाश को अपने कब्जे में ले लिया। उसका वहीं दाह-संस्कार किया गया एवं वहीं झंडा गाड़ दिया गया। 9 अगस्त को मधुबनी में रेलवे लाइन को उखाड़ा गया और वहां हड़ताल करने का निर्णय लिया गया, यहीं के ब्रह्मदेव नारायण चौधरी जो पेशे से अधिवक्ता थे ब्रिटिश सरकार के विरोध में हस्तलिखित इश्तहार, पम्फलेट, डाकघर, निबंधन कार्यालय एवं रेलवे स्टेशन पर चिपकाते रहते थे। 14 अगस्त को मधुबनी के 14 वर्षीय गणेश ठाकुर एवं 24 वर्षीय अकलू साह इस आंदोलन में शहीद हो गए। ब्रिटिश राज विनष्ट हो जाए, कहने पर हरिपुर (कलुआही) के 10-12 वर्षीय छात्र शिव नारायण को सेल्सबरी ने गोली मार दी। त्रिलोकनाथ हाईस्कूल के कलुआही के आगे शिवनारायण क्लब आज भी विद्यमान है। मधुबनी जिला के थाने खजौली, बेनीपट्टी, हरलाखी, लहनियां, फुलपरास, मधेपुर, झंझारपुर, लौकही इत्यादि पर जनता का अधिकार बना रहा। लौकही थाने पर तो सैनिकों की भी जाने की हिम्मत नहीं होती थी। मिथिला क्षेत्र के ही समस्तीपुर जिला के वारिसनगर प्रखण्ड भी भारत छोड़ो आंदोलन से प्रभावित रहा। वहां आंदोलन का नेतृत्व स्वर्गीय कर्पूरी ठाकुर (अब बिहार के भूतपूर्व मुख्यमंत्री), स्व. वशिष्ठ नारायण सिंह, राजेंद्र शर्मा इत्यादि ने किया। मुजफ्फरपुर के निकटवर्ती थाने को जला डाला गया। गया के कुर्था थाने पर झंडा फहराने का प्रयास किया गया जिसमें श्याम बिहारी को अपनी जान गंवानी पड़ी। उसी प्रकार कटिहार थाने पर झंडा फहराने के प्रयास में ध्रुव कुमार पुलिस की गोली के शिकार हुए। चम्पारण में एक अलग सरकार बना ली गई।

इसी प्रकार बिहार के भागलपुर का क्षेत्र भी भारत छोड़ो आंदोलन में एक अति प्रभावी क्षेत्र रहा। 10 अगस्त, 1942 से ही यहां के छात्रों ने आंदोलन का श्रीगणेश कर दिया। लोकल बाडीज के अध्यक्ष बाबू सियाराम सिंह को देवनारायण चौधरी एवं चिंतामणी मिश्र ने छात्रों को साथ लेकर घेर लिया, तो उन्होंने विवश होकर वादा किया कि वे उन लोगों के साथ रहेंगे। सियाराम बाबू ने कांग्रेसियों को साथ लिया और खगड़िया में पहलवान पार्थब्रह्मचारी जो अखाड़ा चला रहा था, को लेकर दूसरे दिन से आंदोलन में कूद पड़े। अब आंदोलन की आग की लपट फैलने लगी। पूरे जिले में रेल की पटरियां उखाड़ी जाने लगीं, निबंधन कार्यालय को जला दिया गया,

दारू, गांजे की दुकानों में आग लगा दी गई, मुकम्मल तौर पर स्कूल-कॉलेज बंद करवा दिए गए, जहां-जहां अंग्रेजों का झंडा 'यूनियन जैक' था, उन्हें उतार कर तिरंगा फहरा दिया गया। इसी क्षेत्र के बिहपुर में रेलवे स्टेशन एवं मालगाड़ी को लूट लिया गया। टेलीफोन के तार काट डाले गए। नवगछिया में पुलिस से मारपीट करके उससे हथियार छीन लिए गए। जिले में विशेषकर बिहपुर, नवगछिया एवं गोपालपुर में समानांतर सरकार बना दी गई। भागलपुर गुमटी नम्बर तीन पर दो नौजवान शहीद हो गए। भागलपुर रेलवे स्टेशन पर माल गोदाम लूट लिए गए, लत्तीपुर के निकट गंगा नदी के तट पर गोलियों से दशरथ उर्फ छंगूरी कुंवर शहीद हो गए। बिहपुर के नजदीक ही भ्रमपुर गांव के दो जवान भी पुलिस की गोलियों के शिकार हुए। तेलगी गांव में गोली काण्ड हुआ जिसमें जगरूप सिंह मारे गए। खुफिया विभाग के कई लोगों को आंदोलनकारियों ने मार डाला। सोनवर्षा ग्राम की पुलिस फांड़ी पर हमले के जवाब में गोलियां चलाई जिसमें फौदी मण्डल, नित्यानन्द सरकार, अर्जुन सिंह, लड्डु शर्मा, निर्मल झा, कमली सिंह सहित कुल सात लोग मारे गए थे। भागलपुर में जहाज परिचालन बंद कर दिया गया। इस अवधि के दौरान सड़क एवं जलमार्ग अवरूद्ध कर दिए जाने से अंग्रेज अधिकारी हवाई मार्ग से आते थे एवं ऊपर से ही गोलियां चलाते थे। सम्पूर्ण जिले में तकरीबन 70 आंदोलनकारी पुलिस की गोलियों के शिकार हुए और कई हजार को जेल में बंद कर दिया गया। कईयों क्रांतिकारियों को बलूची, टॉमी, गोरखा फौजों ने जहां पाया, गोली मार दी। अंग्रेजों ने राष्ट्रीय पुस्तकालयों में आग लगा दी ताकि क्रांतिकारी इसमें रखी पुस्तकों को न पढ़ सकें। इस आंदोलन के दौरान तीन हथियारबंद जत्थे यथा सियाराम ब्रह्मचारी, परशुराम सिंह और महेन्द्र गोप थे। महेन्द्र गोप को बाद में ब्रिटिश सरकार ने फांसी दे दी।

स्व. शंकर दयाल सिंह के शब्दों में "देश के हर भाग में 1942 के अमर शहीदों की गाथाएं आज भी श्रद्धा और गौरव के साथ लोरियों, कहानियों, किंवदंतियों और प्रेरणा अन्य अनुभूतियों के साथ गाई और दोहराई जाती है। लेकिन यह कहना सत्य से परे न होगा कि 1942 की क्रांति में बिहार का योगदान सर्वोपरि रहा।"

9 अगस्त 1942 को बंबई में कांग्रेस अधिवेशन में गांधीजी ने 'करो या मरो' का नारा दिया, उसके दूसरे दिन क्रांति की ज्वाला देश के हर कोने में फूट पड़ी और इसके तीसरे दिन 11 अगस्त 1942 को पटना सचिवालय पर तिरंगा फहराने के क्रम में सात नवजवानों ने अपने सीने पर गोलियों की बौछार से क्रांति की अगुवाई की। आज भी इनकी याद पटना सचिवालय के सामने शहीद स्मारक के रूप में हमारे सामने यह चुनौती प्रस्तुत कर रही है कि उनके बलिदानों को हमने भूला तो नहीं दिया?

उपरोक्त अमर शहीदों की पंक्ति में एक नाम आता है श्री महेश्वर सिंह जी का

जो उस समय बी.एन. कॉलेज के छात्र थे और 15 अगस्त 1942 को सोनपुर रेलवे स्टेशन पर अंग्रेजों की गोली के शिकार हुए। जैसा मैंने पहले कहा बिहार के कोने-कोने में क्रांति की आग जिस तरह से ज्वाला बनकर फैली उसका सबूत यह अमर बलिदान है। बिहार में पुराना सारण जिला एक विशेष स्थान रखता है। चाहे क्रांति की बात हो, शिक्षा की चर्चा हो, नेतृत्व की बात हो अथवा बलिदान की। "बिहार में स्वतंत्रता आंदोलन के इतिहास में" डॉ कालिकिंकर दत्त ने 1942 के उन क्षणों का सजीव वर्णन करते हुए लिखा है–

सारण जिला में भी गंभीर स्थिति उत्पन्न हो चुकी थी। सर्वत्र हड़ताल, जुलूस और सभाएं की जा रही थीं। स्टेशन, डाकघर और अन्य सरकारी कार्यालयों पर आक्रमण किया जा रहा था। राष्ट्रीय झंडा फहराए जा रहे थे और रेलवे, तार एवं सड़कों की तोड़-फोड़ की कार्रवाई भी सघन रूप में की जा रही थी। 14 अगस्त को हजारों की भीड़ भगवान बाजार रेलवे स्टेशन पर प्रदर्शन करने आई। उस समय गाड़ी से कैप्टेन मैकिंटोस और एक अन्य व्यक्ति यात्रा कर रहा था। उनके रिवाल्वर छीन लिए गए। दाउदपुर में एक सभा हुई इसमें पंडित गिरीश तिवारी ने लोगों से निश्चित कार्यक्रम के अनुसार स्वतंत्रता की लड़ाई जारी रखने को कहा। 15 अगस्त को छपरा के टाउन हॉल में शांति देवी की अध्यक्षता में एक विराट सभा हुई। उसी दिन छपरा कचहरी स्टेशन को जला दिया गया, हजारों लोगों की भीड़ ने सोनपुर रजिस्ट्री ऑफिस पर आक्रमण करके उसे तहस-नहस कर दिया और स्टेशन लूट लिए। स्टेशन पर उत्तरी रेंज पुलिस के एक दस्ता ने गोली चलाकर कई लोगों को मार डाला एवं अनेक लोग घायल हुए। रेलवे स्टेशन पर पुलिस की गोली से मरने वालों में सोनपुर के एक प्रतिष्ठित परिवार के श्री महेश्वर प्रसाद सिंह (बी.एन. कॉलेज,पटना के छात्र) प्रमुख थे। 16 अगस्त को एक बहुत बड़ी भीड़ ने महाराजगंज थाना पर कब्जा करने का प्रयत्न किया। वहां भी पुलिस ने गोली चलाई। सरकारी रिपोर्ट के अनुसार दो व्यक्ति मारे गए और अनेक लोग घायल हुए। यहां मारे जाने वालों में अमर शहीद फुलेना प्रसाद का नाम उल्लेखनीय है। उसी दिन हथुआ राज के भोरे सर्किल भवन और थाना पर राष्ट्रीय झंडा लगा दिया। मढ़ौरा की रजिस्ट्री ऑफिस पर भी एक भीड़ ने राष्ट्रीय झंडा लगा दिया। एकमा स्टेशन में आग लगा दी गई और कार्यकर्ताओं ने समानान्तर सरकार की स्थापना की।

उन्हीं के शब्दों में "निश्चय ही महेश्वर बाबू का नाम क्रांति के इतिहास में अमर रहेगा। एक संपन्न परिवार के उदीयमान नक्षत्र, जिन्होंने सुनहरी तरुणाई के साथ अपना जीवन शुरू किया था और परिवारवालों ने जिनके बारे में न जाने कितने सपने संजोये होंगे वह कली खिलने के पहले ही भारत माता की जंजीरों को तोड़ने के लिए बलिबेदी पर समर्पित हो गई।" आज हम उन्हें नमन करते हुए स्व0 माखनलाल

चतुर्वेदी की निम्न पंक्तियों को याद कर रहे हैं–

मुझे तोड़ लेना वनमाली
उस पथ पर देना तू फेंक
मातृभूमि हित शीश चढ़ाने
जिस पथ आवे वीर अनेक

डॉ. कालिकिंकर दत्त का कथन है कि इन छात्रों के आत्म बलिदान ने भारत के आत्मनिर्णय का अधिकार हासिल करने के मार्ग में जो भी बाधाएं थी, उन्हें समाप्त कर दिया।

राजेंद्र प्रसाद, फूलन प्रसाद वर्मा, मथुरा प्रसाद, श्रीकृष्ण सिंह, अनुग्रह नारायण सिंह की गिरफ्तारी के खिलाफ पटना के विद्यालयों तथा महाविद्यालयों में पूरी हड़ताल रही और राष्ट्रीय झंडे फहराये गए। यहां हाउस मैन, नर्स, कुली, मेहतर हड़ताल पर चले गए। राजेंद्र बाबू के अनुरोध पर मरीजों के हित में अस्पताल में हड़ताल बंद कर दी गई और गांधी मैदान में शिवनंदन मंडल की अध्यक्षता में आम सभा हुई। महिलाओं ने जुलूस निकालकर कांग्रेस मैदान में भगवती देवी की अध्यक्षता में एक सभा आयोजित की और इस सभा में सुंदरी देवी तथा रामप्यारी देवी ने वकीलों से वकालत छोड़ने का अनुरोध किया।

सारण जिले में जगलाल चौधरी ने यह आंदोलन चलाया। सिवान थाने पर झंडा फहराने के क्रम में एक पुराने कांग्रेसी फुलेना प्रसाद श्रीवास्तव पुलिस की गोली से मारे गए। पुलिस ने जगलाल चौधरी के दो वर्ष के बच्चे को मार डाला। चंपारण जिले के गोविंदपुर थाने में ऋषिजी, सहदेव प्रसाद, जगन्नाथ प्रसाद, ब्रह्मानंद तिवारी ने एक समानांतर सरकार बनाई थी और वे मुखबिरों को सजा देते थे। मुजफ्फरपुर जिले में सरकार का दमनचक्र चला और लालचंद मदन गोपाल फर्म को लूटा गया तथा सेठजी के पुत्र देवकी प्रसाद को मार दिया गया। पुपरी के लोगों पर फौजियों ने बड़ा अत्याचार किया, गांव में आग लगा दी और लोगों को गांव छोड़कर भागना पड़ा। लोगों ने मीनापुर के थानेदार को जिंदा जला दिया। बेलसंड थाने पर गोली चली, जिसमें जयमंगल सिंह, सुखदेव सिंह, भूपन सिंह, नौजाद सिंह, बंशी तत्मा, सरशात साह, सुंदर महरा, छठु साह, बलदेव सुहरी तथा सूखु लोहार मारे गए। 25 अगस्त को बिदुपुर बाजार में लोगों पर गोली चलाई गई जिसमें रामावतार राय, हरिवंश राय, बुधन दुसाध, रौशन राय, दोधानी राय, रामदास तथा हेमराज राय मारे गए। शाहाबाद में पुलिस की गोली से राजेंद्र, निखु साह, रामेश्वर पांडे, शिवपूजन राम, दुलार लोहार, छौगन अहीर, साधु अहीर तथा रामाधार अहीर मारे गए। 16 अगस्त को कपिल मुनी को गोली मारी गई। उसके बाद झंडा फहराने का प्रयास करने पर रामदास लोहार तथा रामगोपाल को गोली मारी गई। गया के कुरथा थाने में कांग्रेसी कार्यकर्त्ता श्याम बिहार लाल शहीद हुए। दुसाध सिंह को अरवल थाने के अधिकारियों ने पीटते-पीटते

मार दिया।

पूर्णिया में अगस्त क्रांति शानदार रही। 13 अगस्त को कटिहार थाने पर झंडा फहराते समय 13 वर्षीय बालक ध्रुव कुमार को पुलिस ने गोली मार दी। तत्पश्चात रामाशीष सिंह, रामाधार सिंह, कलानंद मंडल, गिरी दामोदर साह तथा बिहारी लाल साह भी मारे गए। अगस्त के दूसरे सप्ताह में मुंगेर जिले में गोली चालन में भिन्न-भिन्न जगहों पर बलदेव पंडित, दलन गोप, कारू मिश्र, कलार पोद्दार, सुखदेव कुंवर, वैद्यनाथ सिंह, गुजा सिंह, दारो सिंह, केवल सिंह, चंचल मिश्र, भोला मंडल, चमक लाल पासवान, कारेलाल वर्मा, लालजी गोप, लगरू गोप, जागो गोप, हुंकेरी तेलिन, उसकी तीन साल की एक लड़की और सात साल का एक लड़का, सुरनी देवी तथा उसका एक बच्चा, डोमन ठाकुर, संपतिया तथा तूरी शहीद हुए। इसके अतिरिक्त सुरेश मिश्र, नंद कुमार सिंह, श्यामा प्रसाद सिंह, रामचरित्र सिंह, ब्रह्मदेव नारायण सिंह गिरफ्तार किए गए। 26 अगस्त को सहरसा में गोली चालन में पुलकित कांत, हरिकांत झा, कमलेशवर मंडल, भोला ठाकुर तथा केदार नाथ तिवारी मारे गए। 13 और 14 सितंबर को सुपौल थाना पर कब्जा करने के सिलसिले में शत्रुध्न प्रसाद, लहटन चौधरी, रामचंद्र मिश्र, गंगा प्रसाद सिंह, अच्युतानंद झा, रामेश्वर खां तथा शिवनंदन झा गिरफ्तार किए गए तथा इनकी खूब पिटाई हुई। भागलपुर में अगस्त क्रांति का नेतृत्व छात्रों ने किया। वहां शिवधारी सिंह, सुखदेव चौधरी, कैलाश बिहारी लाल गिरफ्तार हुए। राजेंद्र मिश्र, मेवा लाल झा, अच्युतानंद सिंह, कमलेश्वरी प्रसाद यादव, रामेश्वर प्रसाद अग्रवाल, ठाकुर भगवती प्रसाद सिंह, निर्मलचंद राय, हरेकृष्ण प्रसाद तथा योगेन्द्र नारायण सिंह गिरफ्तार हुए। संथाल परगना भी क्रांति की पहली कतार में रहा।

29 अगस्त को गोली चालन में अशर्फी लाल देवघर में मारे गए। विनोदानंद झा, रामेश्वर लाल सर्राफ, मोती लाल केजरीवाल, रामजीवन हिम्मतसिंहका, अशोक कुमार बोस, उषा रानी मुखर्जी, भादो हेम्ब्रम, बुद्धिनाथ झा, सागर मोहन पाठक, ब्रिजलाल डोकानिया, बहुमूल्य दत्त, कृपानाथ पांडे, पंजन जी मिश्र, हरिराम गुटगुटिया, लालचंद धाम, रजलाल पुजारी तथा शारदा देवी को पुलिस ने गिरफ्तार करने के बाद छोड़ दिया तथा बिराजी मदियाइन पुलिस की गोली से शहीद हो गई। मानभूम जिले में क्रांति देर से शुरू हुई, किंतु जब शुरू हुई तो भयावह हो गई। बड़ा बाजार तथा बौंधवान थाने में आग लगा दी गई तथा लालपुर और लघुरमा के सैनिक कैम्पों में आग लगाने की कोशिश हुई, जिसके कारण जरगांव, कबराजगढ़ तथा मानवसार में गोलियां चली। हजारीबाग में मजदूरवाले इलाके में क्रांति ने अपना रंग दिखाया। डोममांच तथा कोडरमा में आंदोलन जोरों पर था। डोममांच में दो व्यक्ति गोली चालन में शहीद हुए। पलामू तथा सिंहभूम में भी आंदोलन चला। जमशेदपुर के सिपाहियों ने भी इस आंदोलन में अभूतपूर्व काम किया। तिरहुत प्रमंडल में दो महीने तक जनता

का शासन रहा। हाजीपुर, मुजफ्फरपुर, सीतामढ़ी तथा दरभंगा के बहुत से स्थानों में जनता का प्रतिवर्ती या समानांतर शासन चलता रहा।

मन्मथनाथ गुप्त की पुस्तक "भारतीय क्रांतिकारी आंदोलन का इतिहास" तथा डॉ. कालिकिंकर दत्त की पुस्तक "बिहार में स्वातंत्र्य आंदोलन का इतिहास" को आधार ग्रंथ मानते हुए इन विवरणों को देने का अर्थ केवल इस झलक को दर्शाना है कि आजादी की लड़ाई में समाज के सभी वर्गों के सदस्यों ने आत्माहुति दी थी और इस आत्माहुति का लक्ष्य देश के लिए संपूर्ण स्वतंत्रता को प्राप्त करना था। क्या औरत, क्या मर्द, क्या अगड़े, क्या पिछड़े, क्या हरिजन, क्या गिरिजन-सबों ने अपने प्राणों की बाजी लगाई थी। उन दिनों साहित्य का यही संदेश था–

मुट्ठी में लिये भविष्य देश का, वाणी में हुंकार लिए,
मन से उतार कर हाथों में निज स्वप्नों का संसार लिए,
सेनानी करो प्रयाण अभय, भावी इतिहास तुम्हारा है,
ये नखत अमा के डूब रहे, सारा आकाश तुम्हारा है।
सांसों का पीकर वेग देश की हवा तपी सी जाती है
गंगा के पानी में देखो, परछाई आग लगाती है।
विप्लव ने उगला तुम्हें महामणि उगले ज्यों नागिन कोई,
माता ने पाया तुम्हें यथा मणि पाए बड़भागिन कोई।

–दिनकर, 21 अप्रैल, 1946

अब परतंत्रता की बेड़ियों को जला देने वाला अंगार और पानी में आग लगाने वाली परछाई कहां है? भारत की स्वतंत्रता और उसके लोकतंत्र के अस्तित्व पर सवालिया निशान लगाने की कल्पना भी उन दिनों संभव नहीं थी।

जियालाल आर्य ने अपनी पुस्तक 'स्वतंत्रता संग्राम : बुद्धिजीवियों की भूमिका' में लिखा है कि भारतीय स्वतंत्रता संग्राम के महायज्ञ में इस महान देश के अनेक सपूतों ने तन-मन-धन से आहुति दी है। इस संयुक्त आहुति के महाताप का सामना विदेशी शासन नहीं कर सका और अंततः हमारे देश को आजादी में सांस लेने का गौरवशाली अवसर प्राप्त हुआ। आज के आजाद भारत के प्रत्येक नागरिक का यह नैतिक कर्तव्य है कि वह देश के उन सपूतों के बलिदान का स्मरण कर उन्हें नमन करे जिन्होंने देश को स्वतंत्रता दिलाने के लिए सर्वोच्च बलिदान दिया।

अगस्त-क्रांति और क्रांतिकारी महिलाएं

आशारानी व्होरा

अरुणा आसफअली

1942 के उग्र-आंदोलन में जिन महिलाओं ने उभर कर राष्ट्रीय ख्याति अर्जित की, अरुणा आसफअली का नाम उनमें सर्वप्रथम लिया जाता है। अपने सशक्त, सफल भूमिगत आंदोलन के कारण उन्हें '1942 की हीरोइन' भी कहा गया। इसके पूर्व 1930 के 'असहयोग-आंदोलन' और 1941 के 'व्यक्तिगत सत्याग्रह' में भी वह जेल गई थीं। पर राष्ट्रीय नेताओं की प्रथम पंक्ति में उनका नाम 'भारत छोड़ो' आंदोलन के दौरान ही चमका।

एक सम्मानित बंगाली परिवार से संबंधित अरुणा का जन्म 1909 में हुआ। शिक्षा लाहौर और नैनीताल के पब्लिक स्कूलों में हुई। अध्यापन-कार्य उन्होंने कलकत्ता में शुरू किया। उन्हीं दिनों 1928 में अध्यापन छोड़, देशभक्त वकील श्री एम. आसफअली से विवाह करके अरुणा गांगुली से अरुणा आसफअली कहलाई। श्री आसफअली आयु में उनसे 23 वर्ष बड़े थे, उस पर मुस्लिम! अरुणाजी को अपने समाज के जबरदस्त विरोध का सामना करना पड़ा। पर हिंदु-मुस्लिम विवाह उन दिनों राष्ट्रीय एकता प्रदर्शित करने के लिए काफी तादाद में किए जा रहे थे। इसलिए कांग्रेसी क्षेत्रों में उनके इस कदम का स्वागत ही हुआ। राजनीति में भाग लेते हुए उन्हें पति के साथ जैसे एक राजनीतिक पथ-प्रदर्शक भी मिल गया था।

1930 के 'नमक सत्याग्रह' के समय ही वह आजादी की लड़ाई की एक अग्रणी नेत्री के रूप में सामने आ गई थीं। जुलूसों का नेतृत्व करना, सभाओं में भाषण देना आदि उनकी गतिविधियां देखकर दिल्ली के चीफ कमिश्नर ने उन्हें चेतावनी दी कि वह अपने आप को इन हलचलों से अलग रखें। पर अरुणा आसफअली ने इंकार कर दिया और बदले में एक वर्ष के लिए जेल जाना पसंद किया। कुछ महीनों बाद 'गांधी-इरविन समझौते' के समय जब अन्य नेता रिहा कर दिए गए थे, खतरनाक व्यक्ति समझ कर अरुणाजी को तब भी नहीं छोड़ा गया।

पर गांधीजी के हस्तक्षेप, जेल के अन्य साथियों का अरुणाजी की रिहाई बिना अपनी रिहाई से इंकार तथा जनमत के दबाव को देखकर सरकार को उन्हें रिहा करना ही पड़ा।

1932 में सत्याग्रह करके अरुणाजी फिर जेल गई। इस बार उन्हें दो सौ रुपये जुर्माने के साथ छः महीने की सजा मिली। जुर्माने अदा न करने पर पुलिस उनकी कीमती साड़ियां उठा ले गई। दिल्ली जेल में कैदियों के साथ दुर्व्यवहार के विरोध में उन्होंने भूख-हड़ताल की। इस पर अधिकारियों ने उनकी मांगें तो मान लीं, पर उन्हें वहां से हटाकर अम्बाला जेल में तन्हाई में रख दिया गया।

इस बार रिहाई के बाद एक वर्ष उन्होंने अपने स्वास्थ्य-सुधार और अध्ययन-चिंतन में लगाया। 1941 में यद्यपि 'व्यक्तिगत सत्याग्रह' करके वह फिर जेल गई थीं, पर अब उन्होंने निर्णय ले लिया था कि आगे कोई आंदोलन हुआ तो वह जेल नहीं जाएंगी, भूमिगत रहकर काम करेंगी। 8 अगस्त, 1942 के 'भारत छोड़ो' प्रस्ताव के समय अपने पति के साथ वह बंबई में हुई कांग्रेस-कार्यकारिणी की मीटिंग में उपस्थित थीं। 8 अगस्त की रात लगभग सभी बड़े नेताओं की गिरफ्तारी के बाद 9 अगस्त को सरकारी इमारतों पर तिरंगा फहराने के आंदोलन का श्रीगणेश करने वाली सभा की अध्यक्षता अरुणा आसफअली ने ही की थी।

इस अवसर पर लाठी-चार्ज करने, अश्रु-गैस छोड़ने, गोली चलाने की घटनाएं घटीं और धर-पकड़ शुरू हुई तो पूर्व सोचे अनुसार अरुणाजी तुरंत भूमिगत हो गईं। उन्होंने कहा, "सभी लोग जेल चले जाएंगे, तो आंदोलन कौन चलाएगा?" और वह गिरफ्तारी से बचते हुए आंदोलन का निरंतर सफल भूमिगत नेतृत्व करती रहीं। 26 सितम्बर, 1942 को उनकी दिल्ली की सारी सम्पत्ति जब्त कर ली गई ओर सम्पत्ति लौटाने के लिए आत्म-समर्पण की शर्त लगा दी गई। इस पर भी अरुणाजी सामने नहीं आईं तो उनका मकान, सामान, उनकी कार, सब निलाम कर दिए गए। अरुणाजी नहीं झुकीं। निरंतर गुप्त तरीकों से काम करते हुए आंदोलन को आगे बढ़ाती रहीं। भूमिगत रहते हुए ही उन्होंने डा. राममनोहर लोहिया के साथ मिलकर 'इंकलाब पत्र' भी चलाया। इस पर के माध्यम से वह निरंतर जनचेतना जगाती रहीं, "इस समय हिंसा-अहिंसा की बहस में न पड़कर हमें लड़ाई जारी रखनी चाहिए। मैं चाहती हूं कि देश का हर नागरिक अपने ढंग से क्रांति का सिपाही बने।" इन अपीलों ने लोगों को इतना प्रभावित किया कि बहुत से सरकारी कर्मचारी नौकरियां छोड़, आंदोलन में कूद पड़े और हजारों छात्र-छात्राएं कालेजों से बाहर निकल, आंदोलन की गति तेज करने में जुट गए।

लुकते-छिपते, लगातार तकलीफें सहते, अरुणाजी का स्वास्थ्य बहुत गिर गया था। उनका सुराग देने वाले के लिए 5000/- रुपये का इनाम भी घोषित था।

गांधीजी ने उन्हें सलाह दी, "अपने आप को इस तरह मारने के बजाय साहस से आत्म-समर्पण कर दो और 5000/- रुपये का इनाम स्वयं जीतकर हरिजन फंड में दान कर दो।" पर गिरे स्वास्थ्य और गांधीजी की इज्जत करने के बावजूद, अरुणा आसफअली के अंत तक आत्म-समर्पण नहीं किया। 1944 में सभी नेता रिहा हो गए थे। तब भी वह सामने नहीं आईं। 26 जनवरी, 1946 को जब उनके विरुद्ध गिरफ्तारी का वरंट वापस ले लिया गया, तभी प्रगट हुईं। 'दैनिक ट्रिब्यून' ने अरुणा जी की इस साहसिक व सफल भूमिगत 'मोर्चाबंदी' के लिए उन्हें 'सन् 42 की रानी झांसी' कहकर सम्बोधित किया। आजादी के बाद 1947 में वह दिल्ली प्रदेश कांग्रेस-कमेटी की अध्यक्ष बनीं और 1958 में दिल्ली नगर निगम की 'पहली महिला मेयर' चुनी गईं।

वामपंथी विचारधारा की समर्थक अरुणा आसफअली इसके बाद अनेक राष्ट्रीय-अंतर्राष्ट्रीय राजनैतिक, सामाजिक व महिला संस्थाओं में अग्रणी रूप से सक्रिय रहीं। 'लिंक' और 'पैट्रियाट' पत्रों की संस्थापिका-व्यवस्थापिका के नाते पत्रकारिता में भी उन्होंने कम नाम नहीं कमाया। उन्हें अनेक राष्ट्रीय-अंतर्राष्ट्रीय पुरस्कार-सम्मान भी मिले। पर उनके लिए वास्तविक सम्मान तो जनता के दिलों में था। 29 जुलाई, 1996 को यह जुझारू महिला इस संसार से विदा हो गईं, अपने पीछे सुकीर्ति की एक ऐसी ज्योति जला कर जो सदियों तक इस धरती को रोशन करती रहेगी।

सुचेता कृपलानी

"जबकि सारे नेता पहले ही जेल में हैं, हर किसी का जेल जाना कोई बुद्धिमानी की बात नहीं। सभी लोग जेल चले जायेंगे तो काम कौन करेगा? काम नहीं होगा तो आंदोलन नेतृत्वहीन होकर रास्ते से भटक जाएगा।" ऐसा कहने वाली अरुणा आसफअली ही नहीं, सुचेता कृपलानी भी थीं। उन्होंने भी आंदोलन में प्रत्यक्ष भाग लेने और पुलिस को आत्म-समर्पण करने के बजाय, भूमिगत रहकर कार्य करना पसंद किया। इस तरह कार्यरत रहने पर उन्हें अपार कष्टों का सामना करना पड़ा, पर 1944 तक उन्होंने पुलिस को खबर नहीं लगने दी। तभी तो सन् 42 के 'भारत छोड़ो' आंदोलन के दौरान जो महिला नाम उभर कर सामने आए, उनमें सुचेता कृपलानी का स्थान अरुणाआसफ अली के बाद दूसरा है।

सुचेता का जन्म 1908 में अम्बाला में हुआ। प्रारंभिक शिक्षा लाहौर में हुई। एम.ए., दिल्ली विश्वविद्यालय से किया। राष्ट्रीयता और खादी के पारिवारिक परिवेश में पल कर स्वाधीन भारत के सपने वह बचपन से ही देखा करती थीं। बनारस हिंदू विश्वविद्यालय में प्राध्यापिका के रूप में कार्य करते हुए भी उनकी भावनाएं देशसेवा

के लिए जागृत रहीं। फिर 1932 से सार्वजनिक सेवा-क्षेत्र में और 1939 से सीधे राजनीति में कूद पड़ीं। 1934 से 1939 तक समाज-क्षेत्र में रहकर भी वह गुप्त रूप से राजनीति में भाग ले रही थीं, क्योंकि प्रत्यक्ष भागीदारी और अध्यापन-नौकरी साथ-साथ नहीं चल सकते थे। फिर कांग्रेस में शामिल हो, स्वतंत्रता-संग्राम में प्रत्यक्ष भाग लेने के लिए उन्होंने अपनी नौकरी से इस्तीफा दे दिया। 1939 में उनके कार्य से प्रभावित होकर ही गांधीजी ने 1940 में 'व्यक्तिगत सत्याग्रह' के लिए उनके नाम का चुनाव किया था। तभी आंदोलन करती हुई वह गिरफ्तार हुईं।

इसके बाद 1942 के आंदोलन के समय अग्रिम पंक्ति के युवा उत्साही कार्यकर्ताओं में उनका नाम जब लोकप्रियता के शिखर पर पहुंचा, तब से तो वह कभी जनता की आंखों से ओझल हुई ही नहीं। 1942-43 में लगातार भूमिगत होकर भी वह युवा कार्यकर्ताओं की प्रेरणा बनी रहीं। भूमिगत रहते हुए उन्हीं दिनों 1943 में उन्होंने राष्ट्रीय कांग्रेस के 'महिला विभाग' की स्थापना भी की। उसकी कार्यवाहक मंत्री के नाते इस महिला-संगठन के माध्यम से उन्होंने प्रदेश कमेटियों को अनेकों ऐसे परिपत्र भेजे, जिनमें महिला-सभाओं के द्वारा महिलाओं में सूचनाएं वितरित करने और उनमें आजादी की चेतना जगाने के लिए निर्देश रहते थे। अपने इसी महत्वपूर्ण कार्य के लिए उन्होंने एक 'अंडर ग्राउन्ड वालंटियर फोर्स' (भूमिगत स्वयंसेवक दल) की स्थापना भी की। इन स्वयंसेवकों के लिए जगह-जगह प्रशिक्षण का इंतजाम किया। विशेष रूप से लड़कियों को ड्रिल, लाठी-चलाना, प्राथमिक चिकित्सा और संकट में घिर जाने पर आत्मरक्षा के लिए हथियार व अन्य साधन प्रयोग में लाना आदि बातें सिखाकर आंदोलन के लिए तैयार किया। यह स्वयंसेवक दल उनके भूमिगत कार्य में विशेष सहायक सिद्ध हुआ। राजनैतिक कैदियों के परिवारों को राहत पहुंचाने का महत्वपूर्ण कार्य भी उनके जिम्मे था। 1942 से 1944 तक निरंतर सफल भूमिगत आंदोलन चलाने के बाद सुचेता जी को 1944 में ही गिरफ्तार किया जा सका था।

1945 में रिहा होने के बाद उन्होंने अपना अधिकांश समय समाज-सेवा को समर्पित कर दिया। विभाजनपूर्व 1946 में पूर्वी बंगाल के साम्प्रदायिक दंगों और 1947 में पश्चिम पंजाब के दंगों के समय राहत-कार्य हो, भारत विभाजन के बाद दोनों ओर से अपहृत महिलाओं को बचाने का कार्य हो अथवा शरणार्थी पुनर्वास कार्य हो, सुचेताजी इन सभी मोर्चों पर तैनात थीं। 1947-51 में वह राष्ट्रीय कांग्रेस कार्यकारिणी की सदस्या और 1958-60 तक कांग्रेस महामंत्री रहीं। 1952-57 और 1957-62 में लोकसभा के लिए निर्वाचित हुईं। अक्तूबर, 1963 से मार्च 1967 तक उत्तर प्रदेश की मुख्यमंत्री भी रहीं। इस नाते स्वतंत्र भारत की 'पहली महिला मुख्यमंत्री' बनने का गौरव उन्हें प्राप्त हुआ। वह सुप्रसिद्ध नेता आचार्य कृपलानी की पत्नी थीं। राजनैतिक मतभेदों के बावजूद, उनका दाम्पत्य जीवन सुखी था।

1 दिसम्बर, 1975 को उनका निधन हो गया। वह भूतपूर्व मुख्यमंत्री थीं। राजनैतिक नेत्री थीं। एक सफल सामाजिक कार्यकत्री थीं। पर इन सबसे अधिक स्वतंत्रता-सेनानी के रूप में ही देश उन्हें याद करता है।

उषा मेहता

कांग्रेस समाजवादी पार्टी की एक सदस्या उषा मेहता का नाम बंबई रेडियो षड्यंत्र-केस के साथ जुड़ कर प्रसिद्ध हुआ। उषा मेहता का जन्म 20 मार्च, 1920 को सतारा में हुआ था। विल्सन कालेज, सूरत से बी.ए. और 1941 में बंबई यूनिवर्सिटी में एल.एल.बी. करके उसने एम.ए. में प्रवेश लिया ही था कि 1942 का 'भारत छोड़ो' आंदोलन छिड़ गया और उषा कालेज की पढ़ाई छोड़, आंदोलन में कूद पड़ी। शुरू में सभी महिलाओं की तरह विदेशी कपड़ों और शराब की दुकानों पर धरने दिए और प्रदर्शनों व जुलूसों में नारे लगाए। पर इस कार्य से उसे संतोष न हुआ। उसकी इच्छा कुछ नया क्रांतिकारी-कार्य करने की थी।

कुछ मित्रों की सहायता से उषा ने गुप्त प्रसारण सेवा शुरू करने के लिए एक गुप्त रेडियो की स्थापना की। पिता सरकारी कर्मचारी थे। उन्होंने विरोध किया, पर बहादुर लड़की ने अपने जज पिता के आदेश और उनकी नौकरी चले जाने की भी परवाह नहीं की। कहा, ''ऐसे समय जब सारे नेता जेल में हैं प्रेस पर सेंसर है, आजादी की आवाज दबा दी गई है उसे देशवासियों तक पहुंचाने के लिए ऐसे रेडियो की सख्त जरूरत है। सभी लोग आंदोलन करके जेल चले जाएं तो यह काम कौन करेगा? मैं भूमिगत रह कर काम को आगे बढ़ाने में और देशवासियों का उत्साह बनाए रखने में विश्वास करती हूं।'' एक रिश्तेदार देशभक्त महिला से उसे अपने कार्य के लिए पैसा व आभूषण भी मिल गए और बाबू भाई प्रसाद नामक एक साथी भी।

बाबू भाई प्रसाद से मिलकर उषा ने रेडियो स्थापित कर दिया। ऐसा एक गुप्त ट्रांसमीटर विट्ठल भाई झावेरी ने भी लगा रखा था और उधर डा. लोहिया के साथियों का एक गुट भी गुप्त रेडियो चला रहा था। इन तीनों में बाबू भाई और उषा रेडियो अधिक सक्रिय था। इसके अपने ट्रांसमीटर, ट्रांसमीटर स्टेशन तथा रिकार्डिंग स्टेशन थे। अपने गुप्त संदेश थे और अपनी 'वेव लाइन' थी। 9 अगस्त, 1942 को आंदोलन शुरू हुआ और 14 अगस्त, 1942 को उषा मेहता के गुप्त रेडियो का प्रसारण शुरू भी हो गया। 42.84 मीटर तक इनकी 'रेडियो कालिंग' थी। ऐसे समय, जबकि पूरी सरकारी मशीनरी उस रेडियो की खोज और इन लोगों की धर-पकड़ के लिए सतर्क थी, यह कोई आसान काम न था। एक रिश्तेदार ने मदद करके इन्हें अपना फ्लैट भी दे दिया। संकट-स्थिति में स्थानान्तरण के लिए एक दूसरा फ्लैट भी लेकर रख लिया गया। बाद में प्राप्त कुछ विवरणों से पता चलता है कि इनमें से एक फ्लैट अभिनेत्री नरगिस की मां का था।

पर खतरों के कारण हर 15 दिन में जगह बदलना अनिवार्य हो गया। जैसे ही किसी को संदेह होता, जगह बदल दी जाती। एक बार एक मकान मालिक द्वारा पकड़वाए जाने के प्रयत्न से ये लोग बाल-बाल बचे। यह उषा का ही रेडियो था, जो लगातार 'अंग्रेजों भारत छोड़ो' के नारे लगाता था और जिसने क्रांतिकारियों के बम-केस, जमशेदपुर हड़ताल और चिमूर व आष्टी गांवों में महिलाओं के साथ बर्बरतापूर्ण व्यवहार की खबरें सबसे पहले दी थीं। कांग्रेस-संगठन की गतिविधियों और उद्देश्यों के बारे में रेडियो लगातार सूचनाएं प्रसारित करता था। डा. लोहिया के भाषण प्रायः यहां से प्रसारित होते रहे, अरुणा आसफअली के संदेश और आह्वान भी।

सावधानी के लिए बार-बार जगह बदलते हुए और लगातार खतरों में यह रेडियो अधिक समय तक काम नहीं कर सका। सरकार की पैनी नजरें उस पर गड़ी थीं और रेडियो को खोज निकालने के लिए मशीनरी का उसके पास अभाव न था। 12 नवंबर की रात छापा मार कर स्टेशन को पकड़ लिया गया और उसकी सारी सम्पत्ति जब्त कर ली गई। बाबू भाई प्रसाद और उषा मेहता दोनों 'रेडियो षड्यंत्र-केस' में गिरफ्तार कर लिए गए। लेकिन उषा मेहता से जो कुछ भी पूछा गया, उसने जवाब देने से इंकार किया। पूछताछ के समय उसे 'लाक-अप' में रखा गया। किसी कैदी के जेल-जीवन में यह सबसे कठिन समय होता है। किसी महिला के लिए तो अत्यंत कठिन। छः महीने की लगातार पूछताछ में उषा को अनेक यातनाएं दी गईं, इसके बावजूद वह निडरता से अड़ी रही। पुलिस उससे कुछ भी उगलवाने में सफल नहीं हो सकी। अंत में षड्यंत्र की स्वीकृति पर ही केस बना कर उस पर मुकदमा चलाया गया। इस प्रसिद्ध केस को शासन बनाम बाबू भाई प्रसाद, विट्ठल भाई झावेरी, उषा मेहता, चंद्रकान्त झावेरी, नानक मोटवार केस कहा जाता है। उषाजी के शब्दों में "पूरे मुकदमे के दौरान हमें जो मनोरंजक अनुभव हुए, उसकी तुलना जीवन के किसी आनन्द से नहीं की जा सकती। जब प्रासीक्यूटर प्रश्न पूछता, हम चाकलेट चबाते रहते और निडरता से हंसते रहते।" केस के अंत में उषा मेहता को 4 साल कैद की सजा दी गई। अप्रैल 1946 में रिहा होने के बाद उन्होंने अपना अधूरा अध्ययन आगे बढ़ाया। 'महात्मा गांधी के सामाजिक व राजनैतिक कार्य' विषय पर थीसिस लिख कर डाक्टरेट की डिग्री ली और फिर बंबई विश्वविद्यालय में राजनीति की लेक्चरर बनी। नौकरी से अवकाश-प्राप्ति के बाद भी उनका सारा जीवन समाज सेवा को समर्पित रहा है।

वनलता सेन

वनलता सेन का जन्म सितम्बर 1915 में फरीदपुर के कार्तिकपूर गांव में हुआ। पिता कालीप्रसन्न सेन और मां सरोजिनी देवी दोनों ही देशभक्त और स्वदेशी-प्रेमी

थे। 1921 के 'असहयोग आंदोलन' में उनके परिवार के कई लोग स्कूल-कालेज व नौकरियां छोड़कर आंदोलन में कूद पड़े थे। वनलता सेन बचपन से यह सब देखती रही और मां से ये सारी कहानियां तन्मय होकर सुनती रही। 1925 में देशबन्धु चितरंजन दास की मृत्यु के समय देश भर में शोक मनाया गया था। उन्हीं दिनों वनलता सेन भी सभाओं में भाग लेने लगी थीं।

1930 के 'नमक सत्याग्रह' के दिनों में ही क्रांतिकारी गतिविधियां भी तेज हो गई थीं। वनलता सेन एक ओर मां के साथ धरनों-जूलूसों वाले अहिंसक आंदोलन से जुड़ी थीं, दूसरी ओर 'अनुशीलन-दल' की सदस्या बनकर विप्लवी-कार्यों में भी भाग लेने लगी थी। कार्तिकपुर में उसने 'अनुशीलन-दल' की शाखा खोली, महिला समिति बनाई और क्रांति-साहित्य के लिए क्लब और पुस्तकालय की स्थापना भी की।

'अखिल बंगाल छात्र-समिति' की मंत्री के नाते उनका नाम 'टीटागढ़ षड्यंत्र केस' के साथ भी जुड़ा। पर वह भूमिगत होकर गिरफ्तारी से बची रहीं। 1937 में छात्र फैडरेशन के माध्यम से उन्होंने 'बंदी-मुक्ति आंदोलन' चलाया। 1939 में सुभाषचंद्र बोस के साथ विभाजित कांग्रेस में चली गईं। 1942 के आंदोलन में खुल कर भाग लेने पर लाठी-चार्ज में घायल हुईं। गिरफ्तार होने पर उसे यातनाएं दी गई, अपमानित भी किया गया। तीन साल की जेल के बाद 1945 में उनकी रिहाई हुई।

एम.ए. की परीक्षा वनलता सेन ने जेल में रहते हुए ही पास कर ली थी। मुक्ति के बाद एक विप्लवी साथी सरोज कुमार चक्रवती के साथ विवाह करने पर वनलता, वनलता चक्रवती बनीं। फिर पति के साथ मार्क्सवादी पार्टी से जुड़ गईं और राजनीति व समाज-कार्यों में भाग लेने लगीं।

किरण चक्रवर्ती

किरण चक्रवर्ती का जन्म ढाका के नारायण गंज में 1921 में हुआ। पिता का नाम हीरालाल चक्रवर्ती और माता का स्वर्णप्रभा देवी था। उसके मामा श्री रमेश आचार्य 'अनुशीलन-दल' के नेता थे और मां कांग्रेसकर्मी। 'नारायण गंज महिला समिति' की संयोजिका के रूप में उनकी मां ने स्वदेशी-प्रचार और विदेशी बहिष्कार-आंदोलन में सक्रिय भाग लिया। मामा का घर राजनीति का अड्डा था, जहां सभी क्रांतिकारी आया-जाया करते थे। ऐसे परिवेश में पलकर किरण ने भी दल के प्रशिक्षण-क्लब में 'जिम्नास्टिक' और शस्त्र-चालन का प्रशिक्षण लिया। वह क्रांति-साहित्य और अस्त्र-शस्त्र इधर-उधर पहुंचाने का काम करती थी।

1942 में जब उसके मामा गिरफ्तार कर लिए गए, तब उनकी अनुपस्थिति में उनके काम को आगे बढ़ाने वाली किरण चक्रवर्ती ही थी। वह भूमिगत रहकर काम

करती थी और भेष बदल-बदल कर इधर-उधर आती-जाती थी। फिर भी 1942 के अंत में वह पुलिस की पकड़ में आ गई और उसे तीन साल के लिए दीनाजपुर और ढाका प्रेसीडेन्सी जेलों में रखा गया।

1945 में रिहा होकर किरण चक्रवर्ती नारायण गंज लौटीं और फिर से अपने दल को संगठित करने में लग गईं।

माया घोष

गणित के प्रसिद्ध अध्यापक, बीजगणित प्रणेता श्री के.के. बसु की नातिन माया घोष का जन्म अप्रैल 1915 में दिल्ली में हुआ था। पिता का नाम जतीन्द्र नाथ घोष और माता का नाम प्रियवंदा देवी था। बचपन में मां की मृत्यु हो जाने से माया घोष का पालन-पोषण नानी मेघमाला देवी ने किया। मेघमाला देवी के भाई विप्लवी गतिविधियों से घनिष्ठ रूप से जुड़े थे। उनके घर में गोपनीय ढंग से संदिग्ध लोगों का आना-जाना लगा रहता था। इसलिए इस परिवार को पुलिस के बहुत अत्याचार सहने पड़े। इस परिवेश में पलने पर माया घोष होश संभालते ही 'युगान्तर दल' के प्रसिद्ध नेताओं के संपर्क में आ गई थीं।

क्रांति-साहित्य पढ़ने और क्रांतिकारियों के व्यक्तित्व से प्रभावित होने के कारण माया घोष छात्र-जीवन से ही इन गतिविधियों से जुड़ गई थीं। 1930 में जब दोनों आंदोलन जोरों पर थे, एक दिन प्रसिद्ध कांग्रेस-नेत्री मोहिनी देवी उनके घर आईं। उन्होंने माया घोष को देश के प्रति समर्पित होने की शपथ दिलाई। उनके जाने के बाद माया घोष अपनी सहेली दीप्ति घोष और स्नेहलता दत्त के साथ घर से छिप कर निकल गई और एक खास जगह पर जुलूस में शामिल हो गई। पुलिस ने पकड़कर तीनों को लाल बाजार थाने में बंद कर दिया, पर नाबालिग समझकर उसी दिन शाम को छोड़ दिया। इस सरल मुक्ति से माया घोष उदास हो गई।

1936 में बी.ए. करने के बाद पिता ने माया की शादी करनी चाही पर वह किसी भी तरह राजी नहीं हुईं। मोहिनी देवी के साथ किया वायदा निभाने के लिए वह अहिंसक आंदोलनों में भाग लेती रहीं और क्रांतिकारियों से जुड़ाव के कारण उनके कार्यों में भी मदद करती रहीं। 'मंदिरा' की संपादिका कमला दासगुप्ता से परिचय के बाद तो वह पूरी तरह दल के कार्य को समर्पित हो गईं।

1941 में घर वालों की असहमति के बावजूद, मायाजी ने अध्यापन-कार्य शुरू कर दिया। अब वह अध्यापन के साथ, कांग्रेस-कार्य, जन-सेवा और स्वतंत्रता-संग्राम, इन सभी क्षेत्रों में व्यस्त हो गईं। 1942 के आंदोलन में जब प्रमुख नेता जेलों में थे, मायाजी ने कलकत्ता आकर महिलाओं को संगठित किया। स्कूल व अदालतें बंद कराने के लिए धरने दिए गए। 31 अगस्त को सिविलकोर्ट में झंडा फहराने के समय

पुलिस से भिड़ने में उन्होंने अनोखी दृढ़ता का परिचय दिया। पुलिसवाहिनी को घेर कर, गोली चलाने जा रहे हाथों को मजबूती से पकड़ लिया और गोली नहीं चलने दी। इस तरह बेरोक-टोक सावित्री देवी का भाषण होने दिया। फलस्वरूप भाषण के बाद सावित्री देवी के साथ माया घोष को भी गिरफ्तार करके राजशाही जेल भेज दिया गया। 2 साल बाद 1944 में उनकी रिहाई हुई। इसके बाद भी विवाह न करके वह समाजसेवा और राहत कार्यों में जुटी रहीं।

स्वतंत्रता आंदोलन में क्रांति गीत

अर्चना प्रिया

भारत की आजादी की लड़ाई में सभी वर्ग के लोगों ने भागीदारी निभाई जिसमें किसान, मजदूर, छात्र, राजनेता, कवि, पत्रकार, लेखक एवं भारत के प्रत्येक जागरूक नागरिक का अमूल्य योगदान था। राष्ट्रीय चेतना जागृत करने में निबन्धों, उपन्यासों एवं देशभक्ति से ओत-प्रोत गीतों एवं राष्ट्रीय साहित्य ने महत्वपूर्ण भूमिका अदा की। स्वतंत्रता आंदोलन के दौरान राष्ट्रीय साहित्य का निर्माण पूरे देश में हो रहा था। देश के कोने-कोने में हिंदी के अतिरिक्त बंगला, असामिया, तमिल, मराठी तथा उर्दू में पर्याप्त संख्या में राष्ट्रीय गीत लिखे जा रहे थे और सस्वर पूरे मनोयोगपूर्वक इनका गायन किया जाता था। हिंदी में भारतेन्दु हरिश्चंद्र, माखनलाल चतुर्वेदी, मैथलीशरण गुप्त, सुभद्रा कुमारी चौहान जैसे कवि इन गीतों के माध्यम से लोगों में राष्ट्रीय चेतना का प्रसार कर रहे थे तो यही कार्य बंगला में रवीन्द्रनाथ ठाकुर, बंकिमचंद्र चटर्जी, असमिया के लक्ष्मीनाथ बेजबरूआ, तमिल के सुब्रह्मण्यम भारती, मराठी के विष्णु शास्त्री चिपलंकर तथा उर्दू के अल्ताफ हुसैन हाली अपनी-अपनी भाषाओं के माध्यम से कर रहे थे।

स्वाधीनता एक आवश्यक सच्चाई है। स्वाधीनता की लड़ाई में बहुत सारे साधनों का प्रयोग किया गया पर विश्व इतिहास साक्षी है कि भावनाओं की मार और भावनाओं का उभार अन्य सभी अस्त्रों में अमोघ अस्त्र साबित होता है। भावनाएं सभी लोगों में होती हैं पर भावनाओं को जगाकर लोगों में राष्ट्रीयता का संचार करना उन्हें राष्ट्र के लिए जीने-मरने के लिए तैयार करने का कार्य राष्ट्रीय गीत करते हैं। आजादी की लड़ाई के दौरान इन गीतों ने घर-घर में अपना स्थान बना लिया था। लोगों के हृदय में ये गीत बसेरा बना चुके थे। ब्रिटिश सरकार इन गीतों के भावी खतरे से परिचित थी इसलिए सरकार द्वारा समय-समय पर इन गीतों को जब्त कर लिया था किंतु जब्त तो प्रकाशित साहित्य हो पाता था, ये गीत लोगों की जुबान पर अभिव्यक्ति पाते थे। लोग संगठित होकर इन गीतों को गाया करते थे और गाते-गाते फांसी के फन्दे को चूमकर अपना जीवन देश की सेवा में न्यौछावर कर देते थे।

इन गीतों का अधिक प्रचार-प्रसार विभिन्न आंदोलनों एवं काण्डों के समय हुआ। चौरा-चौरी काण्ड, काकोरी, जलियांवाला बाग काण्ड, पूर्ण स्वराज्य, बंगभंग आंदोलन, नमक सत्याग्रह, असहयोग आंदोलन, भारत छोड़ो आंदोलन के समय ये गीत बहुत ही महत्वपूर्ण साबित हुए। भारत सरकार के राष्ट्रीय अभिलेखागार के 26 जून, 1982 के रिकार्ड के अनुसार जब्तशुदा गीतों की पुस्तकों की संख्या इस प्रकार है :

1. बंगला	-	4	7. पंजाबी	-	22
2. गुजराती	-	22	8. सिन्धी	-	9
3. हिंदी	-	264	9. तमिल	-	19
4. कन्नड़	-	3	10. तेलगु	-	10
5. मराठी	-	33	11. उर्दू	-	58
6. उड़िया	-	1			

हिंदी में प्राप्त जब्तशुदा गीतों की संख्या अन्य भाषाओं से अधिक है। यह हिंदी के प्रचार-प्रसार तथा लोकप्रियता को प्रदर्शित करता है। कुछ महत्वपूर्ण जब्तशुदा गीतों का संकलन यहां प्रस्तुत है :

1. हिंदोस्तां हमारा

—इकबाल (सन् 1930 में रचित)

सारे जहां से अच्छा, हिंदोस्तां हमारा,
हम बुलबुले हैं इसकी, ये गुलसितां हमारा।
गुरबत में हो, अगर हम, रहता है दिल वतन में,
समझो वहीं हमें भी, दिल हो जहां हमारा।
परबत वो सबसे ऊंचा, हम साया आसमां का,
वो संतरी हमारा, वो पासवां हमारा।
गोदी में खेलती हैं उसकी हजारों नदियां,
गुलशन है जिनके दम से रश्के-जिना हमारा।
ऐ आबे-रोदे-गंगा, वो दिन है याद तुझको,
उतरा तेरे किनारे जब कारवां हमारा।
मजबह नहीं सिखाता आपस में वैर रखना,
हिंदी हैं हम वतन हैं हिंदोस्तां हमारा।
यूनानो-मिश्रो-रोमा, सब मिट गए जहां से,
अब तक मगर है बाकी नामो निशां हमारा।
कुछ बात है कि हस्ती मिटती नहीं हमारी,

सदियों रहा है दुश्मन दौरे जमां हमारा।
इकबाल कोई महरम अपना नहीं जहां में,
मालूम क्या किसी को दर्दे निहां हमारा।

उर्दू के प्रसिद्ध कवि और शायर इकबाल का जन्म 1876 ई. में स्यालकोट में हुआ था। उन्होंने अपने जीवन काल में देश-प्रेम और भारत-प्रशस्ति जैसे कई महत्वपूर्ण गीतों की रचना करके भारतीयों में राष्ट्रप्रेम की भावना जागृत करने में महत्वपूर्ण भूमिका अदा की। इकबाल की रचनाओं में प्रारंभ से ही साम्राज्यवाद का स्वर मुखरित है। राष्ट्रीय भावना से लबालब उनके गीतों में हिंदू-मुस्लिम एकता की भावना प्रबल है। कालान्तर में उनकी रचनाओं में सांप्रदायिकता की भावना मिलने लगती है जो देश में बढ़ रहे कट्टरता और सांप्रदायिकता को परिलक्षित करता है। देश की राजनैतिक स्थिति में बदलाव को प्रतिबिम्बित करती हैं इकबाल की कविताएं। यद्यपि 1938 में अपनी मृत्यु तक इकबाल ने सार्वजनिक रूप से पाकिस्तान की मांग से अपने को नहीं जोड़ा था लेकिन इससे इंकार नहीं किया जा सकता है कि अपने कविताओं, अपने दार्शनिक लेखन और सार्वजनिक वक्तव्यों द्वारा उन्होंने मुस्लिम पृथक्करण की भावना को मजबूत समर्थन दिया।

2. पुष्प की अभिलाषा

—माखनलाल चतुर्वेदी (सन् 1930 में रचित)

चाह नहीं, मैं सुरबाला के
गहनों में गूंथा जाऊं
चाह नहीं, प्रेमी माला के
बिंध प्यारी को ललचाऊं।
चाह नहीं, सम्राटों के शव पर
हे हरि, डाला जाऊं
चाह नहीं, देवों के सिर पर
चढ़ूं भाग्य पर इठलाऊं।
मुझे तोड़ लेना, वनमाली
उस पथ पर देना तुम फेंक।
मातृभूमि पर शीश चढ़ने
जिस पथ जाएं वीर अनेक।

यह सत्य है कि किसी भी देश का, समाज का, सभ्यता और संस्कृति का परिचय वहां की भाषा से होता है किंतु इसमें कोई अतिशयोक्ति नहीं है कि गीतों

के माध्यम से ही किसी क्षेत्र की, समाज की, भाषा की संस्कृति को देखा-परखा जा सकता है। आजादी की लड़ाई के समय देश के विभिन्न भागों में विभिन्न समय में इन गीतों की रचना भारत के लगभग सभी भाषाओं में हुआ। इन गीतों का क्रमिक इतिहास इनके क्रमिक विकास की अभिव्यक्ति है। ब्रिटिश हुकूमत द्वारा जब्त इन गीतों का विषय भारतीय स्वतंत्रता आंदोलन के विकास का इतिहास है। 1860 और 1870 के दशक में बंगाल में विपुल मात्रा में काव्य और गीत साहित्य रचा गया जिसमें देश की दुर्दशा और कभी-कभी तो प्रत्यक्षतः हस्तकौशल के विनाश पर विलाप किया जाता था। 1882 में बंकिमचंद्र ने आनंदमठ में वंदेमातरम् गीत लिखा जिसमें बड़े ही ओजपूर्ण ढंग से राष्ट्रप्रेम को स्वर दिया गया।

माखललाल चतुर्वेदी रचित "पुष्प की अभिलाषा" कविता में एक फूल को प्रतीक बनाकर बहुत ही मार्मिक चित्रण किया गया है। मनुष्य तो मनुष्य एक फूल भी अपनी इच्छा को मातृभूमि पर सर्वस्व न्यौछावर करने के कृतसंकल्प है। स्वतंत्रता आंदोलन के दौरान अंग्रेजों की गुलामी से सभी आक्रांत थे। स्वतंत्रता की चाह सभी को बेचैन कर रही थी। क्रांति की ज्वाला देश के कोने-कोने में प्रज्वलित हो रही थी। यह ज्वाला कहीं शांत दिख रही थी तो कहीं धधक रही थी किंतु देश प्रेम की भावना सभी के हृदय में उमड़-घुमड़ रही थी।

3. झांसी की रानी

—सुभद्रा कुमारी चौहान

सिंहासन हिल उठे, राजवंशों में भृकुटी तानी थी,
बूढे भारत में भी आई, फिर से नई जवानी थी,
गुमी हुई आजादी की कीमत सबने पहचानी थी,
दूर फिरंगी को करने की, सबने मन में ठानी थी,
चमक उठी सन् सत्तावन में वह तलवार पुरानी थी।
बुंदेले हर बोलो के मुंह, हमने सुनी कहानी थी,
खूब लड़ी मर्दानी वह तो झांसी वाली रानी थी।
रानी गई सिधार, चिता अब उसकी दिव्य सवारी थी,
मिला तेज से तेज, तेज की वह सच्ची अधिकारी थी,
अभी उम्र कुल तेइस की थी, मनुज नहीं अवतारी थी,
हमको जीवित करने आई बन स्वतंत्रता-नारी थी,
दिखा गई पथ, सिखा गई हमको जो सीख सिखानी थी,
बुंदेले हर बोलो के मुंह, हमने सुनी कहानी थी
खूब लड़ी मर्दानी वह तो झांसी वाली रानी थी।

इन गीतों में केवल देश की गुलामी और आजादी पाने की ललक ही अभिव्यक्ति नहीं पाती थी बल्कि उस समय की राजनैतिक स्थिति के साथ-साथ सामाजिक, आर्थिक और सांस्कृतिक स्थिति का चित्रण भी इन जब्तशुदा गीतों में मिलता है। यद्यपि इन गीतों के रचनाकार समाज के उच्च और मध्यवर्ग का प्रतिनिधित्व करते हैं और इन गीतों का चरित्र भी रचनाकार की अभिव्यक्ति के अनुकूल ही है फिर भी इन गीतों में समाज का चरित्र जीवंत है।

सुभद्रा कुमारी चौहान रचित 'झांसी की रानी' गीत में तत्कालीन समाज में नारी की स्थिति का पता चलता है। स्वतंत्रता आंदोलन में उच्च व मध्यवर्ग की महिलाओं का प्रवेश कम था और निम्नवर्ग की महिलाएं इसमें कहीं नहीं थी। झांसी की रानी लक्ष्मीबाई हो या सरोजनी नायडू, एनी बेसेंट हो या कस्तूरबा गांधी सभी एक खास वर्ग से आती थी। फिर भी आजादी की लड़ाई में नारियों की भूमिका उल्लेखनीय है। स्वराज्य के लिए संघर्ष में नारी चेतना का एक महत्वपूर्ण स्थान है। सन् 1932 में किसी अज्ञात लेखक द्वारा लिखित "नारी चेतना" पर यह गीत उल्लेखनीय है :

4.

जो कुछ पड़ेगा मुझ पे मुसीबत उठाऊंगी
खिदमत करूंगी मुल्क की और जेल जाऊंगी।
घर भर को अपने खादी के कपड़े पिन्हाऊंगी,
और इन विदेशी लत्तों को लूका लगाऊंगी।
चरखा चला के छिनूंगी उनकी मशीनगन,
आदा-ए-मुल्को-कौम को नीचा दिखाऊंगी।
अपनी स्वदेशी-बहिनों को ले-ले के साथ में,
भट्टी पे हर कलाल के धरना बिठाऊंगी।
जाकर किसी भी जेल में कुटूंगी रामवांस,
और कैदियों के साथ में चक्की चलाऊंगी।

देश में स्वदेशी आंदोलन जोर-शोर से चल रहा था। स्त्री और पुरुष सभी एक साथ इसमें अपनी भागीदारी निभा रहे थे, ब्रिटिश साम्राज्यवाद के औद्योगीकरण के विरोध में स्वदेशी आंदोलन चल रहा था। चरखा और खादी भारतीयों के आर्थिक स्वावलंबन के प्रतीक के रूप में मुखर रूप से डटा हुआ था। चरखा और खादी का प्रचार-प्रसार घर-घर में हो रहा था। इस आंदोलन में समाज के सभी वर्ग की महिलाएं शामिल थीं इसकी अभिव्यक्ति "चरखे की प्रतिज्ञा" नामक एक जब्तशुदा गीत में मिलती है :

5.

मेरे चरखे का टूटे न तार, हरदम चलाता रहूं।
भारत के संकट पे तन-मन लगा दूं,
प्राणों को कर दूं न्यौछावर, खद्दर बनाता रहूं।
खद्दर के कपड़े स्वदेशी बना के,
विदेशी में ठोकर मार, घिन्नी घुमाता रहूं।
गांधी के वचनों को पूरा करा दूं,
भारत को लूंगा उबार, माला चढ़ाता रहूं,
चुटकी से तागे को बट करके जोड़ूं,
लेंगे इसी से शैलेन्द्र स्वराज्य अब,
होंगे गुलामी से पार, मंगल मनाता रहूं।
विदेशी कपड़े के होंगे हवन अब,
कर दें जलाकर के छार, आहुति चढ़ाता रहूं।

—कविवर शैलेन्द्र चतुर्वेदी

कुछ इसी तरह की अभिव्यक्ति "खादी गीत" नामक जब्तशुदा गीत में मिलती है :

खादी के धागे-धागे में अपनेपन का अभिमान भरा
माता का इसमें मान भरा, अन्यायी का अपमान भरा
खादी ही भारत से रूठी आजादी को घर लाएगी।

—सोहन लाल द्विवेदी

स्वतंत्रता आंदोलन का चरित्र जिस प्रकार बदल रहा था उसी तरह के गीत लिखे जा रहे थे। स्वतंत्रता आंदोलन का नेतृत्व जिस तरह उच्च मध्यवर्ग के हाथों से निकलकर निम्नवर्ग के हाथों में आ रहा था और स्वतंत्रता आंदोलन का चरित्र इसी तरह जनवादी हो गया था, इसकी अभिव्यक्ति समय-समय पर इन गीतों के माध्यम से हो रही थी। चकोर द्वारा रचित इस जब्तशुदा गीत में तत्कालीन समाज में किसानों की सामाजिक आर्थक स्थिति का पता चलता है :

6.

दुखिया किसान हम हैं, भारत के रहने वाले,
बेदम हुए, न दम है, बे-मौत मरने वाले।
इन्सान बनके आए, गो पाक इसी जमीं पर,
हमसे मगर है अच्छे, ये घास चरने वाले।

चक्की मुसीबतों की, दिन-रात चल रही है,
करके पिसान छोड़े हमको, हैं पीसने वाले।
दुनिया है एक तन तो, हम आत्मा हैं उसकी,
लेकिन कुचल रहे हैं, हमको कुचलने वाले।
अफसोस हाय! हैरत, किस पाप का नतीजा,
सबसे हमी हैं निर्धन, धन के उगलने वाले।
सर पर है कर बहुत से, कर में न एक धेला,
घर पर नहीं है छप्पर, वस्त्र उघरने वाले।
जुल्मों सितम के मारे, दम नाक में हमारा,
भगवान तक हुए हैं, पर के कतरने वाले।
फुरसत नहीं है मिलती, इकसाल काल से है,
दाने बिना तरसते, न्यामत परसने वाले।
ए-मौज करने वालों, कर देंगे हश्र वरपा,
उभरे "चकोर" जब भी, हम आह भरने वाले।

आजादी की लड़ाई में भारतीय किसानों की प्रमुख भूमिका थी। प्रस्तुत गीत में उनकी दयनीय स्थिति और तत्कालीन साम्राज्यवादी व्यवस्था के प्रति उनकी मुखर विरोध को वाणी दी गई है। देश के विभिन्न भागों में किसान-मजदूर संगठित हो रहे थे। उनके संगठन की अभिव्यक्ति किसान संगठनों के माध्यम से हो रही थी। 1920 में अवध किसान सभा का निर्माण बाबा रामचंद्र तथा झींगुरी सिंह के प्रयास से हुआ। स्वामी सहजानंद सरस्वती के प्रयास से 'बिहार किसान सभा' का गठन किया गया। अखिल भारतीय स्तर पर किसान सभा का संगठन 1934 में लखनऊ में स्वामी सहजानन्द सरस्वती की अध्यक्षता में हुई। इसी समय इन गीतों के माध्यम से किसानों में चेतना और राष्ट्रीयता का प्रसार हो रहा था–

7. झण्डा गीत

–श्यामलाल गुप्त 'पार्षद'

विजयी विश्व तिरंगा प्यारा। झण्डा ऊंचा रहे हमारा॥
सदा शक्ति बरसाने वाला, प्रेम सुधा सरसाने वाला,
वीरों को हरषाने वाला, मातृभूमि का तनमन सारा॥ झंडा.॥
स्वतंत्रता के भीषण रण में, लखकर बढ़े जोश क्षण-क्षण में,
कांपे शत्रु देखकर मन में, मिट जाए भय संकट सारा॥ झंडा.॥
इस झण्डे के नीचे निर्भय, ले स्वराज्य यह अविचल निश्चय

बोलें भारत माता की जय, स्वतंत्रता हो ध्येय हमारा॥ झंडा.॥
आओ! प्यारे वीरो, आओ। देश धर्म पर बलि-बलि जाओ,
एक साथ सब मिलकर गाओ, प्यारा भारत देश हमारा॥ झंडा.॥
इसकी शान न जाने पाये, चाहे जान भले ही जाए,
विश्व विजय करके दिखलाएं, तब होवे प्रणपूर्ण हमारा॥ झंडा.॥
विजयी विश्व तिरंगा प्यारा। झण्डा ऊंचा रहे हमारा।।

ये गीत राष्ट्रीय भावना से ओत-प्रोत हैं। अंग्रेजी शासन की यातना और बर्बरता से सभी का हृदय द्रवित हो उठता था। इस क्रूर शासन के विरुद्ध संघर्ष करनेवालों में सभी वर्गों के लोग शामिल थे। 13 अप्रैल 1919 को अमृतसर के जलियांवाला बाग में एक निहत्थी भीड़ पर मशीनगनों की गोलियां जनरल डायर के द्वारा तबतक बरसायी गई जबतक की गोलियां खत्म नहीं हो गई। इस कांड में हजारों लोग मारे गए, हजारों लोग घायल हो गए। लोगों को बेवजह बेंतों से मारा गया तो दूसरी ओर लोगों को पकड़ कर रास्ते पर छाती के बल चलने के लिए मजबूर किया गया। आजादी के तरानों का जन्म इसी तरह के हृदय विदारक घटनाओं के साथ हुआ। अंग्रेजी हुकूमत को हटाने के लिए राष्ट्रीयता की भावना को जगाने के लिए ये गीत प्रेरक बन गए। भारत की जनता आजादी पाने के लिए बेताब थी। सभी को अपनी दुर्दशा का एहसास हो रहा था। जनता आजादी पाने के लिए कमर कसने को तैयार थी। इन गीतों के माध्यम से शूरवीर फांसी के तख्ते पर चढ़ने से पहले जनता को सन्देश देते थे कि अंग्रेज जालिम यहां रहने नहीं पाए। प्रसिद्ध क्रांतिकारी रामप्रसाद 'बिस्मिल' द्वारा 1929 में रचित इस गीत की बानगी उल्लेखनीय है–

8. हमारी ख्वाहिश

–रामप्रसाद 'बिस्मिल'

सरफरोशी की तमन्ना हब हमारे दिल में है,
देखना है जोर कितना बाजू-ए-कातिल में है।
रहबरे राहे मुहब्बत, रह न जाना राह में,
लज्जते सहरा न वर्दी दूरि-ए-मंजिल में है।
वक्त आने दे, बता देंगे तुझे, ऐ आसमां,
हम अभी से क्या बताएं, क्या हमारे दिल में है।
अब न अगले वल-वल है और न अरमानों की भीड़,
एक मिट जाने की हसरत अब दिले 'बिस्मिल' में है।
आज मकतल में ये कातिल कह रहा है बार-बार,

क्या तमन्ना-ए-शहादत भी किसी के दिल में है।
ए शहीदों-मुल्को-मिल्लत, तेरे जज्बों के निसार,
तेरी कुर्बानी का चर्चा गैर की महफिल में है।

9. आजादी

—रामप्रसाद 'बिस्मिल'

बला से हमको लटकाए अगर सरकार फांसी से,
लटकते आए अकसर पैकरे-ईसार फांसी से।
लबे दम भी न खोली जालिमों ने हथकड़ी मेरी,
तमन्ना थी कि करता मैं लिपटकर प्यार फांसी से।
खुली है मुझको लेने के लिए आगोशे आजादी,
खुशी है, हो गया महबूब का दीदार फांसी से।
कभी ओ बेखबर तहरीके-आजादी भी रुकती है,
बढ़ा करती है उसकी तेजी-ए-रफ्तार फांसी से।
यहां तक सरफरोशाने वतन बढ़ जाएंगे कातिल,
कि लटकाने पड़ेंगे नित तुझे दो-चार फांसी से

10. कलम! आज उनकी जय बोल!

—रामधारी सिंह 'दिनकर'

जला अस्थियां अपनी सारी, छिटकायी जिनने चिनगारी,
जो चढ़ गए पुण्य वेदी पर, लिए बिना गरदन का मोल।
कलम, आज उनकी जय बोल!
जो अगणित लघु दीप हमारे, तूफानों में एक किनारे,
जल-जलकर बुझ गए किसी दिन, मांगा नहीं स्नेह मुंह खोल।
कलम, आज उनकी जय बोल!
पीकर जिनकी लाल शिखाएं, उगल रही लू-लपट दिशाएं,
जिनके सिंहनाद से सहमी, धरती रही अभी तक डोल!
कलम, आज उनकी जय बोल!
अंधा चकाचौंध का मारा, क्या जाने इतिहास बेचारा?
साखी हैं उनकी महिमा के सूर्य, चंद्र, भूगोल, खगोल।
कलम, आज उनकी जय बोल!

देश की एकता और अखण्डता में इन गीतों का विशेष महत्व है और इस महत्व के चलते इन गीतों ने भी विशेष भाव प्रकट किया है। देश का कोई भी भू-भाग रहा हो, कोई भी सांस्कृतिक विरासत रही हो, कोई भी भाषा, धर्म, जाति रहा हो इन गीतों

ने सभी को परे रखकर अपने ओजपूर्ण भाव से समूचे देश की एकता, अखण्डता एवं सांस्कृतिक विरासत को प्रकट किया है। आजादी की लड़ाई में शहीद होने वाले पं. रामप्रसाद 'बिस्मिल' और उनके साथी जेल की दीवारों में कैद प्रायः इन गीतों को गाया करते थे। इन गीतों में बहुत ही मुखर रूप से आजादी की मांग की गई है। आजादी की लड़ाई में सभी वर्ग के लोगों ने संघर्ष किया था। क्या निर्धन, क्या धनवान, निरक्षर, साक्षर, मजदूर, किसान, छात्र, नौकरी पेशा आदि-आदि सभी किसी न किसी रूप में राष्ट्रीय भावना से ओत-प्रोत देश-प्रेम की लहर में बह रहे थे। स्वतंत्रता आंदोलन के दौरान इन गीतों की लहर सी चल पड़ी थी। राष्ट्रीय चेतना का संचार करने में ये गीत महती भूमिका निभा रहे थे।

स्वतंत्रता आंदोलन का इतिहास लिखने में इन गीतों का अपना एक विशिष्ट महत्व है। इन गीतों के माध्यम से उस समय के राजनैतिक, सामाजिक और आर्थिक इतिहास के साथ-साथ सांस्कृतिक इतिहास को भी जानने में मदद मिलती है। इन गीतों की कहानी स्वतंत्रता आंदोलन का एक मौन इतिहास है। आवश्यकता है ऐसे जब्तशुदा गीतों की प्रमाणिक खोज की जाय ताकी स्वतंत्रता आंदोलन के इतिहास पर नए ढंग से प्रकाश डाला जा सके।

●●●